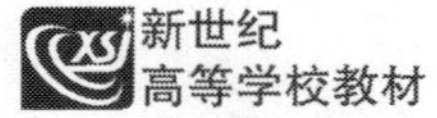

新闻传播学系列教材

暨南大学本科教材资助项目

融合新闻编辑实验教程

肖伟　编著

北京师范大学出版集团
BEIJING NORMAL UNIVERSITY PUBLISHING GROUP
北京师范大学出版社

图书在版编目(CIP)数据

融合新闻编辑实验教程/ 肖伟编著. —北京：北京师范大学出版社，2023.4

(新世纪高等学校教材　新闻传播学系列教材)

ISBN 978-7-303-28468-9

Ⅰ.①融…　Ⅱ.①肖…　Ⅲ.①新闻编辑—高等学校—教材
Ⅳ.①G213

中国版本图书馆 CIP 数据核字(2022)第 244797 号

教材意见反馈　gaozhifk@bnupg.com　010-58805079
营销中心电话　010-58807651
北师大出版社高等教育分社微信公众号　新外大街拾玖号

RONGHE XINWEN BIANJI SHIYAN JIAOCHENG

出版发行：北京师范大学出版社　www.bnup.com
北京市西城区新街口外大街 12-3 号
邮政编码：100088

印　　刷：保定市中画美凯印刷有限公司
经　　销：全国新华书店
开　　本：730 mm×980 mm　1/16
印　　张：27
字　　数：500 千字
版　　次：2023 年 4 月第 1 版
印　　次：2023 年 4 月第 1 次印刷
定　　价：69.80 元

策划编辑：王　强　李　明　吴纯燕　　责任编辑：吴纯燕
美术编辑：李向昕　　装帧设计：李向昕
责任校对：郑淑莉　　责任印制：马　洁

目　录

绪论 ………………………………………………………………………… 1

第一章　方正飞翔软件入门 ……………………………………………… 9

第一节　方正飞翔软件安装 ……………………………………………… 9

第二节　认识方正飞翔印刷版的工作区 ………………………………… 12

第三节　模仿制作报纸要闻版 …………………………………………… 23

第四节　认识方正飞翔数字版的工作区 ………………………………… 37

第五节　快速制作小型 H5 ………………………………………………… 47

第二章　文字操作与设计 ………………………………………………… 61

第一节　文字块操作 ……………………………………………………… 61

第二节　文字属性和文字特效 …………………………………………… 68

第三节　文字块排版 ……………………………………………………… 78

第四节　文字的综合设计与编辑 ………………………………………… 88

第三章　图形、图像的操作与设计 ……………………………………… 115

第一节　图形操作与设计 ………………………………………………… 115

第二节　图像处理 ………………………………………………………… 131

第四章　颜色与表格操作 ………………………………………………… 153

第一节　颜色编辑 ………………………………………………………… 153

第二节　表格编辑 ………………………………………………………… 170

第五章　多媒体与互动操作 ……………………………………………… 189

第一节　多媒体素材的处理与编辑 ……………………………………… 189

第二节 图像的互动操作 …… 200
第三节 动画、画廊、按钮等的互动操作 …… 227
第四节 数据服务 …… 268
第五节 互动操作综合练习 …… 283

第六章 报纸融合产品的设计与编辑 …… 293
第一节 要闻版设计与编辑 …… 293
第二节 专题设计与编辑 …… 316
第三节 副刊设计与编辑 …… 335

第七章 H5 产品的策划与编辑 …… 361
第一节 H5 的技术基础与传播特征 …… 361
第二节 时政类 H5 的策划、编辑与运营 …… 366
第三节 节日纪念日类 H5 的策划、编辑和运营 …… 382
第四节 公益类 H5 的设计、制作与传播 …… 399

参考文献 …… 426

绪 论

习近平总书记在中国共产党第二十次全国代表大会上的报告中指出："意识形态工作是为国家立心、为民族立魂的工作。牢牢掌握党对意识形态工作领导权，全面落实意识形态工作责任制，巩固壮大奋进新时代的主流思想舆论。""加强全媒体传播体系建设，塑造主流舆论新格局。健全网络综合治理体系，推动形成良好网络生态。"

面对媒体格局、舆论生态的深刻变化，面对推动媒体融合向纵深发展、传播业务明显增长的复杂形势，在全面建设社会主义现代化国家的新征程上，我们要全面贯彻落实习近平总书记关于宣传思想工作的重要思想，深刻把握党的二十大对新时代新征程宣传思想工作提出的任务要求，健全用习近平新时代中国特色社会主义思想武装全党、教育人民、指导实践工作体系，培育社会主义核心价值观，繁荣发展文化事业和文化产业。

媒体融合正深刻地影响着当前的传播生态：无论新闻传播的内容、渠道、介质形态、生产模式，还是参与主体、话语方式，都在发生着巨大的变化。在媒体融合的背景下，新闻产品从传统单一形态的报刊产品、广播电视产品日益发展为多元的融合内容产品，这对高等学校传媒类专业学生的编辑素质和能力培养提出了更高的要求。

作为一本兼顾平面和融合新闻编辑的实验教材，本教材正是因应这一背景而编写的。本教材以电子编辑的软件操作为根基，讲述各种传播元素（文字、图片、图形、色彩、音频、视频、互动组件等）的编辑技术，并着重对报纸和 H5 这两大类产品的编辑进行系统阐述。本教材将专业传播理念贯穿其中，希望帮助学习者在新闻编辑的操作、实践和专业理念三个层面达成必要的认识和训练。具体而言，本教材着力于做好以下几方面。

一、立足软件操作，训练编辑基本功

由于互联网技术的高速发展和广泛使用，大众传播在发生着日新月异的变化。"当前媒体活动的范围很像电磁波频谱。所有的人类活动，……这一切都缩微成数字比特和字节，越来越紧地压缩起来，越来越快地显现出来，并瞬间在全球范围内得到传播……”[①]美国新闻记者兼作家罗伯特·麦克尼尔所谈论的正是媒体融合现象，当然也包括新闻领域的融合。

媒体融合在一定程度上模糊了职业传播组织与其他社会机构之间的分野，各种行业、群体或个体都可通过各种渠道进行信息的传播与互动。这种“大传播”格局为新闻传播类专业学生的就业带来的直接后果之一是“泛就业”：虽然传媒专业毕业生较难进入传统媒体工作，但社会其他行业的就业之路对于传媒专业学生来说却在变宽。

无论就职何种岗位，专业的传播能力、媒介素养，都是传媒类专业学生必须练就的基本功。具体到融合传播的领域来说，内容的生成是传播的关键之一，故其对好的编辑加工技能和优秀编辑的需求，较之以往更加旺盛。因此，传媒类学生不仅需要学习与编辑工作相关的理论知识，还需要通过技能训练来使编辑能力落到实处。

注重实务训练是新闻传播教育长期使用的策略之一。实用主义教育理论的倡导者杜威曾提出“从做中学”这一著名命题；美国密苏里大学新闻学院的创始人沃尔特·威廉姆斯亦积极倡导这一理念，认为“学习新闻最好的方式是动手”。这些理念与现代教育中倡导的“项目驱动”的教学方法亦不谋而合。项目驱动式教学法强调以教师为主导、学生为主体，以教学项目为主线来组织教学内容，重视协作与对话。这种教学方法强调学生主观能动性的发挥，较好地解决了理论学习和实践相结合的问题，融知识、能力、素质教育为一体，是一条培养综合性、应用性人才的很好的途径。

新闻编辑学中实务训练的展开，在专业的电子排版软件问世、普及后，已经变得相当直接和便利。在纸媒时代，中文的方正、华光软件，英文的InDesign、PageMaker、QuarkXPress等软件，不仅在报社、杂志社和其他平面出版机构得到普遍运用，也被许多高等院校的传媒类专业纳入实验教学。

进入移动传播时期后，内容类产品的形态在不断变化和演进，编辑实务的内涵和重点也在发生改变。各家公司相继推出针对移动应用(App)和移动网页(HTML)开发的专业软件。与传统纸媒相比，移动端的内容类产品往往包含更丰富的媒体形式、更直接的互动设计，并可以借助特定平台发挥强大的社交功能，给用户带来全新的阅读和使用体验。因此，这部分软件的应用也需要纳入新闻编辑实验教学中。

---

① ［美］多萝西·A. 鲍尔斯、黛安娜·L. 博登：《创造性的编辑(第三版)》，田野、宋珉等译，8页，北京，中国人民大学出版社，2008。

虽然限于教材篇幅和课时，新闻编辑实验教学只能在众多软件中选择特定产品，但应该能起到“窥一斑而见全豹”的功效。怎样把握各种内容类产品的传播特征、技术特点？怎样理解不同场景下的传受关系？怎样把握选题类型、内容偏好和受众需求，以何种符号叙事和互动方式来呈现内容？对类似诸多问题的思考、解答，应当基于对相关互联网技术的深入了解，其中当然也少不了对电子编辑软件的熟练掌握。学生应该努力学好软件操作，加强对编辑基本功的训练。

二、兼顾元素与产品、平面与融合，择要讲述编辑技能

符号是构成媒介产品的基本元素，具体包括文字、图片、图形、色彩、表格、音频、视频和互动组件等。本教材会逐章讲解各种传播元素的软件操作，以及它们各自在运用于新闻编辑时的设计思路。虽然随着网络与新媒体的迅疾发展，新闻编辑实践一直居于变动之中。未来的融合媒体将如何发展，目前还难有定论。但可以肯定的是，无论是大的历史时段中的平面新闻编辑工作，还是当前的融合新闻编辑实践，应当都兼具“变”与“不变”的特征：“变”的是编辑产品的元素组合、结构构成、传播形态和渠道，“不变”的是元素符号的基本叙事特征，以及贯穿在编辑者整合符号过程中的专业理念和思维方式。

新闻产品方面，本教材在平面与融合两大类别中各选择一种典型产品，进行编辑技能和思路的讲述。第一种是报纸融合产品，具体包括要闻版、专题和副刊三个子类型。报纸原属印刷媒介，以二维平面的纸张(版面)为介质进行信息发布。作为典型的“传统媒体”，报纸媒体在互动性、时效性、介质生动性等方面的受限不容忽视，但这并不意味着报纸就此被彻底抛弃。“新的技术必须要连接过去。”①媒介形态在演进，但媒体内容及其表达方式不能全部脱离已往的历史而彻底更新。报纸融合文字、图片、线条、色彩等静态符号，在数百年的职业传播历程中，积累构成了大量的社会传播共识，形成了丰富的编辑技巧，亦沉淀了大量专业的编辑理念。同时，当下报纸各种子产品已经与新媒体传播紧密地融合交织在一起。编辑制作报纸类产品有助于学生练好编辑的专业基本功，并从源头上掌握和理解新闻生产的内在特征和规律。

第二种是 H5，具体包括时政类 H5、节日纪念日类 H5 和公益类 H5 三

---

① 赵云泽：《跨媒体传播基础教程》，1 页，北京，中国人民大学出版社，2011。

个子类型。HTML5 标准的确立让音视频脱离了播放器和插件的束缚，在 Web 中的呈现更加便捷。移动用户终端的迭代速度与技术性能的提升步调相对一致，让更多的交互和用户体验形态成为可能。于是，H5 这种移动传播形态在设备转换和技术革新的双重催化下应运而生。①大量 H5 类产品通过手机终端、社交媒体平台(如微信朋友圈)传播，具有独特的表现形态和传播功能。学习这类产品的设计制作，有助于培养学习者在策划、交互、视觉、动效、前端、用户体验等多方面的技能和思维方式。

从编辑工作的流程来看，贯通整个新闻产品生产过程的编辑工作，可从宏观(确定编辑方式、设计整体与局部产品方案)，中观(策划组织报道)，微观(选择稿件、修改稿件、制作标题、配置稿件、设计编排版面)三个层面加以区分。学生在掌握软件操作之后，可以通过实施不同子类型产品的实验项目，将这三个层面的能力培养落到实处。

从软件技术角度来看，这两种产品的实现各自都有多种软件工具可供选择。本教材选用的实验工具是北京北大方正电子有限公司的“方正飞翔”系列软件。方正电子的出版软件在印刷出版领域一直居于国内领先地位，在出版社、杂志社和报社应用广泛。2012 年以来，方正的排版软件逐步从纸媒时代的“飞腾”向多媒体时代的“飞翔”转型，在短短数年中已经迭代更新了多个版本。本教材将系统讲解方正电子的“飞翔印刷版”和“飞翔数字版”两种软件的操作。“飞翔印刷版”用于平面产品的制作设计；“飞翔数字版”用于多媒体形态出版物，尤其是手机上使用的 H5 产品。这两种软件都与报界应用多年的飞腾软件有延续性，并具有较广泛的适用性。其中“飞翔数字版”提供多种互动效果，无需代码编程、即学即会，符合中文出版规范，具有较强的文件兼容能力，并能提供一定的运营数据报告和读者行为分析。

学习、掌握这两种软件的操作，并运用其设计制作传播产品、培养相应的思维方式，无论对于新闻传播类的学生，还是有兴趣学习融合新闻编辑的其他专业学生、社会各界人士，相信都会有益。

三、树立专业理念，引领业务操作与实践

新闻编辑实验教学的深层次目标，应该是帮助学习者培养起一套专业的编辑理念和思维方式，并以此来引领业务层面的操作与实践。新闻编辑的专

---

① 网易传媒设计中心：《H5 匠人手册：霸屏 H5 实战解密》前言，V 页，北京，清华大学出版社，2018。

业理念内涵丰富，笔者认为其中这三个方面是非常需要被强调的。

(一)系统整合信息

编辑在信息的传播过程中，一个核心的工作就是对信息进行整合加工，将原本分散的信息缔构成整体的、有序的物化系统。编辑面对的信息主要是来自作者(包括职业与非职业两大类)的信息，但从总体上看，这些未经编辑进一步加工整理的信息往往是零散、无序的，是不利于贮存和传播的，需要编辑按照传播的要求对它们进行重新整理和编排，并以优化的方式有序地传播相关信息。[①] 这种系统整合可具体区分为三个层面。

1. 选择素材

即对素材进行重新认识的筛选过程。以文字素材为例，由于写作与编辑工作的差异，作者和编辑往往是从不同的角度看待选题和素材的。工作在一线的记者对事物的感受更加真实、深切，但也可能因为身在其中难以保持客观冷静，而且视野会受到限制。来自媒介用户的内容更有可能存在各种问题和缺陷。编辑因所处的位置相对超脱，更多地从全局上考虑问题，对报道立场和原则把握得更加到位，对同类情况有更多的报道经验，因此有可能看到记者和媒介用户尚未意识到的问题，发现新闻素材中潜在的价值，找到更好的报道角度。[②] 图片、音频、视频素材的选择虽然各自有不同的标准，但该过程实现的功能与此相类似。

2. 组合稿件

在微观操作层面上，组合信息指将原本分散的单篇稿件按一定的原则联系、配置起来。单篇的稿件往往只侧重说明事物的某一方面，有限地反映现实生活；同时又是分散的，不能反映客观世界的联系和统一性，需要加以复合、组拼，形成层次分明、布局合理的整体。通过联系、配置与组织，本来单独存在的稿件表现出相互之间的内在联系，成组配套。

编辑过程中常用的组合手段包括：

(1)同题集中。即将内容相关联的素材置于一个标题下集中发表，使之形成一个整体。通过稿件的巧妙组合、标题的点睛，素材的表现力得到升华。同题集中的稿件之间可以有多种结构关系，主要包括联合(稿件间存在相同的一面，集中在一起以突出此方面)；连续(几篇稿件报道同一事件的连

---

① 吴飞主编：《新闻编辑学教程》，51～52页，北京，高等教育出版社，2004。

② 蔡雯、许向东、方洁：《新闻编辑学》第四版，28页，北京，中国人民大学出版社，2019。

续发展过程，使事件的来龙去脉更清楚)；对比(把内容有矛盾性质的稿件集中，通过标题的对比将矛盾揭示出来)；述评(把报道事实的稿件与相关的评论文章集中，两相对照)。

(2)集纳专栏。即将若干篇有共同性的稿件归在一起，形成版面上相对独立的一个区域。集纳专栏在编辑时，需要编辑善于找出共同点，提炼出正确的主题。

(3)稿件配置。指新闻编辑在选择并修改稿件之后，还要根据稿件内容的相关性或内在联系，进行组织搭配或者补充扩展，使其形成相对完整的系统，为最终完成产品的整体编排制作打好基础。具体的稿件配置手段包括配评论、加按语、配资料等。

3. 缔构系统

系统论创始人贝塔朗菲曾提出“系统大于各部分之和”，指系统是由要素按一定结构组织起来的整体，但系统不等于各要素的简单相加。要素一旦被有机地结合起来，就不再作为单个要素而存在，它们构成一个整体，获得了各个独立要素不具备的新性质和新功能。其秘密就在于结构的有机性，结构是系统内各要素的组织形式。编辑的过程就是用一定的结构来整合分散的素材，使其成为一个系统，实现突出的整体传播效应。

(二)创新叙事手段

与采写工作一样，编辑工作的成果是通过叙事来实现的。狭义的叙事(narrative)是“叙述所得之事”，即将存在于语言之中的本来面貌的故事以一定方式结构起来，并由一位叙述者从特定角度传达给读者(听众)。①从广义来看，借用各种传播符号呈现文本的过程均为叙事，而这一过程与媒介密不可分。从口语叙事、文学叙事、影像叙事到数字媒体叙事，媒体特质决定了叙事作品的生产与传播方式，也决定了其文本形式与话语模式。在融合媒体时代，媒体平台、媒介形态变动迅疾，对专业传播者因应特定媒介进行叙事的能力的需求被更鲜明地凸显出来。

新闻叙事的主要范畴包括叙事声音、叙事角度、叙事时间、叙事空间、叙事修辞等，这些范畴几乎都在编辑工作中有所体现。单就叙事空间来说，报纸媒体的新闻叙事是在二维空间——一沓对开或四开大小的纸张上展开的。空间的变化包括：新闻的文字与图片安置于哪一版、版面哪个位置，所占空间多大，用哪种空间性符号(标题字体、字号、线条、色彩)来表达，与

① [美]马丁：《当代叙事学》译后记，273页，北京，北京大学出版社，2005。

其他文本的布局结构关系如何，等等。这些版面语言是一种辅助性语言，它不能脱离文字和图像而独立存在，但可以为它们附加信息，从而强化、削弱甚至改变它们的意义。经由手机、平板或电脑媒体传播的H5，其叙事空间除了包括上述特征之外，还增加了更为复杂的内涵：音频、视频、动画等的使用，需要在空间安排上兼顾叙事时间问题；点击弹出功能使得“空间”成为立体、多层的虚拟空间；读取用户头像或照片、用户填写信息生成表单等功能，则需要考虑使用者与叙事空间的交互问题；等等。

要取得良好的叙事效果，编辑工作需要在遵守新闻叙事基本原则的前提下，不断创新。

第一，融合新闻叙事必须遵循新闻叙事的基本原则——真实性原则。新闻是“新近发生的事实的报道”，把握好事实，坚持新闻的真实性，在新闻领域的各种体裁中具有普遍性。当然，新闻叙事强调客观性的同时，不排除叙事者有一定的倾向性，但必须建立在真实性基础上并进行科学有度的把握。新闻叙事的素材所具有的真实性是不可更改的，“不管不同媒体中的叙事作品的视角、文本结构、叙述的语境有怎样的变化，其叙事的基本规则、原理、内涵、本质都不能缺失”①。

第二，创新叙事手段是融合媒体发展的必然要求。“创造性的思维来自创造欲望和激情，新闻编辑保持对媒介的创新使命感是非常重要的。”②伴随着社会政治、文化、技术的发展，媒体的编辑内容不断变化，其重要内涵之一就是创造出新的叙事形式、风格和技巧。在新兴媒介技术的影响下，叙事元素的变革呈现出诸多的新特点，如图片化叙事、超链接叙事、音频叙事、视频叙事、标题叙事等。要做好新闻编辑工作，学习者必须培养起对不同叙事要素的特点、功能的充分感知，不断创新，只有将故事讲述得精彩生动，才能取得好的传播效果。

(三)注重用户体验

在媒体融合的背景下，用户体验成为媒介产品设计的重要考量目标。在新媒体产品设计的实践领域，用户体验常常被认为由交互设计来实现，设计者着重考察的是导航、布局、动效、结构等方面。但如从更深层次来看，用户体验关涉着从产品设计到产品感知、产品评估的整体动态过程。如国际标

---

① 范以锦：《新闻叙事的“变”与“不变”》，载《新闻与写作》，2016(6)。

② 蔡雯、许向东、方洁：《新闻编辑学》第四版，38页，北京，中国人民大学出版社，2019。

准化组织(ISO)在针对人机交互设计指导的国际标准(ISO 9241-210：2010)中就给出如下定义：用户体验是"人们对于使用或期望使用的产品、系统或者服务的认知与反应"。ISO还对该定义作了三条补充解释：

(1)用户体验包括用户在使用(产品或系统)之前、使用期间和使用之后的全部感受，包括情感、信仰、喜好、认知印象、生理和心理反应、行为和成就等各个方面。

(2)用户体验是如下类目的后果：品牌形象，呈现，功能，系统表现，交互系统的交互行为和辅助能力，用户先在经验、态度、能力、个性所引致的内在与身体状态，使用语境。

(3)当"可用性"从用户个人目标的角度来阐释时，它包括与用户经验相联系的认知和感情等方面。可用性标准可以用来评估用户体验。

这种定义方式所反映的，是"以用户为中心"的理念。在媒介产品的竞争中，功能、技术不是衡量产品好坏的唯一标准；只有以用户体验为核心，不断优化，才能吸引并留存更多的用户。而且，用户体验的内涵并非表面化的"交互设计"那么简单。

在多种类型的媒介共同演进、共同生存的背景下，特定形态的媒介如何找准自己独有的用户体验十分重要。对于新媒体产品来说，可能更需要强调的是用户的使用诉求，注重情感关怀，突出人性化设计。而对于报纸这种新闻媒体来说，优良的用户体验则根植于在一百多年的传播历程中确立的专业表现：负责任、真实、准确、公正、清晰、全面、精细的视觉传达等。当下，这些专业理念仍然不可或缺，并需要针对媒体融合的环境不断创新，提升报纸自身的用户体验。

总而言之，本教材希望能帮助学习者获得特定媒介的编辑技能，做好基本功，并有意识地借助软件操作来培养起专业理念和产品思维。这些专业理念、思维和能力不仅适用于现有的融合新闻产品，也能够应用到未来更多的传播渠道中。

本教材曾获暨南大学本科教材资助项目支持。需要补充说明的是，本教材中关于软件操作的文字介绍，参考了方正飞翔印刷版、数字版的说明书，并根据本人的教学心得进行了相应阐发，同时使用了本人教学过程中的若干例证。

第一章　方正飞翔软件入门

第一节　方正飞翔软件安装

方正飞翔印刷版的功能和界面延续了北大方正多年积累的出版技术，主要用于静态的纸媒排版。方正飞翔数字版传承了方正飞翔印刷版专业设计编排的基本功能，并实现了无代码交互设计，主要用于完成新媒体产品创意制作，并提供 Html5 作品的云端内容发布与展示平台。

实验主题

安装方正飞翔印刷版、数字版。

实验目的

学会正确安装及运行方正飞翔印刷版、数字版，并了解方正飞翔软件需要的系统配置和安装注意事项。

实验内容

一、确认计算机的安装环境

在安装电子排版软件之前，需要确认计算机的系统配置，看其是否符合方正飞翔印刷版和数字版的安装环境要求。如果满足下列要求，就可以顺利安装了。

1. 硬件要求

主机：CORE M3 以上 PC 机。

内存：建议使用 2GB 或以上。

硬盘：建议 128GB 或以上，并且剩余硬盘运行空间不少于 2GB。

显示器：分辨率建议调至 1920×1080 像素或以上。

2. 操作系统

方正飞翔印刷版、数字版可以在 Win7、Win10 等版本的系统下安装并运行。

二、方正飞翔软件的下载与申请试用

通过“方正飞翔云服务”平台（http：//www. founderfx. cn/index. jhtml），使用者可购买方正飞翔软件（以下简称“飞翔软件”），也可免费下载试用（联网条件下使用的云授权版本）。这里介绍的是云授权版本的下载。

在云平台首页找到“产品系列”图标，点击进入产品中心页面（见图 1-1）。

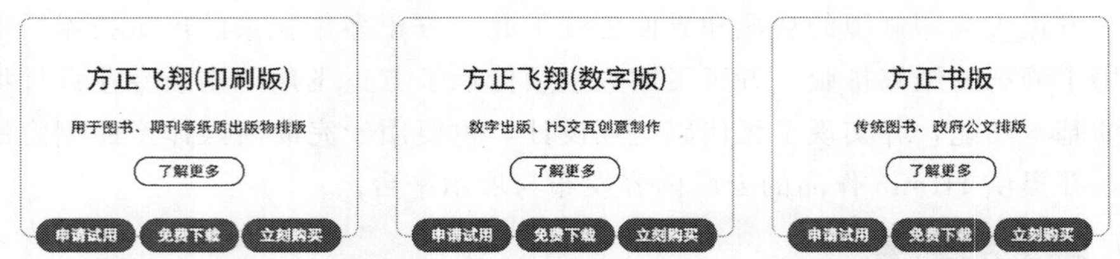

图 1-1　方正飞翔云服务平台的部分产品图标

点击其中方正飞翔（印刷版）区块的“了解更多”，网页跳转至印刷版的产品页面，点击“立即下载”（见图 1-2），将软件文件包（方正飞翔印刷版云授权）下载到本机。

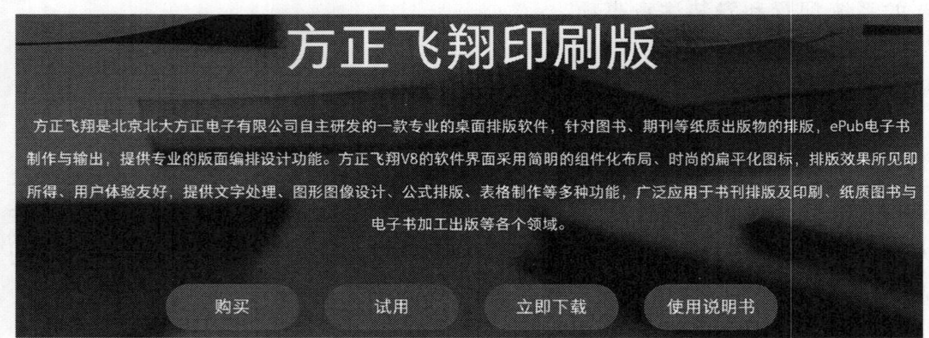

图 1-2　方正飞翔印刷版下载

申请试用的方法是：在网络平台首页右上角，找到“登录”按钮。点击后进入登录与注册页面，再点击右上角的“注册”，填入相关的注册信息。

注册成功后，在刚才方正飞翔印刷版的产品页面点击“试用”按钮，进入申请试用的页面，填写相关信息并提交，就可以申请这款软件的使用授权了。每次授权期为一个月。

按照同样的步骤，下载方正飞翔数字版（云授权）到本机，并申请其使用授权。

申请成功后，“个人中心”会显示已获得所申请软件的使用授权(见图 1-3)。

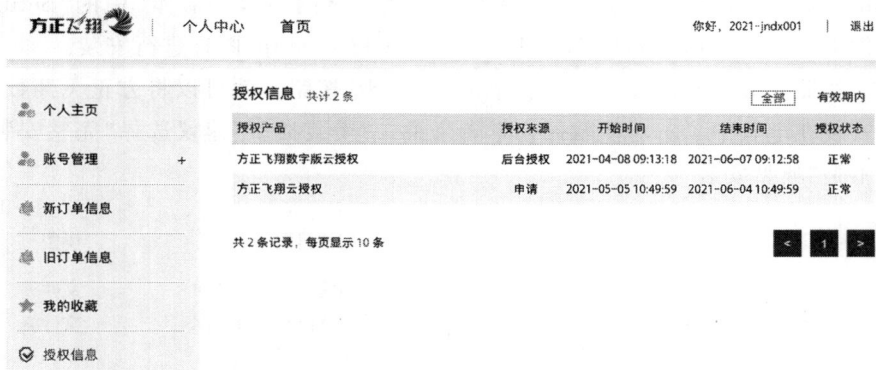

方正飞翔　个人中心　首页　你好，2021-jndx001　|　退出

个人主页
账号管理 +
新订单信息
旧订单信息
我的收藏
授权信息

授权信息 共计 2 条　全部　有效期内

授权产品	授权来源	开始时间	结束时间	授权状态
方正飞翔数字版云授权	后台授权	2021-04-08 09:13:18	2021-06-07 09:12:58	正常
方正飞翔云授权	申请	2021-05-05 10:49:59	2021-06-04 10:49:59	正常

共 2 条记录，每页显示 10 条　< 1 >

图 1-3　用户“个人中心”显示的授权信息

飞翔云服务平台上提供的印刷版、数字版软件均有多个版本。最新的软件版本通常是功能更多、更完善的版本，因此建议下载最新版本。本书使用的是飞翔印刷版云授权 V8.0 和飞翔数字版云授权 V8.0。

三、飞翔软件的安装

1. 安装飞翔印刷版

解压下载到本地的飞翔软件印刷版的文件包。打开文件夹，可在其中看到两个文件夹。其中“安装必备”是必须安装的，先打开这个文件夹，双击其中名为“FileFormatConverters”的应用程序，将其装入计算机。如果计算机系统为 Windows 家庭版、教育版等特定版本，安装飞翔软件后无法正常启动运行，就需要安装 vc _ redist. x86. exe(见图 1-4)。

FileFormatConverters	2019/3/25 11:06	应用程序
vc_redist.x86	2021/3/2 16:59	应用程序
安装必备说明(重要)	2021/3/12 20:24	文本文档

图 1-4　方正飞翔印刷版文件夹

然后打开“飞翔印刷网络服务版本”文件夹，点击其中的应用程序，即可启动安装程序。按照安装向导的提示，一直单击“下一步”按钮，就可以将方正飞翔印刷版安装在电脑中了。

2. 安装飞翔数字版

解压下载到本地的飞翔软件数字版的文件包。打开文件夹，同时可在其中看到两个文件夹(见图 1-5)。先打开“安装必备”文件夹，双击“vc _ redist. x64”图标进行安装。然后打开“飞翔数字网络服务版本”中的“Setup”文件夹，双击“FounderFXDPNET8. 0. 0. 1632 _ setup”图标进行安装。

按照安装向导的提示，一直单击“下一步”按钮，就可以将方正飞翔数字版安装在电脑中了。对于软件初学者来说，“安装类型”建议选择“完整安装”而不是“典型安装”。

名称	修改日期	类型
安装必备	2021/4/30 11:14	文件夹
飞翔数字网络服务版本	2021/4/30 11:14	文件夹

图 1-5　方正飞翔数字版文件夹

学习者可按需求经由正规渠道购买相应软件，或从方正云平台下载试用。每次软件安装结束时，系统都会提示重新启动计算机。可在两个软件均安装完后再重新启动，启动后，桌面会显示两个软件的图标(见图 1-6)。双击软件图标，输入账号、密码，登录软件，就可以开始使用软件了。

图 1-6　桌面上的方正飞翔软件图标

第二节　认识方正飞翔印刷版的工作区

实验主题

认识方正飞翔印刷版界面中的主要工作区域。

实验目的

了解版面设置界面；了解排版界面中页面、版心、辅助版、浮动窗口、控制窗口等的位置和各自的作用；了解飞翔软件的基本工具。

实验内容

一、启动软件

启动软件时，试用版的用户需要填写用户名及密码，然后根据报纸产品设计的需求选择是否使用模板。如果要制作自己个性化的报纸版面，建议不要通过模板新建，而是在弹出的对话框(见图 1-7)中，选择“新建文档”。

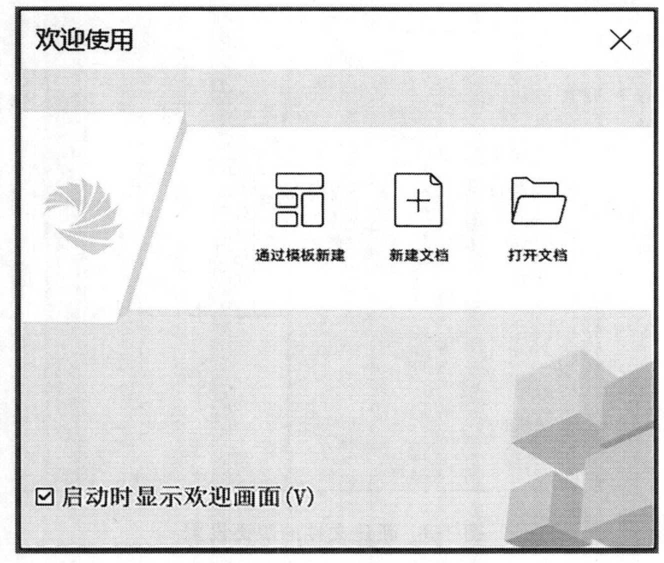

图 1-7　出版物类型选择对话框

二、新建文件

选择“新建文档”后，进入的是印刷文档的版面设置界面(见图 1-8)。从界面中可以看到，版面设置包括多项参数。“页数”中可设置文件的具体页数。“双页排版”指工作的对象是多页文件时，会将相对应的两页同时显示在排版界面中；“起始页为右页”指第一个显示的页面在装订后的成品中居于右页，翻开后的第二页则居于左页。这两个概念通常用于杂志、书籍，报纸一般都是单页排版的，所以把这两个选项之前的“√”取消掉就可以了。

由于报纸通常为版型竖高、文字横排的形式，“纸张方向”维持默认的竖向设置，“排版方向”维持默认的横向设置即可。拉开“页面大小”对话框，系统提供了大小不同的版面，包括对开、四开、32 开、A4、B5 等。选定某一种页面大小后，宽度、高度、页面边距均随之确定。如默认界面选择的页面大小是“大 16 开”，宽度为 210mm，高度为 285mm，页面边距在顶、高、外、内四个方向上均为 15mm。

不过，各家报纸通常是按照报纸的定位来进行视觉设计的，独特的版面大小和版心构成即整体设计的一部分，这就需要通过“高级”选项来实现，后面再用专节讲述。

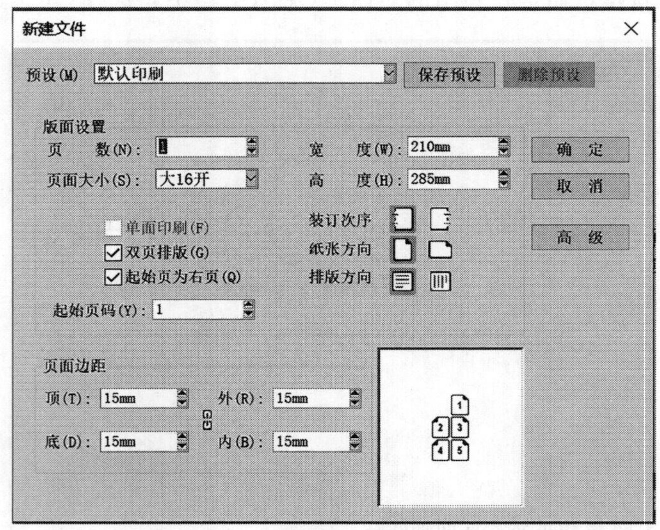

图 1-8 新建文件的版面设置

三、认识排版工作界面

飞翔印刷版排版工作界面的主要构成如下(见图 1-9)。

1. 页面：报纸版面的成品尺寸，包括版面和页边空。

2. 版心：报纸版面中放置各种编排元素的区域。

3. 辅助版：页面周围空白的区域。可用于辅助编排、临时放置各种编排素材或半成品的区域。

4. 主菜单：用鼠标移到某一主菜单项上单击，即可弹出该菜单。单击菜单名称即可选择该功能。点击菜单后的小三角符号，可以展开下级菜单。菜单打开时，用鼠标单击版面任意一处，即可关闭菜单。

5. 工具条：默认在主菜单上方，包含了文件常用的操作，如新建、打开、排入文字、排入图像和输出等。

6. 工具箱：飞翔工具箱位于界面的左侧，鼠标点击到工具图标即可选取工具。

7. 浮动窗口：飞翔软件布局的一个特点，就是将功能合理分布在浮动窗口、控制窗口和对话框之中。浮动窗口是用来给操作对象定义各种效果的窗口，通过它可以实时预览到设置效果，如艺术字、颜色、底纹和花边等艺术功能。按 F2 键，可以快速隐藏或显示浮动窗口(笔记本电脑需要同时按下 Fn 键和 F2 键)。按 Ctrl＋F9 键，窗口可在全屏显示和简洁显示之间切换。

8. 控制窗口：控制窗口集中了文字、图形、图像、表格等各类对象的常用功能。选中对象后，控制窗口会出现在界面的左上角，它显示的是操作对象的属性。如用文字工具选中文字时，会出现“文字控制”窗口，可以在这个窗口中设置文字及段落的多种参数。

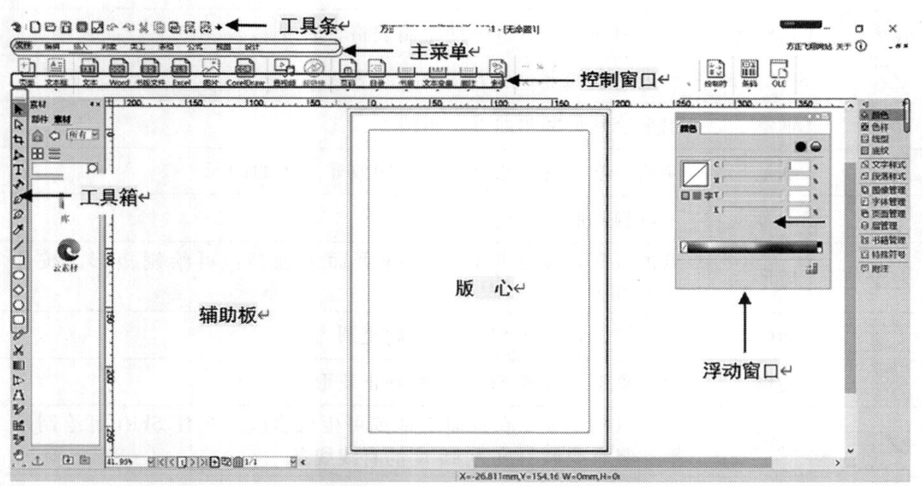

图 1-9 飞翔印刷版工作界面

四、了解工具箱

飞翔工具箱中提供了多种常用工具(见表 1-1)，用这些工具可以便捷地进行排版操作。如果工具图标右下角带三角标识，表示该工具带有扩展工具。表 1-1 中也包括了扩展工具。

表 1-1　飞翔常用工具列表

图标	工具名称	功能描述
	选取	选中对象
	穿透	主要用来编辑对象的节点，改变对象形状
	图像裁剪	裁剪图像
	旋转倾斜变倍	点击对象后，可以进行缩放、旋转或倾斜操作
	扭曲透视	使图元产生扭曲透视效果
	平面透视	使图元产生平面透视效果
	文字	选择此工具才能进入文字编辑状态，对文字进行录入、修改、选中等操作
	沿线排版	点击到任意线段或封闭图元上，可使输入的文字沿图元形状走位
	表格画笔	在版面拖拽，可以手动绘制表格、表线
	表格橡皮擦	点击到表线上，可方便地擦除表线
	钢笔	用来绘制贝塞尔曲线、折线
	画笔	像铅笔绘图一样绘制任意封闭或非封闭的图元
	删除节点	可以删除曲线上的任意节点
	矩形	点击版面，按住鼠标左键在页面上拖拽，可绘制矩形。按住Shift可绘制正方形
	椭圆	绘制椭圆，按住Shift可绘制正圆
	菱形	绘制菱形，按住Shift可绘制正菱形
	直线	点住鼠标不放，在页面上拖拽可生成直线。按住Shift可绘制水平、竖直或倾斜度为45度的直线线条
	多边形	绘制多边形，按住Shift可绘制正多边形
	剪刀	可将图元或图像剪切为几个部分
	渐变	在版面拖拽，可按拖拽的方向、角度应用渐变色
	颜色吸管	点击到对象上，可以快速吸取对象颜色属性，再注入给目标对象
	表格吸管	吸取表格单元格底纹、颜色等效果，注入目标单元格
	小手	用来移动版面，调整版面位置
	放大镜	调整版面及对象的显示比例
	异形角矩形	绘制特殊角形状的矩形

五、认识版面辅助工具

1. 显示比例

飞翔版面可以在5%～5000%之间缩放显示。在菜单中选择“视图”|“显示比例”，即可在二级菜单中选择各种显示比例。按住 Ctrl 键同时单击鼠标右键，可以将版面比例在实际大小(100%)和全页显示之间进行快速切换。

2. 标尺

标尺在各种工具或控制条的下端和右端。当光标在窗口内移动时，标尺上会有虚线跟随光标移动，表明光标当前的位置。当选中版面对象进行移动时，标尺上会显示选中对象边框的位置，在“对象”菜单的控制窗口和状态栏中也会显示光标位置的数值。飞翔印刷版新建文档后，标尺原点的缺省设置为裁切线的交叉点(B 点)，此时可以按住鼠标左键，从标尺交叉处的“＋”字位置向纸张的左上角顶点(A 点)拖动，就可将纸张顶点设为标尺原点(见图 1-10)。

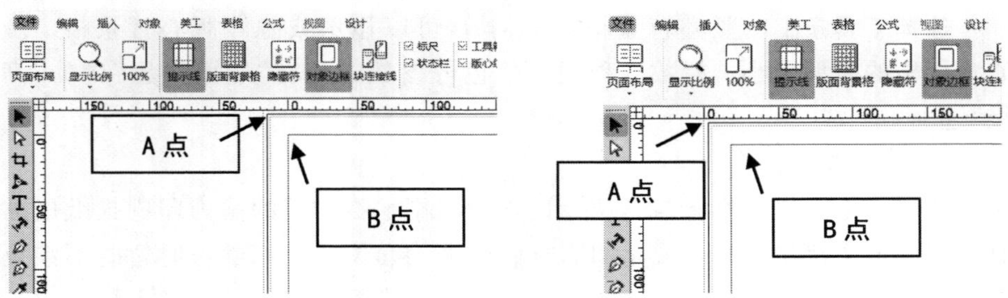

图 1-10　标尺原点的修改

选定对象后，如果以对象的左上角为基点，在标尺栏的“X”和“Y”中输入数值(如“X”设为“20.0mm”，“Y”设为“25.0mm”)，可以帮助对象精确定位于版面上的这一点。

3. 提示线

按住鼠标左键从左侧的竖标尺上向右拖动鼠标，即可拖出竖的提示线。按住鼠标左键从上侧的横标尺向下拖动鼠标，即可拖出横的提示线。多条淡蓝色的提示线共同构成一个版面的基本骨架(见图 1-11)。如果选中一条提示线并将其拖回标尺位置，即可删除该提示线。提示线辅助用于版面对象的精准定位，只能显示，并不在后端输出。

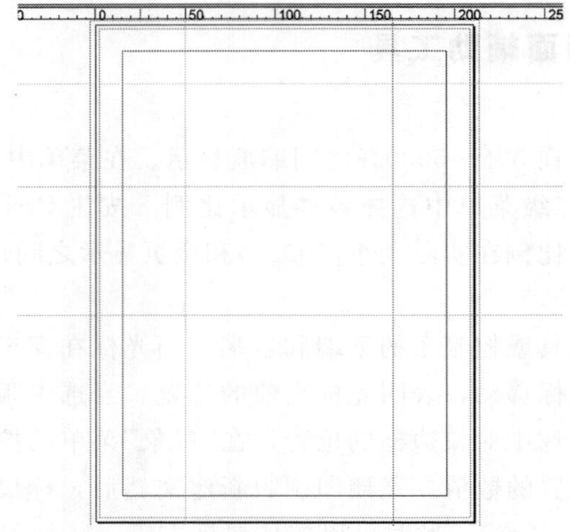

图 1-11 提示线

4. 背景格

选择工具条上的版心背景格图标，可以显示或隐藏版心背景格。版心背景格的字型大小、栏数、种类、颜色等参数，可在"版面设置"中的"高级"选项中完成。

5. 标记和出血

裁切标记、出血标记与套位标记均为印刷术语，目的是为印刷报纸成品时预留一定的裁切空间，或是印刷时做到准确套位。我们学习时暂时不涉及印刷问题，所以将全部标记前的对号取消就可以了(见图 1-12)。

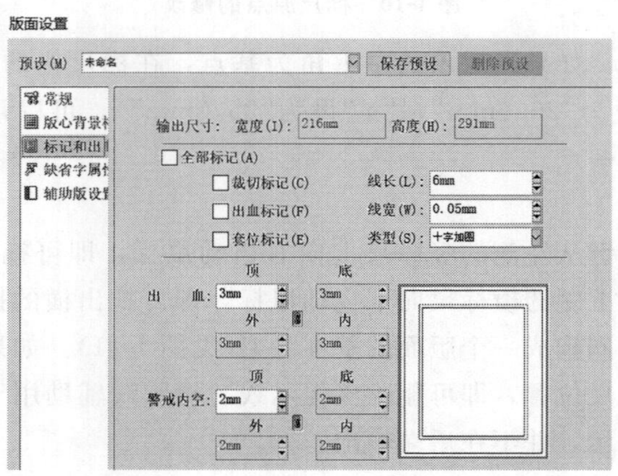

图 1-12 标记和出血

六、对象基本操作

创建文档后，需要将排版中所用到的内容对象加入到版面当中来，这些就是操作对象。平面媒体主要的对象包括文字、图像和图元。对象基本操作包括以下几种。

1. 排入

文字符号可以直接在版面上手工录入。在“工具箱”中选择“T”工具，在版面中按住鼠标拖画出一个文字块区域，T光标定位在文字块内，就可以直接录入文字了。也可以直接排入已经存在的文档，在菜单栏下一行的工具条中点“文本”图标，选择相应文档即可排入。

图像排入可通过工具条中的“图片”图标，选择相应图像即可排入。图元是通过工具箱中的各种画图形工具绘制完成的。

2. 选取和移动

用选取工具选中对象，该对象周围可显示出8个控制点，表示其处于选中状态(见图1-13)。如果想同时选中多个对象，可先用选取工具选中一个对象，然后按住Shift键，同时用选取工具单击其他对象即可。也可以用选取工具按住鼠标左键拖动，在版面上显示一个虚线框，凡在虚线框内的对象均会被选中。用选取工具选中需要移动的对象，当光标变为交叉十字箭头时，可以移动对象。

图1-13 对象选中状态

3. 对象的倾斜、旋转和变倍

使用“工具箱”中的旋转倾斜变倍工具双击对象，对象周围就会出现倾斜、旋转控制点(见图1-14)。拖动倾斜控制点可以实现图形的左右、上下倾斜，拖动旋转控制点可以将对象以该旋转原点为中心转动。

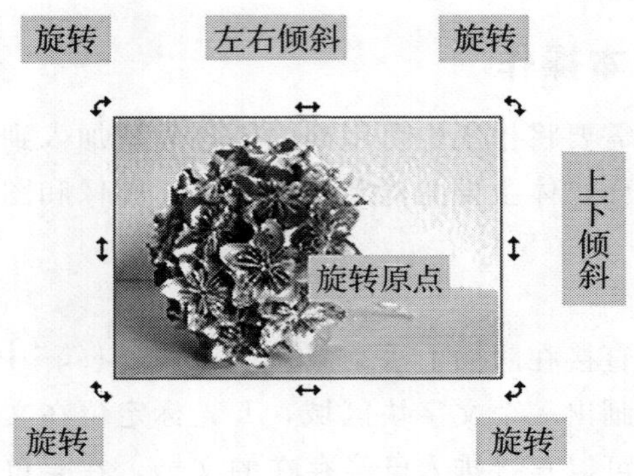

图 1-14　倾斜、旋转控制点

单击需要改变大小的对象，可以通过操作对象周围的实心控制点用变倍功能实现对象的变倍操作(见图 1-15)。另外，采用选取工具选中需要改变大小的对象，光标移动到控制点上呈双箭头形状，按住鼠标左键拖动到需求的大小位置即完成操作。

图 1-15　变倍控制点

4. 对齐对象

如果需要将多个对象以一定的方式对齐排列，就会用到对齐功能。选中多个对象时，对齐工具(见图 1-16)会出现在“对象”菜单下的工具栏中。以默认版面上最新创建的对象为基准对象，单击相应的对齐按钮即可。

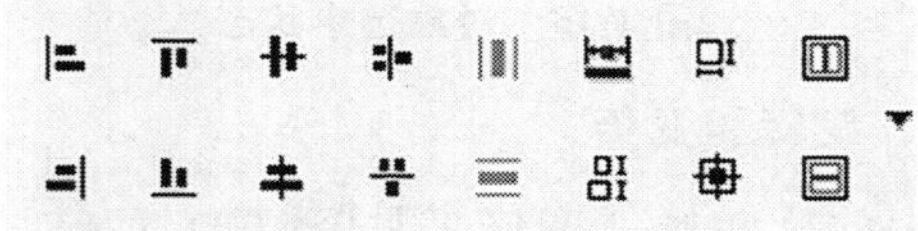

图 1-16　对齐工具

5. 层次调整

飞翔软件中在同一层上多个重叠的对象之间有层次关系，排版时可以根据需要调整对象之间的叠放层次。使用选取工具选中准备改变层次的对象，选择菜单“对象”，在工具条中选择“上一层”“下一层”“最上层”或“最下层”的图标，即可调整其层次(见图 1-17)。也可以选中对象后，在右键菜单中选择相应选项。

图 1-17 对象层次调整

6. 成组与锁定

用选取工具同时选中多个对象，选择“对象”菜单，单击控制窗口中的“成组”图标，或在右键菜单里选择“成组”命令，即可将该组对象作为一个整体。成组后的对象可以如普通对象一样进行编辑，包括移动位置、改变大小，进行变倍、倾斜、旋转等操作；也可以使用穿透工具，选中成组对象里的单个对象，对其进行单独设置。操作完成后，如果需要，可以选中成组对象，选用“对象”菜单下的“解组”图标，或使用右键菜单“解组”命令，将成组对象分离。

为了确保已经编辑好的对象形状或位置不被修改，可将其用锁定工具固定在版面上。选中准备锁定的对象，选择“对象”菜单中的“锁定”图标，这样就锁定了对象的位置和形状，但对象的属性还可以编辑，如改变线型和底纹。当执行“锁定”命令后，版面中的鼠标指针会变为一把小锁，对象无法改变位置或大小。如果要移动已锁定的对象，选择“对象”菜单下的“解锁”图标，可解除其锁定状态。锁定和解锁也可以在右键菜单中完成。

七、文件的保存与输出

飞翔新建的排版文件类型为“. ffx”文件。选择“文件”|“保存”，或点击排版界面顶端工具条中的图标，可以保存正在编辑的文件。如果该文件是新建文件，尚未保存，会弹出“另存为”对话框。如果存档文章中有未排完的文字，即文章所在的文字块有续排标记时，将弹出“保存文件—文本未排完”对话框(见图 1-18)。选择“调整该文”，可终止保存，返回版面，选中未

排完的文字块或表格块进行调整。也可选择“储存”，忽略未排完文字，继续保存。

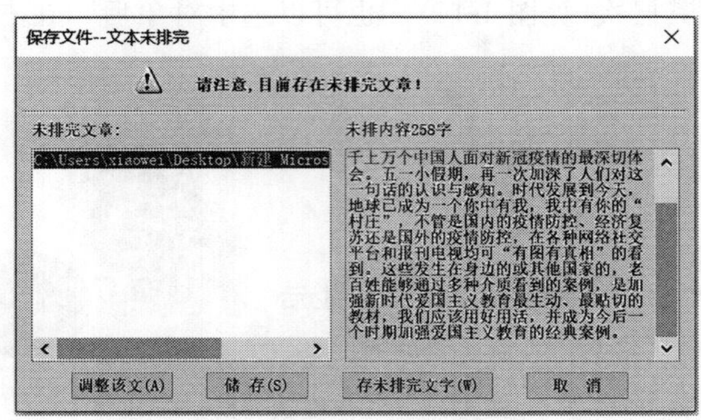

图 1-18 “保存文件—文本未排完”对话框

排版完成后，选择“文件”|“打印预览”，可进入预览版面。取消预览后可返回版面编辑状态。

选择“文件”|“打印”，会弹出打印对话框。选择“打印机”，并设定打印份数，点击“确定”即可将版面打印到纸上。

选择“文件”|“文档输出”，弹出“输出”对话框(见图 1-19)。如需生成 PDF 文件，则选择“保存类型”为“＊.pdf”。选择保存路径，并在“文件名”编辑框内录入输出文件的名称，其他参数采用默认值，点击“确定”，即可将文件输出为 PDF 文件。

图 1-19 “输出”对话框

飞翔软件提供灾难恢复功能。在排版过程中，如果遇到断电、死机等突发情况，再次启动飞翔时，系统会弹出“灾难恢复”对话框，询问用户是否恢复文件。选择“是”，即可恢复文件。

第三节 模仿制作报纸要闻版

实验主题

模仿对开报纸要闻版，制作一个完整版面。

实验目的

1. 学会对开报纸的版面设置。

2. 了解报纸版面的基本构成：报头、版心、边空、正文、标题、图片、分栏、头条。

3. 掌握方正飞翔基本的排版操作：排入文字、分栏、设置字体字号、插入图片、图片裁剪、设置色块与线条、对齐。

实验内容

一、了解对开报纸版面构成

报纸的版面编排是基于一定大小的纸张幅面所提供的空间来进行的。报纸的版面大小又称为版面规格，它是用“开本”来衡量的。我国报纸版面的版面规格可分为两大类型：一种是对开版面，如《人民日报》；一种是四开版面，如《参考消息》。由于纸张规格的不同，报纸开版的尺寸也不同。各报一般均有自主设定的宽高比例，所以版面尺寸也各有不同。

报纸版面包括报头、报眼、中缝、报眉等区域(见图 1-20)。版心即容纳新闻正文、标题和图片的地方。从印刷角度看，一定大小的纸张所提供的空间只是一种物质材料，各局部之间不存在差别。但是从编排角度看，这种空间却是表达编排思想的一种手段。这种表现报纸编排思想的一定大小的纸张所提供的空间，就叫版面空间。

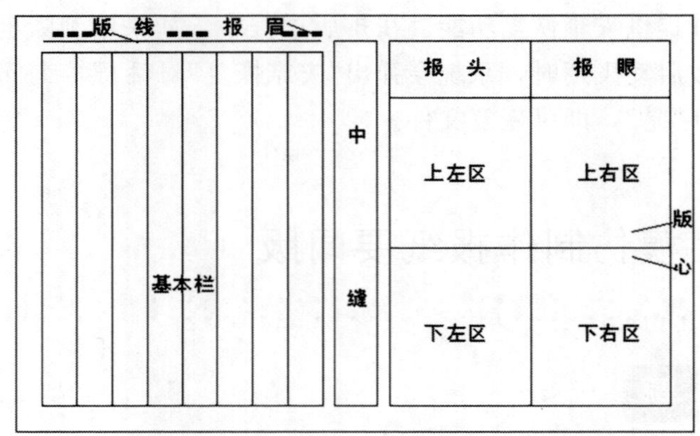

图 1-20 报纸版面的区域划分

版面空间的构成分成版、区、栏等几个层次。一份报纸由多个版面组成，一个版面可以划分为若干区，不同的区在版面上具有不同的地位。每一个版面又可以划分成若干栏，横排报纸的栏是从上而下垂直划分的，竖排报纸的栏是从右至左水平划分的，每一栏的宽度或高度相等。一个版面按几栏分版是相对固定的，这种宽度或高度相等、相对固定的栏被称为基本栏。版面除了基本栏外，还常采用变栏(比基本栏长或短)。变栏的意义在于强化和美化。

在报纸诸多新闻版面中，要闻版是最受重视的部分。狭义上的要闻版专指头版，即报纸用于刊载最重要的新闻、评论以及其他稿件的版面。本节用于模仿实验的是广东省委机关报《南方日报》的要闻版，该报对新闻版组设计的要求是简洁明快、层次分明、模块严谨、细节精致。

二、设置版面参数

要模仿制作一份报纸的要闻版，首先要做的是测量这份版纸的版面参数，并在软件中做相应设置。如果是纸质版，可以用直尺在报纸上测量；如果是 PDF 版本，可以用 PDF 的阅读器(如 Adobe Reader、Foxit Reader 等)中的标尺来测量。首先要测量的是报纸版面的宽、高，以及上、下、左、右四个位置的边空，建议使用毫米(mm)为单位。考虑到报纸截切可能有误差，可以多测量几份，求取平均值。

对 2019 年 7 月 11 日《南方日报》测量的结果是：版面宽度为 394mm，高度为 542mm，上、下、左、右边空分别为 20mm、20mm、25mm、17mm。

打开飞翔印刷版，新建一个印刷文档。在“新建文件”对话框中点击“高级”按钮。

版心调整类型选择“自动调整版心”，背景格样式选择“报版”(见图 1-21)。

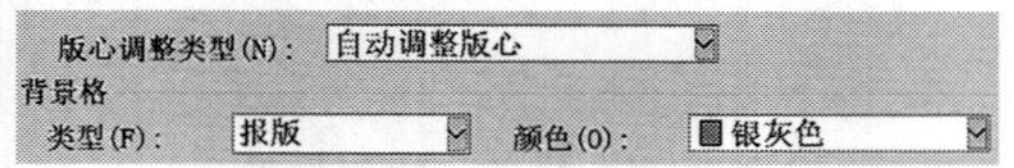

图 1-21　“版心调整类型”设置

对开报纸一般使用小五号字作为正文字号。这里就将背景格字号设为小五号(见图 1-22)。

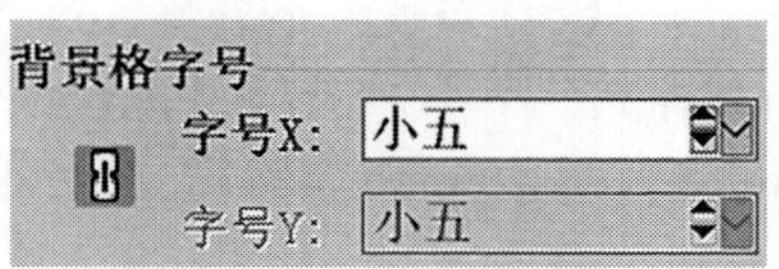

图 1-22　“背景格字号”设置

将页面宽度设为 394mm，页面高度设为 542mm(见图 1-23)。

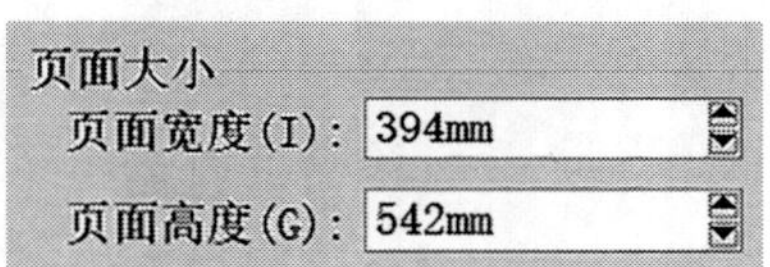

图 1-23　“页面大小”设置

页面边距设好顶、底、外、内四个数值(见图 1-24)。

图 1-24　“页面边距”设置

版心的宽高值会自动调整生成。这个版面的版心宽 352mm，版心高 502mm(见图 1-25)。

图 1-25　“版心”设置

版心分栏数、行距、栏宽也是需要确定的参数。这里我们将行距设为常规化的 0.25 字，栏数设为 6，基本栏设为 17 字(栏宽相等)(见图 1-26)，栏间和行数则自动生成。

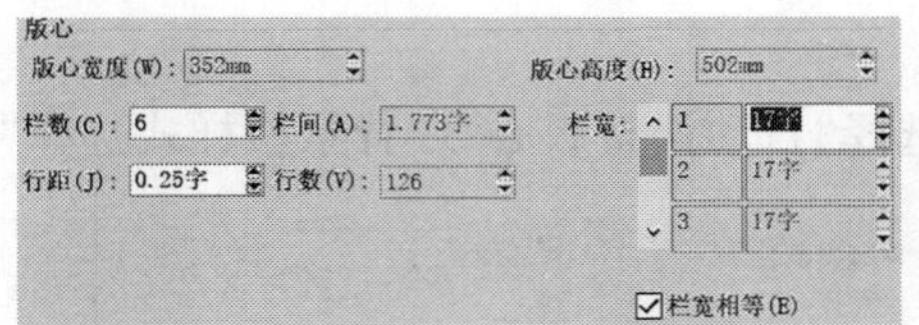

图 1-26　栏数、栏宽设置

继续点击“高级”设置界面左侧的“缺省字属性”，可设置版心字的字体与字号。中文报纸一般使用“报宋”字体为正文字体，不同报纸可能会选用特定的报宋体。如《南方日报》的版心字为方正新报宋，我们可将字体确定为“方正新报宋简体”(见图 1-27)。版心字号为小五号，这在前面的“版心背景格”设置中已经确定了。另外补充一个小知识：如果是英文报纸，版心字要设定为某种英文字体(如 Times New Roman 字体)，需要把“中文”与“英文”之间的联动锁取消。

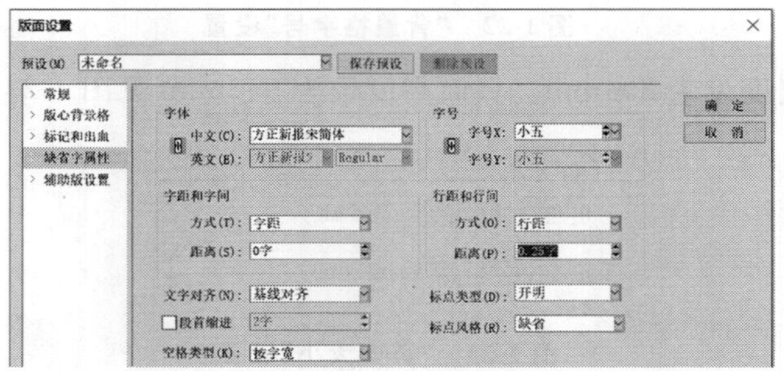

图 1-27　“缺省字属性”设置

点击“确定”，回到“新建文件”页面，可以看到刚才设置的宽度、高度、页面边距等参数。选择“单面印刷”，“纸张方向”保持默认的竖向，“排版方向”保持默认的横排，就完成了版面设置(见图 1-28)。

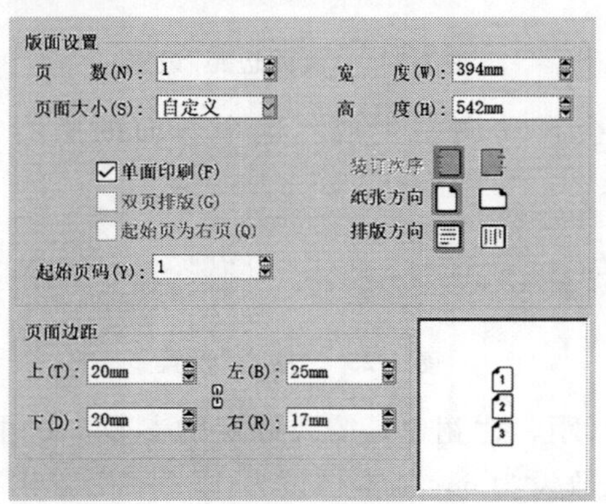

图 1-28　设置好的版面参数

点击“确定”进入飞翔排版主界面后，可以看到一个完整的空白版面。点击工具条上的“版面背景格”图标▦，可显示出版面的分栏、行数等(见图1-29)。我们就在这个版面上完成对《南方日报》的模仿。

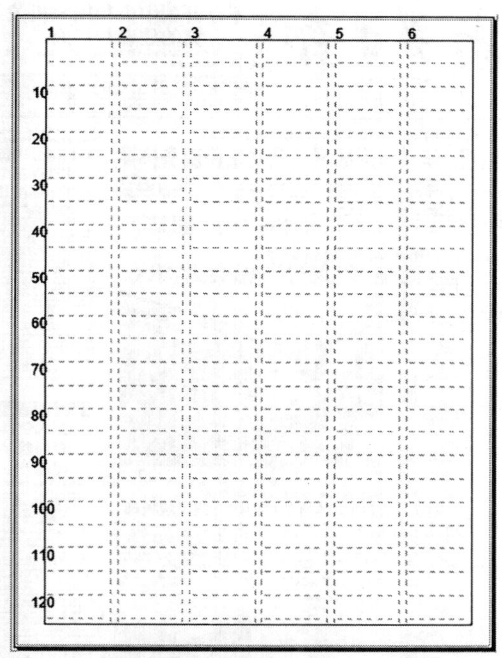

图 1-29 设置好的空白版面

需要强调的是，特定报纸的栏宽、栏间距等参数并不一定按统一规格来设定，人工测量的报纸宽度、高度也可能会有误差，所以这里设置出的版面与报纸原版面可能会有细微出入。但我们做模仿设置的意图是学会设置版面的相关操作，这种微小差距可以忽略。

按照上述步骤，可以模仿设置不同报纸的版面。另外，还可以在版心调整类型中选择“自动调整边距”，然后设定页面大小和版心的宽度、高度，这样会自动生成页面边距的数值。

三、前期准备

1. 准备素材

本次模仿制作的是 2019 年 7 月 11 日的《南方日报》第 A01 版。这是一个日常的综合性版面，新闻条数适中，版面语言简洁，适于初学者学习。

新闻文字和图片素材可通过网络获取。登录南方网(http://www.southcn.com/)，可以进入《南方日报》的数字报。在“往期报纸”栏目中选择日期和版序号，可以找到2019年7月11日的第A01版(见图1-30)。

南方日報

不断开创中央和国家机关党的建设新局面

中办国办印发《关于加快推进公共法律服务体系建设的意见》

到2022年基本形成现代公共法律服务体系

划转部分国资充实社保基金今年全面推开

同坐“复兴号”，相会大湾区

深入学 查问题 促成效

广州社区小区两个月内配齐四类垃圾桶

“只生不养”？父母将被监护！

争分夺秒送肝救人

图1-30 2019年7月11日《南方日报》第A01版

点击版面图片上的头条新闻《到2022年基本形成现代公共法律服务体系》，将链接网页中的稿件全文复制，粘贴到新建的文本文档中(文件后缀名为“.txt”)。按照同样的操作，可将版面上所有6条新闻稿一一存成文本文档。

版面上共有3张图片，在链接网页中选中图片，点击鼠标右键，选择“图片另存为”，将图片文件保存到文件夹中(文件后缀名为“.jpg”)。另外头条新闻还附有二维码，也需要作为图片素材下载保存。网络上的图片精度较低，并带有水印，实际上达不到印刷出版物的标准。不过因为这是一个仿制实验，并不以出版为目的，所以这些问题可以暂时忽略。

版面下端有4条导读标题，可以保存到一个文本文档中。

2. 确定版面格局

在导入具体素材之前，宜先用辅助线规划好版面格局。可以看到，这个版面从上到下分为五个区域：报头和报眼、头条新闻、中部图片新闻、次重要新闻、导读。从左至右的方向上，则可以分为重要新闻和一般新闻两个区域。

在纸质版报纸上可测量各区域的位置。标尺原点（$X=0$、$Y=0$）默认为版心的左上角，因此在测量时，注意不要将边空计算在内。

首先要确定的是报头位置。从版心上边线开始测量，《南方日报》报头区高 77mm，占版心一半的宽度。将光标移至标尺栏，按住鼠标左键拉动至 $Y=77$mm处，可拉出辅助线。测量可得头条新闻区的下边线高度为 162mm，第二条辅助线需拉至 $Y=162$mm 处。垂直方向上的区分是由一条细直线来界定的，这根线条离版心左端 280mm，因此由左向右拉出辅助线至 $X=280$mm 处。以此类推，可拉出所有需要的辅助线，将版面整体格局确定下来（见图 1-31）。

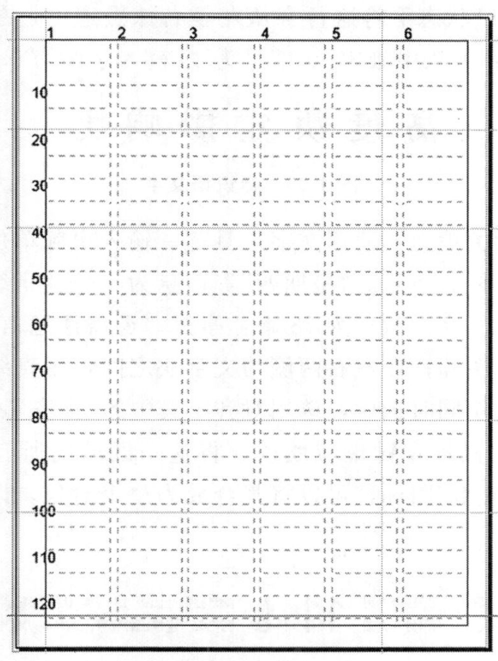

图 1-31 确定版面整体格局

使用直线工具画出版面上的五条横直线与一条竖直线。其中报头下方的横直线设为 1mm 宽，其他直线保留缺省设置（0.1mm）。

3. 报头区制作

《南方日报》的报头是毛泽东题写的(见图 1-32)。制作时，可以直接使用网络图片，也可以选用近似的印刷字体(如行楷繁体)模仿制作。

单击工具条中的排入图像工具，弹出“图像排版”对话框。选中报头字图片，单击“排版”按钮，可将图片排入相应的位置。比照报纸报头的宽高来调整图片大小。

图 1-32　报头图片

标识语制作：同时按住键盘上的 Ctrl 键和鼠标右键，将版面切换到“实际大小”状态。用“T”工具输入“高度决定影响力”七个字，此时为默认的小五号字。用鼠标在“T”状态下将这行字从左至右抹黑选中，在“编辑”菜单下的窗口中修改字体为“方正中雅宋”，字号为 14 磅，字距为 0.5 字(见图 1-33)。

高 度 决 定 影 响 力

图 1-33　标识语文字

出版日期及相关信息：使用文字工具逐一输入出版单位、刊号、出版日期等信息，调整字体、字号。“星期四”等信息为 4 号兰亭纤黑，上下两行文字之间的行距为 0.6 字；“11”为 28 磅兰亭黑。还需注意信息之间留出空格。导入“火凤凰”徽标图片；在左右两侧的文字块之间，用直线工具画一条短竖线。注意将各对象块同时选中，选用对齐工具中的“顶齐”，可将对象块对齐(见图 1-34)。按住鼠标左键虚拉线框，将这一区域的所有对象选中，点击“对象”菜单中的“成组”图标，可以将其合成为一个对象，以减少后面失误操作的可能性。

星期四　2019年7月
农历己亥年六月初九　六月廿一大暑　11 | 南方日报社出版　1949年10月23日创刊
国内统一连续出版物号:CN 44-0001 第25327号

图 1-34　出版信息

继续调整不同部分的对象，使相互之间纵向中齐，这样就制作好了完整的报头(见图 1-35)。

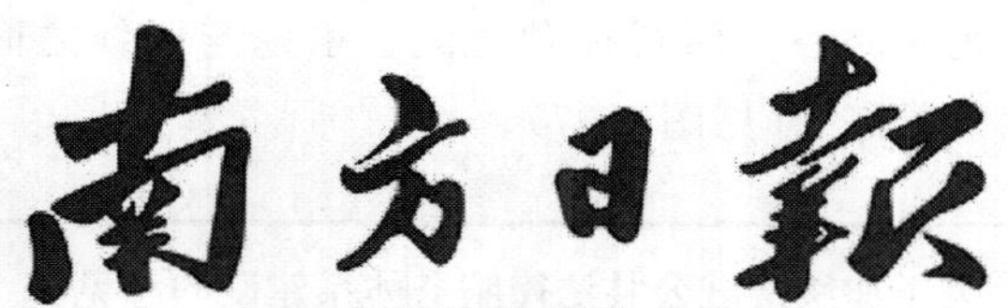

图 1-35　制作好的报头

四、排入文字新闻

文字新闻需要对标题、正文、电讯头、转版指示、小标题等进行编辑处理。下面以头条新闻为例，进行讲解。

1. 设置标题

下载文字素材时，标题可以与相应的新闻稿存在一个文本文档中，导入版面后剪切出来，成为一个独立文字块，也可以用“T”工具直接在版面上打字输入。建议将引题、主题部分分别设为独立文字块，编辑制作的重点是设置各自的字体和字号。

头条新闻的引题字体为“方正准雅宋”，23 磅。主题字体为“方正大雅宋”，字号的高度与宽度不一致，可选择“编辑”|“高级”|“字体字号设置”，在对话框中取消“X 字号”和“Y 字号”之间的连动锁，分别将“X 字号”和“Y 字号”设为 41 磅、48 磅(见图 1-36)，就得到了长字标题。

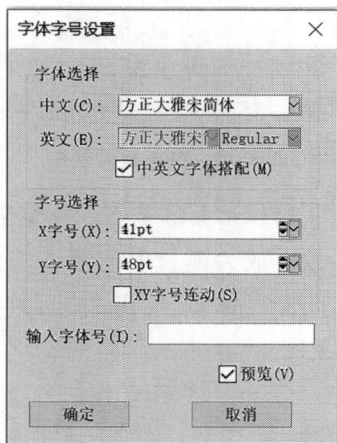

字体字号设置
字体选择
中文(C)：方正大雅宋简体
英文(E)：方正大雅宋简体 Regular
☑中英文字体搭配(M)
字号选择
X字号(X)：41pt
Y字号(Y)：48pt
☐XY字号连动(S)
输入字体号(I)：
☑预览(V)
确定　取消

图 1-36　设置长字标题的字体字号

将引题与主题左对齐，两行标题之间、引题与版线之间留出相应空白，这个头条标题就设置好了(见图 1-37)。

中办国办印发《关于加快推进公共法律服务体系建设的意见》

到2022年基本形成现代公共法律服务体系

图 1-37 头条标题局部

2. 排入文稿

选择“插入”菜单下的“文本”图标，弹出“排入文本”对话框。选择存储“到 2022 年基本形成现代公共法律服务体系”稿件的文本文档，点击“预览”，可以确定文本内容。其他选项保持缺省设置即可(见图 1-38)。

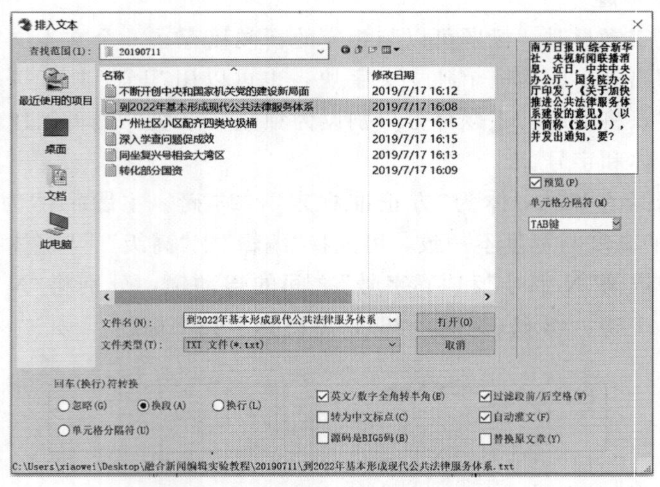

图 1-38 排入新闻稿件

点击“打开”，用选取工具拉动文稿节点，调整进入版面后的文字块的形状，使它与主标题长度一致，成为横长形的矩形块。正文字号为小五号字，字体保持缺省的“方正新报宋简体”，电讯头“南方日报讯”改设为“方正兰亭黑”。

3. 给正文分栏

用选取工具选中正文文字块，在“对象”菜单下找到“分栏”图标 1 ，将栏数改为 4 栏，栏间设为 1.6 字(见图 1-39)。然后，选择

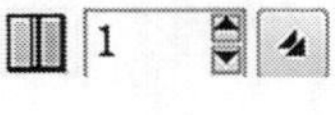

“窗口”|“文字与段落”|“段落属性”，弹出浮动窗口，点击其中的“段首缩进”图标，将缩进数值设为 2 个字，所有段落的段首会空出 2 个汉字的空格。

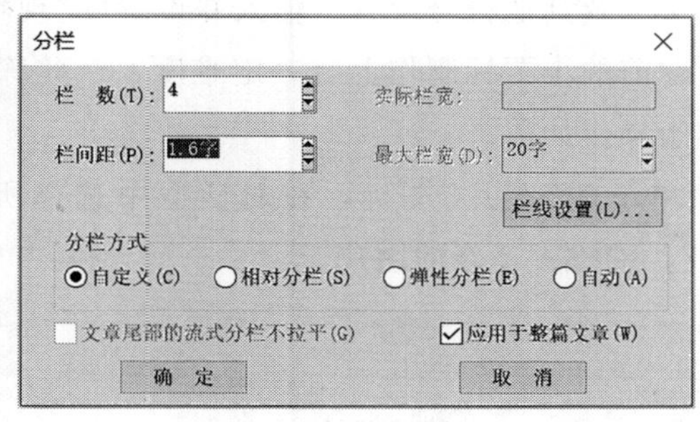

图 1-39　分栏

4. 设置二维码及扫码提示

这篇文稿的末尾有相关文件全文的二维码及扫码提示。导入该二维码的图片素材；输入文字提示，设置为小五号、兰亭细黑字体(见图 1-40)。

扫码看《关于加快推进公共法律服务体系建设的意见》全文

图 1-40　设置二维码及扫码提示

5. 排入其他文字稿件

按照上述步骤，可将版面上的其他文字稿件逐一排入。至此，这份要闻版的头版头条的排版就完成了(见图 1-41)。

中办国办印发《关于加快推进公共法律服务体系建设的意见》

到2022年基本形成现代公共法律服务体系

南方日报讯　综合新华社、央视新闻联播消息，近日，中共中央办公厅、国务院办公厅印发了《关于加快推进公共法律服务体系建设的意见》(以下简称《意见》)，并发出通知，要求各地区各部门结合实际认真贯彻落实。

《意见》指出，公共法律服务是政府公共职能的重要组成部分，是保障和改善民生的重要举措，是全面依法治国的基础性、服务性和保障性工作。《意见》强调，推进公共法律服务体系建设，要以习近平新时代中国特色社会主义思想为指导，深入贯彻落实党的十九大和十九届二中、三中全会精神，坚持以人民为中心的发展思想，按照统筹推进“五位一体”总体布局、协调推进“四个全面”战略布局要求，大力弘扬社会主义核心价值观，围绕更好满足人民群众对美好生活的向往和日益增长的法律服务需求，加快建设覆盖城乡、便捷高效、均等普惠的现代公共法律服务体系，切实增强人民群众的获得感、幸福感、安全感。

《意见》提出，到 2022年，基本形成覆盖城乡、便捷高效、均等普惠的现代公共法律服务体系。公共法律服务体制机制不断完善，服务平台功能有效发挥，服务网络设施全面覆盖、互联互通，公共法律服务标准化规范化体系基本形成，城乡基本公共法律服务均等化持续推进，人民群众享有的基本公共法律服务质量和水平日益提升。

到 2035年，基本形成与法治国家、法治政府、法治社会基本建成目标相适应的公共法律服务体系。公共法律服务网络全面覆盖，服务机制更加健全，服务供给优质高效，服务保障坚实有力，基本公共法律服务均衡发展基本实现，法律服务的群众满意度和社会公信力显著提升，人民群众共享公共法律服务成果基本实现。

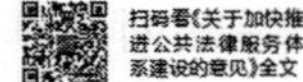

扫码看《关于加快推进公共法律服务体系建设的意见》全文

图 1-41　完成的头版头条

五、图片新闻排版

版面中部的图片新闻是一条图文并茂的现场短新闻，除了导入图片外，还有一系列相关的文字及其他符号设置。输入并设置好“现场短新闻”的栏目题、短栏线。栏目题前的小图标制作上有一定难度，在此练习中可以先忽略不做。文字稿的排版操作如前。

点击“插入”菜单下的“图片”图标，在对话框中选择所需的图片(见图1-42)，点击“确定”，就排入了新闻图片。

图 1-42　排入新闻图片

新闻图片排版时，注意不要改变原图的宽高比例，以免导致图片变形。可以按需求对原图进行适当的裁剪。图片和相关的标题、文稿、线条之间都应留出适量空白。

在图片下方输入图片说明及记者名，设置为5号兰亭细黑。

文稿末尾有转版提示，其中的黑色小三角可以用软件自带的符号来输入。在“插入”菜单下找到符号区，点击右下侧的双箭头(即加框线者，见图1-43)，弹出对话框。

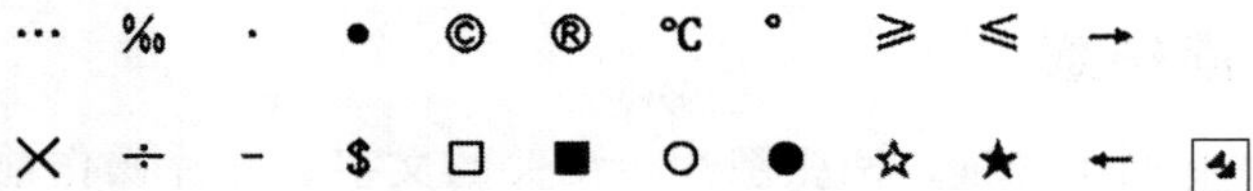

图 1-43　在符号区找到双箭头按钮

选择“多角形”的类型(见图 1-44)，弹出相应的对话框。选中右三角形，点击“插入”，即可输入版面。输入的符号相当于一个文字字符，同样可以进行字体字号设置。这行转版提示为红色字，需要选择工具箱中的“颜色”，在跳出的浮动面板中选用“自定义”选项。在颜色比例框里直接输入数值，Y 和 M 为 100，C 和 K 均为 0。点击确定，配值输出的颜色即大红色。

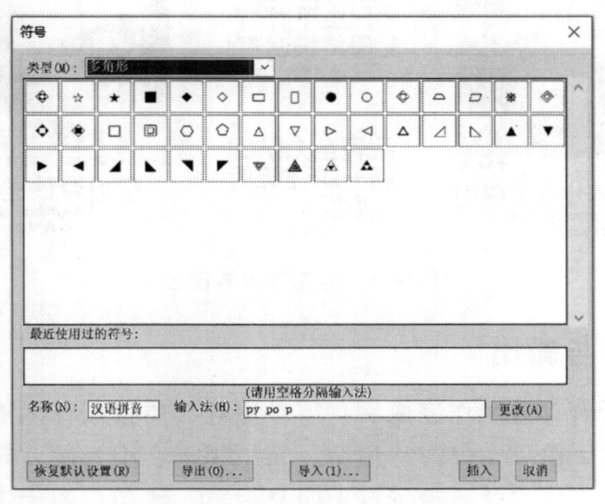

图 1-44　在对话框中选择“多角形”类型

将转版提示设为小五号、兰亭大黑字体，红色。按同样步骤完成相关报道提示，设置为五号、兰亭中黑字体，红色(见图 1-45)。

下转A07版►

相关报道见A03版►

图 1-45　转版及相关报道提示

这条图片新闻至此就排完整了。

六、导读排版

导读区共有四条导读、两张图片，相关的文字、图片操作前面都已经讲到了。需要留意的主要是每一条导读的辅题、主题、版号有各自不同的字体与字号，而四条导读的格式又是统一的。此时可以先设置好一条导读的格式，然后再用“格式刷”工具将其他三条导读的相关部分一一改动。具体设置为：辅题为11磅兰亭细黑，主题为小一号兰亭准黑，版号为五号兰亭大黑。方向提示符可以用右书名号，再调整为扁字(X为二号，Y为六号)。

调整各个对象之间的留白、对齐，导读区就完成了(见图1-46)。

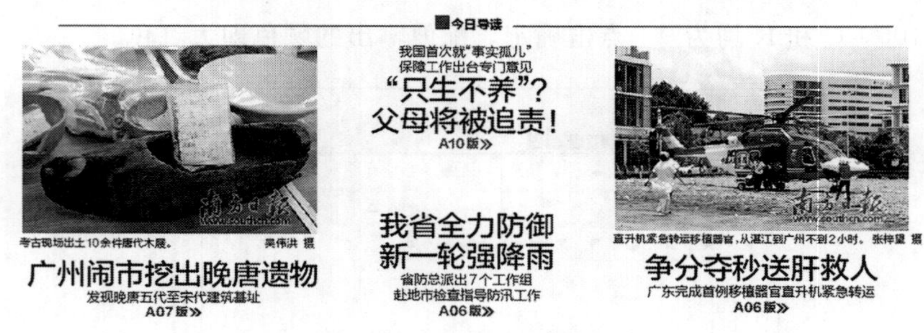
今日导读

考古现场出土10余件唐代木屐。 吴伟洪 摄

广州闹市挖出晚唐遗物

发现晚唐五代至宋代建筑基址

A07版»

我国首次就“事实孤儿”

保障工作出台专门意见

“只生不养”？

父母将被追责！

A10版»

我省全力防御

新一轮强降雨

省防总派出7个工作组

赴地市检查指导防汛工作

A06版»

直升机紧急转运移植器官，从湛江到广州不到2小时。 张梓望 摄

争分夺秒送肝救人

广东完成首例移植器官直升机紧急转运

A06版»

图 1-46 排完整的导读区

七、检查与输出

将版面上所有部分制作完成后，需对照着纸质报纸仔细地检查一遍。特别是报头、标题、电讯头、图片说明、转版提示、小标题、导读等部分，需留意文字有无错漏，字体号设置有无明显偏差。线条、图片等对象之间的留白也应准确。版面完成后，选择“文件”|“输出”，选择“保存类型”为PDF，将版面输出为PDF文件。

这个仿制要闻版的实验，目的在于让学习者掌握方正飞翔印刷版常用的排版操作，以及初步知晓版面语言。通常学习者无法获取某家报纸版面的精确参数，所以不必强求和原版面做到100%相同。只要能够做到文图内容完整，整体格局适当，字体运用准确，分栏、线、色块等细节周全，就达到实验的初衷了。在上述学习过程中，初学者可以感受到专业的编辑工作需要投入大量时间，细心、耐心地完成各种细节设置，对字体运用和辨识的要求也非常高。如果能通过实操去一点一滴地熟悉和改进，学习者的专业能力就会得到一步步提高。

第四节 认识方正飞翔数字版的工作区

实验主题

认识方正飞翔数字版的操作界面及主要工作区域。

实验目的

认识方正飞翔数字版的版面设置界面；了解工作区中互动、超链接、多媒体类工具的位置和作用；学会互动文档的输出与终端阅读。

实验内容

一、新建文件

1. 新建标准版式的文档

启动飞翔数字版，单击“新建文档”，弹出“新建文件”对话框。首先需要根据 H5 的设计选择不同的版面设置。如果选择“标准”、竖版，页面大小会采用默认的“320px×520px”(见图 1-47)。用这个尺寸作为 H5 视觉稿的原因是浏览方便。文件页数可以先根据内容进行估算，如准备做 6 页左右，可在“页数”对话框中填入“6”。进入排版界面后页数还可调整。如果选择“横版”，排版页面则会采用“520px×320px”大小的横版页面。

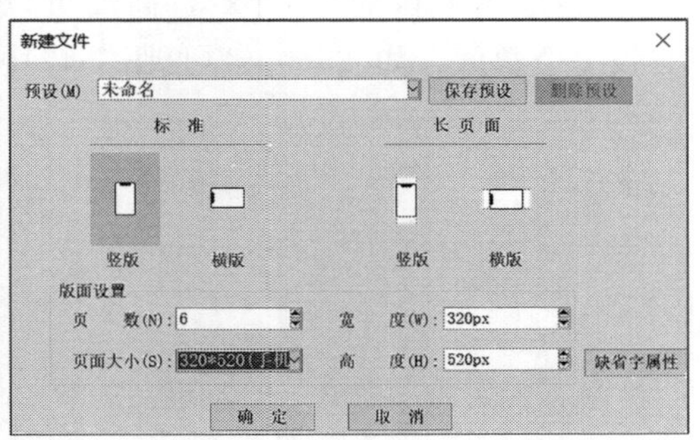

图 1-47 新建标准版式的文件

单击“确定”，进入创建好的排版页面(见图 1-48)。页面采用的是灰色的手机屏幕外观，用于形象地展示手机边框。制作完成后输出的成品上是不会显示这个边框的。与传统出版物版面相比，数字出版物不需要考虑设置出血线和裁切线。互动内容不要放在过于靠近页面边缘的位置，以免互动内容与翻页功能互相干扰冲突。不同的手机品牌、型号，各自有不同的屏幕宽度和高度值，制作完成后输出的成品还需要考虑适配问题，因此内容与页面边线应保持一定距离。

图 1-48 手机排版页面(竖版)

2. 新建长页面版式的文档

“长页面”版式是指用超过标准高度的长篇幅页面制作 H5，辅之以融媒体交互，叙述作品故事。如果单击“新建文档”、弹出“新建文件”对话框后，选择“长页面”模式，就需要根据设计需求填入不同的宽度或高度参数。如果选择“竖版”，页面宽度会采用默认的“360px”，高度可以采用系统给定的“1280px”，也可以自设一个数值，如“2560px”(见图 1-49)。

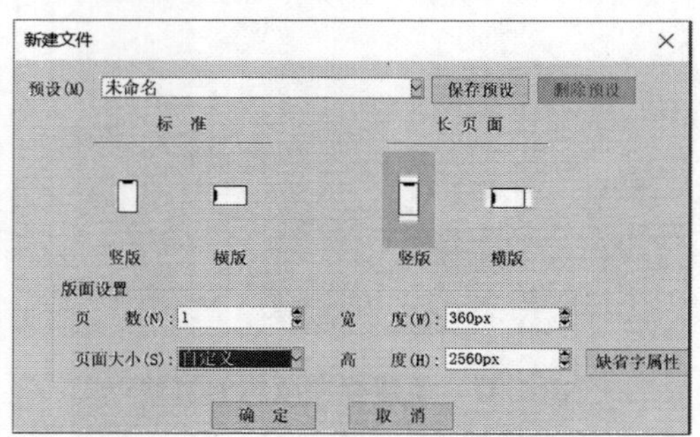

图 1-49 长页面版面设置

进入排版界面后，全屏显示会看到一个超长的页面(见图 1-50)。如果发

现页面不够长，还可以返回“文件”|“新建”，重新填入页面高度数值，进行调整。在手机终端显示时，页面会自动进行宽度适配，一个页面从头滑到尾。

图 1-50　“长页面”排版页

二、认识排版工作区及互动功能

飞翔数字版的工作界面与飞翔印刷版在总体格局上是一致的，不同之处主要体现在多媒体操作和互动功能上。点击界面左上端菜单栏中的“互动”，会显示出各种互动操作的图标（见图 1-51）。在“插入”“数据”“动画”等菜单中，也包含着丰富的互动操作功能。

图 1-51　飞翔数字版的“互动”菜单

界面右端浮动窗口区的列表中，较之印刷版增加了一系列互动图标，包括互动属性、动画、按钮、弹出内容、画廊、超链接、互动管理、背景音乐等（见图 1-52）。点击图标，可弹出相应的浮动窗口。

图 1-52　飞翔数字版浮动窗口区的互动操作

飞翔数字版提供了多种互动功能，这里选择部分加以简要介绍(见表 1-2)。

表 1-2　飞翔数字版常用互动功能列表

图标	名称	功能描述
	背景音乐	为整本文件设置背景音乐
	音视频	排入音视频文件或选中图像加载音视频
	图像扫视	在较小的区域中显示较大的图像，或通过手势平移、缩放图像
	图片对比	展示同一事物、不同时期两个场景前后的对比变化
	图像序列	展示物体旋转 360 度的效果
	滑线动画	在线上通过手指滑动或点击，逐帧播放节点上的图片
	动感图像	形成无数小图在底图上运动的效果
	网页视图	在视图区域内查看网页内容，而不必使用浏览器
	虚拟现实	提供了从里到外完整地观察周边景象的视觉效果
	画廊	通过按钮触发或自动放映幻灯片画面的效果
	按钮	触发内容、弹出对象或页面跳转
	转弹出内容	选中对象转为弹出内容
	动画	展示对象的进入或退出的运动效果
	超链接	对文字流和对象设置超链接
	转滚动内容	在有限的区域内，手指轻扫滚动文字，查阅更多内容
	自由拖拽	通过手势对图像进行任意移动、放大、缩小或旋转
	图表	动态、形象地展示统计数据

续表

图标	名称	功能描述
	拼图游戏	一种小型的智力游戏，增加内容的娱乐性
	地理标注	用于标识地图上某指定地点的相关信息
	加载页	支持自定义加载页

三、互动文档的打包与输出

与平面文档以纸张为输出和阅读终端不同，互动文档的输出终端是手机或其他数字终端。用飞翔数字版软件制作的文档不仅可以输出成特定格式，还需要保存并同步至云端，才能在数字终端进行使用。

1. 预飞与打包

用飞翔数字版制作好的内容文档保存格式为“＊.ffx”。在输出工程或上传云平台之前，先要用软件检查文档中存在的问题，这个过程叫作“预飞”，可以有效地帮助减少文档中的错误。

点击菜单栏中的“文件”｜“预飞”，对当前文档进行字体、图像、对象三方面的检查。没有问题的，对话框会显示“字体部分正常”“图像部分正常”等（见图 1-53）；如果有问题，对话框则会列出具体的问题项。字体部分常见的问题是缺字体（本机中没有安装这个文件用到的字体）或缺字符（某个字符在该款字体中缺失）。图像部分常见的问题包括精度过高、精度过低，或因图像文件保存路径改变而导致缺图。对象部分常见的问题包括文档中有续排文字未排完、存在空文字块、线条过细（线宽小于 0.15 磅）等。如有这些问题发生，应返回文档进行逐一调整。

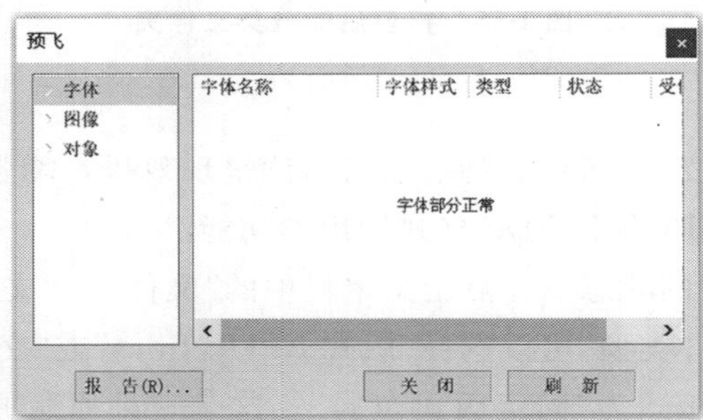

图 1-53 “预飞”对话框

文件编排无误后，利用打包功能可以把所有的素材源文件存放到一个文件夹下，以保证在改换电脑时，也仍然可以打开这个文件而不会缺失任何信息。点击菜单栏中的“文件”|“打包”，弹出“打包”对话框(见图 1-54)，可按需要选择“收集字体列表”“收集图像”等功能项。

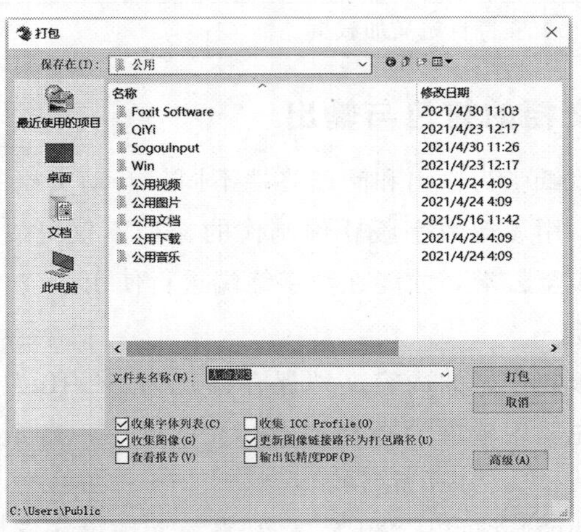

图 1-54 “打包”对话框

最后生成的文件夹中，“Image”子文件夹下存放的是图片素材，“InteractiveRSC”中存放的是音频、视频及设置了各种互动功能的素材。另外还有“打包说明”文件和版式源文件(＊.ffx)(见图 1-55)。

图 1-55 打包后的分类文件夹

2. 文档输出

为了更好地适应不同智能终端上的阅读呈现效果，增强输出格式的开放性，飞翔提供了 EPUB 和 PDF 格式输出的功能。

在源文件打开的状态下，点击菜单栏中的“文件”|“文档输出”，就可以输出文档了。“文件类型”可以选择“版式 EPUB Files”或“交互 PDF Files”(见图 1-56)。输出的版式为“固定版式布局”，这是一种原版原式的输出，输出的 EPUB 与飞翔版式一样，可以展现互动效果。输出的 PDF 文件适用于电子书及其他屏幕浏览。

图 1-56　输出文档(EPUB 和 PDF)

四、保存并同步至云端

H5 完成后需要保存并同步至云端。在排版界面中，点击“文件”|“保存并同步至云端”，出现“设置 html 参数”弹窗(见图 1-57)。

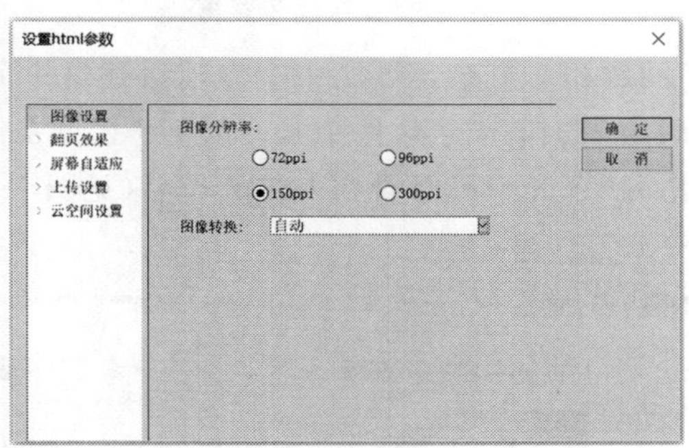

图 1-57　“设置 html 参数”弹窗

在这个弹窗中，可依次按需求设置图像分辨率、翻页效果、屏幕自适应等参数。在移动终端上展示的图片，图像分辨率设为 72ppi 即可。翻页效果通常情况下采用“上下翻页”，其他参数与此相对应。在“上传设置”选项中设置标题、封面，勾选特别提示(见图 1-58)。

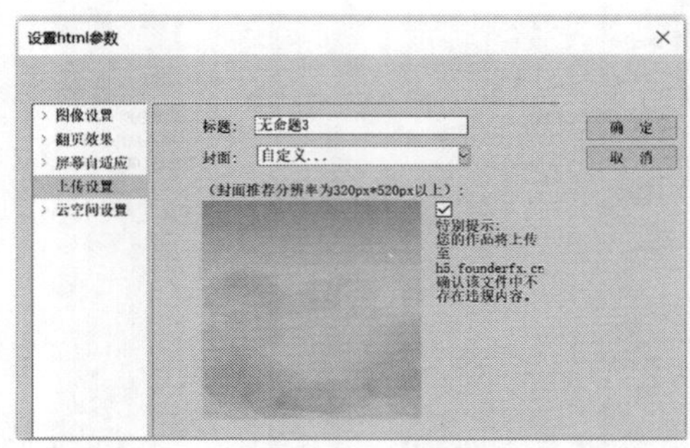

图 1-58 上传设置

在“云空间设置”选项里，需填写管理账号、管理密码，这两项通常由软件自动识别(见图 1-59)。

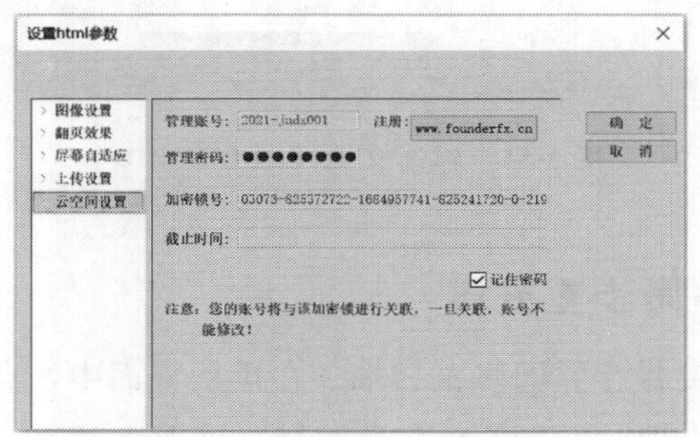

图 1-59 云空间设置

“屏幕自适应”问题相对复杂，下文中会专门讲述这个问题。各项参数设置完成后，点击“确定”按钮，同步上传至飞翔 H5 云服务平台。在平台 H5 管理界面的“我的作品”列表中可以看到上传的作品(见图 1-60)。

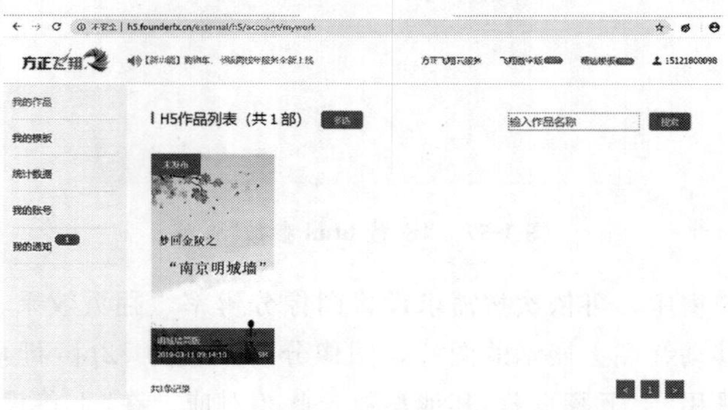

图 1-60 方正云平台的作品管理界面

将鼠标移至作品缩略图的下部，标题下会出现“预览”“发布”“删除”等操作按钮。点击“预览”，在界面中逐页翻动可预览作品页面。也可以用手机扫描网页上的作品二维码，经由手机界面来对作品进行预览(见图 1-61)。

图 1-61　H5 作品预览

预览无误后，点击“发布”或网页中的“发布上线”按钮，将作品发布，生成正式链接，就可以在手机端扫码观看了。通过“查看统计数据”按钮，可了解该 H5 的浏览量、访客数等统计数据。

五、设置屏幕自适应

在“设置 html 参数”对话框中，点击“屏幕自适应”选项，可按不同场景来选择自适应方式(见图 1-62)。

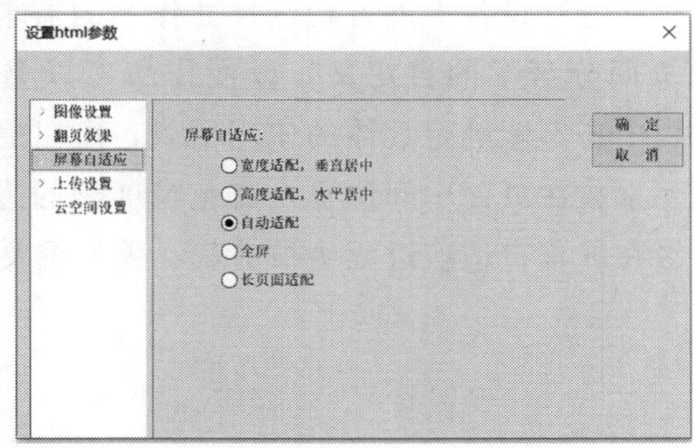

图 1-62　屏幕自适应设置

1. 宽度适配，垂直居中

这种设置通常用在手机端竖屏显示场景中，指页面宽度始终与设备浏览器的页面的宽度保持一致，并根据页面的实际宽度对作品等比例缩放后，进行居中显示。这种自适应方式会对作品的上下两侧进行一定的剪裁或留白。在制作版面时，文字与图片主体的排版不要太靠近版面上下端，以免在适配时被剪裁掉。

2. 高度适配，水平居中

这种设置推荐的使用场景为手机端横屏显示或 PC 端横屏显示。具体表现为页面高度始终与设备浏览器的页面的高度保持一致，并根据页面的实际高度等比例缩放后，进行居中显示。这种自适应方式会对作品的左右两侧进行一定的剪裁或留白。在制作版面时，需要留意使文字与图片主体的排版不要太靠近版面左右侧。

3. 自动适配

这种设置推荐的使用场景为 Pad 端横屏或竖屏显示，或 PC 端横屏显示。设置后，无论设备和浏览器是何种分辨率和比例，页面总会完整、不变形地显示在浏览器中。在屏幕的上下或左右两侧，可能会产生留白。

4. 全屏

这种设置可使用的场景包括 PC 端、Pad 端、手机端横屏显示。设置后，无论设备和浏览器是何种分辨率和比例，页面总会充满浏览器窗口进行显示。这种自适应方式不会在页面中产生任何留白，但由于会将页面进行拉伸和缩放，可能造成页面变形。

上面这四种屏幕自适应设置，需要依据实际的使用场景和制作的内容进行具体分析。如果有在特殊设备上观看特殊尺寸作品的需求，也可以在新建文件过程中就进行页面分辨率的自定义，以便作品可以更好地适应特定设备。如果在制作过程中还不能确定具体的使用场景，可以通过辅助线框定的方式，将各种版面元素放在页面中间位置，避免在屏幕的边缘摆放主要视觉元素，以免作品边缘在屏幕自适应过程中被剪裁，丢失重要的视觉元素。

第五节 快速制作小型 H5

实验主题

快速制作一个小型 H5，了解互动 H5 产品从准备到输出的工作流程。

实验目的

1. 掌握 H5 的基本构成：封面、内页、转化页。

2. 了解飞翔数字版常用的互动手法：滚动文字，插入背景音乐，插入视频、动画、动感图像等。

实验内容

本部分仿制的案例是第六届中国大学生新媒体创意大赛的获奖作品，题为《梦回金陵之南京明城墙》(暨南大学新闻与传播学院 2017 级硕士王英杰、武潇滢、谢琳茵设计制作)。这个 H5 的互动形式设计多元、贴切，很适合于入门学习。作品本身共 13 页，为简明起见，这里只仿制其中 8 页。

实验内容

一、了解样板案例的选题与定位

在进入具体的分析和仿制之前，需要先了解该习作的选题和定位。因为一个 H5 的多媒体运用、互动设计并非炫技，而是为其内容表现来服务的。充分了解技术背后的思路，才能更好地对其技术运用做出分析和评判。

《梦回金陵之南京明城墙》的选题初衷是：南京城墙并非一堵墙那么简单，它蕴含了中国数千年丰厚的文化记忆。运用 H5 这种新媒体形式，可以向受众展示南京明城墙丰赡的文化内涵和深厚的文化魅力，同时也能客观地介绍南京城墙在当代所经历的拆除、维修、保护和利用这样一个曲折的发展历程。

之前关于南京城墙的作品并不少，但多以实景为主。本作品在参考前人设计的基础上，决定以动画取代实景，给人清新亮丽的视觉体验；同时采用更丰富的互动形式，力求给读者带来更愉悦的阅读体验。整个 H5 的用户对象，包括关心南京城墙的用户，以及热爱中华传统文化的大众；功能定位是通过交互的形式让用户了解南京明城墙，唤起人们保护宝贵文化遗产的意识。

二、准备 H5 素材

本 H5 的素材主要来自网络。其中图片部分下载自千图网（https://www.58pic.com/），该网站提供有大量 png 图片素材，为本 H5 的制作提供了便利。实物图片搜索自百度、360、搜狗等网页搜索引擎。在已搜集到的素材基础上，制作团队用 Photoshop 图片处理软件进行了二次加工及图片创作。图片风格以简约为主，点缀以剪纸画，营造出典型的中国风特色。音频方面，音效与音乐均来自网易云音乐，着重用了南京民谣及民乐旋律，突出了中国古典美与南京地方特色，让读者身临其境。

三、观察整体风格

这个 H5 的版面整体上以蓝色为主色调，给人清新干净、稳重典雅的感觉，中和了说明性文字的严肃感，使读者更容易静心品味。正文部分多选用方正粗金陵简体，端庄大气，传达出南京作为历史古都以及明城墙作为历史古迹的雄伟壮丽之感，使严肃的说明性介绍和壮观的实物图片相得益彰，版面的视觉风格较为统一。

四、新建文件

打开方正飞翔数字版软件，在“新建文件”对话框中，选择“标准”版式中的“竖版”，将页数设为 8 页（见图 1-63）。“缺省字属性”采用默认值，即字体用方正楷体，字号为二号字，行距为 0.5 个字。

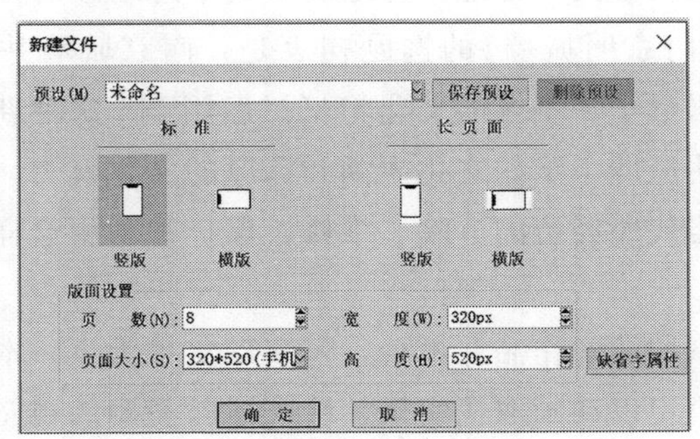

图 1-63 新建 H5 文件

单击“新建文件”对话框的“确定”按钮，进入排版界面。在界面右侧有“页面”栏，如果想改变某一页的位置，可以拖拽住该页向上方或下方页面位置移动。或者点击该页面后，按鼠标右键，弹出页面管理的菜单，可以进行页面的剪切、复制、移动、删除等操作（见图 1-64）。

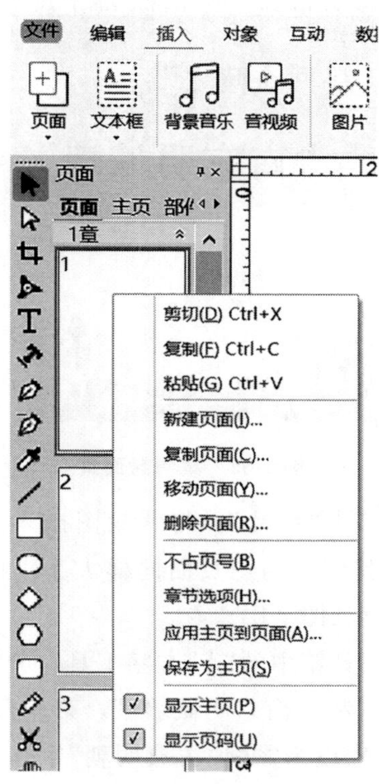

图 1-64　页面管理

五、制作案例封面

封面上的元素包括：①背景图，是一幅淡淡的水粉画，底部的城墙与城楼是玄武门。②梅花（南京市市花），花瓣设为动态一片片飘落。③背景音乐，是一首童谣《城门城门几丈高》。④女孩的背影图片。⑤文字标题（见图 1-65）。

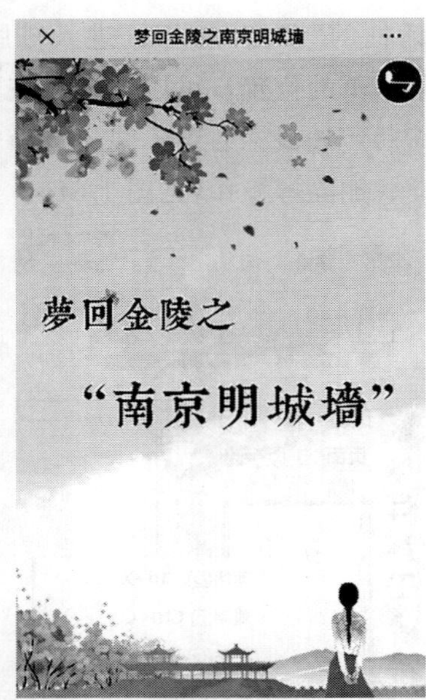

图 1-65　案例封面页

在菜单中找到“插入”|“图片”，将背景图插入。原素材图片较大，用“旋转倾斜变倍”工具将其调整为与页面同样大小。再将女孩背影的图片插入、调整大小，放置在背景图上层。

在版面中部，使用工具箱中的“T”文字工具，分别用两个文字块写下两行标题，即“梦回金陵之”和“‘南京明城墙’”。第一行字号设为 72 磅，第二行字号设为 96 磅，字体均设为“文悦古典明朝”字体。两行字分别设置动画效果。第一行字的触发事件为“在上一动画之后”，延迟时间为 0 秒，方向为“默认”，持续时长为 3 秒，限次播放，播放次数为 1 次。第二行字的触发事件为“在上一动画之后”，延迟时间为 0 秒，方向为“默认”，持续时长为“2 秒”，限次播放，播放次数为 1 次(见图 1-66)。

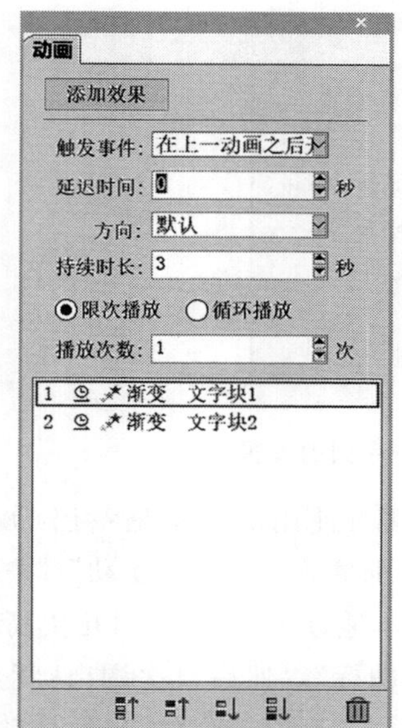

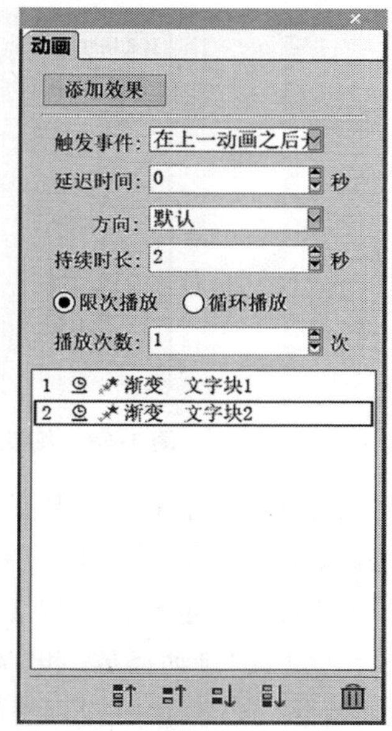

图 1-66　标题的动画设置

梅花飘落的动态效果是用“互动”菜单下的“图像序列”功能实现的。这组序列一共有 8 张素材，素材 1-7 分别展示梅花飘落的不同位置，第 8 张是一张全透明的图片，帮助序列之间形成适当的播放间隔。这 8 张素材放在命名为“1”的文件夹中(见图 1-67)。

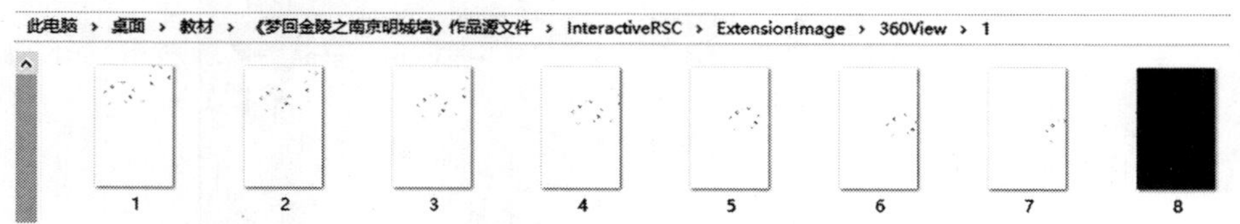

图 1-67　梅花图片素材

在飞翔操作界面上，单击“互动”|“图像序列”按钮，逐层找到并选中文件夹“1”，将其加载入版面。在弹出的“互动属性”面板中，设置这组序列为“自动播放”，延迟时间为“0 秒”，播放速度设为 3 帧/秒，并勾选“循环播放”(见图 1-68)。这样，这 8 张素材图就会在终端上按设定的速度逐张播放，形成梅花飘落的效果。

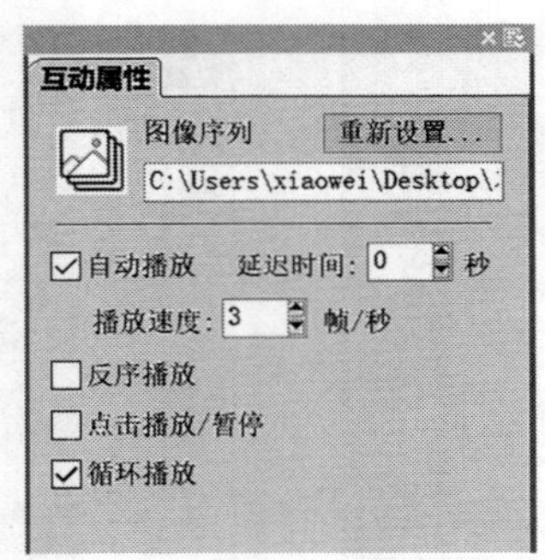

图 1-68　梅花图像序列的设置

下一步是插入背景音乐。作品的前两页使用的音乐是童谣《城门城门几丈高》，其他页是乐曲《金陵》，所以要分别插入。单击“互动”|“背景音乐”按钮，在弹出的“背景音乐”面板中，选取本地音乐《城门城门几丈高》，将页面范围设为“1-2”，设置“自动播放”和“显示图标”。然后再次调出“背景音乐”面板，选取本地音乐《金陵》，将页面范围设为“3-8”，设置“循环播放”“自动播放”和“显示图标”。在前两页的播放结束后，后面的页面就会循环播放第二首乐曲了(见图 1-69)。

这样就完成了封面页所有要素的制作。

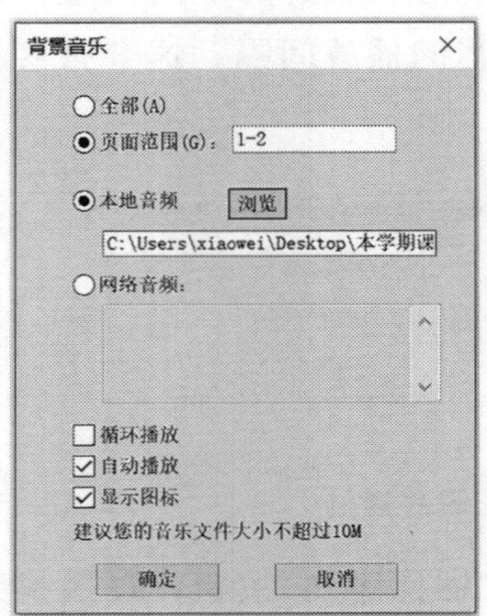

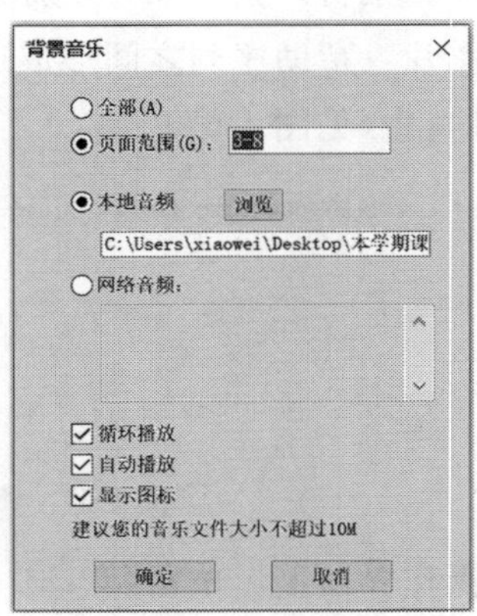

图 1-69　背景音乐的设置

六、制作内容页

1. H5 案例第 2 页

本页上端是贯穿全文的标志——城墙和狮子的印章，城墙代表明城墙，狮子是明孝陵的守护神兽。文字标题与页面中间是明城墙的古画，页面下方是一段文字说明(见图 1-70)。

图 1-70　H5 案例第 2 页

这一页上主要采用的互动手法是动画和图像扫视。先将狮子图片、线条、标题文字块、明城墙图片、文字说明等对象逐一导入版面。然后对古画设置镜头摇移的图像扫视效果，具体操作是点击“互动”|“图像扫视”图标，在对话框中选择需要做扫视的古画图片，点击“打开”，将图片导入版面时，用鼠标左键拉出一个虚线框，框内即是图片的扫视区域。整个图片在区域外的位置都是处于隐藏状态的。要实现镜头摇移的效果，还需要在弹出的“互动属性”面板中设置其初始、终止的偏移量和比例(见图 1-71)。

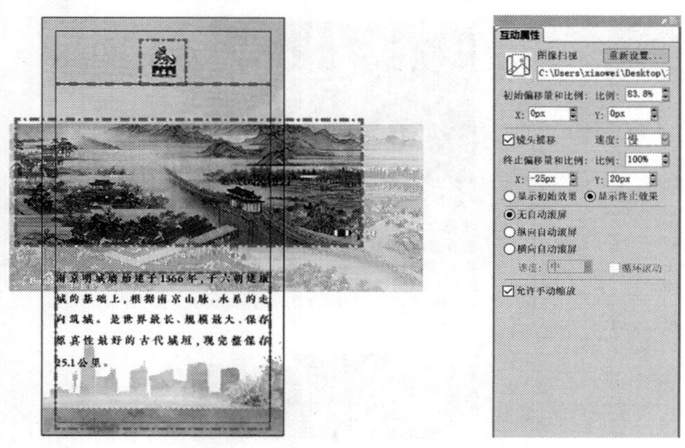

图 1-71　图像扫视及其互动属性设置

再对版面上的各种元素一一设置动画效果(见图 1-72)。预览可以看到版面上各元素呈现出的动态效果。

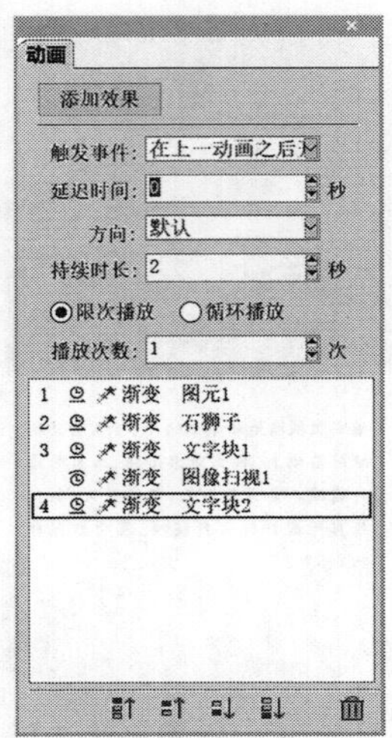

图 1-72 版面上各对象的动画设置参数

2. H5 案例第 3 页

这一页的内容是解说南京城门的具体构造，版面上端用的是走马灯形式，可以依次看到几座标志性城门的摄影图片。底部是城门图画，在页面进入开始会有个弹出的动画设计，增加画面动感(见图 1-73)。这一页并没有把每座城门都放进来，因为这样信息会显得过于繁杂，给读者带来过重的阅读负担。

图 1-73 H5 案例第 3 页

将选好的五张城门图片处理为宽度、高度相同的素材，存放在同一文件夹中。点击“互动”菜单下的“画廊”图标，弹出“创建画廊”对话框，在“效果选项”中选择“走马灯”，通过“图片预览”添加准备好的素材(见图 1-74)。

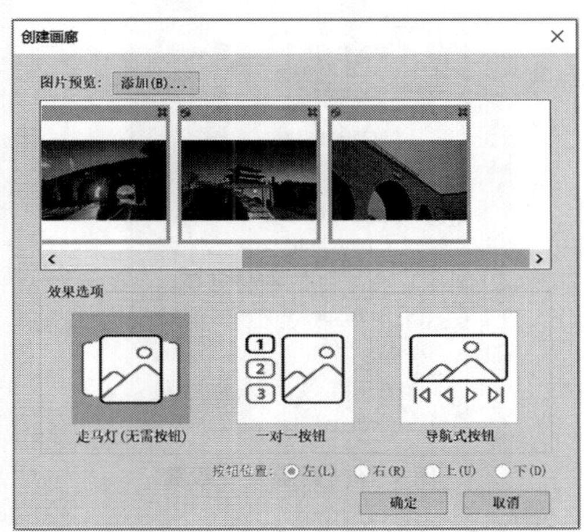

图 1-74　在“创建画廊”对话框中添加素材

点击“确定”，素材中的第一张图像会作为占位图出现在版面上。“画廊”管理面板同时弹出(见图 1-75)。

图 1-75　“画廊”管理面板

点击管理面板右上角的倒三角符号，找到“属性设置”选项，点击后出现“画廊属性设置”对话框。选择“自动播放”，将延迟时间和间隔时间均设为 2 秒，滚动速度设为“慢”，勾选“手动滑动图像”，将图像效果切换方式选为

“无缝切换”中的“从上向下”(见图 1-76)。

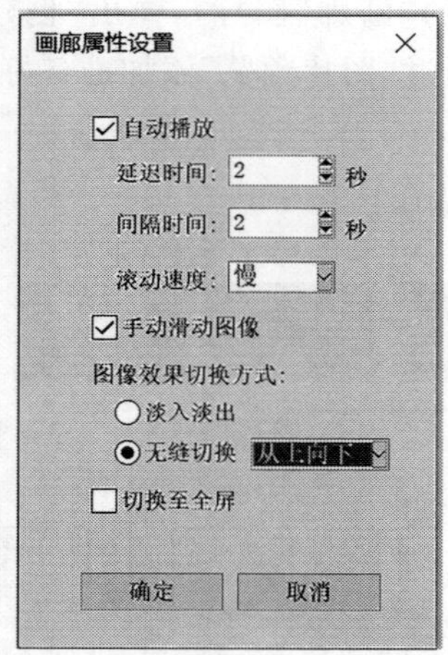

图 1-76 画廊属性设置

版面下方的文字块和城门图片自行设置动画即可。

3. H5 案例第 4 页

本页采用了图像对比的设计，一张是中华门旧貌，一张是中华门新貌。两张不同时代的图像可以直观地显示出南京城墙的历史变迁，以及与周围建筑的关系变化(见图 1-77)。

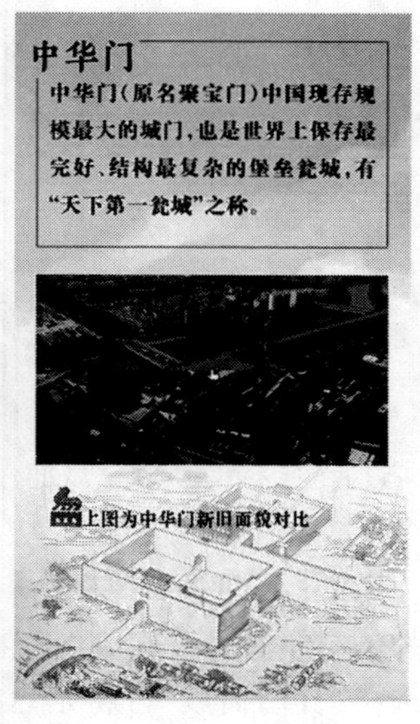

图 1-77 H5 案例第 4 页

这两张素材图片事先已经被处理成一样大小，放入同一文件夹中。点击“互动”菜单下的“图片对比”按钮，在弹出的“创建图片对比”面板中，添加准备好的图片。然后在“互动属性”面板上，将“初始显示比例”设为50%，“对比方向”设为“垂直对比”(见图1-78)。

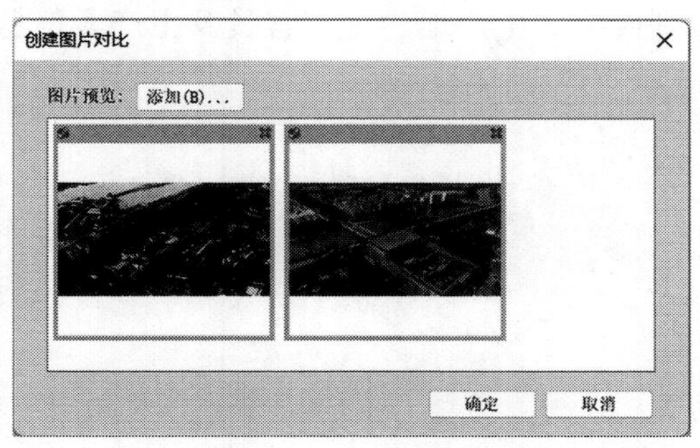

图 1-78　图片对比设置

排入版面上其他的文字、图片，这一页就完成了。在手机终端上观看这一页时，用手指拖动分界线，即可查看两张图片的对比效果。

4. H5 案例第 6 页

这一页的内容是中华门的大事概览，版面采用了时间轴的结构形式，可以依次看到四个不同历史时期的中华门的历史。这一页主要做了动画设计，从下至上，四个对象组块依次以动画形式出现，增加了画面动感(见图1-79)。

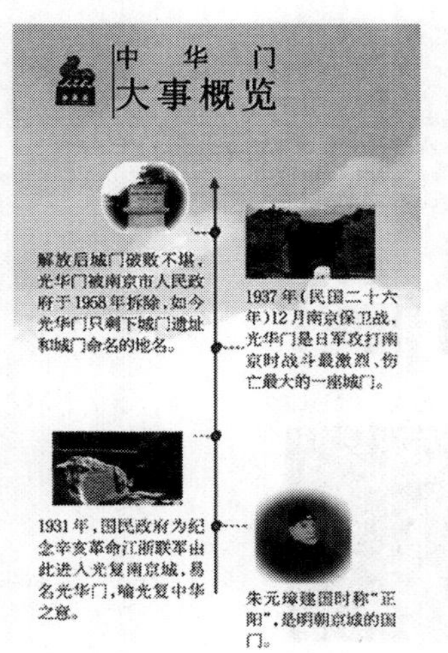

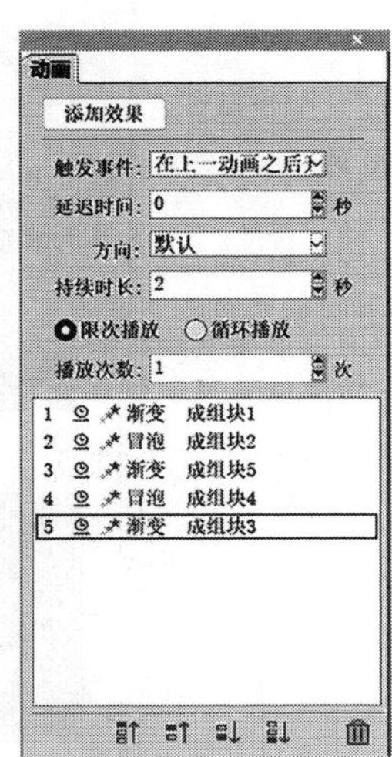

图 1-79　H5 案例第 5 页及动画设置

5. H5 案例第 6 页

这一页的内容是“人名砖”，聚焦城墙砖块的工程质量。砖块图片采用了“图像扫视”互动，设置为“允许手动缩放”，并在图片下写明操作导引，提示用户用双指扩展可以放大图片(见图 1-80)。这样的设计处理留下了探索性阅读的空间，使用户能够清晰地看到砖上的生产地、生产官员及生产人信息。

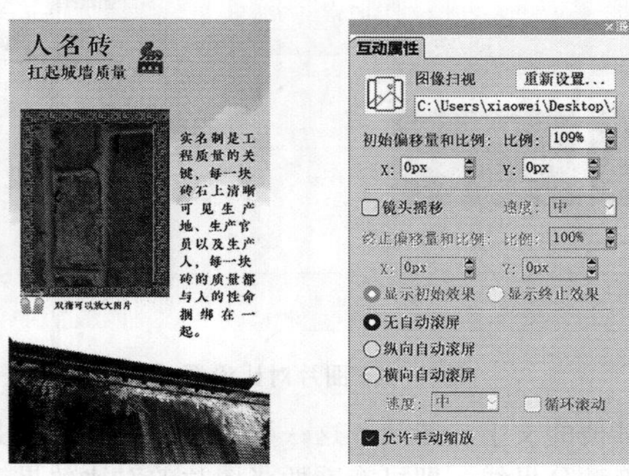

图 1-80　H5 案例第 6 页及图像扫视设置

6. H5 案例第 7 页

这一页以“城墙与现代”为题展现南京城墙在当代社会中的文化价值。图片选择的是南京城墙博物馆展出的有关城墙文化产品，使用了画廊和弹出设计，点击小图能看到大图(见图 1-81)。

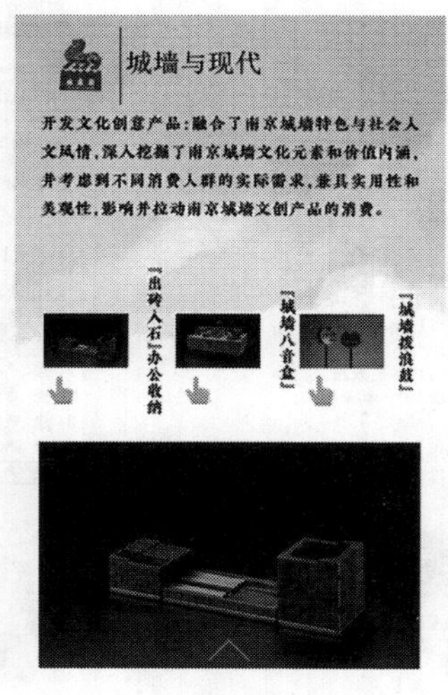

图 1-81　H5 案例第 7 页

画廊使用的图片素材共三张，事先处理为一样宽度和高度，放在同一个文件夹中。点击“互动”|“画廊”按钮，在对话框的“效果选项”中选择“一对一按钮”，通过“图片预览”添加准备好的图像素材，并选择按钮位置为“上”，即缩略小图按钮位于大图的上方(见图 1-82)。

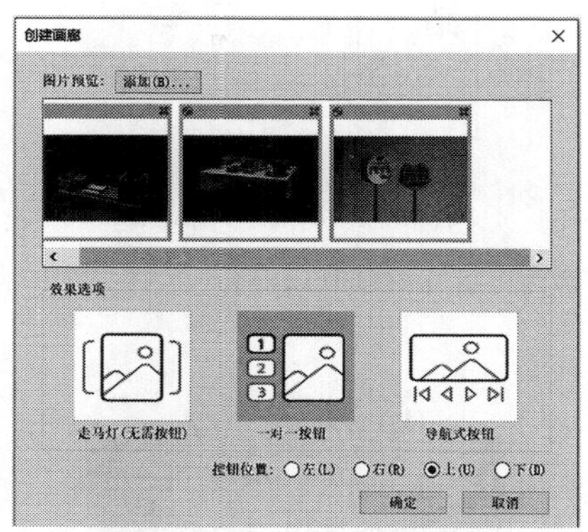

图 1-82　“一对一按钮”设计

调出“画廊属性设置”对话框，选择“手动滑动图像”，将图像效果切换方式选为“无缝切换”中的“从右向左”(见图 1-83)。在终端播放时，用户既可以点击小图变换大图，也可以用手指自右向左拨动大图来一一查看。

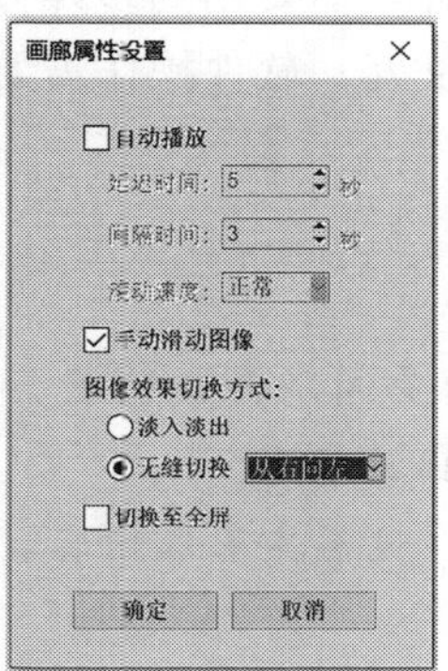

图 1-83　画廊的属性设置

七、制作封底

本页为结束语页面，没有设计任何的动画及按钮操作，目的是让用户安静地阅读完结语，引发思考与共鸣(见图 1-84)。制作方法是将文字和图片素材分别导入版面。正文字体字号设置为“方正粗金陵简体”，30pt；制作者信息的字体字号设置为“方正清刻本悦宋简体”，小初号。这样就完成了整个H5的仿制。

图 1-84　H5 案例封底页

通过模仿制作这个简化版的H5，我们可以对互动产品的编辑制作有一个初步的印象：叙事符号多样，需要用到多媒体的素材种类；体验为先，设计时注重界面与用户之间的交互；软件操作需要平面媒体制作的基础，也需要掌握更多新技能。

思考与练习

1. 选择一家知名报纸的要闻版面，测量其版面设置参数，收集新闻素材，用飞翔印刷版软件仿制出该版面。

2. 选择一个优秀的H5，观察其基本内容、主要互动手法，分析其叙事的思路和特色。

3. 请选择与同一个新闻主题相关的报纸版面和H5产品，进行对比分析，思考平面媒体与融合媒体产品的异同之处。

第二章　文字操作与设计

文字是极其重要的传播符号。文字的基本属性决定了它在众多符号之中的核心作用，它能够辅助其他符号(如图片、影像)背后的信息，完成内容的深度表达。而且，文字材料的丰富程度和易搜集程度要远强于音响、视频和动画。①

从传达的有效性来看，文字的视觉设计也十分重要。听到的信息很快会淡忘，看到的信息则会深入到记忆中去，还可反复阅读。文字字符是形、音、义的统一体，字符的形具有不同的外部特征(如不同的大小和字体)。这种外部特征在字义上并无区别，却是文字符号的伴生符，在传播中具有一定的意义，给读者不同的心理感受，也是表现编辑思想的重要手段。

因此，在大多数媒介形态中，文字编辑都不可或缺。排版软件为文字编辑提供了多样的操作手法，掌握这些操作，可以帮助我们实现编辑思想的有效传达。本章及后面两章的讲述以飞翔印刷版的操作为主，这些操作在飞翔数字版中是相同的。

第一节　文字块操作

文字块是用来进行文字排版的载体，对文稿在版面中的位置和区域的大小起限制作用。文字块可大到排整版文字，也可小到只排一个文字或符号。

实验主题

运用飞翔软件将文字稿件排入报纸版面中，这是编辑排版最基本的环节。

实验目的

1. 学会将文字和文字块排入版面。
2. 学会制作特殊形状的文字块。
3. 学会调整文字块。

---

① 赵云泽：《跨媒体传播基础教程》，21 页，北京，中国人民大学出版社，2011。

实验内容

一、排入文字和制作文字块

1. 排入文字

飞翔支持排入多种格式的文件，包括文本文件(＊.txt)、BD小样(＊.fbd)、Word文件(＊.doc)、Excel表格(＊.xls)。在排入文字时，建议使用文本文件(＊.txt)格式，因为其本身不带有格式，不会干扰后续编辑操作。

点击菜单中的“插入”选项，在二级菜单中选择“文本”，系统弹出“排入文本”对话框(见图2-1)。

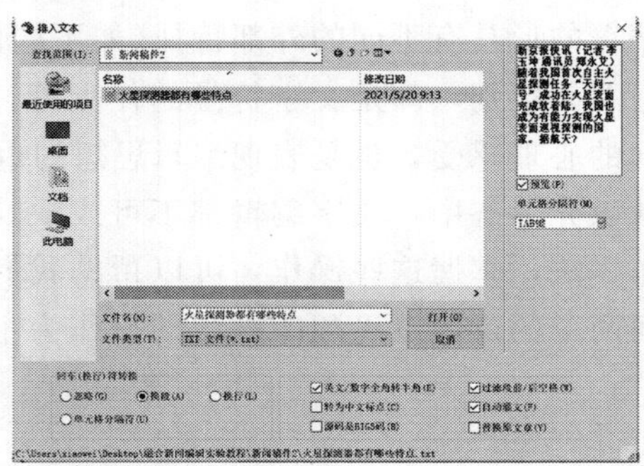

图 2-1 “排入文本”对话框

选中要排入的稿件，根据需要设置各种参数。可以按住Shift键或Ctrl键，在文件列表框中选择多个要排入的文件。点击“确定”按钮，对话框关闭，版面上出现文字排版光标，进入组版状态。或在所选的文件名上双击鼠标，直接从对话框退出返回组版状态。

用鼠标左键在版面中单击，或拉出一个文字块，将文章排入版面(见图2-2)。

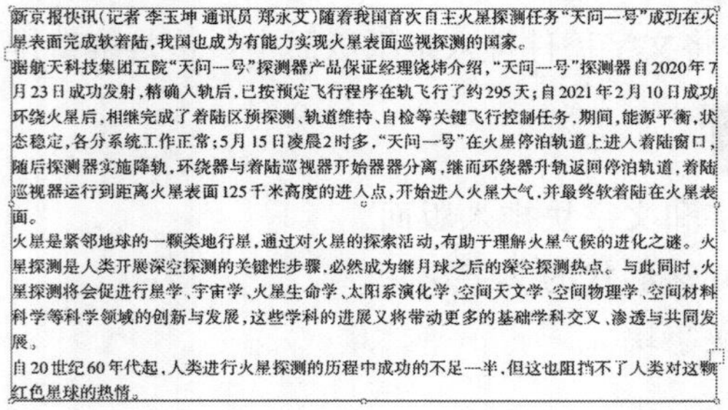

新京报快讯(记者 李玉坤 通讯员 郑永艾)随着我国首次自主火星探测任务“天问一号”成功在火星表面完成软着陆，我国也成为有能力实现火星表面巡视探测的国家。
据航天科技集团五院“天问一号”探测器产品保证经理饶炜介绍，“天问一号”探测器自2020年7月23日成功发射，精确入轨后，已按预定飞行程序在轨飞行了约295天；自2021年2月10日成功环绕火星后，相继完成了着陆区预探测、轨道维持、自检等关键飞行控制任务，期间，能源平衡，状态稳定，各分系统工作正常；5月15日凌晨2时多，“天问一号”在火星停泊轨道上进入着陆窗口，随后探测器实施降轨，环绕器与着陆巡视器开始器器分离，继而环绕器升轨返回停泊轨道，着陆巡视器运行到距离火星表面125千米高度的进入点，开始进入火星大气，并最终软着陆在火星表面。
火星是紧邻地球的一颗类地行星，通过对火星的探索活动，有助于理解火星气候的进化之谜。火星探测是人类开展深空探测的关键性步骤，必然成为继月球之后的深空探测热点。与此同时，火星探测将会促进行星学、宇宙学、火星生命学、太阳系演化学、空间天文学、空间物理学、空间材料科学等科学领域的创新与发展，这些学科的进展又将带动更多的基础学科交叉、渗透与共同发展。
自20世纪60年代起，人类进行火星探测的历程中成功的不足一半，但这也阻挡不了人类对这颗红色星球的热情。

图 2-2 排入版面的文稿

若文字未排完，可以拖动边框的把柄，调整文字块的大小将文字排完。

如要排入 Word 格式的文件，可选择“插入”菜单下的“Word”图标，进行相关操作。

如果想要直接在版面上输入文字，可以选用工具箱中的“T”工具，将文字光标移到页面内的任意位置，点击鼠标左键，用键盘键入需要的文字，就可以生成一个文字块了。

2. 特殊形状的文字块

方正飞翔里的文字块可以调整为任意形状。以下介绍几类特殊形状文字块的操作。

(1)折线直边文字块。用选取工具选中文字块，将光标移到控制点上。当光标呈双箭头状态时，按住 Shift 键并按住鼠标左键，拖动鼠标到新位置，松开左键及 Shift 键。系统会在原有文字块的基础上增加折线，将文字块变为由水平、垂直折线构成的直边文字块(见图 2-3)。

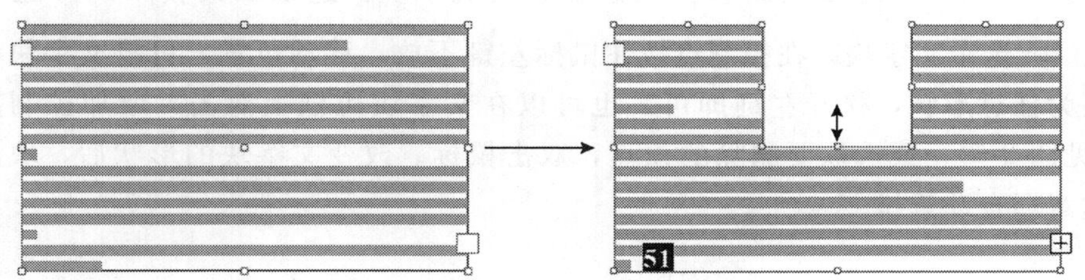

图 2-3　折线直边文字块

(2)在图形内排入文字。画一个封闭图元块(如椭圆)，选中这个图元，选择“插入”|“文本”，选择需要排入的文字文件，点击“确定”，将文字排版光标点击到选中的图形内即可(见图 2-4)。

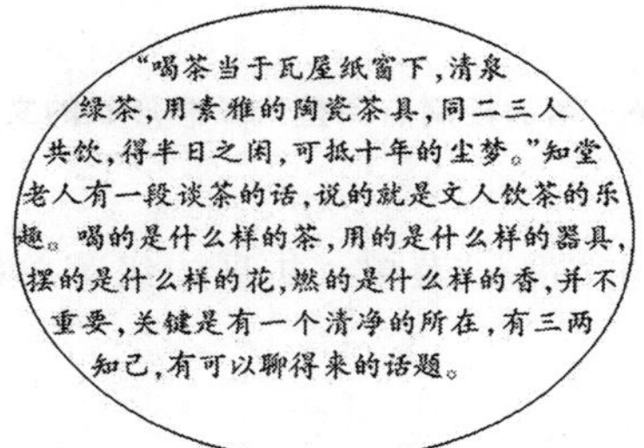

图 2-4　在图形内排入文字

也可在图形内直接录入文字：选择文字工具，按住 Alt＋Ctrl 键，然后点击图元块内部区域，即可将其转换为排版区域。

图形排入文字后，仍然保留图形的属性，可进行变形、铺底纹、设置花边线型等操作。如将上图中的线条改为绿色，线型加粗，点击鼠标右键，选择“文字块内空”并加大内空，可以得到更为美化的椭圆形文字块(见图 2-5)。

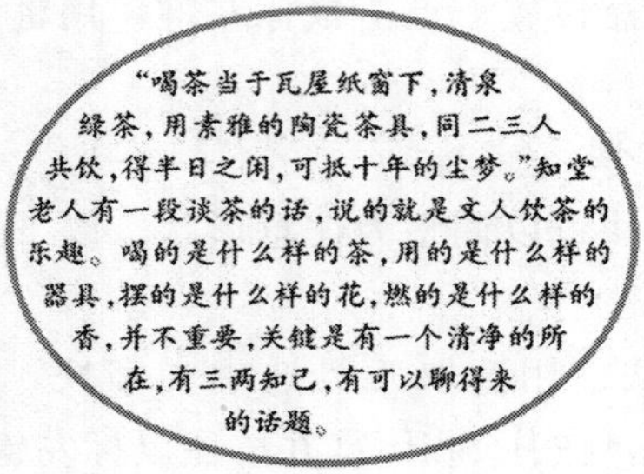

“喝茶当于瓦屋纸窗下，清泉
绿茶，用素雅的陶瓷茶具，同二三人
共饮，得半日之闲，可抵十年的尘梦。”知堂
老人有一段谈茶的话，说的就是文人饮茶的
乐趣。喝的是什么样的茶，用的是什么样的
器具，摆的是什么样的花，燃的是什么样的
香，并不重要，关键是有一个清净的所
在，有三两知己，有可以聊得来
的话题。

图 2-5　设置了线型与内空的椭圆形文字块

(3)使用穿透工具调整为任意形状的文字块。选取工具箱中的穿透工具 ，选中文字块。在控制点按住鼠标左键不放，移动位置，可将文字块调整为任意形状，松开左键即可。也可以在文字块边框上双击，增加控制点(见图 2-6)；或选取要删除的顶点，双击鼠标。改变文字块的形状后，块内文章会自动重排。

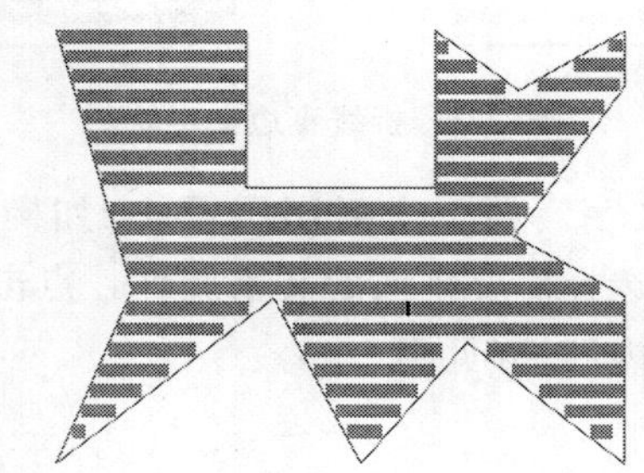

图 2-6　增加控制点调整为任意形状的文字块

3. 特殊符号

在写字状态下，点击“插入”菜单，扩展二级菜单的右侧会出现一组特殊符号的图标(见图 2-7)。

文件 编辑 插入 对象 美工 表格 公式 视图 设计
页面 文本框 文本 Word 书版文件 Excel 图片 CorelDraw 音视频 超链接 页码 目录 书眉 文本变量 脚注 索引 控制符 条码 OLE

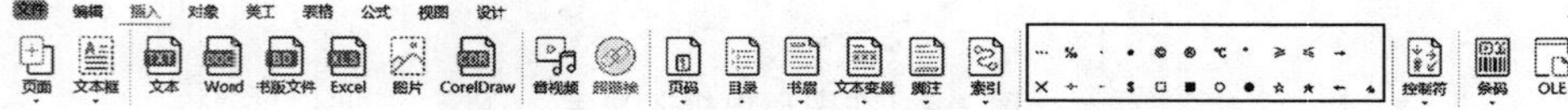

图 2-7　特殊符号图标(方框内部分)

点击这组图标右下角的斜三角符号，会弹出“符号”对话框(见图 2-8)。在对话框的“类型”下拉菜单里，可以选择“圈码”“框码”或“棋牌符号”等类型，对话框会列出对应类型的符号。

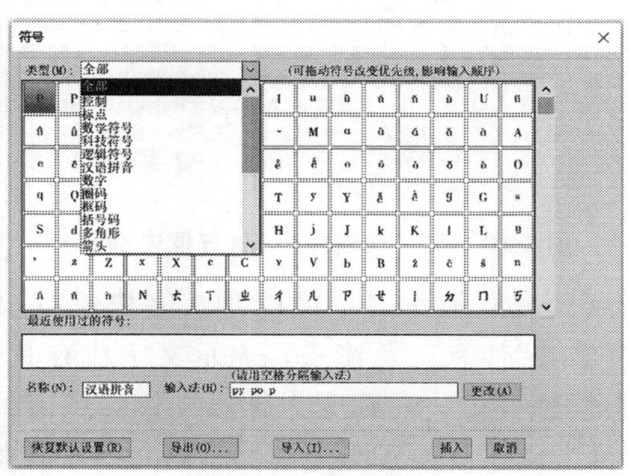

图 2-8　“符号”对话框

选中某符号图标，再点击“插入”，即可以在版面上插入所需的特殊符号(见图 2-9)。这种插入可以反复进行。

图 2-9　插入版面的特殊符号

二、文字块调整

1. 文字块连接

一篇文章可以分别排在有连接关系的多个文字块内，前面文字块的内容排不下时，剩余文字自动流向后面的文字块。

选中两个连接的文字块，即可看到文字块边框上蓝色的三角形续排标记(见图 2-10)。

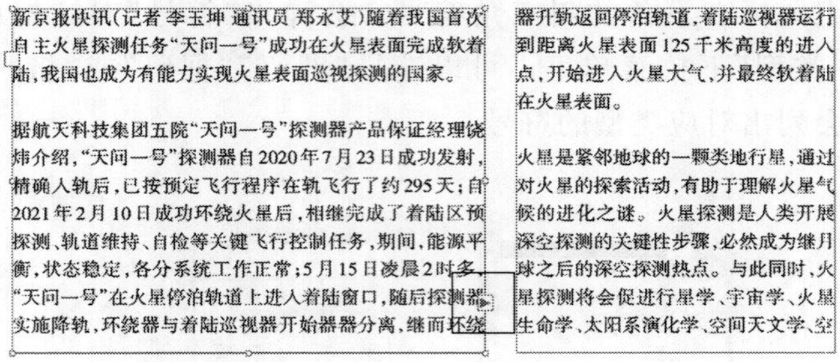

图 2-10　文字块连接标识(方框内部分)

光标置于控制点变成双箭头时，可以对文字块进行改变形状大小等操作。如果“入口”或“出口”带有三角箭头，表示文字块有其他连接文字块(见图 2-11)。鼠标单击续排标记，光标变为排版光标，点击到版面上，或拖画出一个文字块，即可生成连接关系的文字块。当文字块有续排内容时，将显示剩余文字数。

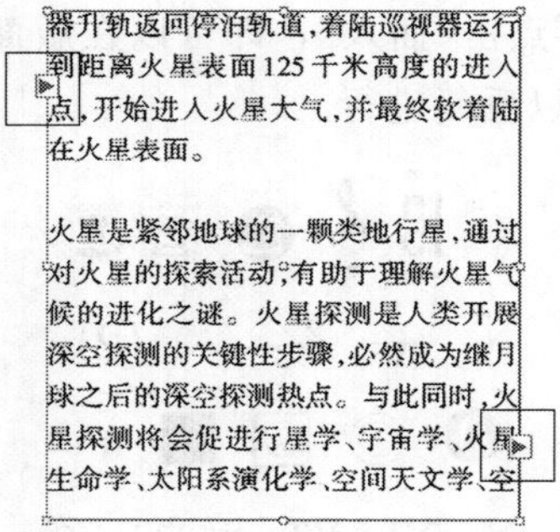

器升轨返回停泊轨道，着陆巡视器运行到距离火星表面125千米高度的进入点，开始进入火星大气，并最终软着陆在火星表面。
火星是紧邻地球的一颗类地行星，通过对火星的探索活动，有助于理解火星气候的进化之谜。火星探测是人类开展深空探测的关键性步骤，必然成为继月球之后的深空探测热点。与此同时，火星探测将会促进行星学、宇宙学、火星生命学、太阳系演化学、空间天文学、空

图 2-11　文字块续排

如果要手动设置文字块的连接，可以用选取工具单击文字块出口或入口，光标变成排入状态。移动光标到需要连接的文字块上，光标变为连接光标，点击该文字块便可把两个文字块连接起来。

如要断开已有连接关系的文字块，用选取工具双击带有三角箭头的入口或出口即可。如要改变文字块连接，单击连接线一端(入口或出口)，移动到需要连接的文字块，单击文字块即可改变连接。

选中文字块，按 Delete 键即可删除该文字块。如果文字块有连接，则仅删除文字块，不删除块内的文字，块内文字自动转到相连的文字块。如需同时删除块内文字，按 Shift＋Delete 键即可。

2. 文字块与边框

(1)框适应文

有时文字块中的文字没有占满整个文字块区域。若想使框适应文，可以双击鼠标左键，调整文字块边框大小使文字占满，并使每栏底线变为同样高度。选用“对象”|“图框适应”|“框适应图”功能也可实现(见图 2-12)。

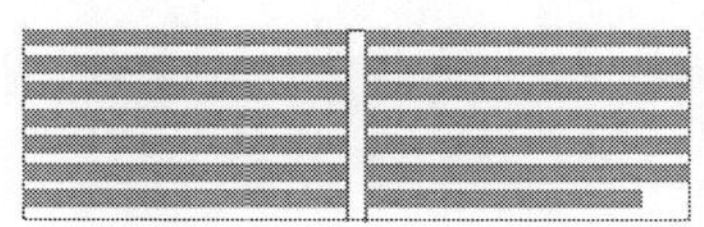

图 2-12　框适应文

若文字框小于文字区域，也可以双击文字块，执行适应操作，纵向展开文字块。如果想将一段折行的文字调整为不折行，按住 Alt＋Ctrl 键双击文字块，就可将文字块横向展开排在一行内了。注意对于在图形内排入文字形成的文字排版区域，只有当文字块为矩形时，文字块适应的操作才有效。

(2)文字块内空

如果想调整文字块边框与文字之间的距离，可选中文字块，点击鼠标右键，选择“文字块内空”。在对话框中设置“上空”“下空”“左空”“右空”数值，如各设为 3mm(见图 2-13)。打开中间的连动锁，可一次性设好四个内空的数值。点击“确定”即可调整文字块边框与文字之间的距离。

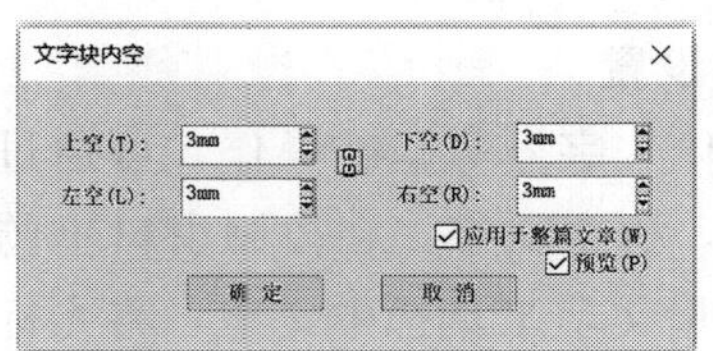

图 2-13　文字块内空

(3)文本自动调整

如果文字块边框大于文字块本身的形状，选择“对象”菜单下的“自动调整”图标，可以将文字调整为撑满文字块的大小(见图 2-14)。

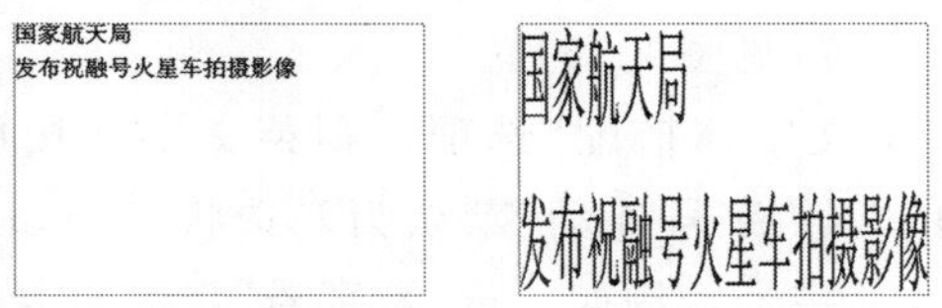

图 2-14　文本自动调整前(左)与自动调整后(右)

设置文本自动调整后，可以任意拖动文字框大小，文字始终随框大小变动；也可以继续在框内输入文字或删除文字，文字会自动重排，适应外框。

第二节 文字属性和文字特效

实验主题

本实验的主题是运用方正飞翔软件对文字进行操作，包括改变字体、字号、色彩，给文字增加各种特殊效果。

实验目的

1. 学会设置文字属性。
2. 学会制作艺术字和装饰字。
3. 学会制作文字块裁剪路径等效果。

实验内容

一、文字属性

1. 文字属性的基本设置

对文字属性进行字体、字号等基础操作，可通过“编辑”菜单下的控制窗口来进行。以字体为例，选中文字，在控制窗口里的字体下拉列表里可以选择字体(见图 2-15)。使用文字工具选中文字，将光标移至所选位置，按下鼠标左键并拖动鼠标，选中所需要的文字，进行字体设置。如果要在版面上选择大量文字，可先把光标置于段落开始点，按下鼠标左键，再按住 Shift 键以左键点击段落的结束点即可。如果用选取工具选中文字块，则此时设置的文字属性对整篇文章有效。

也可以找到“编辑”|“更多”|“字体字号命令”，在弹出的“字体字号设置”浮动窗口中进行设置(见图 2-16)。

如果勾选了“中英文字体搭配”选项，则英文字体按照中文字体自动搭配。“字号选择”中的“XY 字号连动”默认为勾选状态，如果取消勾选，可以分别输入文字的 X、Y 字号。例如，将“X 字号”设为三号，“Y 字号”设为五号，就可以得到一个扁字。

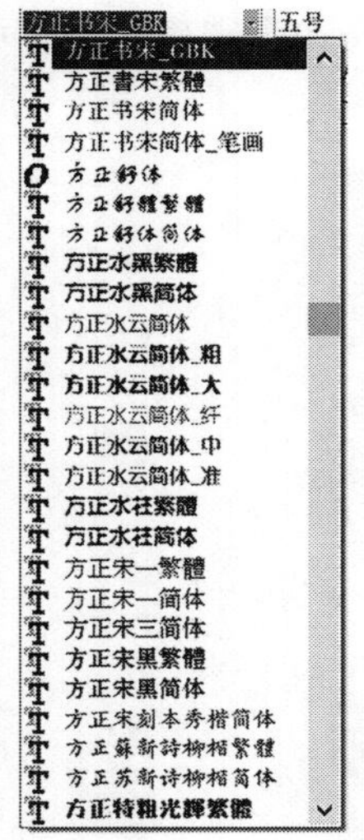

图 2-15　字体列表

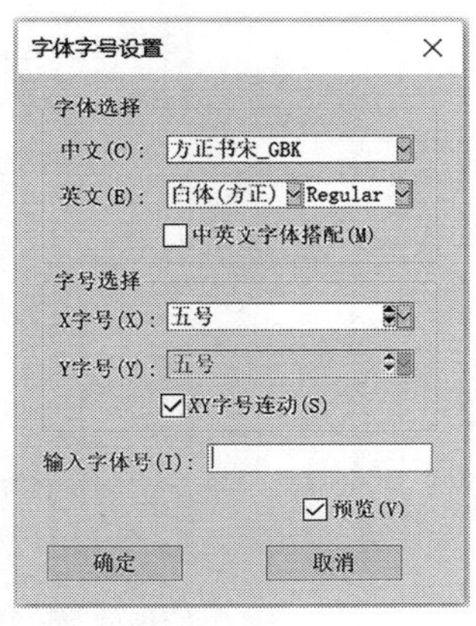

图 2-16　“字体字号设置”窗口

2. 文字高级属性

选中文字块，点击“编辑”|“更多”|“文字高级属性”，在弹出的浮动窗口中进行设置，可改变文字在粗细、倾斜、旋转、长扁等方面的属性(见图 2-17)。

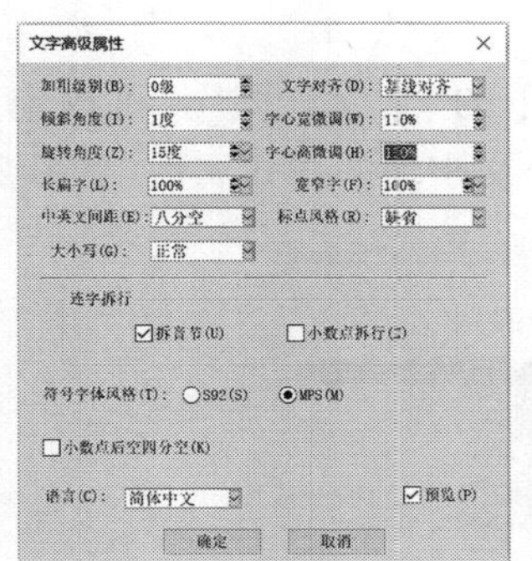

图 2-17　“文字高级属性”窗口及设置了高级属性的文字

3. 字体管理

排版界面右侧的“字体管理”浮动窗口可以显示或列出文字的字体名称、字体类型、状态(缺字体或正常)等(见图 2-18)。当文件中缺字时，会自动弹出“字体管理”浮动窗口，提示用户缺字，同时在版面上缺字的地方铺上粉红色底纹，所缺字体采用系统默认字体显示。在窗口里选中一款字体，单击

“替换”按钮，在弹出的对话框中选择好字体后，单击“确定”即可完成字体替换。

图 2-18 “字体管理”窗口

4. 文字样式

通常版面上的同一级标题有着相同的字体、大小、排列规则等，也就是说它们具有相同的文字样式。如果能定义好这些样式，随时应用于相应等级的标题，就能大大提高排版的效率。

选中文字块，选择“编辑”菜单下的“文字样式”，可以定义新的文字样式，然后进行选用，直接设置好这个文字块的样式属性(见图 2-19)。

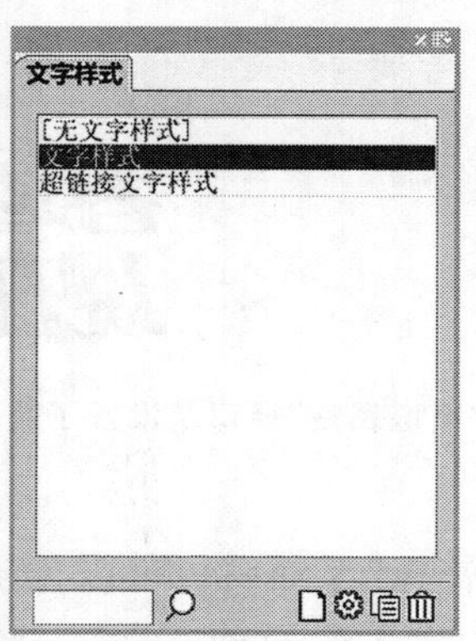

图 2-19 系统提供的文字样式

如果想自己设计特定的文字样式，可点击“自定义样式”，进入“文字样式编辑”对话框(见图 2-20)。

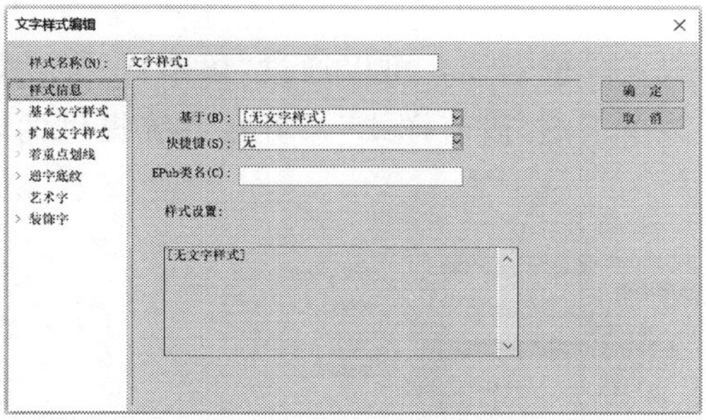

图 2-20　“文字样式编辑”对话框

可在“样式名称”编辑框内给文字样式命名。单击导航栏标签中的样式信息、基本文字样式、扩展文字样式、着重点划线、通字底纹、艺术字、装饰字等选项，设置需要的参数。其中，在“样式信息”的标签里，可以从“基于”下拉列表中选择一个已有的样式，在此基础上创建新的样式。单击“确定”即可完成设置(见图 2-21)。

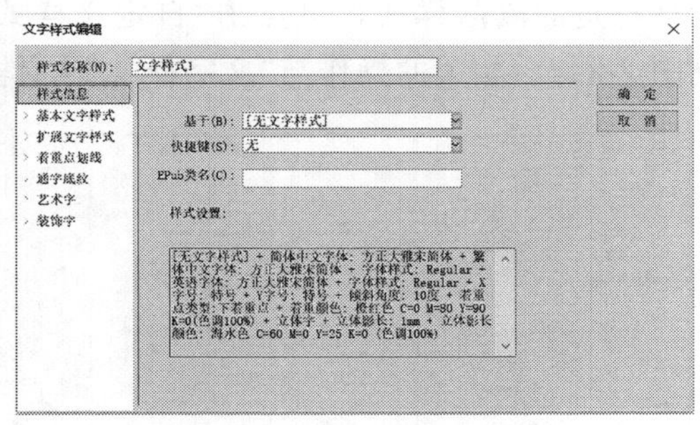

图 2-21　“样式信息”标签

将上述已创建好的文字样式用于文字块，文字就被设置了这些属性(见图 2-22)。

图 2-22　应用了文字样式的文字块

飞翔软件还可以将选中文字的文字属性直接创建为新的文字样式。选中文字，在右键菜单里选择“创建文字样式”，在“文字样式编辑”对话框内为样式命名，不修改参数，直接单击“确定”即可。

5. 段落样式

文字段落的样式定义或运用，可以通过“段落样式”功能来完成。选中文字块，选择“编辑”菜单下的“段落样式”，可在系统提供的段落样式中进行选择(见图 2-23)。

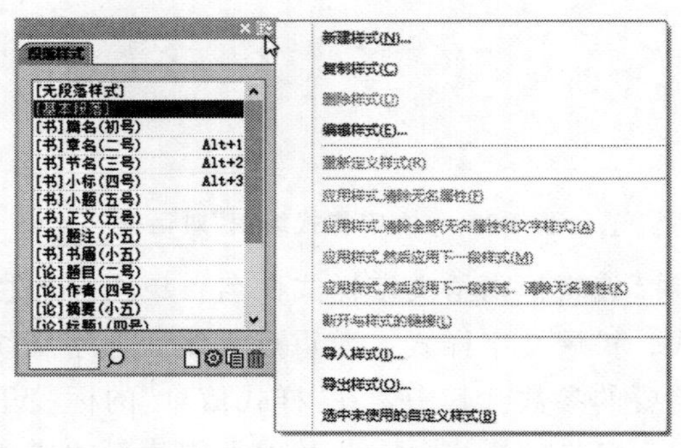

图 2-23 系统提供的段落样式

如果想自己设计特定的段落样式，可点击“自定义样式”，进入“段落样式编辑”对话框(见图 2-24)。相关的操作与“文字样式”大体类似。

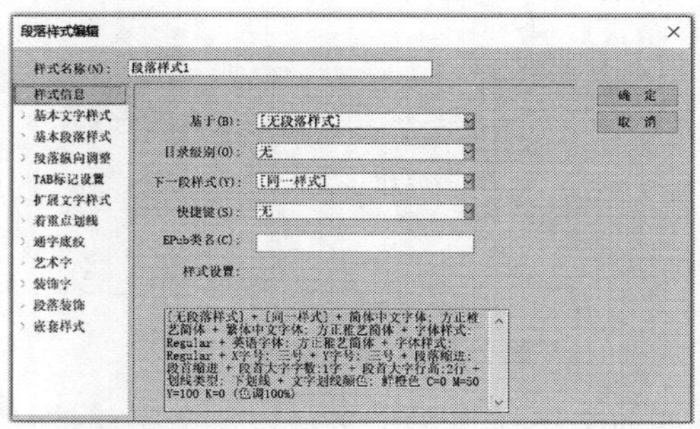

图 2-24 “段落样式编辑”对话框

6. 文字的其他编辑

对文字进行修改、编辑时，有关的复制、裁剪、删除、撤消、恢复、查找、替换等操作，同 Microsoft Word 等软件的操作类似。

格式刷功能可以用于复制文字属性和段落属性。在界面左侧工具箱中选择格式刷，点击到文字中，按住鼠标左键拖选需要复制属性的文字。然后松开鼠标。用格式刷选中需要作用属性的文字，松开鼠标左键，就能将复制的属性粘贴到目标文字上。重复这一步骤可进行连续粘贴。如果选中的文字里有几种属性，则复制的是第一个文字的文字属性和所在段落的段属性。将格式刷在版面空白处点击，其中已复制的属性会被清除掉。

用 Ctrl+“+”/“-”键可以微调文字块的字距，数值增减的幅度为每次 0.25 磅，这种调整将反映到文本属性工具条中。另外，用 Alt+“+”/“-”键可以微调行距，数值增减的幅度为每次 0.25 磅。如果一篇文稿的字数稍微超出预留的版面空间，或者还剩下少量空白，就可以用这种方式进行微调，使文字块与版面空间相配合。

二、文字特效

1. 艺术字

在飞翔软件中可以通过“艺术字”功能，制作出丰富多样的文字效果。用 T 工具选中文字，选择“美工”菜单下的“艺术字”图标，可以在系统提供的各种艺术字效果（见图 2-25）中加以选择，应用在该文字中。

如果想按自己的需求进行个性化设定，可以点击“自定义艺术字”，进入“艺术字”对话框进行设置（见图 2-26）。

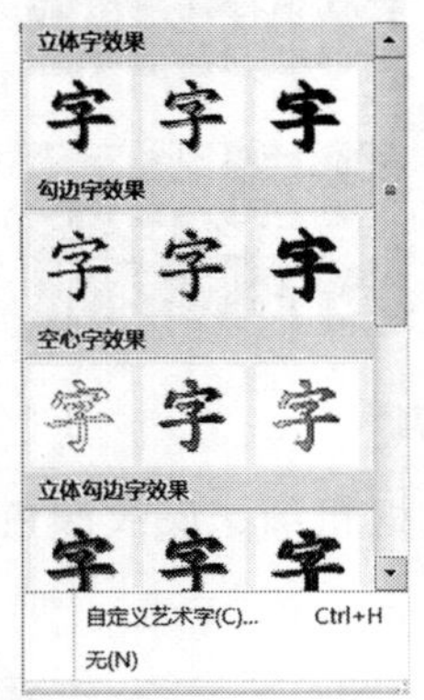

图 2-25　系统提供的艺术字效果

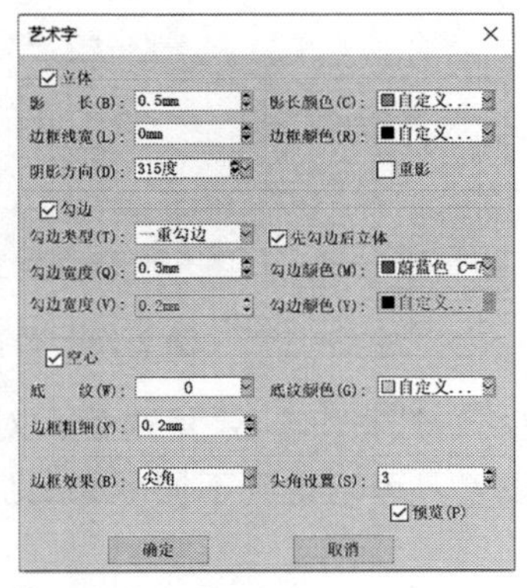

图 2-26　“艺术字”对话框

“艺术字”对话框具体包括：

(1)立体。选择“立体”复选框。“影长”表示立体阴影的长度，在影长编辑框中输入数值即可。“边框线宽”可设置边框的粗细与颜色。“影长颜色”和“边框颜色”可设置颜色，在颜色下拉列表中选择“自定义”，可以设置渐变颜色，系统将取第一个和最后一个渐变分量点的颜色，通过点击起始颜色和终止颜色按钮来将立体效果设置为渐变颜色，为线性渐变效果。“阴影方向”表示阴影的方向选择。“重影”设置的影长与颜色为重影的影长和颜色(见图 2-27)。

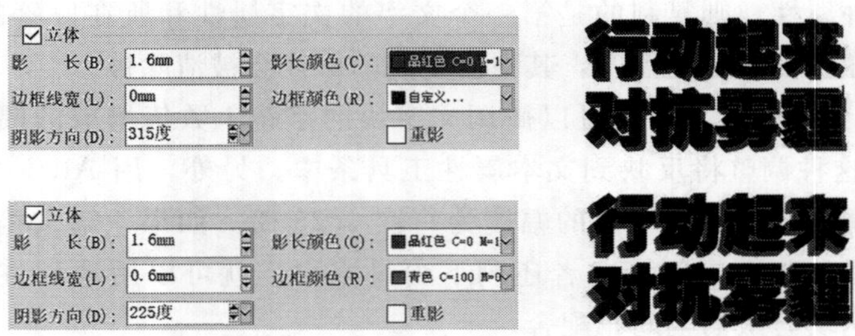

图 2-27 立体字设置实例

(2)勾边。选择“勾边”复选框，在“勾边类型”中选择“一重勾边”或“一重勾边+二重勾边”。在“勾边宽度”框中输入宽度数值，设置勾边粗细。按“勾边颜色”，设置颜色(见图 2-28)。如果同时设置勾边和立体，可选中“先勾边后立体”进行设置。点击浮动窗口右上角的三角按钮，选择“边框效果”，可在圆角、尖角和截角三种效果中进行选择。

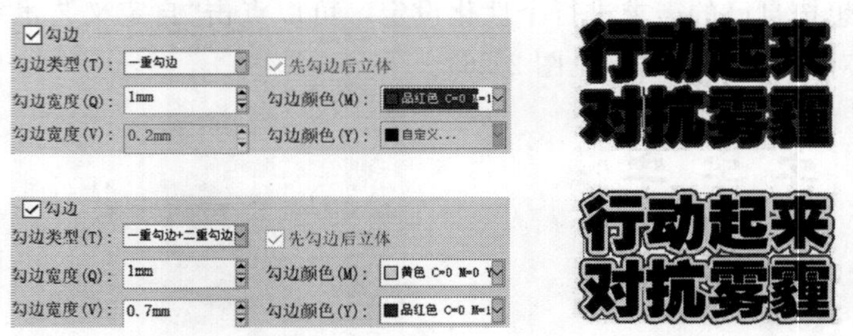

图 2-28 勾边字设置实例

(3)空心。选择“空心”复选框，对底纹、边框粗细、底纹颜色、边框效果等进行设置，可以得到不同效果(见图 2-29)。

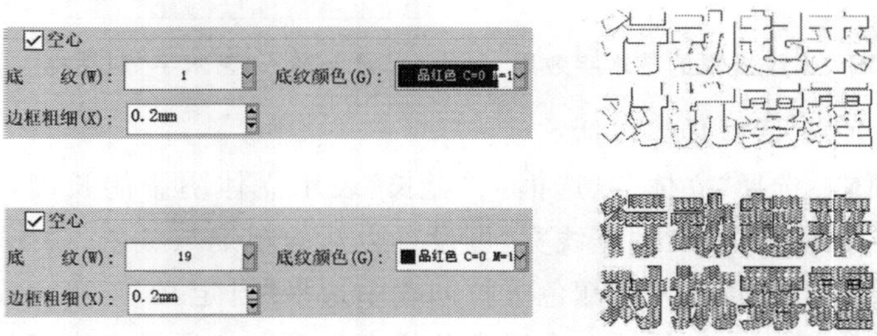

图 2-29 空心字设置实例

2. 装饰字

“装饰字”主要是给文字加上不同形状的外部装饰。用 T 工具选中文字，选择“美工”菜单下的“装饰字”图标，可以在系统提供的各种装饰字效果中(见图 2-30)加以选择，应用在文字中。

点击“自定义装饰字”，可进入“装饰字”对话框进行设置(见图 2-31)。

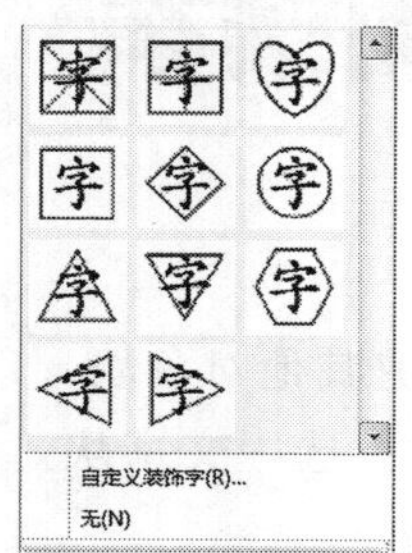

图 2-30　系统提供的装饰字样式

装饰字

装饰类型(T)：米字格
长宽比例(B)：100%　离线距离(D)：1mm
线　型(L)：　花　边(H)：0
边框粗细(X)：0.25mm　边框颜色(K)：■自定义...
底　纹(W)：0　底纹颜色(C)：□自定义...
☑预览(P)
确定　取消

图 2-31　“装饰字”对话框

可以设置的装饰类型有方形、菱形、椭圆形、向上三角形、向下三角形、向左三角形、向右三角形、六边形、心形等。通过“长宽比例”“离线距离”“线型”“花边”“边框粗细”“边框颜色”“底纹”“底纹颜色”等，可以进行相应的设置。完成后点击“确定”，被选中的文字会呈现出不同的效果(见图 2-32)。需要取消装饰字时，在装饰类型里选择“无”即可。

图 2-32　装饰字设置实例

3. 文裁底

用文字裁剪文字块底纹或背景图，可以实现文字的特殊效果。

用“选取”工具选中文字块，给文字块铺上渐变底纹。选择“美工”菜单下的“文裁底”，可获得裁剪效果(见图 2-33)。

图 2-33　文字块底纹裁底

也可选择“美工”|“背景图”，给文字块加背景图。再选择“文字”|“文

裁底”，可获得图片裁剪效果(见图 2-34)。如果想取消裁底效果，选中已设置“文裁底”的文字块，取消“文裁底”选项即可。

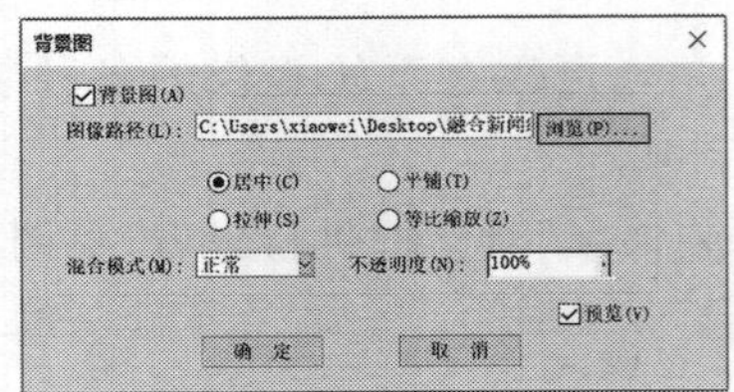

图 2-34　文字块背景图裁底

4. 文字块裁剪路径

文字块可以作为裁剪路径，用其中的文字来裁剪其他对象块，以实现某些特殊效果。将文字块移动与图像重叠(见图 2-35)，选中文字块，选择“美工”菜单下的“转裁剪路径”，设置文字块的裁剪属性。

图 2-35　文字块与图像重叠

同时选中这个文字块和图像，在右键菜单里选择“成组”，选中的图像就被文字块中的文字裁剪(见图 2-36)。这个方法与直接用背景图文裁底的不同在于，使用穿透工具，点击文字，可以移动被裁剪图像的位置来调整裁剪区域。

图 2-36　用文字块裁剪图片的效果

5. 转为曲线

通过这一操作将文字转为图元，可以设置各种图形效果。

选中文字块，选择“美工”菜单下的“文字转曲”，选择扭曲透视工具，点击曲线文字块，拖动节点。选择底纹类型，可自定义颜色为渐变色(见图 2-37)。选择“美工”菜单下的“立体阴影”，可设置阴影效果。

图 2-37 设置渐变色的曲线文字块

使用穿透工具，点击到转曲后的文字，出现曲线控制点，拖动节点即可调整文字形状(见图 2-38)。

图 2-38 调整了曲线控制点的文字块

6. 叠题

使用文字工具选中准备叠题的文字，选择“编辑”菜单下的“更多”图标，找到“叠题”。单击“形成叠题”，即可将多个文字排成几行，多行的总高度同外面主体文字的行高一致(见图 2-39)。

交警发布返程高峰绕行指南

交警发布返程高峰绕行指南

图 2-39 形成叠题

如果在“叠题”中选择“形成折接”，可形成折接，即将多个文字排成几行，且每行的高度同主体文字的高度一样(见图 2-40)。

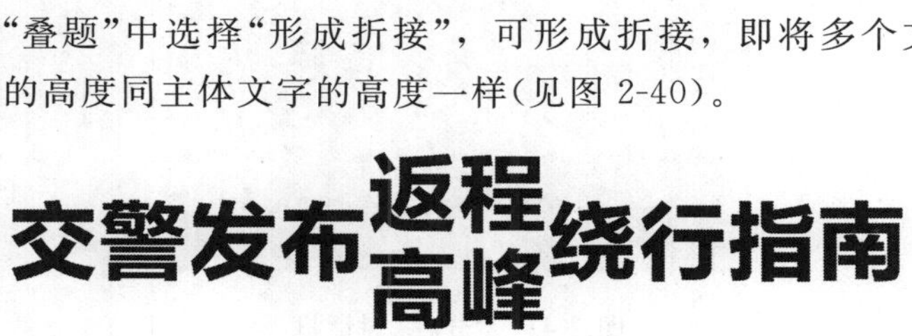

交警发布返程高峰绕行指南

图 2-40 形成折接

如要取消叠题，选中叠题文字，在“叠题”中选择“取消叠题”即可。

第三节　文字块排版

实验主题

本实验的主题是用方正飞翔软件对文字块进行操作，包括改变分栏、排版方向、图文关系、段落属性等。

实验目的

1. 学会设置分栏和文字块排版方向。
2. 学会图文混排、沿线排版等。
3. 学会设置各种段落属性。

实验内容

一、文字块操作

1. 分栏

用“选取”工具选中欲分栏的文字块，在“对象”菜单下找到分栏图标，点开图标右侧的小三角，弹出“分栏”对话框。在“分栏”对话框里指定“栏数”和“栏间距”，单击“确定”即可完成设置(见图 2-41)。选择“自定义”，可按需求分栏，各栏的栏宽相等，栏宽不一定按整字计算，栏间距不变。通过背景格分栏，可以实现栏宽不等的分栏效果。

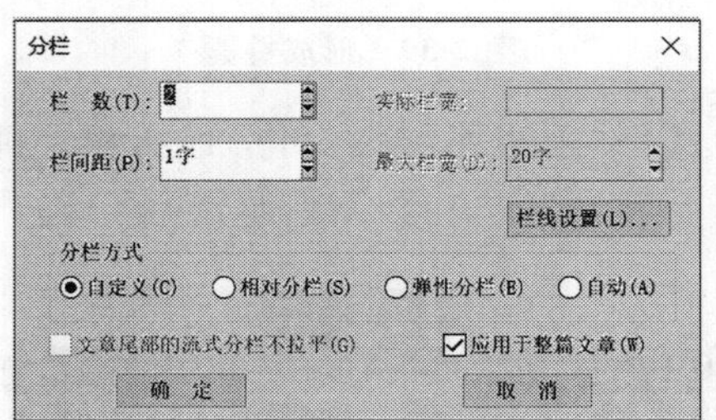

图 2-41　“分栏”对话框

选择“应用于整篇文章”可对整篇文章分栏(包括续排文字块)。通过“栏线设定”，可以选择定义栏线的线型、粗细、设定颜色等(见图 2-42)。

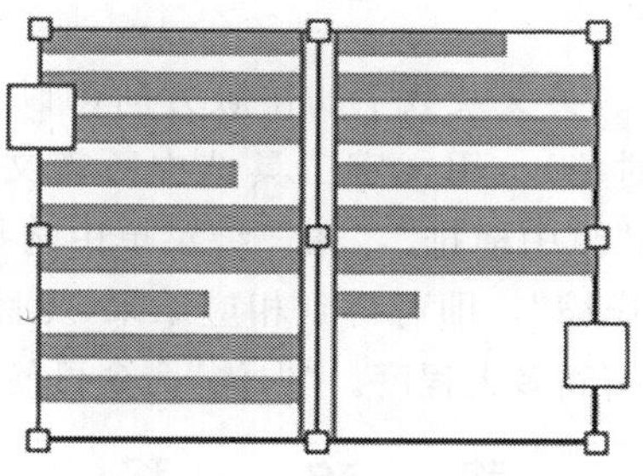

图 2-42　文字块分栏

2. 文字排版方向

系统对文字块的文字提供四种排版方向，即正向横排、正向竖排、反向横排、反向竖排。系统默认状态为正向横排。选中要调整排版方向的文字块，单击“对象”菜单下的排版方向按钮中的一个，即可确定排版方向(见图 2-43)。

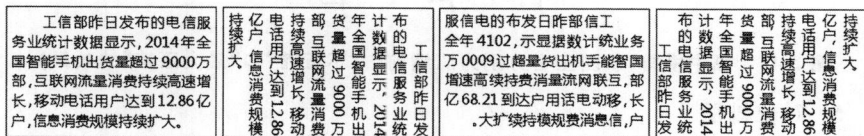

工信部昨日发布的电信服务业统计数据显示，2014年全国智能手机出货量超过9000万部，互联网流量消费持续高速增长，移动电话用户达到12.86亿户，信息消费规模持续扩大。

工信部昨日发布的电信服务业统计数据显示，2014年全国智能手机出货量超过9000万部，互联网流量消费持续高速增长，移动电话用户达到12.86亿户，信息消费规模持续扩大。

服信电的布发日昨部信工
全年4102，示显据数计统业务
万0009过超量货出机手能智国
增速高续持费消量流网联互，部
亿68.21到达户用话电动移，长
.大扩续持模规费消息信，户

工信部昨日发布的电信服务业统计数据显示，2014年全国智能手机出货量超过9000万部，互联网流量消费持续高速增长，移动电话用户达到12.86亿户，信息消费规模持续扩大。

图 2-43　各种文字块排版方向

3. 竖排字不转

竖排文字时，会将英文及数字向右旋转 90 度。用文字工具选中文字，或使用选取工具选中文字块，单击“编辑”菜单下的“高级”，找到“竖排字不转”，可以将英文及数字像汉字一样正常放置不作旋转(见图 2-44)。

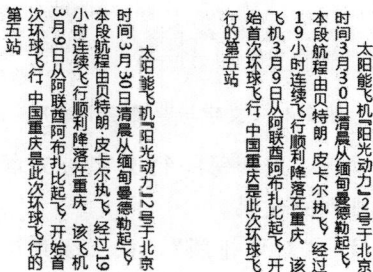

太阳能飞机『阳光动力』2号于北京时间3月30日清晨从缅甸曼德勒起飞 本段航程由贝特朗·皮卡尔执飞 经过19小时连续飞行顺利降落在重庆 该飞机3月9日从阿联酋阿布扎比起飞 开始首次环球飞行 中国重庆是此次环球飞行的第五站

太阳能飞机『阳光动力』2号于北京时间3月30日清晨从缅甸曼德勒起飞 本段航程由贝特朗·皮卡尔执飞 经过19小时连续飞行顺利降落在重庆，该飞机3月9日从阿联酋阿布扎比起飞 开始首次环球飞行 中国重庆是此次环球飞行的第五站

图 2-44　竖排字不作旋转(右)

4. 纵中横排

竖排文字时，汉字、英文及数字的排版方向可以不变，并保持为一个盒子(插入到文字流中的对象)。用文字工具选中所需文字(少于等于 5 个字)，选择“编辑”|“更多”|“纵中横排”，在二级菜单中选择压缩方式，包括“不压缩”“部分压缩”和“最大压缩”，即可得到相应结果(见图 2-45)。可根据需要决定对纵中横排的文字压缩到多大程度。“取消”命令可使被设置文字恢复正常。

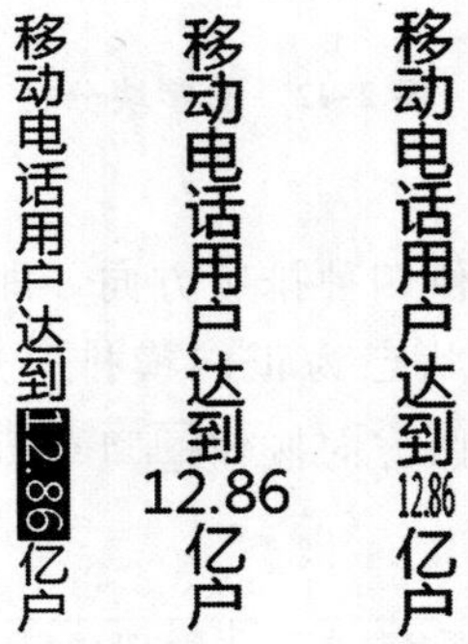

图 2-45 纵中横排(从左至右分别为压缩前、“不压缩”和“最大压缩”的效果)

5. 对位排版

当文章中某些段落调整了行距，或者设置了纵向调整后，两栏的文字可能不在一条线上(图 2-46)。

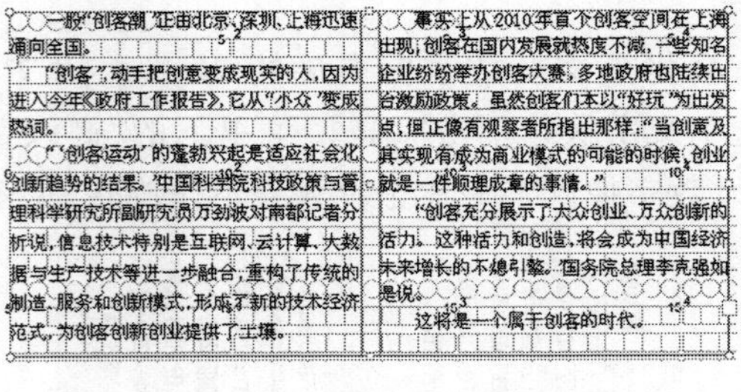

图 2-46 文字与背景格不对齐

此时可以使用对位排版，迫使每一行文字与文章背景格的每一行对齐，从而达到两栏文字整齐排列的效果。

选择“对象”|“高级”|“对位排版”，在二级菜单中进行选择。其中“逐行对位”指文章每一行都排在文章背景格的整行上；“段首对位”指文章中每段的第一行排在文章背景格的整行上，其他行可以不在文章背景格整行上(见图 2-47)。

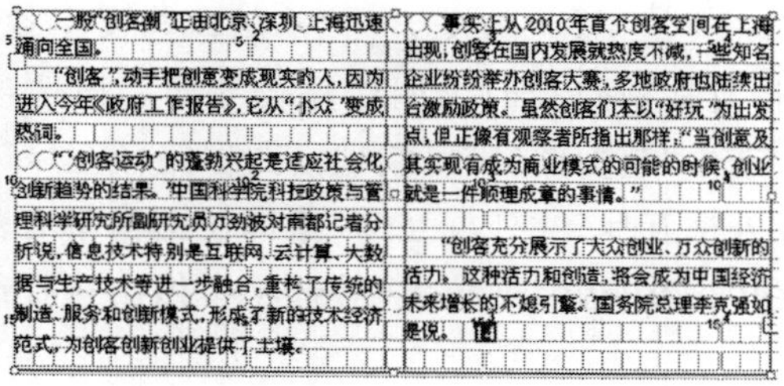

一股“创客潮”正由北京、深圳、上海迅速涌向全国。
“创客”，动手把创意变成现实的人，因为进入今年《政府工作报告》，它从“小众”变成热词。
“‘创客运动’的蓬勃兴起是适应社会化创新趋势的结果。”中国科学院科技政策与管理科学研究所副研究员万劲波对南都记者分析说，信息技术特别是互联网、云计算、大数据与生产技术等进一步融合，重构了传统的制造、服务和创新模式，形成了新的技术经济范式，为创客创新创业提供了土壤。
事实上从2010年首个创客空间在上海出现，创客在国内发展就热度不减，一些知名企业纷纷举办创客大赛，多地政府也陆续出台激励政策。虽然创客们本以“好玩”为出发点，但正像有观察者所指出那样，“当创意及其实现有成为商业模式的可能的时候，创业就是一件顺理成章的事情。”
“创客充分展示了大众创业、万众创新的活力。这种活力和创造，将会成为中国经济未来增长的不熄引擎。”国务院总理李克强如是说。

图 2-47　段首对位

选择“不对位”，则取消“逐行对位”和“段首对位”，恢复文章自然排放。需注意的是文字块在使用了对位排版后，行距不可微调。

二、图文混排

1. 图文互斥

图文互斥可以设置文字与图像(图元)混排时的绕排效果。飞翔软件排版时提供轮廓互斥和外框互斥两种效果。

选中图像，在“对象”菜单下找到“互斥”图标，单击后弹出“图文互斥”对话框(见图 2-48)。

图文互斥
图文关系
图文无关(O)
轮廓互斥(F)
外框互斥(E)
作用到子块(G)
文字走向
分栏串文(C)
不分栏串文(N)
不串文(S)
边　空
上边空(T)：1.852mm
下边空(B)：1.852mm
左边空(L)：1.852mm
右边空(R)：1.852mm
轮廓类型
裁剪路径(H)
外边框(W)
位置
居左(Z)
居中(D)
居右(Y)
预览(P)
九宫位调整(A)
确　定
取　消

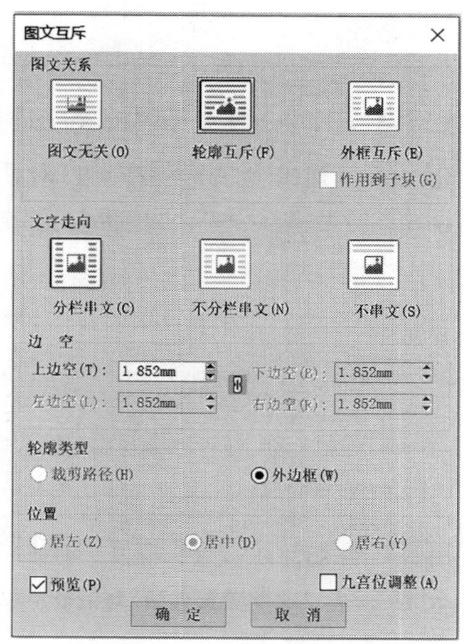

图 2-48　“图文互斥”对话框

在“图文关系”选项组中，“图文无关”指图像与文字块之间无关联。“轮廓互斥”指当图像带有裁剪路径时沿图像路径互斥。该选项配合“轮廓类型”可实现两种效果：选中“裁剪路径”可实现沿图像路径互斥(见图 2-49)；选中“外边框”则沿图像外框互斥。“外框互斥”指即使图像带有裁剪路径，文字块仍然沿图片外框互斥。在“边空”“位置”等选项中做出选择或输入数据，即可完成设置。

图 2-49 选择“裁剪路径”后的轮廓互斥效果

对于带路径的图像，完成设置后，可以选择穿透工具，点击图像，拖动路径上的节点，调整互斥路径。

2. 裁剪勾边

当文字块压在图元或图像上时，可对压图的文字进行勾边。选择“美工”菜单下的“裁剪勾边”图标字，弹出“文字裁剪勾边”对话框，根据需要就“压图像时裁剪勾边”或“压图形时裁剪勾边”、“一重勾边”或“二重勾边”等做出设置(见图 2-50)。

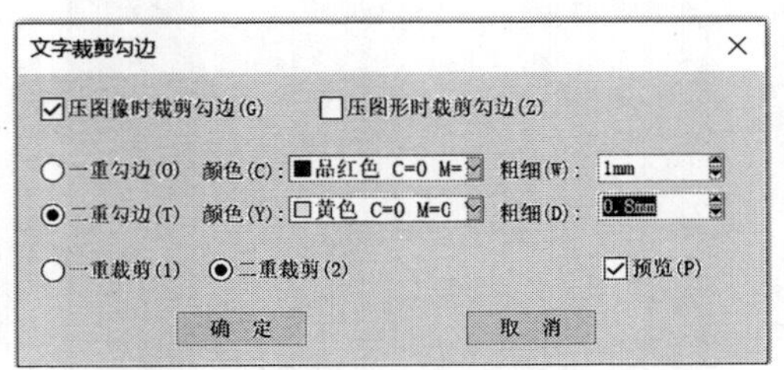

图 2-50 “文字裁剪勾边”对话框

设置后的文字块，压在图像或图形上的部分勾了边，其他部分则保持原属性(见图 2-51)。

图 2-51　文字裁剪勾边效果

三、沿线排版

飞翔软件提供沿线排版工具，直接点击到图元上输入文字，可形成沿线排版效果。

绘制一个图元块(如椭圆)，选择工具箱里的沿线排版工具，将光标置于图元边框上，单击图元，光标插入到线框上输入文字。用选取工具选中图元，在文字区域出现首尾标记(见图 2-52)。

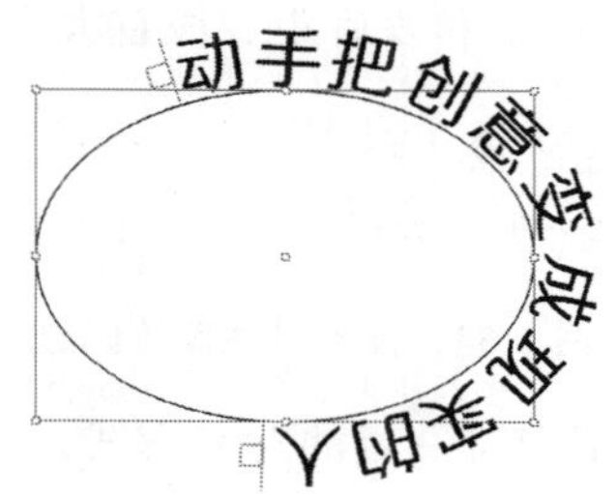

图 2-52　沿线排版

将光标置于尾标记上，尽量靠近标记竖线，当光标变为形状时，按下鼠标，拖动尾标记到需要的位置。单击控制窗口里的“撑满”图标，可形成最后的效果。

如果要使文字和图元分离，选中图元，在鼠标右键菜单里点“解除沿线排版”即可。

也可用“对象”菜单下的“高级”命令，找到“沿线排版”选项，来进行沿线排版效果的编辑。通过此窗口设置沿线排版类型、字号渐变、颜色渐变等，可以得到多变的设计效果(见图 2-53)。

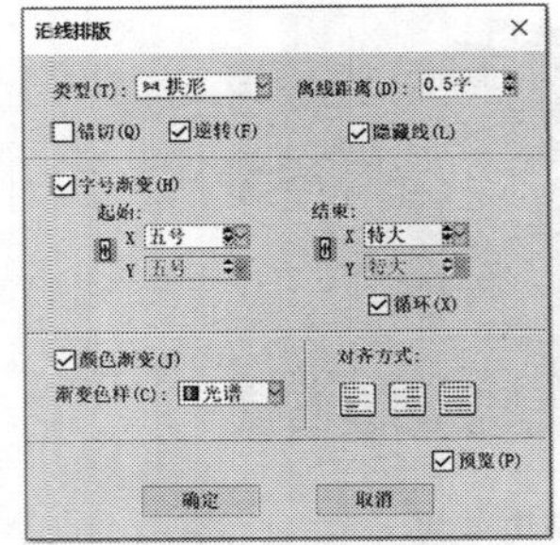

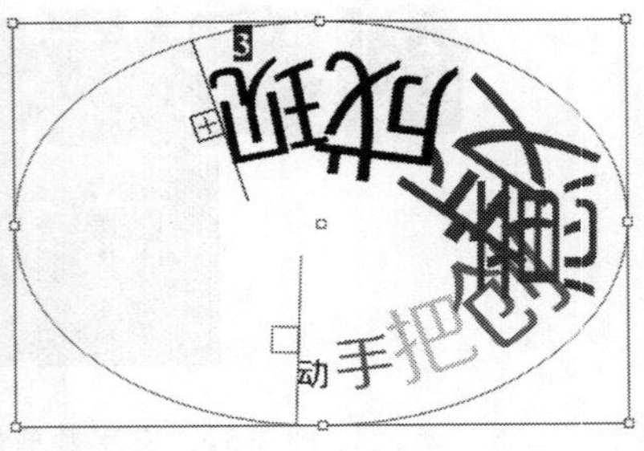

图 2-53　沿线排版实例

四、段落属性

将光标插入段落，或使用文字光标选中文字，可以给所在的段落设置段落属性。如使用选取工具选中文字块，可为文章内所有段落设置属性。

在“编辑”菜单下找到段落属性设置区域(见图 2-54)。在此可进行一系列的段落设置，如段首缩进和段首悬挂、段落的左缩进和右缩进(在段落左侧或右侧空出一段距离)、段前距和段后距、段首大字等。

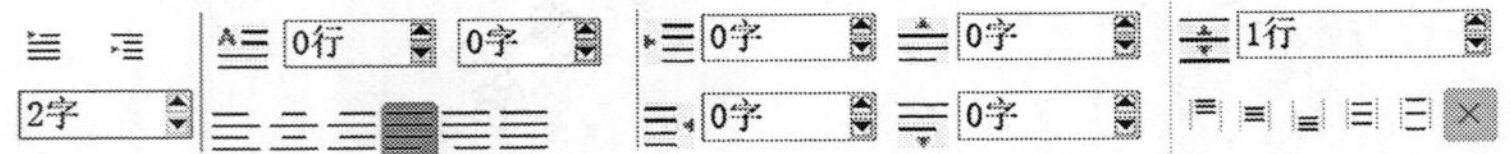

图 2-54　段落属性设置区域

在这里还可以设置段落中每一行的对齐方式。如“居左”指每一行文字都以文字块左侧对齐，右侧不进行对齐；“居中”指每一行文字作为整体置于文字块中间；“居右”指每一行文字都以文字块右侧对齐，左侧不进行对齐。另外还有“端齐居左”和“端齐居右”，指每段最后一行为居左、居右效果，其他行为两端对齐效果。“撑满”指所有行的左右端都对齐文字框内文字所能达到的左右边缘，“均匀撑满”指行中的所有文字之间的间距与文字框内文字所能达到的左右边缘的距离均匀分布。

五、英文、拼音及其他符号

1. 英文

英文排版方面，先要留意的是表达的准确性问题，这里就可以运用“拼写检查”功能。首先打开“工作环境设置”|“偏好设置”|“拼写检查”，选择语言，设置检查类型。然后，将光标定位到需要检查内容的开始，选择“编

辑”|“更多”|“拼写检查”。在弹出的对话框中，在“查找”选项中可以选择查找的范围。单击“查找/跳过”按钮，可以检查文本的各种拼写错误(见图 2-55)。

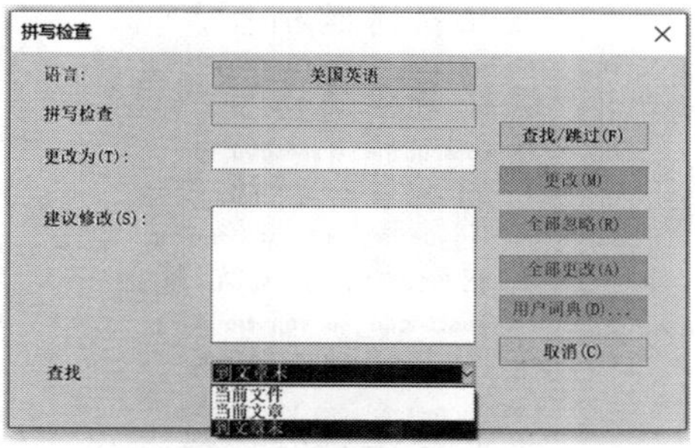

图 2-55　拼写检查

打开“特殊符号”浮动窗口，选择“常用符号”类型，可以排入英文排版常用的符号。

选择“文件”|“工作环境设置”|“偏好设置”|“文本”，选中“使用弯引号”，可以在输入文字或排入小样时，自动将直引号转换为弯引号。

选中文字或文字块，选择“编辑”|“更多”|“文字密排”，可以缩小文字字符间距。

2. 拼注音

通过拼注音插件，可以为汉字自动加上拼音，对多音字可以进行标示。

选中需要加拼音的文字或文字块，选择“编辑”|“更多”|“拼注音”，点击“设置拼注音”，弹出对话框(见图 2-56)。

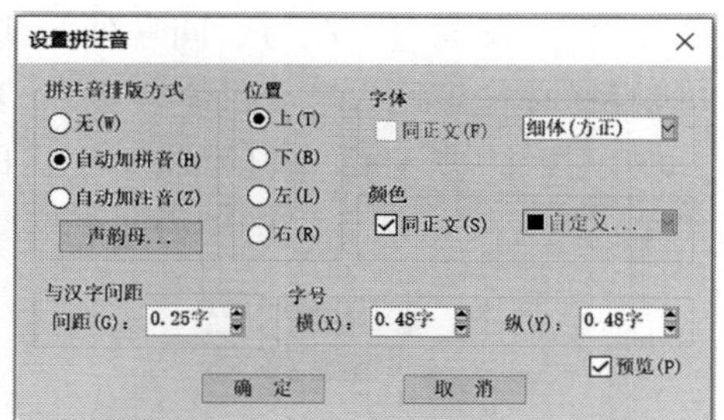

图 2-56　“设置拼注音”对话框

在对话框中选中“自动加拼音”，其他参数保持缺省设置，点击“确定”，即可完成拼音设置。注意，自动加上的拼音不完全准确(见图 2-57)。

xīng xīng men gāo guà kōng zhōng
星星们高挂空中，
qiān wàn nián yī dòng bu dòng
千万年一动不动，
bǐ cǐ zài yáo yáo xiāng wàng
彼此在遥遥相望，
mǎn huái zhe ài de shāng tòng
满怀着爱的伤痛。
tā men shuō zhe yī zhǒng yǔ yán
它们说着一种语言，
měi lì yuè ěr hán yì wú qióng
美丽悦耳，含义无穷，
shì jiè shàng de yǔ yán xué jiā
世界上的语言学家，
shéi yě méi fǎ jiāng tā dú dǒng
谁也没法将它读懂。

图 2-57　拼音设置实例

如果需要取消拼音，可以选中文字，调出“设置拼注音”对话框，将“拼注音排版方式”修改为“无”。如果加拼音后上下两行的文字没有对齐，可以选中文字，按 Ctrl＋“＋”/“－”，将字距调大或调小即可。通过“拼音”对话框，可以调整拼音的位置、颜色、字号、与汉字的距离等。

遇到多音字时，可以使用编辑拼音的功能指定多音字的拼音。例如“公差”中的“差”字有两种读音，在加拼音后，选中“差”字（只能选中一个字），选择“版面”|“拼注音插件”|“编辑拼音”，弹出对话框，在多音字列表里直接选择需要的拼音就行了。

3. 标点与空格

在“编辑”菜单下找到标点类型图标，点击下拉框可选择标点类型（见图 2-58）。标点类型包括开明（除句号、叹号、问号外，其余标点各占半个中文字的空间）、对开（所有标点符号均为半个汉字字宽）、全身（所有标点符号均占一个中文字的空间）、居中（所有标点符号居于空格的中间）、居中对开（所有标点符号均为半个汉字字宽，居于字的中心）。默认标点为“开明”。

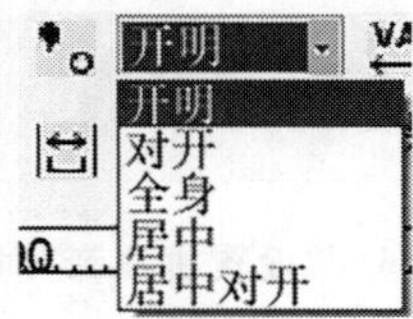

图 2-58　标点类型

在“编辑”菜单下找到空格类型图标，点击下拉框可选择空格类型（见图 2-59）。空格类型指将空白字符按照指定的字宽设定进行空格宽度处理。“按字宽”指实际字体中空格的宽度，“全身空”指空格与汉字宽度相同，“二分空”指空格为汉字宽度的 1/2，“三分空”“四分空”至“八分空”以此类推。“细空格”指空格为英文字母 M 宽度的 1/24，“数字空”指空格为当前数字 0 的宽度，“标点空”指空格为当前字体逗号的宽度。

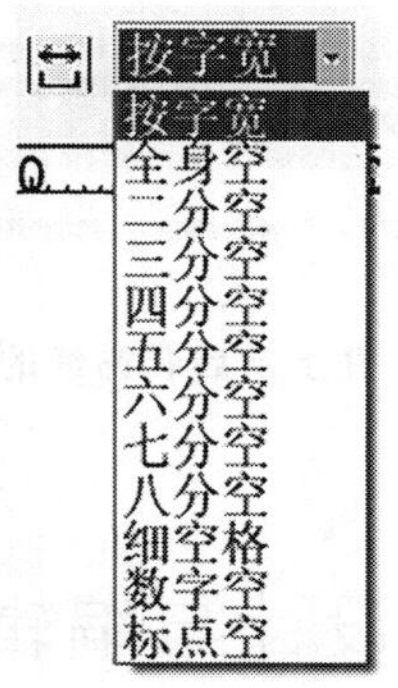

图 2-59 空格类型

4. 段落装饰

选择文字工具，选中文字或将文字光标插入段落。单击“美工”菜单下的“段落装饰”图标，点击后弹出“段落装饰”对话框。在“装饰类型”下拉框中选择，可激活相应的设置选项（见图 2-60）。可以选择的类型有前/后装饰线、上/下划线、外框/底图。

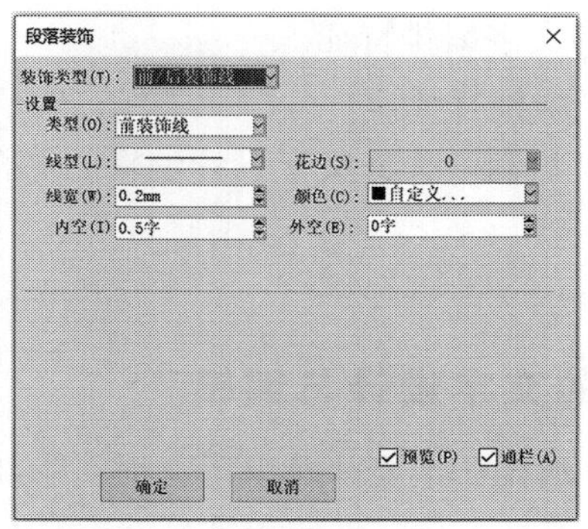

图 2-60 “段落装饰”对话框

在设置过程中可选中“预览”选项，及时查看设置效果。单击“确定”按钮，完成段落装饰的设置。这些段落装饰主要用于制作小标题中常见的前/后装饰线(见图 2-61)、上/下划线、外框以及底图等效果，使用者可将所需的设置存为模板。

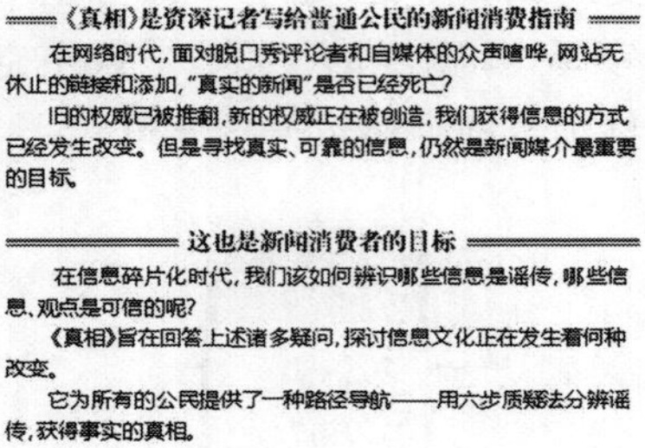

《真相》是资深记者写给普通公民的新闻消费指南

在网络时代，面对脱口秀评论者和自媒体的众声喧哗，网站无休止的链接和添加，“真实的新闻”是否已经死亡?

旧的权威已被推翻，新的权威正在被创造，我们获得信息的方式已经发生改变。但是寻找真实、可靠的信息，仍然是新闻媒介最重要的目标。

这也是新闻消费者的目标

在信息碎片化时代，我们该如何辨识哪些信息是谣传，哪些信息、观点是可信的呢?

《真相》旨在回答上述诸多疑问，探讨信息文化正在发生着何种改变。

它为所有的公民提供了一种路径导航——用六步质疑去分辨谣传，获得事实的真相。

图 2-61　加上前后装饰线的段落

第四节　文字的综合设计与编辑

实验主题

本实验的主题是学习报纸和 H5 各自的文字编排特征，并通过案例分析来了解文字的综合设计与编辑。

实验目的

1. 了解报纸版面的文字编排特征。
2. 了解 H5 的文字编排特征。
3. 通过案例分析、仿制，提升文字设计编辑的综合能力。

实验内容

一、报纸版面的文字设计与编辑

报纸版面上的文字编排，主要涉及以下方面：①新闻正文字号、正文字体；②新闻标题字号、标题字体；③版面不同功能区的字号与字体(如报头、报眉、导读、电讯头、图片说明、转版说明等)；④标题的字形(方形、长形或扁形)与装饰；⑤正文文字块的排列，包括分栏、行距、字距等；⑥标题字块的排列，即标题本身的题形；⑦标题与正文之间的空间排列关系。关于这些方面的操作，前文内容已有详细讲述。如何应用这些操作手法来实现报纸的传播意图，就上升到了文字设计与编辑的层面。想要达成良好的设计，既需要掌握字体辨识和字号等级的基本知识，也需要了解报纸文字编排的基本特征。学习者宜将这些知识融会贯通，继而展开自主设计。

1. 报纸版面的常用中文字体辨识

汉字是中文报纸的基本用字。汉字字体源远流长，不同的字体具有不同的形体特点，蕴含和体现着不同的气韵和风骨，呈现出不同的感情色彩，从而带来不同的传播效果。以下以方正字体为主要样例，介绍中文报纸版面的常用字体。学习者可留意观察各字体的外观特征，不断熟悉，逐步学会辨识不同的字体。

(1)宋体

宋体的基本特点是横平竖直，横细竖粗，端庄大方。版面的形状是直形的长方形，高度比宽度大，采用宋体字，给人稳定、安详、大方的感觉。宋体字版面密度适中，便于阅读，因此长期以来都被用作平面出版物的正文字体。宋体字横竖笔画的比例因字号大小而有区别，其中大标宋、小标宋适合排标题，书宋用于排书刊，报宋用于排报纸正文(见图 2-62)。

融合新闻编辑　　融合新闻编辑

书宋　　报宋

融合新闻编辑　　**融合新闻编辑**

小标宋　　大标宋

图 2-62　宋体示例(1)

在古代书法基础上设计的兰亭宋、博雅宋，笔画粗细均匀、工整、结构优美，也被不少报纸用作正文字体。这两套字族中包括数个不同粗细等级的字体，较粗笔画的也常被用作标题字(见图 2-63)。

融合新闻编辑　　融合新闻编辑

兰亭宋　　博雅宋

图 2-63　宋体示例(2)

仿宋体(见图 2-64)也是古老字体之一。其线条细瘦，横竖笔画粗细相等，起笔与落笔处锋芒突出，字体纤细秀丽，轻巧挺拔，一般用于辅题，或用来排评论正文。

融合新闻编辑

仿宋

图 2-64 宋体示例(3)

(2)黑体

黑体又称粗体或等线体，字体笔画粗细均等。起笔、落笔为直角或近似直角，字体四周成方角型，线条较粗，比其他同号字体大，代表严肃的格调，特别适用于标题。黑体方正、雄浑，是现代纸媒排版中最常用的标题字体之一。黑体系列按笔画粗细划分，有细等线、中等线、黑体、粗等线、大黑、超粗黑等种类(见图 2-65)。细等线笔画最细，适于排正文，其他几类分别适于排图片说明、中小标题和大标题。

融合新闻编辑

细等线

融合新闻编辑

中等线

融合新闻编辑

黑体

融合新闻编辑

粗等线

融合新闻编辑

大黑

融合新闻编辑

超粗黑

图 2-65 黑体示例

(3)圆体

圆体字的特点是横平竖直，笔画横竖均一，起笔与落笔处均呈圆润状，字体按笔画粗细又可分为幼圆、准圆、粗圆等。琥珀体和彩云体是两款笔画特别粗重的圆体字，它们共同的特点是笔画之间形成了交叉重叠，不同之处是一个是黑底白边，一个是白底黑边(见图 2-66)。圆体系列的字体气质柔和，在新闻版面中运用偏少，在专副刊版面中运用较多。

融合新闻编辑

幼圆

融合新闻编辑

准圆

融合新闻编辑

粗圆

融合新闻编辑

琥珀体

融合新闻编辑

彩云体

图 2-66 圆体示例

(4)其他常用字体

其他常用字体多为脱胎于汉字书法的美术字体。其中常用的有楷体、行楷、隶书、魏碑体、舒体、姚体等(见图 2-67)。

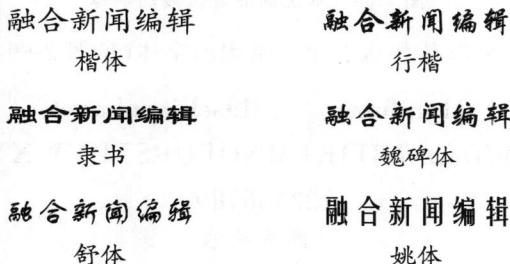

融合新闻编辑	融合新闻编辑
楷体	行楷
融合新闻编辑	融合新闻编辑
隶书	魏碑体
融合新闻编辑	融合新闻编辑
舒体	姚体

图 2-67 其他字体示例

楷体犹如手写体，特点是笔画婉转圆润，柔中带刚，流动自然，结构端庄方严，有清秀悦目之感，常与其他字体配合做副题。做单行标题时，适用于活泼轻松的新闻、通讯、特写等。也常被用来排评论、编者按等。

行楷的点、画间自然牵连，有笔断意连的连续感；同时化方折为圆转，又有流动自然之感，多用于标题。

隶书是将古代书法艺术用于印刷字体的典型，具有古朴典雅的风格，多用于标题。

魏碑体舒畅流丽，刚柔相济，有美化版面的作用。

舒体源自我国当代书法大家舒同，字形飘洒圆秀；姚体结构狭长，字形硬朗清秀。这些美术字体常常被使用在专副刊中。

2. 报纸版面的常用英文字体

在国际传播需求日益突出的大环境下，英文排版的相关知识也是编辑应掌握的。英文报纸版面的功能区与中文报纸基本相同，但从各个功能区的具体构成细节来看，英文报纸的文字设计自有一套与中文报纸不同的常规。排版中常用的英文字体可以分成以下几个大类。

(1)衬线体(Serif)

衬线体也称罗马体，它的主要特征是衬线，即在每个主笔画后面的一个小横线(见图 2-68)。罗马体得名于它的大写字母与石匠在罗马帝国的公共建筑上雕刻的字母的相似性。1470 年，法国人尼古拉斯·简森(Nicholas Jenson)将这些字母与一组更华丽的字母组合在一起，创造出了我们今天所知道的完整的英文大写字母和小写字母。英文排版中，正文字通常都是用罗马字体书写的。

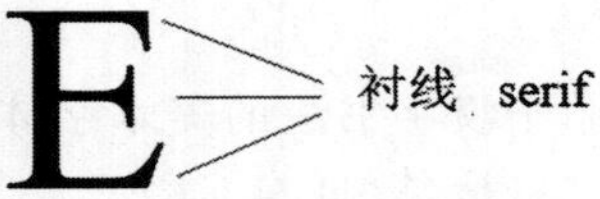

E 衬线 serif

图 2-68 加上前后装饰线的字体

具体来区分，罗马体中也有很多常用的字体(见图 2-69)。

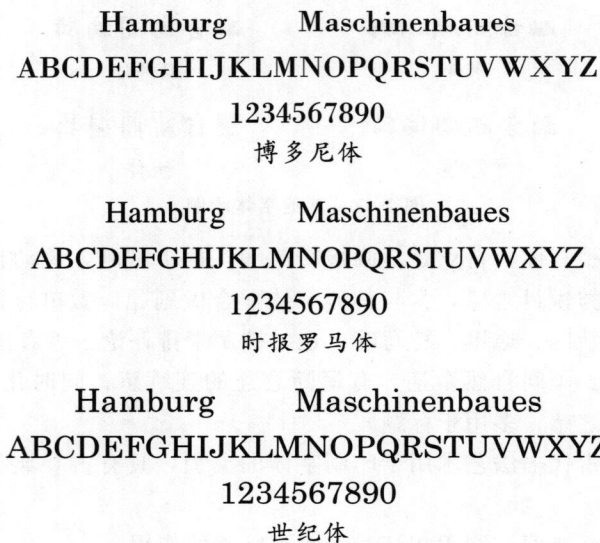

Hamburg Maschinenbaues
ABCDEFGHIJKLMNOPQRSTUVWXYZ
1234567890
博多尼体

Hamburg Maschinenbaues
ABCDEFGHIJKLMNOPQRSTUVWXYZ
1234567890
时报罗马体

Hamburg Maschinenbaues
ABCDEFGHIJKLMNOPQRSTUVWXYZ
1234567890
世纪体

图 2-69 罗马体示例

博多尼体(Bodoni)是一种罗马字体，一直是美国出版物中很受欢迎的标题字体。它于 1789 年由意大利印刷商博多尼(Giambattista Bodoni)推出。

时报罗马体(Times Roman)是常用的罗马体，它是 1931 年由莫里森(Stanley Morison)为伦敦《泰晤士报》设计的。时报新罗马体(Times New Roman)在目前的出版物中被广泛应用为正文字体。

世纪体(Century)于 1894 年由本顿(L. Benton)和迪瓦恩(T. DeVine)为《世纪》杂志设计，该杂志是当时的主要出版物。世纪体的主要特点是比较开放，清晰易辨认。

(2)无衬线体(Sans Serif)

无衬线体的特征是没有衬线，可以通过笔画的一致性来识别。在平面出版物中，无衬线体常用于标题和各种信息材料(如股票市场列表、体育记分牌和电视列表)的排版。未来体(Futura)、环宇体(Univers)和前卫体(Avant Garde)是常用的无衬线字体(见图 2-70)。

Hamburg　　Maschinenbaues
ABCDEFGHIJKLMNOPQRSTUVWXYZ
1234567890
细体的未来体(Futura LT Book)

Hamburg　　Maschinenbaues
ABCDEFGHIJKLMNOPQRSTUVWXYZ
1234567890
细体的环宇体(Univers LT Standard)

Hamburg　　Maschinenbaues
ABCDEFGHIJKLMNOPQRSTUVWXYZ
1234567890
前卫体(Avant Garde Book)

图 2-70　无衬线体示例

(3)文本字体(Text Typefaces)

文本字体又被称为古英语或黑字字体，字形较花。这是一类历史悠久的字体，在报纸上主要用于排报头名字。许多欧美报纸，包括《纽约时报》《洛杉矶时报》《华盛顿邮报》《每日邮报》等，报头都是由文本字体来排版的。图 2-71 是两种有名的、现在仍然常用的文本字体。

Hamburg　　Maschinenbaues
ABCDEFGHIJKLMNOPQRSTUVWXYZ
1234567890
Fette Fraktur 体

Hamburg　　Maschinenbaues
ABCDEFGHIJKLMNOPQRSTUVWXYZ
1234567890
利诺体(Linotext)

图 2-71　文本字体示例

英文字体的分类方式较复杂，不过主要还是按字符的笔画特征来分类的。其他常见的字体类型还有斜体(Italic，字形倾斜)、方衬线体(Square

Serif，衬线呈方形)、手写体(Script，字形类似手写)和装饰体(Decorative，字形装饰性强)等。同一种字体，还会因字符的重量、笔画粗细、宽高比例等的变化，形成由多款细分字体组成的“字族”(Type Families)。在选用版面字体时，需要考虑如何从一个字族中选择合适的字体。

3. 认识报纸版面的字号

版面上字符的大小以字号区别。平面报刊的字号等级通常采用号数制或点数制来标记。常用的字号有初号、一号、二号、三号、四号、五号、小五号、六号等，号数越大，字符越小。点数制也称磅数制，1 点(即 point，音译为“磅”或“标”)为 1 英寸的 1/72，约 0.35mm。点数越大，字符也越大。号数制与点数制之间有相互对应关系(见表 2-1)。

表 2-1 报纸排版常用字号

号数	点数	宋体	黑体
六号	7.5	融合新闻编辑	融合新闻编辑
小五	9	融合新闻编辑	融合新闻编辑
五号	10.5	融合新闻编辑	融合新闻编辑
小四	12	融合新闻编辑	融合新闻编辑
四号	14	融合新闻编辑	融合新闻编辑
小三	15	融合新闻编辑	融合新闻编辑
三号	16	融合新闻编辑	融合新闻编辑
小二	18	融合新闻编辑	融合新闻编辑
二号	22	融合新闻编辑	融合新闻编辑
小一	24	融合新闻编辑	融合新闻编辑
一号	28	融合新闻 编辑	融合新闻 编辑

续表

号数	点数	宋体	黑体
小初	36	融合新闻编辑	融合新闻编辑
初号	42	融合新闻编辑	融合新闻编辑
小特	48	融合新闻编辑	融合新闻编辑
特号	56	融合新闻	融合新闻
大特	63	融合新闻	融合新闻

续表

号数	点数	宋体	黑体
	72	融合新闻	融合新闻
	96	融合	融合

关于我国报纸上的正文字号，传统上对开报纸用小五号字，四开报纸用六号字。随着报业的发展，各报进行个性化设计，正文字号也各有不同。如《广州日报》的版心字为 8.4 磅，比一般对开报纸的版心字要小，相应地同样版面大小内可以容纳的文字数也较多，增大了版面的信息容量。

版面上会以标题的字号差异来体现编辑部对新闻重要性的评价。大号的字比小号字醒目，重要的稿件标题字用较大字号以强调其重要性。不同版面的标题字号也有所不同。如《解放日报》以前曾在《排印手册》中规定："标题字号，新闻版宜大些，专刊副刊宜小些。"

不同字号、字体有不同的刺激强度。如一号黑体强于一号宋体，二号宋体强于三号黑体……依此类推。字号与字体之间的交替使用，使不同刺激强度的矛盾变得更复杂、细致而富有层次，为版面提供了细腻的表现力。

4. 认识报纸文字的基本编排特征

纸媒版面上的文字设计，当然需要反映新闻稿件的内容、编辑对稿件的理解和评价，但这些具体设计通常是在该报纸整体风格的框架下进行的。一家报纸的文字设计，与该报纸整体设计的组成部分，与报纸定位、版面风格密不可分。在长期的历史发展过程中，不同时期、不同地域、不同类型的报纸，文字的编排属性呈现出较为明显的特征和差异。了解这些特征、差异，是做好具体的文字设计的前提。以下主要对中文报纸的文字编排特征加以简要介绍。

从中文报纸的历史分期来看，文字设计表现出从简单到繁复再到简洁的变化趋向。20 世纪上半叶，由于印刷技术的限制，中文报纸的文字编辑较为简单。如 20 世纪 20 年代的《大公报》(见图 2-72)，可以看到大小铅字搭配使用，新闻与广告标题有字体差异，但字体类型有限，文字块的编排也较为密集、单一。

新中国成立后，随着印刷技术和中文字体设计的进步，版面文字编辑技术也变得繁复。如 20 世纪 80 年代的《羊城晚报》(见图 2-73)，新闻条数多，文章短小，标题字号较小，横题竖题皆有，组版采用小块分插咬合式，字体变化也有很多种。

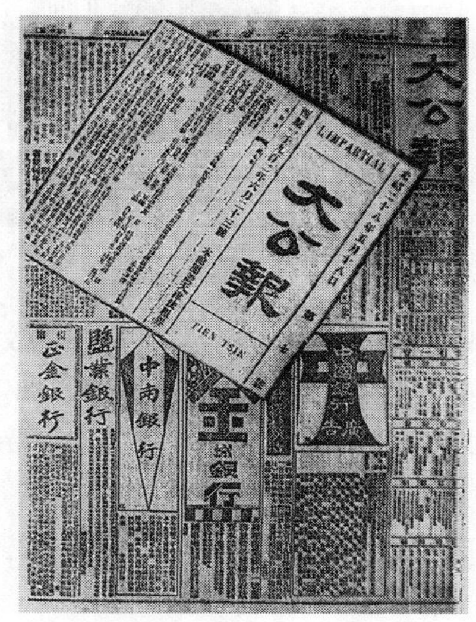

图 2-72　20 世纪 20 年代的《大公报》

图 2-73　20 世纪 80 年代的《羊城晚报》

20 世纪 90 年代后，电子排版技术迅速普及，社会生活节奏加快，报纸文字设计转向简洁、醒目。如 21 世纪初期的《北京青年报》(见图 2-74)，版面“浓眉大眼”，标题字号大，字体变化少，字形粗重，正文采用全模块化设计。简洁设计自此成为中文报纸文字设计的主流。

从所属地域来看，不同地区的中文报纸的文字设计表现出突出的地域风格。内地(大陆)的报纸采用简体字，以文字横排为规范，新闻版面的文字表达风格偏于简洁、严谨。我国港、澳、台地区的报纸采用繁体字，文字排列横竖相间，即使是新闻版面，文字风格也会突出易读性、可读性。《澳门日报》的头版用字，是典型的后一种风格(见图 2-75)。

北京青年报
BEIJING YOUTH DAILY
本报发起“帮村民看上春节晚会”活动引起市民极大反响
首日搬来113台彩电
北京多项作品获奖
共青团 五个一工程
借鉴中奥经验 广交国际朋友
三十初一初二 天气以晴为主
二环昨夜“大修”
千人争购经济适用房
16898212

图 2-74　21 世纪初期的《北京青年报》

澳門日報
九十内地高校聯招
應屆畢業生將參與
逾千保送生
明應考
保送生實戰增自信
疫情多變 齊心抗疫
留澳升學增 内地校吸引
學額充足　供逾六千
幼兒首入學逾五千登記

图 2-75　《澳门日报》头版

从功能类型来看，党报(机关报)、都市报/晚报、专业报/行业报的文字设计也各自不同。党报的文字排版多严谨、正统，强调权威的一面，如《人民日报》(见图 2-76)。都市报/晚报标题用字醒目，编排大众化，更加有亲和力，如《南方都市报》(见图 2-77)。

人民日报

RENMIN RIBAO

直挂云帆济沧海

——2019年上半年中国元首外交纪实

牢记嘱托　奔跑追梦

让青春在志愿服务中绽放

奋发有为，努力实现全年主要目标任务

——论做好当前经济工作

志愿精神点亮青春梦想

图 2-76　《人民日报》头版

南方都市报

广东67.4万学子今日高考

比去年少1.1万人，省教育考试院提醒做好个人防护

连续3日成交额破万亿，沪指强势收复3300点，创5年最大单日涨幅

A股大涨积极"动能"来自何方

未成年人保护法如何照亮"隐秘的角落"

专家建议，对留守儿童照护应压实父母责任

图 2-77　《南方都市报》头版

专业报/行业报的文字设计在气质上更有专业感，如《第一财经日报》(见图 2-78)。

第一财经日报

China Business News

交通银行

上海自贸区新片区揭晓：部分具备自贸港特征　参照经济特区管理

图 2-78　《第一财经日报》头版

从上述三份报纸的头版中，可以很明显地看到不同功能的报纸在文字设计上的区别。

5. 案例分析：《羊城晚报》两会要闻版

优秀的综合性报纸的时政报道可以作为学习文字属性设计的合适范本。因为时政报道关系国计民生，具有时新性、重要性和权威性，同时又需要以良好的视觉设计增加版面的可读性和贴近性。这其中的设计技巧和分寸把握，与文字属性的运用密不可分。

本小节选取的设计范例是《羊城晚报》2017 年 3 月 5 日 A1 版。该版的重点新闻是十二届全国人大五次会议当天开幕、国务院总理李克强作政府工作报告。版面以丰富多变的文字属性设计，使报告中的新闻点得到了适当的突出和表达。

这里主要讲解和分析版面不同功能区的字体属性设计，具体的操作手法、仿制的步骤可参见前文的相关部分，此处不再赘述。

版面报头下方，是“聚焦全国两会”系列报道的栏目题。“2017”数字中嵌套了国徽和中国人民政治协商会议会徽的图案，“聚焦”“全国两会”“撸起袖子”“加油干”四组短语用了四种不同的字体和字号，包括印刷字体和手写体。习近平总书记看望民进农工党九三学社委员的新闻标题，引题用纤黑体，主题以红色的特黑体大字做了通栏处理，“加快形成”四字做成叠题，用大黑体(见图 2-79)。这些都增加了版面上的热烈气息。

习近平在看望参加政协会议的民进农工党九三学社委员时强调

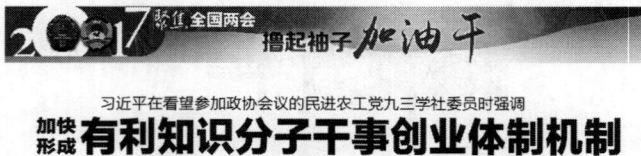

加快形成有利知识分子干事创业体制机制

图 2-79 《羊城晚报》上的栏目题和通栏标题

头条新闻是有关政府工作报告的重点稿件。标题前“今天消息”四个字用方正中黑体，红色、双行排列，加以圆形装饰，意在突出晚报在新闻报道中特殊的时间优势。“十二届全国人大五次会议上午开幕”的长引题采用纤细的兰亭纤黑体，主标题“今年 GDP 预期增长 6.5%左右”采用中粗黑体，搭配适宜，美观醒目(见图 2-80)。标题下的简讯分两栏排文，简明扼要。

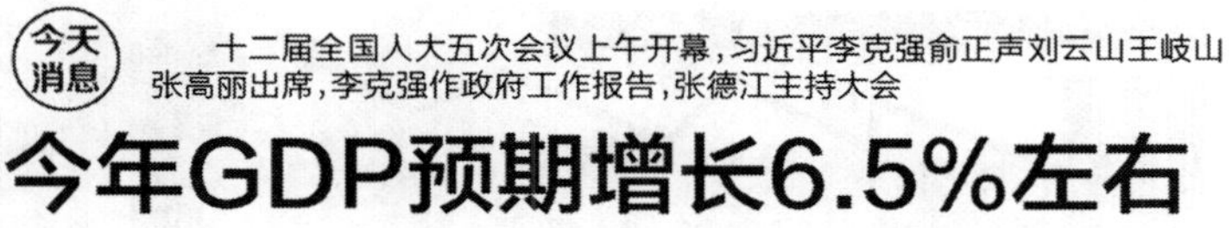

十二届全国人大五次会议上午开幕，习近平李克强俞正声刘云山王岐山张高丽出席，李克强作政府工作报告，张德江主持大会

今年GDP预期增长6.5%左右

图 2-80　《羊城晚报》上的头条标题

“今年发展主要预期目标”小栏目属于数据新闻的类型。栏目题放置在红色的铅笔图形上，文字反白，采用准黑体。要点提示中字体用黑体，字号较消息稿正文为大，显示其与消息文稿的不同之处。“6.5%”“1100 万”等数字特意设计为红色并放大字号、加粗字体，清晰地将新闻中最重要的新闻点传达出来(见图 2-81)。

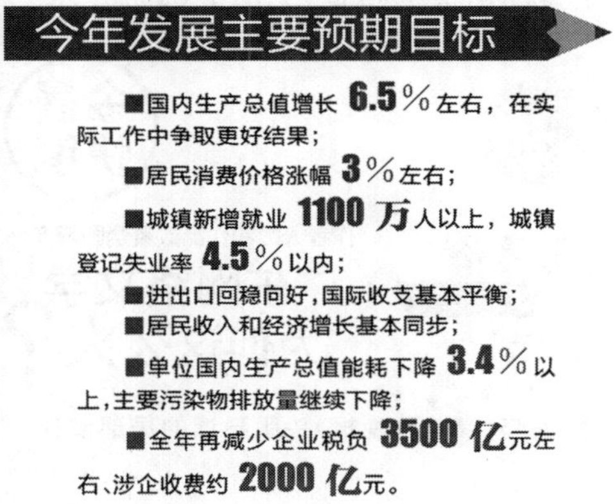

今年发展主要预期目标

■国内生产总值增长 **6.5**%左右，在实际工作中争取更好结果；

■居民消费价格涨幅 **3**%左右；

■城镇新增就业 **1100 万**人以上，城镇登记失业率 **4.5**%以内；

■进出口回稳向好，国际收支基本平衡；

■居民收入和经济增长基本同步；

■单位国内生产总值能耗下降 **3.4**%以上，主要污染物排放量继续下降；

■全年再减少企业税负 **3500 亿**元左右、涉企收费约 **2000 亿**元。

图 2-81　《羊城晚报》上的数据新闻

图片下端的“今年几项重点工作”栏目属于图表形式。这部分采用了图形+色块+小标题+摘要的设计。每个重点工作的关键词用黑体字，摘要用宋体字，表达简洁清晰(见图 2-82)。

这组新闻整体上文字量并不算特别多，但新闻的重要性强，文稿层次清晰，文字功能多样。编辑用精细的字体、字号、颜色等设计很好地完成了信息传达任务。

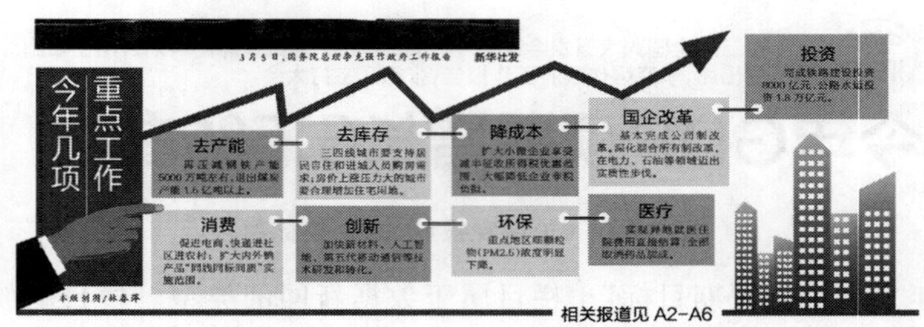

图 2-82 《羊城晚报》上的图表新闻

版面右侧和底部的导读区秩序井然。值得一提的是其中的几个小栏目题，多用文字与图形配合，或加以勾边(如“灼见”“广东”)，或改变字色(如“火”为红色)，增加了生动活泼的感觉(见图 2-83)。

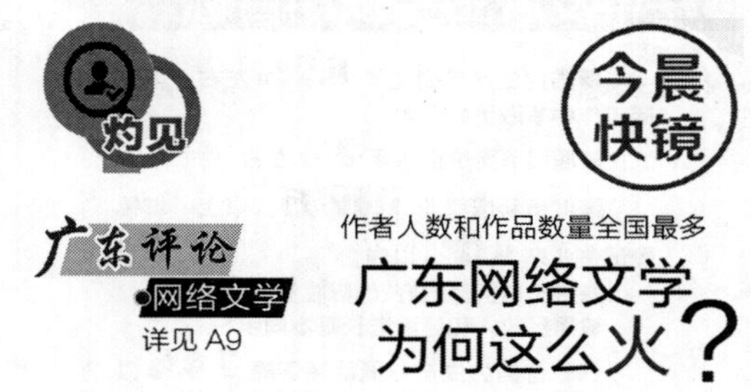

图 2-83 《羊城晚报》头版导读的局部设计

二、H5 的文字设计与编辑

1. 移动终端屏幕常用字体

与报纸纸张相比，移动终端屏幕的尺寸较小。尤其是手机，当前通行的屏幕尺寸多在 5 英寸到 7 英寸之间，即使有的手机屏幕较大，在阅读类型上也仍然属于“小屏阅读”。对于小屏来说，无衬线字体比有衬线的字体更容易看清，所以无衬线字体的代表——黑体就成为最常用的屏显字体。而且，在现行规格不一、参差不齐的屏幕条件下，黑体是渲染清晰的较佳选择。

在各字体设计公司的努力下，适合屏幕显示的黑体不断被开发设计出来。微软雅黑就是其中被广为应用的一款。该款字体是由美国微软公司委托北大方正设计的。与普通黑体相比，它的字形略呈扁方，笔画简洁舒展，易于阅读(见图 2-84)。而且，微软雅黑的斜体显示品质优良，小字号显示清晰，12px 和 14px 的显示都非常清晰优美，中英文的搭配非常和谐，10px 的字仍基本可以辨认。因此在 H5 制作中，微软雅黑常被用来排较小字号的文字块、细节信息等。

融合新间编辑　　融合新闻编辑

黑体　　微软雅黑

图 2-84　黑体与微软雅黑对比

微软雅黑与方正兰亭黑字体系出同源。兰亭黑字体共包括 11 个粗细档次，图 2-85 是其中的几款。不同粗细的兰亭黑体可用于各级标题、正文等。

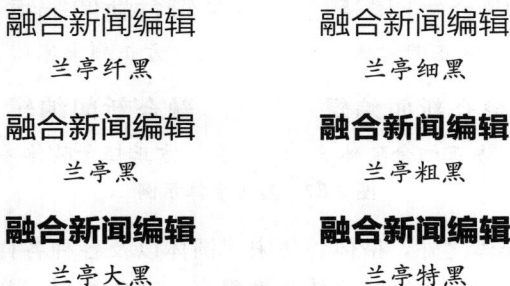

融合新闻编辑　　融合新闻编辑

兰亭纤黑　　兰亭细黑

融合新闻编辑　　融合新闻编辑

兰亭黑　　兰亭粗黑

融合新闻编辑　　融合新闻编辑

兰亭大黑　　兰亭特黑

图 2-85　兰亭黑体示例

其他新型黑体还有方正正黑、品尚黑、悠黑、经黑等(见图 2-86)。正黑体简洁易识，美观大方，适合 VI 系统视计。品尚黑兼有黑体和圆体的特征，结构舒展饱满。悠黑将宋体字的某些特征融于黑体之中，风格清朗温润。经黑字形活泼生动，带有手写体特征。这些字体均有多个粗细档次及长、扁变形，设计者可以选用不同的档次来排正文字或标题字。

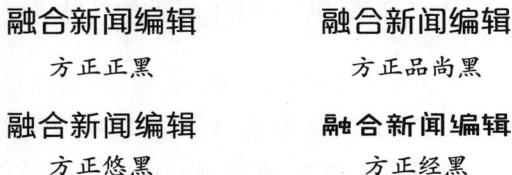

融合新闻编辑　　融合新闻编辑

方正正黑　　方正品尚黑

融合新闻编辑　　融合新闻编辑

方正悠黑　　方正经黑

图 2-86　其他新型黑体示例

屏显字体以黑体字为主，并不意味着宋体被排斥在手机屏幕以外。许多具有鲜明个性的创新设计的宋体字，仍然是 H5 设计的得力工具。以方正字体为例(见图 2-87)，多种新款宋体字均可用于 H5 设计。方正清刻本悦宋体质朴自然，厚实端正，尤其适用于竖排。方正龙爪体复刻自明孝宗儒教刻本《周礼》，它的笔画比较伸展，折笔处像龙爪一般，字体风格介于软体字和硬体字之间，字体比较硬朗。方正萤雪体带有清刻本的特征，适合典雅的、有人文关怀的题材。方正颜宋体源自颜真卿的字体，收笔和折笔处有小尖尖，字形古朴沉稳。方正金陵体源自明代南京国子监刻本《南齐书》，有细体和粗体两款，保留了非常浓厚的雕版韵味。这些新款宋体字适用于有人文气息的或有历史感的题材。

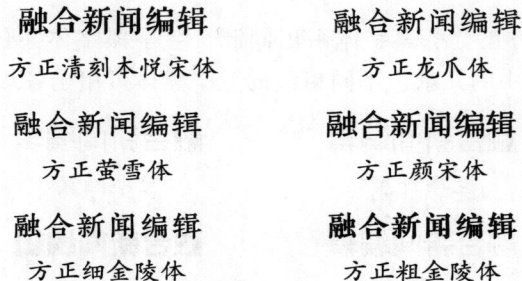

融合新闻编辑	融合新闻编辑
方正清刻本悦宋体	方正龙爪体
融合新闻编辑	融合新闻编辑
方正萤雪体	方正颜宋体
融合新闻编辑	融合新闻编辑
方正细金陵体	方正粗金陵体

图 2-87 方正字体示例

除了黑体和宋体之外，楷体、仿宋、圆体以及各种各样的美术字体也仍然是网页中的常用字体。屏显字体类型繁多，变化细腻，初学者需要耐心学习，也可以利用在字体识别的网站或 App 进行辅助识别。

需要提及的是，屏显字体中有相当一部分是收费的，不过字体设计公司一般都会提供多款免费商用字体，并通过网络授权发布。其中包括方正、汉仪、造字工房的中文字体，Adobe、Kindle、微软等公司的英文字体等。这些字体会是 H5 设计中非常有帮助的素材。另外，推荐使用“字加”客户端（或“字加”小程序），可以免费使用多款云字库中的字体，可以搭配 PS、飞翔、AI、Microsoft Office 等软件，手机和 Mac 都可以用。

2. 认识 H5 页面的字号

电子屏幕上的文字字号通常以 px（pixel，像素）为计量单位。px 是计算机系统的数字化图像长度单位，如果 px 要换算成物理长度，需要指定精度 dpi(dots per inch，每英寸像素数)，在扫描打印时一般都有 dpi 可选。Windows 系统默认是 96dpi，Apple 系统默认是 72dpi。

pt(磅数)和 px 的换算公式可以根据 pt 的定义得出：

$$pt=1/72(\text{英寸}),\ px=1/dpi(\text{英寸})$$

因此 pt＝px×72/dpi。以 Windows 下的 96dpi 来计算：

$$pt=px\times 72/96=px\times 3/4$$

用这一公式，我们可以计算出不同磅数的字符相应的像素值。96dpi 情况下，文字的号数、磅数和像素值的对应关系可列表如下(见表 2-2)：

表 2-2　H5 排版常用字号

号数	磅数	像素	微软雅黑
八号	5	6	融合新闻编辑
七号	5.5	7	融合新闻编辑
小六	6.5	8	融合新闻编辑
六号	7.5	10	融合新闻编辑
小五	9	12	融合新闻编辑
五号	10.5	14	融合新闻编辑
小四	12	16	融合新闻编辑
四号	14	18	融合新闻编辑
小三	15	20	融合新闻编辑
三号	16	21	融合新闻编辑
小二	18	24	融合新闻编辑
二号	22	29	融合新闻编辑
小一	24	32	融合新闻编辑
一号	28	34	融合新闻编辑
小初	36	48	融合新闻编辑
初号	42	56	融合新闻编辑

由于 H5 文字叙述非常灵活，其标题层级之间的区分、正文与标题之间的区分都不像报纸新闻那样分明，我们姑且把其中文字稍多、以表达细节信息为主的文字称为正文，将文字量少、以表述概要信息为主的文字称为标

题。因为手机屏幕大小的限制，H5 页面设计中的字号运用，无论是正文还是标题，通常都小于纸质印刷品的文字字号，从上述表格中也可以观察到这一特征。

确定正文字号时，阅读难易程度是要着重考虑的。如果正文文字的字号太小，会难以阅读；如果字号太大，又很难容纳足够的文字，用户看起来也很累。网页浏览器默认的文字字号，有的是 14px，有的是 16px。手机端常用的阅读字号与其产品类型相关，以微信公众号为例，公众号推文正文的默认字号是 17px，也就是介于小四号和四号字之间。如果用更小一点的字号，如 14px 来排推文，感觉会更加清秀、有个性，但阅读会略微吃力一些。H5 正文的字号建议在 14px 到 17px 之间选择。

标题字号应有明确的层次设计。在页面上承担不同功能的文字标题，可以用不同的字号大小来显示其重要性排序；相同层级的标题则用同样的字号，这样可以将文字清楚地分类。但字号序列也不宜过多，否则页面的信息传达就不够简明扼要。标题字号一般在 40px 甚至 30px 时已经足够大。

H5 页面中还会包含交互提示、版权署名、公关合作等信息。这些信息读者一般能靠图示领会，或不需仔细阅读，因此字号设置较小，最小可设为 8px～10px。

3. H5 页面的文字编排特征

H5 的应用场景十分碎片化，用户可能在任何地点、任何时间接受信息，这决定了 H5 不适合携带大量文字。手机的小屏阅读特点，更要求 H5 精简文字内容。但这些特点并不意味着 H5 就可以不注重文字设计。相反，好的文字设计(包括文案表达和视觉传达)能让信息传达得更为清晰，让用户更愿意主动传播。因此，在 H5 页面设计中，文字的重要性不亚于图像和其他元素。

与报纸的文字编辑相比，H5 的文字编辑主要呈现出以下特征。

(1)表现型字体与功能型字体配合，设计更具个性化

从应用目的来区分，字体可以分为两大类型：一类是表现型字体，即突出主题、渲染气氛，达到吸引读者目的的字体；另一类是功能型字体，即承载描述性文字信息的字体。①

---

① 樊荣、丁丽、贾皓、周循：《H5 交互融媒体作品创作》，42～43 页，北京，中国人民大学出版社，2020。

报纸因为在长期的历史中形成了普遍接受的生产常规，所以表现型字体相对运用受限。在新闻版面中，从报头、大标题到新闻正文，字体的使用会有一套基本表达手法，功能型字体的运用更多。而在H5设计中，因为H5涉及的类型、主题、应用场景非常多样，难以用统一的叙述标准去衡量，表现型字体的作用就变得非常突出。比如，在H5的封面页中，通常以表现型字体来呈现标题，获得类似海报的效果。如网易哒哒2019年出品的这几个H5的封面，都使用了表现型字体(见图2-88)。功能型字体则通常用于排列内文、说明信息等。

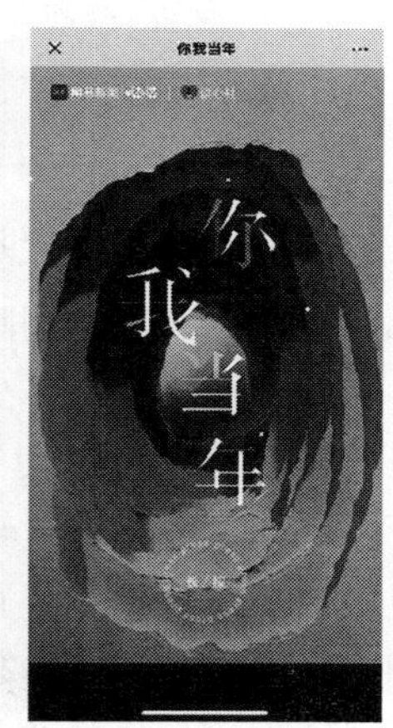

图 2-88 H5 封面上的表现型字体

H5在设计时会用到特殊字体，设计师通常会把这些文字转成图片。也有些表现型字体会事先用软件做美术加工，转化为图形后再导入版面使用。在这个过程中，在H5软件操作界面上查看字号可能会不那么方便，可以通过在手机上预览H5来观察字号大小是否适宜。

(2)静态文字与动态文字配合

一方面，文字的动态设计能大大增加H5页面的表现力，让文字内容按照节奏逐渐显现，让用户一点点地看文字，也能够缓解过多文字内容造成的阅读压力。另一方面，并非所有的文字都需要动起来，动静结合是更合理的文字布局方法。

以网易哒哒出品的H5《先找自己再找爱》(见图2-89)为例，刚进入页面时，文字是静态、整齐地排列在版面上的。随着音乐流淌，文字忽然纷纷散落；在情节转场时，页面上的文字也会随页面向外扩张。文字的动静结合，使用户的情绪随之跌宕起伏。

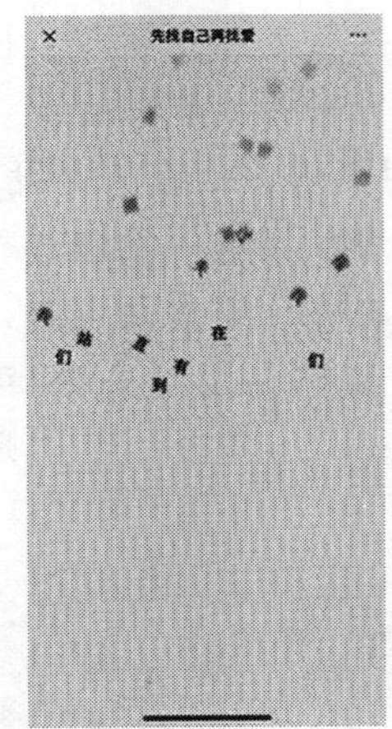

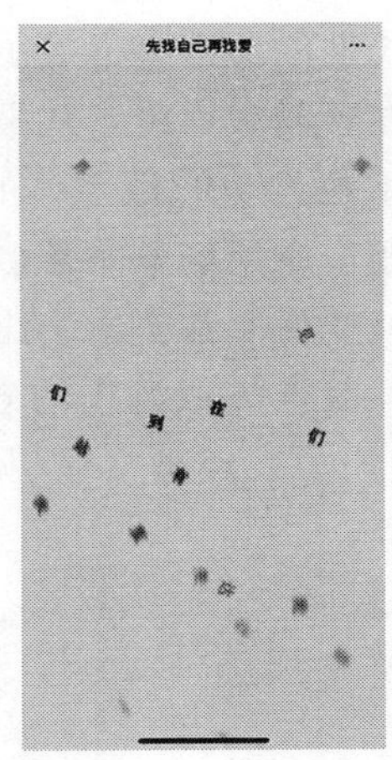

图 2-89　静态文字与动态文字配合

(3)文字数量无定规，排版结构自由度大

一个 H5 中究竟包含多少文字为适当，并无定规，主要依据其主题策划及表现创意来确定。这也使得 H5 页面中文字的排版结构有较大的自由度。对于文字偏多的 H5 来说，较合理的方法是对文字做集中管制，把页面上的文字适当集中在一个区域，而不要让它们分散到整个页面中。如《人民日报》出品的 H5《AI 简史》(见图 2-90)，从封面标题到内页的 AI 发展代表性事件记述，再到结束记叙后的总括型评论，每一页上的文字都集中安排在版面的一个区域中，排版显得非常简洁明晰。

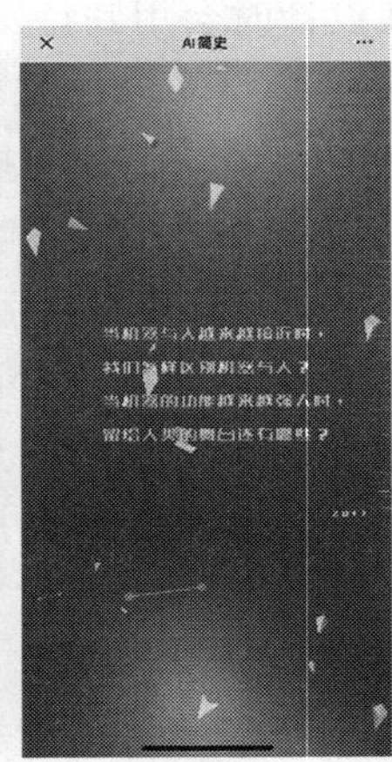

图 2-90　H5 文字集中管制

另外，H5 还可以借助语音来描述文字，减少视觉压力。

(4)仍然要遵循排版基本规范，以简明、易读为目标

字体方面，建议使用易读的字体。一个 H5 中不要使用过多种类的字体，尤其是难以辨认的书法体。正文的字体不宜过于粗重，或使用太过浓墨重彩的样式。标题字形设计要尽量避免太过于花哨，既要有较高的识别性，也要能够很好地把用户带入到视觉氛围中。虽然不是所有的 H5 页面都需要设计标题，但这部分内容仍然不能被忽视。①

有的 H5 中有说明性文字，如出品机构、版权信息等，可将其视为正文小字，也应有统一的设置，以提高工作效率以及坚持设计的严谨性。

文字的留白和对齐方式仍然要留意设计。文字留白主要考虑文字的字距和行距问题。需要结合 H5 的文字特点确定字距，不要过大。如果字距和行距几乎相等，文字会比较难读。对于大段文字来说，文字要折行的，所以要保证行距大于字距。行距过宽、过窄，都会让文字难读。纸质阅读中，1.5 倍的行距比较舒适。对于手机阅读来说，同样字数的段落在手机上会出现更多折行，如果还采用纸质阅读的行距的话，会容易出现串行，所以行距要比 1.5 倍小一点。

对齐方面，文字段首可以空两个汉字的空格，也可以按照英文排版惯例，段首不留空。正文可在左对齐、居中对齐、右对齐、两端对齐等样式中按设计需求来选择，但整个 H5 的文字体例应有相对的一致性。

4. 案例分析：H5《立个新年 Flag》

本小节分析的案例是由网易哒哒工作室制作的《立个新年 Flag》。这个 H5 在主题上属于节日纪念日类，在互动形式上属于测试类，即用户通过简单回答一系列问题，得到一个个性化的结果。这类 H5 的题目、选项的展示通常都是以文字符号叙述的，怎样做到吸引、醒目、易读，也需要花心思。

这个 H5 从功能上可以区分为以下页面：封面页、引导页、选项页、加装饰页、结束页(转化页)。这里集中讲解和分析各页文字的静态属性设计，动态操作暂时略过。所有页面的文字，除特别提及的以外，均为屏显宋体字，只是在粗细等级、具体字形方面有所不同。因为屏显字体变化细微多样，要做到完全准确辨识是很困难的，所以在此不做细节区分。

(1)封面页

封面页(见图 2-91)的左上角是合作出品方“网易新闻｜哒哒”和“欢乐谷”

---

① 苏杭：《H5＋移动营销设计宝典》，113 页，北京，清华大学出版社，2017。

的名称。“网易新闻”为正圆字体，“哒哒”“欢乐谷”的字形都与其 Logo 保持一致。主体文字叙述分为三个区块，实质上是将一句话切割成了三部分，在纵向上居中，近乎平均分布在页面的上、中、下。

第一区块：页面上部的“2019 年已经过去了”。字号较大，起笔有力，而且使文字两侧不至于显得过于疏空。

第二区块：页面中部的时间显示，按用户打开 H5 的日期时间计算出 2019 年已经过去了多少天、小时、分、秒，并显示出来。“200”数字用剑体字，字体醒目，字号也较大，“时”“分”“秒”及相应数字字号较小。数字均用红色显示。这些文字与操作手势引导语“沿虚线滑动，开始立 Flag”共同排列在象征钟表、时间的圆形之中，给使用者带来一种心理上的紧迫感。

第三区块：版面下方的“立下你的新年 Flag　向崭新的 2019 迈出第一步吧”。文字稍多，采用了较小的字号，与上面两个文字块的宽度保持基本一致。

封面页还有一句操作提示语“请打开声音”，用小字号放置在页面左下角，与波浪形的声波符号相呼应。这句提示语与上面的三行叙述语在字号上有明显差距，显示出功能上的区分。

图 2-91　H5《立个新年 Flag》封面页

(2)引导页

这一页将测试答题的操作提炼描述为三个步骤，先行引导用户对测试过程形成一个简明的框架(见图 2-92)。这一页也分为三个区块。

第一区块：本页标题“立 Flag 步骤”。置于页面右上角，上加红色细横线装饰。

第二区块：步骤描述。英文的“Step 1”“Step 2”“Step 3”为斜体、红色字，接近 Benguiat 字体，字号较大；相应的中文描述置于标号下方，字号较小。各行文字之间右侧对齐。这部分文字设计，尤其是字号大小的区分，有效地简化了第一眼的信息吸收。降低了用户的阅读负担。

第三区块：操作引导语“Let’s go!”。这行字置于红色方框中，提示用户点击跳转下一页。

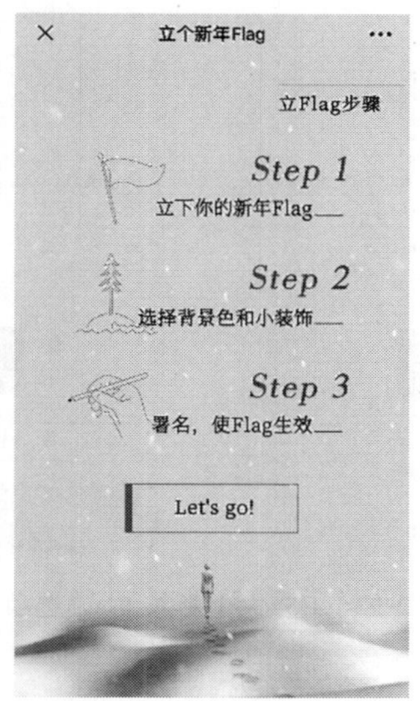

图 2-92　H5《立个新年 Flag》引导页

(3)选项页

这个 H5 每页提供 6 个答题选项，总页数为 26 页(最后一页 3 项)，总题数超过 150 题。每页的版式结构保持一致(见图 2-93)，三个区块各自的内容比之前的页面要复杂一些。

第一区块：“已选”和标题区。页面上端右侧标题区重复了“Step1. 立下你的新年 Flag”这一提示，小字号、灰色字，不喧宾夺主。左侧用闪动的“已选”“点这里查看已选 Flag”来提示用户自己已做的选择。

第二区块：选项区。每页的 6 个答题选项排为两列、三排，字体号及颜色设置一致：黑色数字字号较小、加下斜线；文字描述简要(不超过 10 个字)，用红色字，字号偏大，是页上最突出的元素。

第三区块：这个区域有三种操作选项，一是“换一换”，用红色方框按钮、白色字居中，提示用户通过“换一换”按钮来切换选项页面。二是文字输入框，框内用灰色字提示“也能在这里写下你的 Flag 哦”。三是“下一步”，置于版面右下角，用较大字号、黑色字，加箭头符号和红色下划线，显示出“下一步”是一步特殊的操作，一旦点击就会脱离选择可能，进入结果输出的步骤中。

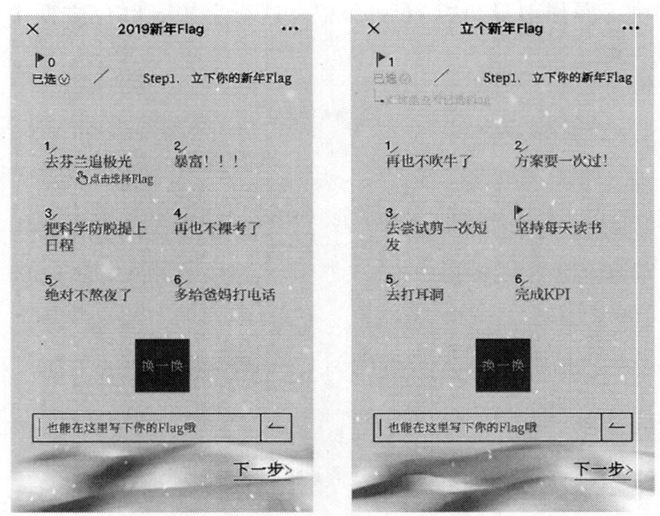

图 2-93　H5《立个新年 Flag》选项页

(4)加装饰页

这一页是针对选出的答题项进行装饰(见图 2-94)。页面被分成两个图层。

输出层：这一层在加装饰后会作为成果输出，所以“2019”“我的新年FLAG”均字号较大，并做了加黑处理，用准雅宋字体，十分醒目。用户选定的项目加上数字编号，以等线体、小字号显示在装饰图下方。“Step2. 选择背景色和小装饰”字号较小，被置于粗边框中，而不是输出内容之中。

操作层：居于上层，为输出页添加背景色和小装饰，文字提示分别居于操作层块的左上和右上位置，在选择后会由黑色转为红色，并出现下划线。“返回”和“下一步”等按钮提示在层块的下端，字号稍大。

图 2-94　H5《立个新年 Flag》加装饰页

(5)结束页

进入页面后按照要求填入个人姓名，就得到了最后的测试结果页，这也是进行图片保存、转发分享的转化页(见图 2-95)。页面结构与上一页的不同之处只是在页面下端加上了个人签名和时间。个人签名字号较大，字体为小楷，强化了用户的个性特色。

图 2-95　H5《立个新年 Flag》结束页

思考与练习

1. 自选素材，使用飞翔软件，对重要的文字排版操作进行逐项模仿实验。

2. 选择一家知名中文报纸，辨识其要闻版的标题与正文字体，观察其标题应用了哪些文字特效，思考文字的内容特征与视觉叙事之间的关系。

3. 选择一个 H5 产品，分析其封面、引导页、内容页、转化页等页面的文字排版设计。

第三章　图形、图像的操作与设计

图形(图元)与图像本身就是有效的传播手段。以往新闻界有“一图值万言”的说法，意思是图像能以较少的篇幅说明较多的事情。文字属于抽象的语言符号，图形与图像则属于视觉形象符号，有直观化的特征。掌握图形、图像的绘制操作和编辑设计，对学习者来说十分重要。

第一节　图形操作与设计

实验主题

本实验的主题是用飞翔软件对单线图形进行操作，了解这些图形的绘制和变换方式。

实验目的

1. 学会使用飞翔软件的绘图工具，并进行线型设计。

2. 学会制作花边和底纹。

3. 尝试使用矩形分割、图元勾边、立体阴影、角效果、路径运算等功能。

4. 通过案例分析，理解图形的功能，了解图形设计的基本规则。

实验内容

一、使用绘图工具

飞翔软件的工具箱里有两组绘图工具，一类是绘制直线、矩形、菱形、椭圆(圆)、圆角矩形、多边形等规则图形的工具，一类是自由绘制曲线与折线的工具。绘制和编辑过程中还需用到穿透工具、删除节点工具等。

1. 规则图形的绘制

(1)直线工具

用鼠标选中工具箱中的直线工具，进入绘线状态，光标变成带斜线的

“＋”字形。在任意位置单击，该点为线段的起点。按住鼠标左键不放，拖动鼠标到线段终点，松开鼠标左键，系统就生成一条线段。绘制过程中，按住Shift键，分别朝水平、上下、斜角方向拖动，可以分别产生水平、竖直或倾斜角度为45度的线段(见图3-1)。改用选取工具选中线段，在一侧端点拖动，可延长或缩短线段。

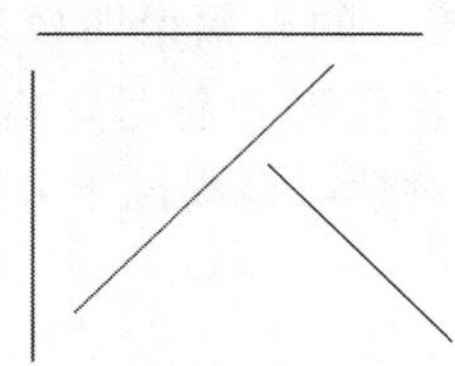

图 3-1　不同方向的线段

(2)矩形工具

选择矩形工具，进入绘制矩形状态，光标变成带矩形的“＋”号，将光标移至待画矩形区域的左上角单击，按住鼠标左键不放，并拖动到矩形的右下角，松开左键，就生成了矩形。如果先按住Shift键再画矩形，则会生成一个正方形(见图3-2)。改用选取工具选中这个矩形，可以拖动把柄，将其放大、缩小，或改变边的长度、高度。

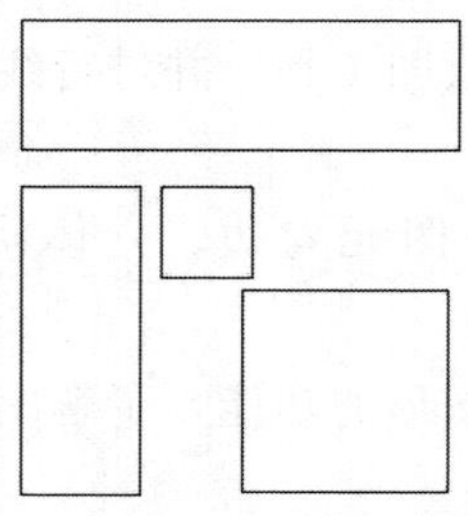

图 3-2　矩形

(3)椭圆工具

选择椭圆工具，进入绘制椭圆的状态，光标变成带圆形的“＋”号。将光标移至待绘制的椭圆的左上角，按住鼠标左键不放，拖动鼠标到椭圆右下角，松开鼠标左键，即可生成椭圆。如果同时按住Shift键，则会生成一个正圆形(见图3-3)。改用选取工具选中画好的椭圆，可以拖动把柄，将其放大、缩小，或改变椭圆的曲线形状。

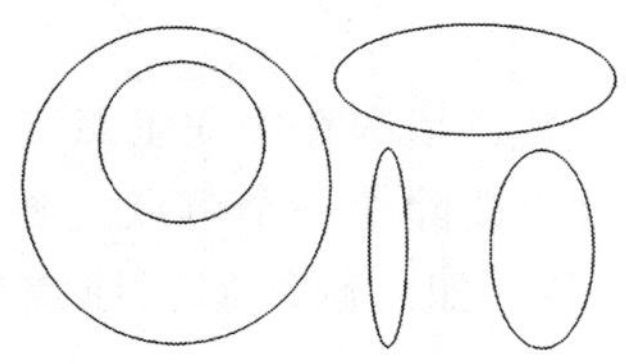

图 3-3　圆与椭圆

(4)菱形工具

选择菱形工具◇，进入绘制菱形状态，光标变成带菱形的“+”号。将光标移至待绘制的菱形的左上角位置，按住鼠标左键不放，拖动鼠标到菱形右下角，松开鼠标左键，就生成了菱形。按住 Shift 键，则会生成正菱形(见图 3-4)。改用选取工具选中画好的菱形，可以拖动把柄，将其放大、缩小，或改变菱形的宽高比例。

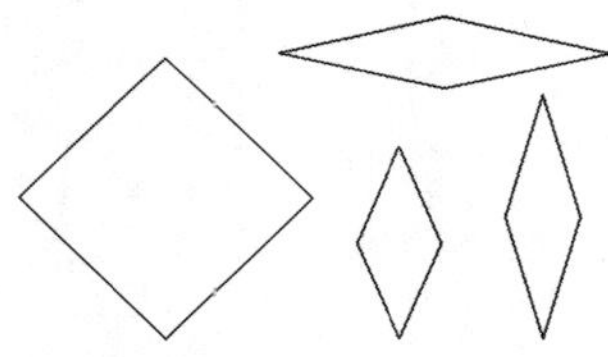

图 3-4　菱形

(5)多边形工具

选择多边形工具⬢并双击，在“多边形设置”对话框(见图 3-5)中设置多边形边数以及内插角度数，点击“确定”后进入绘制多边形状态。将光标移至待绘制的多边形的左上角位置，按住鼠标左键不放，拖动鼠标到多边形右下角，松开左键，就生成了多边形。按住 Shift 键，则生成正多边形。设置不同的边数和内插角度数，可以得到不同形状的多边形(见图 3-6)。

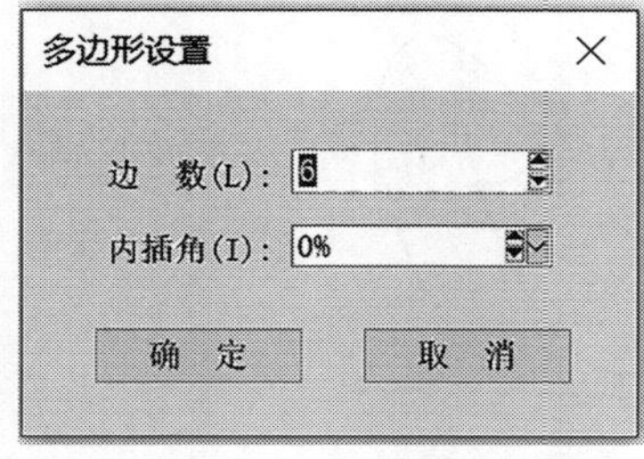

图 3-5　“多边形设置”对话框

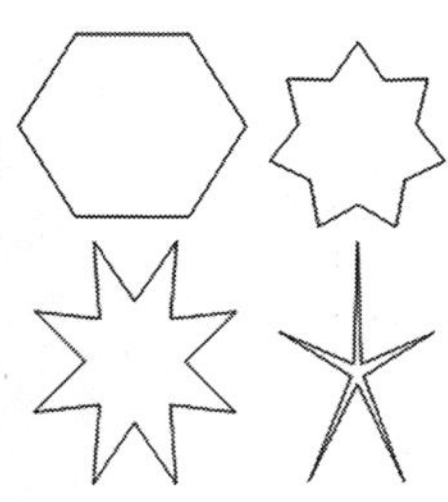

图 3-6　不同形状的多边形

2. 折线和曲线的绘制

使用工具箱中的钢笔工具依次在版面上点击，可在各节点之间连成线段。点击过程中按 Esc 键可以删除上一个节点。画线至终点时，双击鼠标左键，即可形成折线(见图 3-7)。如果画线回至原点时双击鼠标左键，则可形成封闭的多边形。

用钢笔工具绘制贝塞尔曲线的方法是：将钢笔工具点击到版面上，并按住鼠标左键，拖动鼠标，设置第一个点；松开鼠标左键，到第二个点点击，同时在版面上拖动，调整切线的方向及长短，可调整曲线的弧度。不断点击、拖动鼠标即可绘制连续曲线。绘制过程中按 Ctrl 键可以将光滑节点变为尖锐节点。双击鼠标左键，或单击右键，可结束绘制(见图 3-8)。绘制封闭曲线时，将终点与起点重合即可。将鼠标置于起点上，点击起点即可。

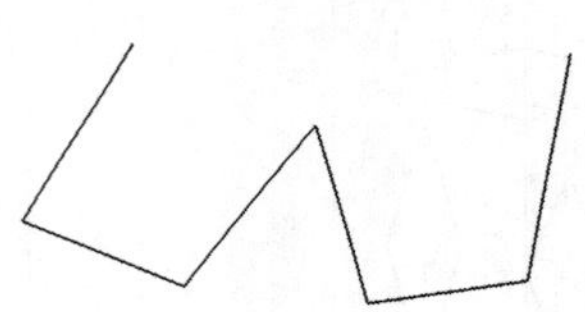

图 3-7 钢笔工具绘制的折线

图 3-8 钢笔工具绘制的曲线

钢笔工具还提供了续绘功能，可以在已有的曲线或折线的端点处接着绘制。使用续绘功能，也可以连接两条非封闭的曲线或折线。

3. 编辑贝塞尔曲线

完成贝塞尔曲线的绘制后，可以使用穿透工具选中曲线，继续编辑曲线。将穿透工具点击到节点上，选中节点即可拖动节点。如果穿透工具点击到节点之间的曲线上，即可拖动曲线。如果将穿透工具点击到切线上，拖动切线两端的把柄，则可以调整切线方向和曲线弧度(见图 3-9)。

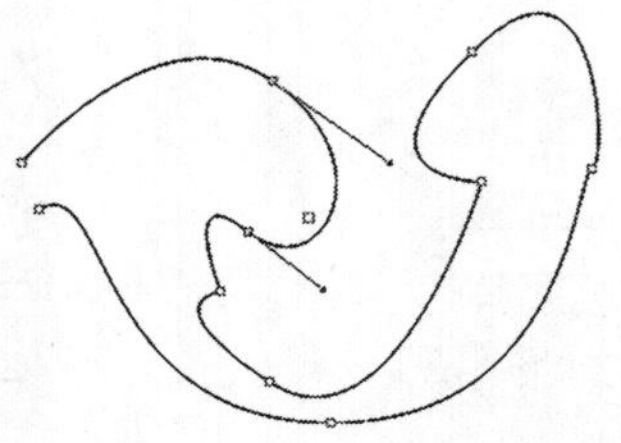

图 3-9 用穿透工具编辑绘制好的曲线

使用穿透工具选中节点，在右键菜单里选择“比例”或“对称”，即可将节点转化为比例节点或对称节点。(对称是指控制点两侧切向量反向但长度相同，比例是指该控制点两侧切向量反向且长度保持原有比例。)使用穿透工具选中一段曲线，在右键菜单里选择“变直”即可将选中折线变为直线；使用穿透工具选中一段直线，在右键菜单里选择“变曲”即可将选中直线变为曲线，拖动曲线上的切线，即可调整曲线弧度。

在闭合贝塞尔曲线上的任一处右键单击，选择弹出菜单中的“断开”命令，将在该处断开该曲线。在非闭合贝塞尔曲线的任意处单击右键，选择弹出菜单中的“闭合”命令，可以将该曲线闭合。

4. 穿透工具

穿透工具用于编辑图元、图像、文字块等对象的边框或节点。以图元为例，使用穿透工具单击图元边框，用鼠标拖动边框，与该边相关的节点和边线也随之改变(见图 3-10)。

单击图元节点，用鼠标拖动节点，与该节点相关的边也改变。使用穿透工具选中图元，显示出该图元的节点，双击鼠标左键即可在双击处增加一个节点；双击图元节点，则可删除节点(见图 3-11)。

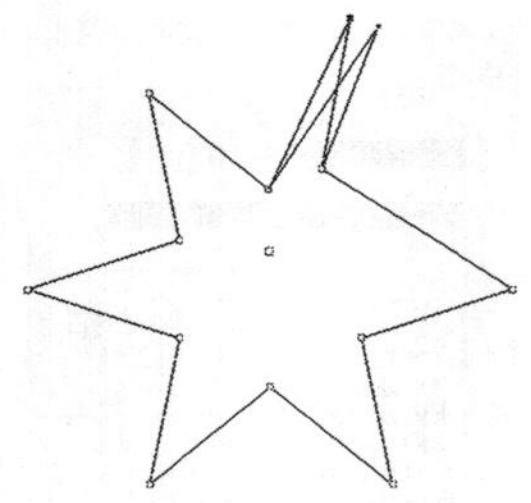

图 3-10　用穿透工具编辑图元

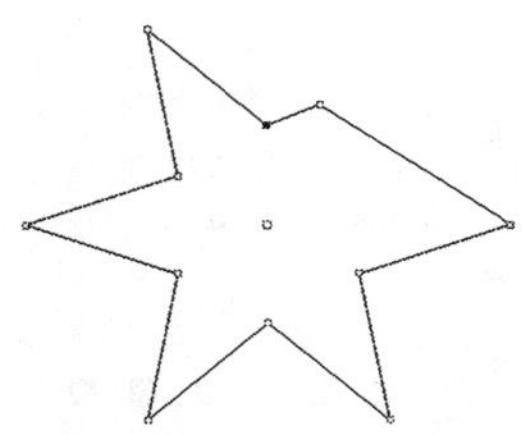

图 3-11　删除图元节点

使用穿透工具可以选中成组对象里的单个对象，也可以单独选中文字块里的盒子。选中单个对象后，拖动对象中心点，可以移动单个对象。选中对象后切换到选取工具，还可以调整对象大小。飞翔软件中的图像带有边框，使用穿透工具可以单独选中图像，调整图像在边框内的显示区域(见图 3-12)。

图 3-12　用穿透工具调整图像显示区域

5. 删除节点工具

除了穿透工具，飞翔还提供删除节点工具，可以同时选中和删除多个节点。选择删除节点工具，单击图元或图像，使之呈选中状态。点击图元或图像的节点，即可删除该节点。使用删除节点工具在版面上拖画出矩形区域，即可选中区域内的所有节点，按 Delete 键即可删除节点。点击图元或图像边框，即可删除边框。

二、线型、花边与底纹

1. 线型

在飞翔软件排版界面右侧的窗口区，点击“线型”，弹出“线型”浮动窗口(见图 3-13)。选中要设置线型的图元，在窗口里选择需要的设置选项即可。

飞翔软件提供多种线型，包括空线、单线、双线、文武线、点线、短划线、点划线、双点划线、波浪线、双波浪线等(见图 3-14)。用户可以选择不同的线型，并指定粗细、颜色等。线型的操作对象是线段、曲线、图元、图像和文字块等对象边框。

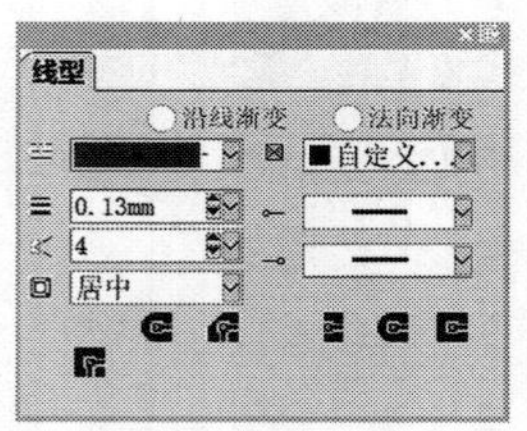

图 3-13 “线型”浮动窗口

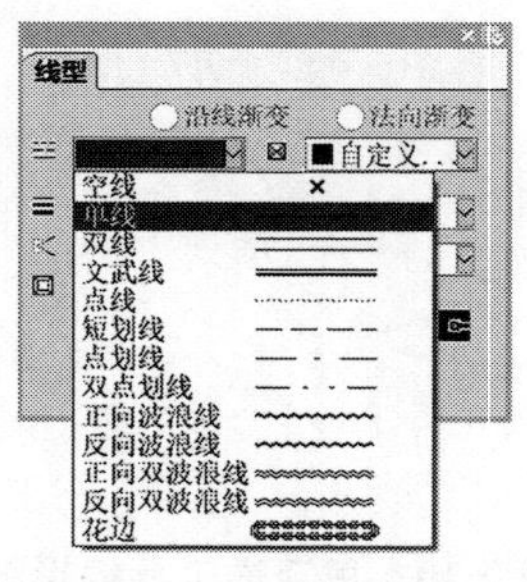

图 3-14 线型的种类

当线框转角处角度较小时，可以通过改变尖角幅度来控制尖角的长度。可在前端点和后端点下拉列表里选择端点类型。“线宽方向”指线条加粗时，加粗部分添加在线框哪个部分，可以选择外线、居中和内线。“外线”表示线条加粗部分添加在线框外部；“居中”表示以线框为中轴，向内和向外添加；“内线”表示线条加粗部分添加在线框内部。通过端点角效果可设置线型端点为平头、圆头或方头。设置线框交角类型为尖角、圆角或折角。通过设置线形的粗细、颜色渐变、端点类型，可以得到富有装饰性的指示线(见图 3-15)。

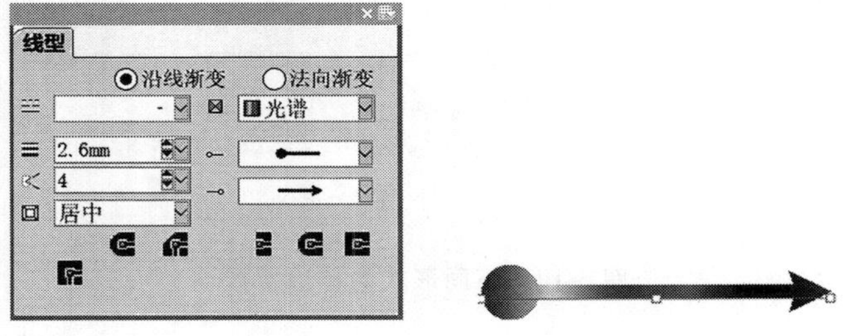

图 3-15 线型设置实例

2. 花边

选中需要设置花边的图元，在“线型”窗口的线型下拉框中点击“花边”选项，浮动窗口转换为花边的相应操作(见图 3-16)。单击某一花边图案，或者在“编号”编辑框内输入花边的编号，即可为所选图元设置花边效果。还可为花边设置粗细、颜色和线宽方向。

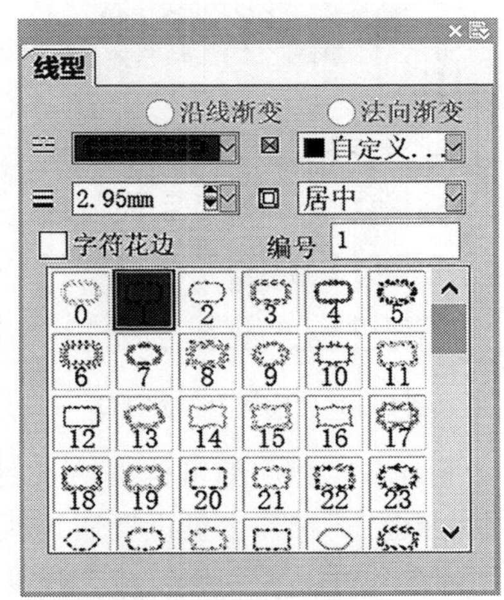

图 3-16 花边选项类型

飞翔软件提供上百种花边，可作用于图元、图像和文字块的边框(见图 3-17)，但不能作用于椭圆或曲线。另外，还可使用指定的字符作为花边。选中“字符花边”，在“字符”编辑框里输入 1 个字符(英文、中文或数字)，在“字体”下拉列表里选择字符所要设置的字体即可。

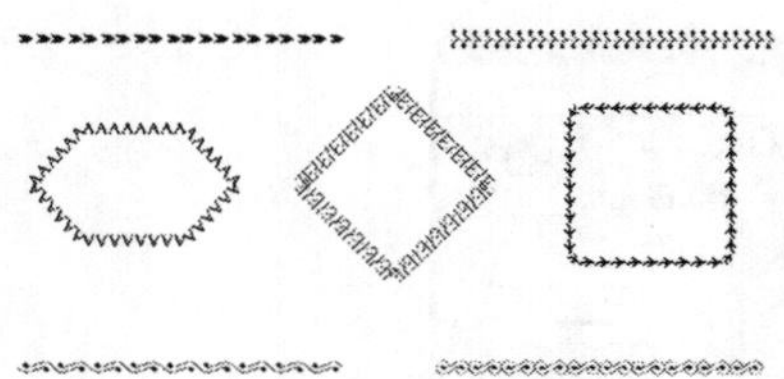

图 3-17　不同形状的花边设置

3. 底纹

选中图元，在排版界面右侧窗口区找到“底纹”，点击后弹出“底纹”浮动窗口(见图 3-18)。

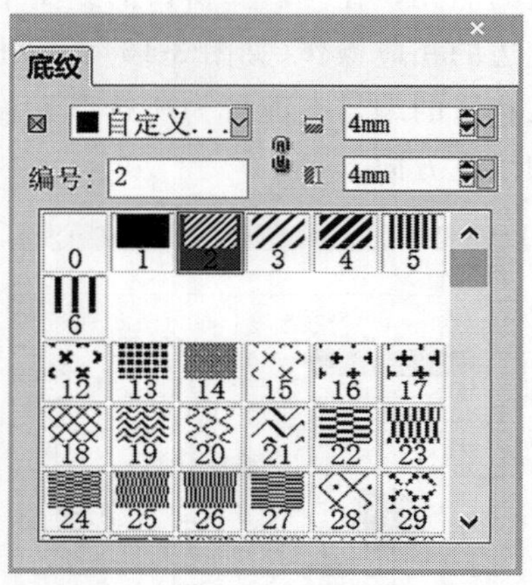

图 3-18　“底纹”浮动窗口

鼠标单击底纹图案，或者在“编号”编辑框内输入底纹对应的编号，可将底纹作用于所选图元。在“颜色”下拉列表里设置底纹颜色，“宽度”和“高度”编辑框用于调整底纹的图片的尺寸，控制底纹疏密程度。

飞翔软件共提供 273 种底纹，可作用于图元、文字块、表格(见图 3-19)。

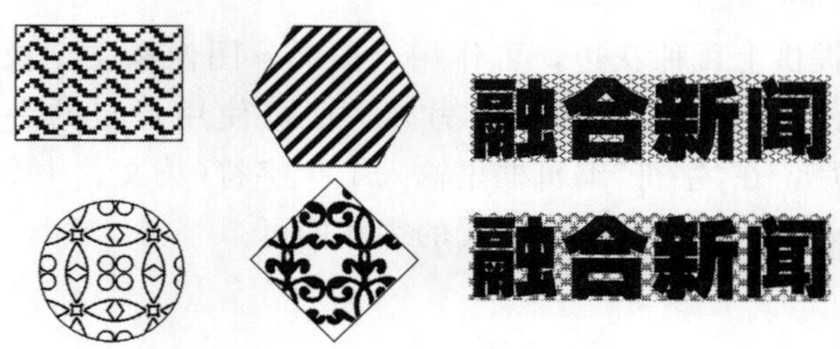

图 3-19　底纹设置实例

三、其他

1. 矩形分割

在版面上画一个矩形，并选中该矩形块。选择“对象”|“更多”|“矩形变换”|“矩形分割”，弹出“矩形分割”对话框(见图 3-20)。设置对话框中的有关选项，如“横分割”为 2，“横间隔”为 2mm，“纵分割”为 4，“纵间隔”为 2mm。单击“确定”后，该矩形变为 8 个大小相等、每个相邻 2mm 的矩形。

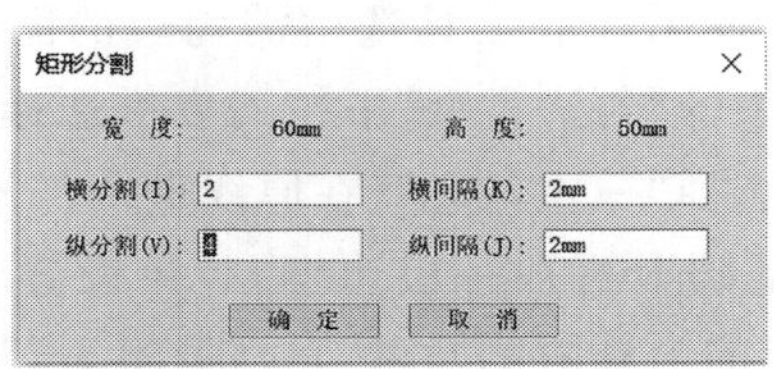

图 3-20　“矩形分割”对话框

矩形分割功能可以用来对图片进行分割。例如导入一张图片，在其上画出大小相近的矩形。然后用“矩形分割”，将矩形分为 35 个小矩形(横分割为 7，纵分割为 5)。选中所有小矩形略作倾斜，并在改为空线后设为裁剪路径，再与图片成组，就可以将原来完整的图片分割为多幅小块图构成的图片(见图 3-21)。

图 3-21　利用“矩形分割”来切割图片

如果要将多个矩形合并，可同时选中这些矩形，选择“对象”|“更多”|“矩形变换”|“矩形合并”，可以生成一个包含所有矩形的最小矩形，合并前选中的矩形都被删除。

2. 透视效果

飞翔软件中的透视效果分为扭曲透视和平面透视。选择工具箱中的扭曲透视工具或平面透视工具，将光标置于图元控制点，光标变为手形，按住鼠标左键拖动到出现满意的效果即可。可以进行透视的对象包括图元和文字。文字在透视前必须用“美工”菜单下的“文字转曲”功能，才能变成可被透视的对象。透视使图形或文字看起来有一种由近及远的感觉(见图 3-22)。

图 3-22 透视效果

3. 图元勾边

一种是直接勾边。使用选取工具选中需勾边的图元，选择“美工”|“图元勾边”，在浮动窗口中的“勾边类型”下拉列表里选择“直接勾边”。在“勾边内容”下拉列表里可以选择“一重勾边”(在原线框内外添加一层边框)或“二重勾边”(在一重勾边的基础上再加一层边框)，再设置勾边线的颜色和粗细，这样可以在图元边框线的内外两侧同时勾边(见图 3-23)。

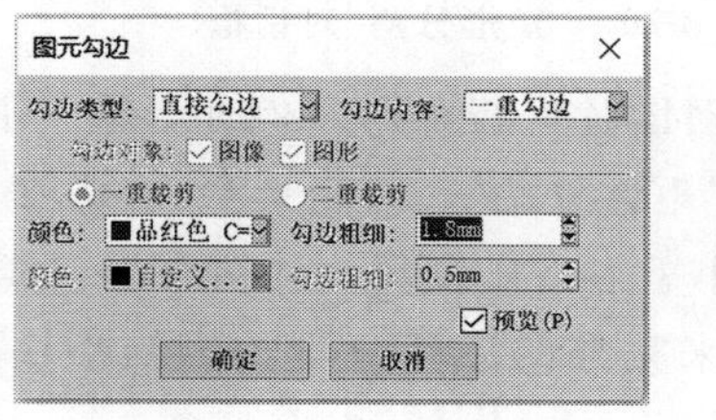

图 3-23 图元勾边

另一种是裁剪勾边。当图元压图时，往往不能清晰地显示图元轮廓，此时可以对压图部分的图元勾边，给图元添加与底图色差较大的边框，以突出图元。选中要裁剪勾边的图元(可以选中多个，同时设置这些图元的裁剪勾边)，在“勾边类型”下拉列表里选择“裁剪勾边”。“勾边对象”指设置裁剪勾边的图元在何种对象上有裁剪勾边的效果，选中“图像”，则图元压在图像上时有勾边效果；选中“图形”，则图元压在图形上时才会有勾边效果。选择“一重勾边”或“二重勾边”，设置勾边颜色、粗细后就可以完成了(见图 3-24)。

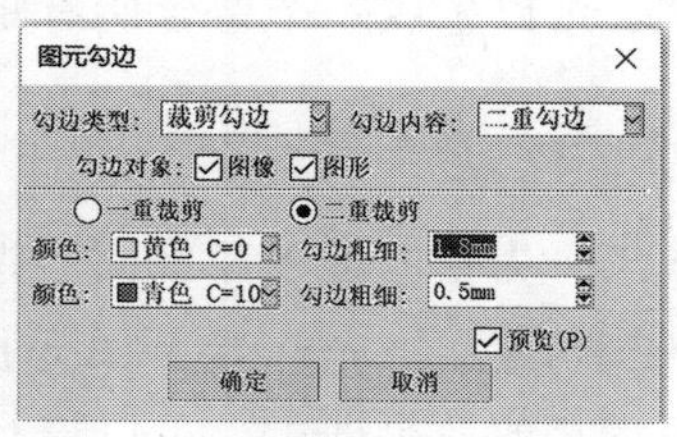

图 3-24 图元裁剪勾边

选中“二重勾边”时，可选择“一重裁剪”(裁剪掉不压图部分第二层勾边效果)和“二重裁剪”，裁剪掉不压图部分全部勾边效果(见图 3-25)。

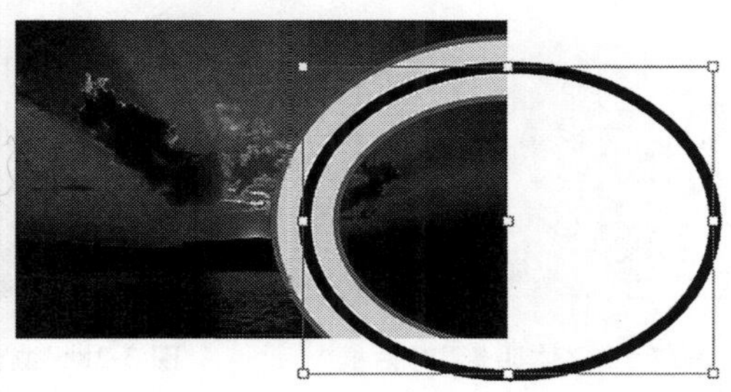

图 3-25 二重勾边裁剪效果

4. 立体阴影

选中图元(或图像、文字块)，点击“美工”菜单下的“立体阴影”图标，可见到软件提供的各类立体阴影效果(见图 3-26)。

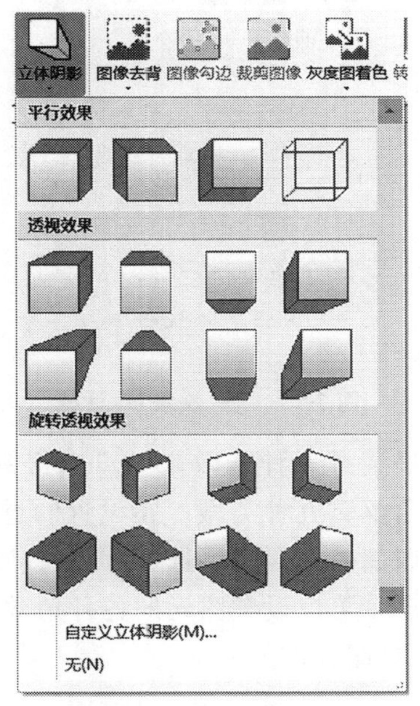

3-26 软件自带的立体阴影效果

点击“自定义立体阴影”，弹出“立体阴影”对话框(见图 3-27)。选择“透视”或“平行”，在“立体效果”下拉列表里选择某种效果。另外还可设置 X 方向偏移和 Y 方向偏移(平行或透视后的图元中心相对于原图元中心的偏移值)、底纹和颜色、带边框等，由此得到相应的立体效果(见图 3-28)。

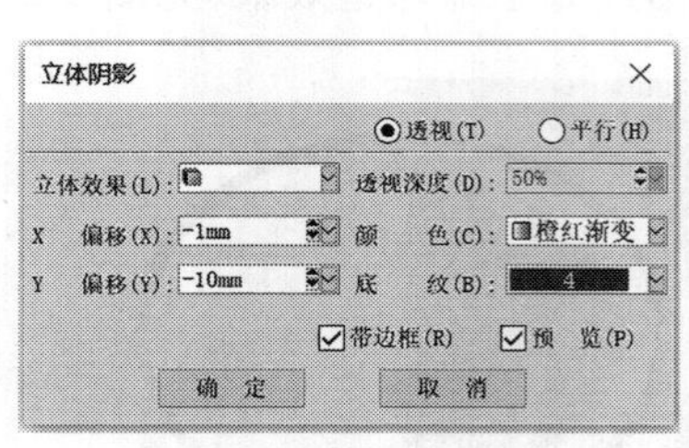

图 3-27 “立体阴影”对话框

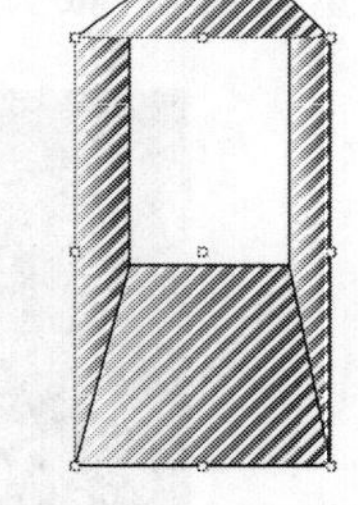

图 3-28 立体阴影效果

5. 角效果

使用选取工具选中矩形(或其他图元)，执行“对象”|“更多”|“角效果”，弹出“角效果”对话框(见图 3-29)。

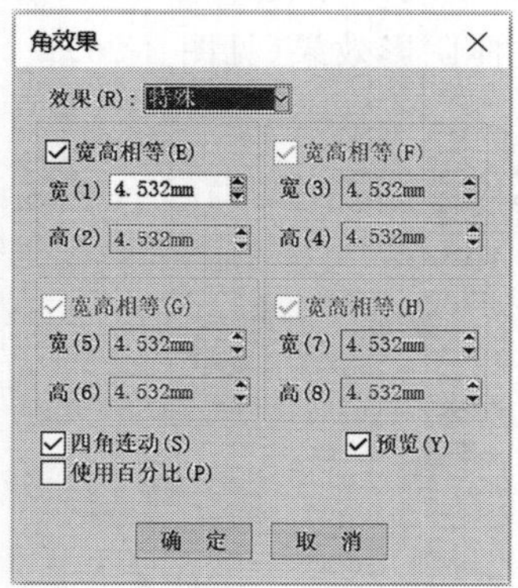

图 3-29 “角效果”对话框

在“效果”下拉列表里选择一种角效果，可以得到相应效果，包括特殊、平角、内缩、圆角、圆角反转五种类型。在设置的过程中，保持“预览”的选中状态，即可实时查看版面效果。如果选中“四角连动”，当设置了矩形一个角后，其他角也相应连动。可以设置图元的各种角效果(图 3-30)，也可以对图像设置不同的角效果(见图 3-31)。

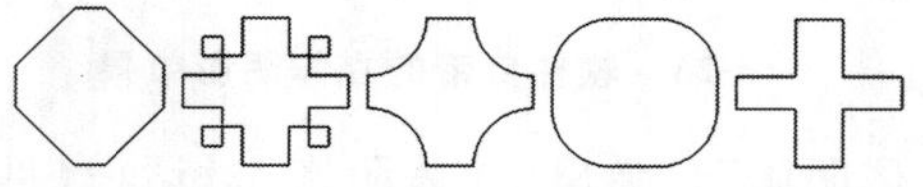

图 3-30 图元的不同角效果

图 3-31 图像的不同角效果

6. 复合路径与路径运算

选中多个图元，执行“对象”|“更多”|“复合路径”，可以将它们合并成为一个图元块，重叠部分镂空(有“奇层镂空”和“偶层镂空”两种形式)，其他部分图元线型颜色与最上层图元相同。如果执行“对象”|“更多”|“路径运算”，则可在下级菜单里选择运算类型，包括“并集”“差集”“交集”“求补”和“反向差集”，将原来的几个图元在运算后形成一个独立的图元(见图 3-32)。最终图元的属性在做“并集”“交集”“求补”或“反向差集”时取上层图元的属性，在做“差集”运算时取下层图元属性，与选中先后顺序无关。

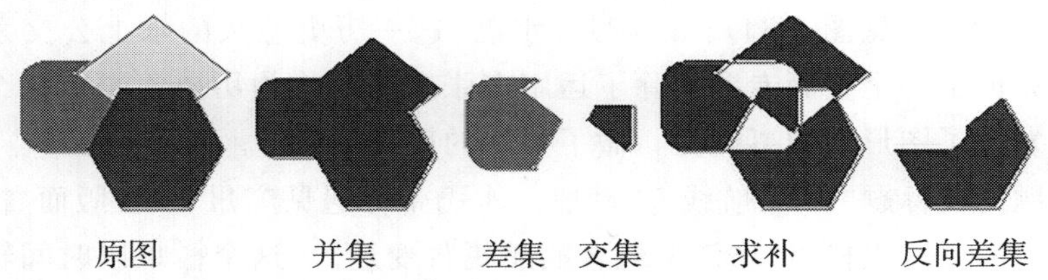

图 3-32 路径运算效果

利用路径运算，可以在版面上绘制一些简单的图形。如要在版面上绘制一朵白云，可以先画出多个部分相叠压的椭圆，然后共同选中后求“并集”，再填入白色底纹就可以了(见图 3-33)。

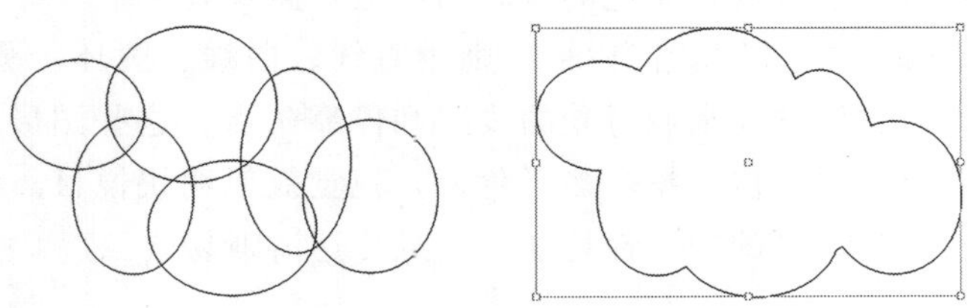

图 3-33 利用路径运算绘制白云

7. 块变形

使用选取工具选中图元，选择菜单“对象”|“更多”|“块变形”，在二级菜单中选择所需要的类型。使用这一功能，可以将任意图元、文字块和图像

快速转为矩形、圆角矩形、菱形、椭圆、多边形、对角直线、曲线。

四、案例分析：图形的设计与编排

1. 报纸图形设计案例：《广州日报》“水巴”专题

在平面设计范畴中，线条的主要作用包括强势、区分、结合、表情和美化。推广来看，各种图形都具有这些作用，只是根据编辑者的意图，其中的某一种或某几种作用更为突出。编辑者在进行图形的设计与编排时，出发点应该是帮助读者更好、更快地获取文字信息，或者是感受到文字无法表达的信息。

“缓缓流淌的珠江见证了广州两千多年的发展，珠江上水巴的前世今生则是广州百年来社会发展的一个缩影。目前的水巴已经成为广州的第四套公交系统，共有 14 条航线、35 座码头、51 艘营运船舶，总里程 58.8 公里，覆盖广州整个水上系统。水巴的存在，满足了市民出行的需求，也将广州近现代历史上的不少景点，以优雅的方式串联起来。”①《广州日报》2017 年 5 月 8 日 A6 要闻版(见图 3-34)，以广州“水巴”这一历史悠久的水上公交系统为题材，完成了一个整版专题。除了运用多张老照片作为历史资料，这个版面还充分发挥了图形的叙事能力，做了很好的可视化设计。

专题的大标题“14 条航线 51 艘船　水巴带你遇见广州”放在版面右上角，顺势而下的是重点栏目“珠江上载客船舶更替变迁”。这个栏目以时间轴的方式叙述 1921 年至今的水巴发展史，包括重要的时间节点、当时航运状况，并介绍了目前最长、容量最大、最具“科技范儿”的几艘船只。整个栏目采用同心圆的图形设计，介绍最新船舶照片、动力、材质、老照片、发展史和时间点等内容，不同灰度的蓝色底形成一层层的同心圆环，局部的图说也设计成圆形的对话框，或叠放在淡色的海豚图形上，美观醒目。

版面下半部的“水巴线路”栏目，则用直线、曲线、圆环、圆点等图形，简洁地描绘出水巴沿珠江水域行驶的线路和停靠站点。这些图形以淡蓝色为主，辅以红、黄、绿、橙、粉等多彩色相，视觉效果明快悦目。整个专题版面很好地传达了“水巴”的“水”性特征，信息传达清晰易读。

---

① 《14 条航线 51 艘船　水巴带你遇见广州》，载《广州日报》，2017-05-15。

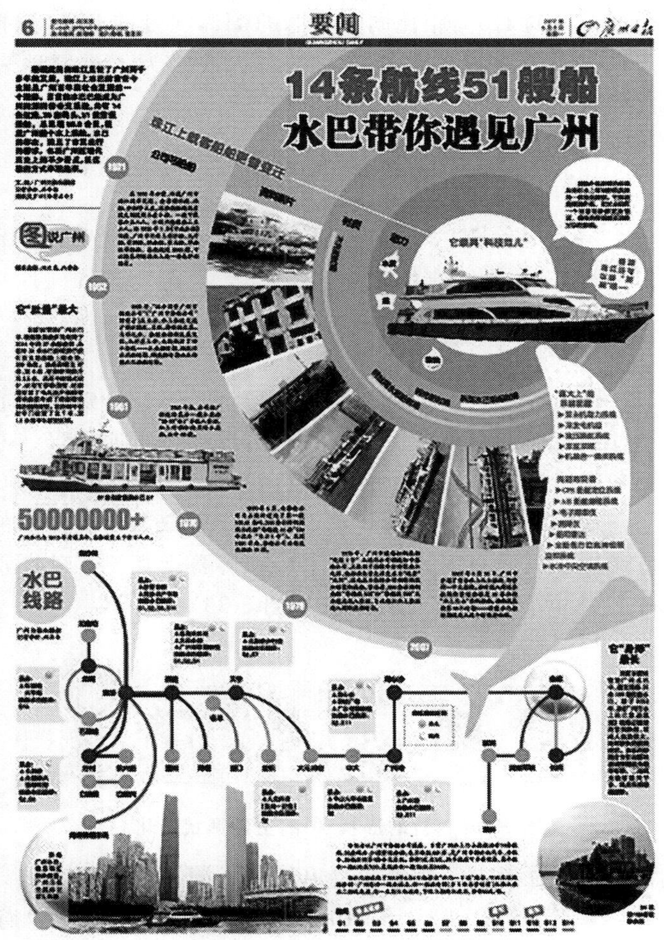

6 要闻 广州日报

14条航线51艘船

水巴带你遇见广州

50000000+

水巴线路

图 3-34　《广州日报》2017 年 5 月 8 日 A6 版

2. H5 图形设计案例分析：《爱的形状》

在移动终端的内容产品中，图形的作用比平面出版时代扩展了。首先，图形本身也可以成为叙述主体，具有相对独立的叙事地位。其次，图形的存在形式由单一的静态改变为动态，或静态与动态表达的混合。最后，有些图形会承担特定的交互功能，常见的如按钮、箭头等。因此，图形的编排设计也变得更为复杂。图形作为对象的互动方式与其他对象（如图片）的互动操作相类似，在第五章会有全面讲解，本小节主要以案例分析的方式来进行讲述。

《爱的形状》（见图 3-35）是网易哒哒于在 2018 年情人节期间上线的 H5，

属于节日纪念日类型的 H5。相比同类主题的 H5,《爱的形状》选择了一个较为抽象的切入点:人们应该如何看待爱情与自我?为了更好地表达相关思考,设计者选择以抽象图形作为故事的主角。

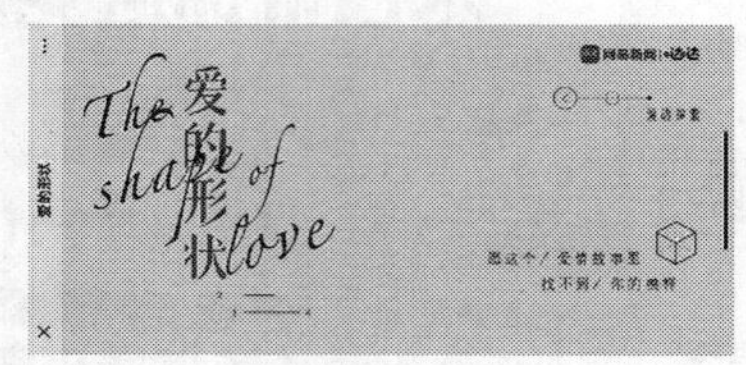

图 3-35 H5《爱的形状》

故事中,一个正方形爱上了另一个正方形,为了迎合对方的心意,不断自我切割,经过钻石形、三角形、梯形、长方形、平行四边形、心形等一系列形状,并没有获得爱情,最后也失去了自我。

设计者充分发挥了移动终端的交互优势,让用户参与到图形的变化过程中。用户滑动屏幕,跟随文案的指示用手势在屏幕上切割,使图形变化为另一个图形,将 H5 的情节不断向前推动(见图 3-36)。

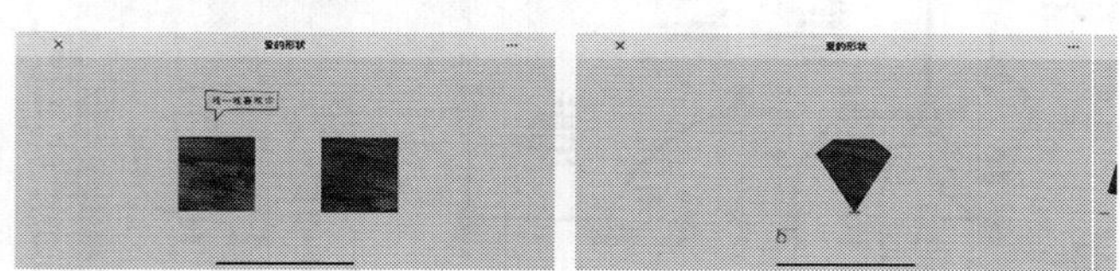

图 3-36 《爱的形状》中的主体形状变化

故事情节展开的过程中,背景元素也均以不同形状出现。如方块一步步为爱迷失自我、改变形态,进入了一个黑暗的地下空间摸索,背景中的台阶、舞台、探照灯均是用色块和形状搭建而成的。心形在遭到拒绝后燃烧起火的动效中,背景文字的分、合、聚、散,也形成了不同的图形(见图 3-37)。

图 3-37 《爱的形状》中的背景元素

故事最终,已变为心形的主角遇到另一个心形,找到了自己的爱。页面上显示出线型的字母"I"和"U",以及心的形状,由虚线转为红色的实线(见图 3-38)。

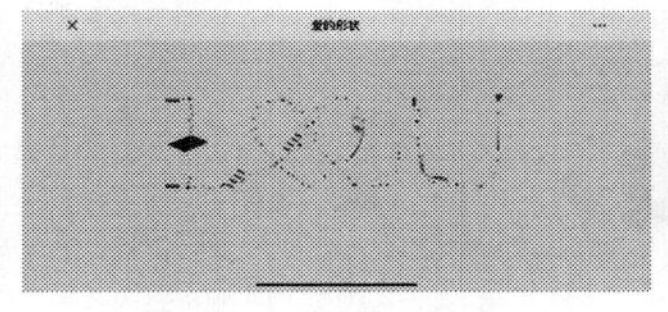
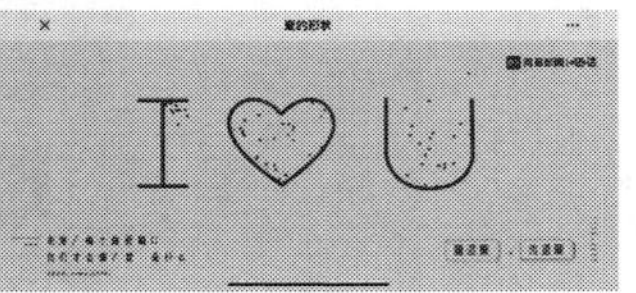

图 3-38　《爱的形状》中的线型文字

这个 H5 使用抽象的图形作为故事主角，有助于让不同经历的受众从中找到自己的影子，在反思中理解 H5 所要传递的价值观：削足适履的爱，往往以伤害自己而告终。由于设计者对图形采用了多样的交互形式，使得该 H5 具有非常好的欣赏性和代入感。

第二节　图像处理

实验主题

本实验的主题是用飞翔软件对图像进行处理，掌握图像的编辑方法和技巧。

实验目的

1. 学会排入图像。
2. 学会使用图像裁剪、图像勾边、图像去背。
3. 学会使用阴影、羽化、透明等美工效果。
4. 通过案例分析，理解图像的叙事功能，了解图像编排的基本规则。

实验内容

一、图像的排入

1. 排入图像

飞翔软件支持排入多种类型的图像格式：TIF、EPS、PSD、PDF、BMP、JPG、PS、GIF 和 PNG。

选择“插入”|“图片”，弹出“排入图片”对话框(见图 3-39)，选中需要排入的图像。可以按住 Ctrl 键或 Shift 键选取多个图像，一次性排入版面。勾选“预览”，显示选中图像。

图 3-39 “排入图片”对话框

当光标变为排入状态时，可以通过以下几种方法将图像排入版面。一是将光标在版面的合适位置单击，即可按原图大小排入图像。二是按住鼠标左键在版面拖动，将图像排入指定区域，拖动时按住 Shift 键，则可以将图像等比例排入版面。三是将光标点击到图元框上，即可将图像排入图元框。如果使用 T 工具插入到文字中，执行排入图像操作，可将图像排入文字之中。如果选中“文件”|“工作环境设置”|“偏好设置”|“图像”里“自动带边框”选项，则图像排入时默认带黑色边框。

如果排入的图像是 RGB 颜色，且在“环境设置”中选中了“不使用 RGB”复选框的话，图像排入时会弹出“RGB 颜色图像”对话框(见图 3-40)。可以选中“是”，继续排入图像。也可以改变环境设置，勾选“允许使用 RGB 颜色”选项，则以后排入 RGB 颜色的图案时就不会弹出对话框了。

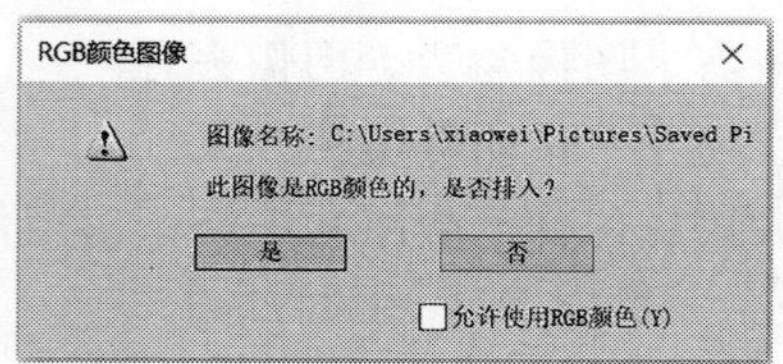

图 3-40 “RGB 颜色图像”对话框

2. 图像信息

飞翔软件中可以看到的图像信息包括：图像名、图像路径、更新时间、颜色、格式、文件大小、图像大小、实际分辨率和有效分辨率等。

图像信息可以通过两种方式查看。一种是排入图像时，点击“排入图片”对话框右下方的“检查图像信息”按钮，弹出“图像信息显示”对话框(见图 3-41)，可查看图像原始信息。单击“确定”按钮即可进入排入图像状态。

第二种方法是当图像导入版面后，选中图像，单击右键，通过快捷菜单上的“图像信息”，也可以查阅被选中图像的有关信息（见图 3-42）。

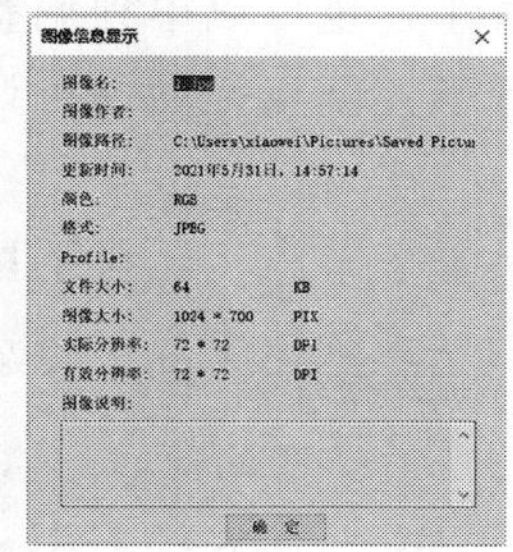

图 3-41　“图像信息显示”对话框

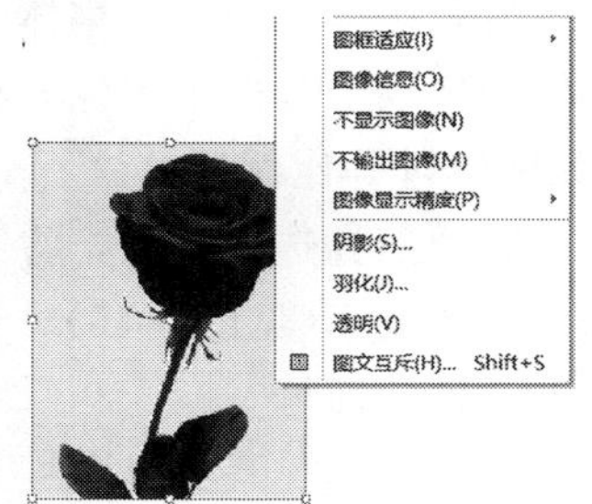

图 3-42　图像信息快捷菜单

3. 图像不显示

选中一个图像或多个图像，单击右键，通过快捷菜单上的“不显示图像”，版面上就会只显示出图像的轮廓和对应的文件名（见图 3-43）。用这种方法，可以提高系统显示图像的速度。

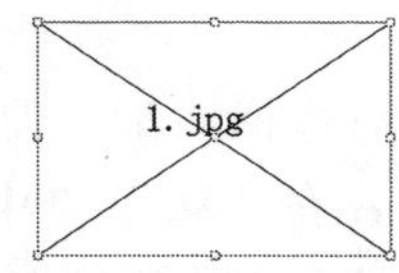

图 3-43　图像不显示

二、图像基本编辑

1. 图像边框操作

飞翔图像带有边框。按住 Ctrl 键，使用选取工具拖动图像控制点，即可拉伸边框，此时框内的图像大小不改变，只改变图像显示区域（见图 3-44）。使用穿透工具点击图像，也可单独选中图像。拖动图像即可调整图像在框内的显示部分。可以单独调整图像边框大小，通过改变边框大小裁剪图像；也可以单独选中框内的图像，调整图像显示区域。

图 3-44　图像显示区域

2. 调整图像大小

可以将图像和边框作为一个整体，调整大小，也可以单独调整边框内图像的大小。使用选取工具选中图像，将光标置于控制点拖动即可调整图像大小，按住 Shift 键可等比例调整。

也可使用穿透工具选中图像，将穿透工具置于节点上，按下鼠标左键拖动，即可调整图像大小(见图 3-45)。还可以切换到选取工具，将选取工具置于图像控制点，拖动即可。

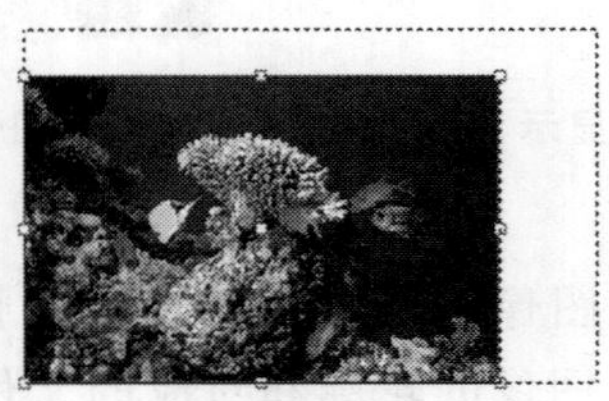

图 3-45 用穿透工具调整图像大小

3. 图框适应

通过图框适应可以使图像与边框匹配。使用选取工具选中图像，选择“对象”|“更多”|“图框适应”，在二级菜单中选择“图居中”(见图 3-46)、“框适应图”、“图适应框”或“图按最小边适应”。选中图像后，也可以在右键菜单中选择相应选项。

原图

图居中

图 3-46 图像与边框匹配

4. 图像显示精度

飞翔软件提供图像显示精度分级的功能，以便在图像的显示效果和显示速度之间取舍。

选中图像，选择“视图”|“显示精度”，或使用右键快捷菜单找到“图像显示精度”，在二级菜单中可以选择粗略、一般、精细或取缺省精度(见图 3-47)。插入图片时默认按缺省精度品质显示。

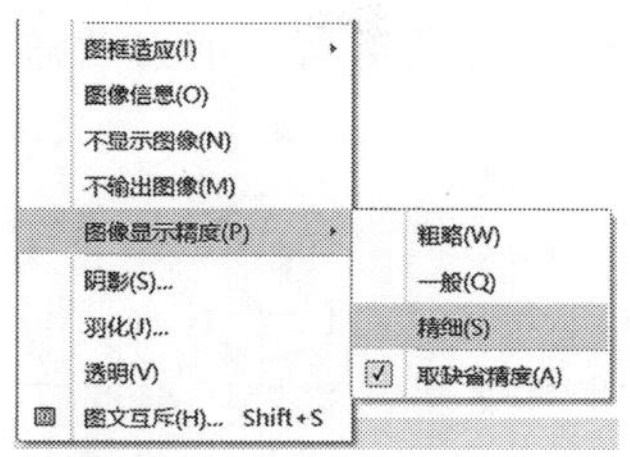

图 3-47　图像显示精度

同一图像在不同显示精度下会显示出不同的效果。精度越高，显示越清晰(见图 3-48)，但显示速度较慢。如果选择“显示”|“不显示图像”，版面上就只显示图像的轮廓和对应的文件名。

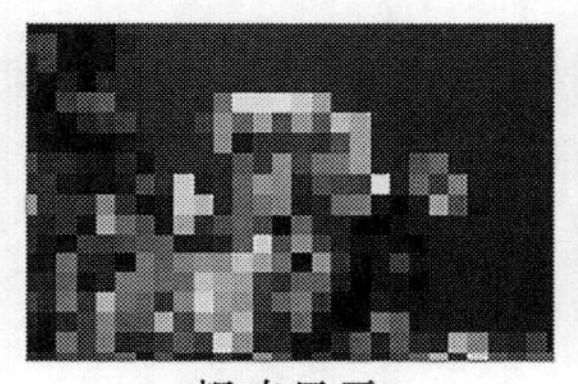
粗略显示

一般显示

精细显示

图 3-48　同一图像在不同显示精度下的效果

三、图像的裁剪操作

1. 裁剪工具

从工具箱里选取图像裁剪工具，单击图像，拖动图像边框控制点，即可裁剪图像(见图 3-49)。此外，按住 Ctrl 键，使用选取工具拖动图像边框控制点也可以裁剪图像。

原图像

裁剪后的图像

图 3-49　图像裁剪

2. 剪刀工具

双击剪刀工具，弹出“剪刀工具”对话框(见图 3-50)。可设置剪刀工具的精度(分高、中、低三档)，精度越高，剪刀轨迹越光滑，节点越多。

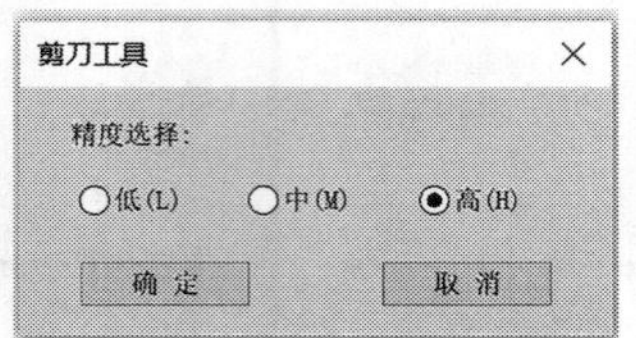

图 3-50 "剪刀工具"对话框

使用选取工具选中图像，选择工具箱里的剪刀工具，在图像上画出分割线，即可裁剪图像(见图 3-51)。画线时按住 Shift 键即可沿直线裁剪。

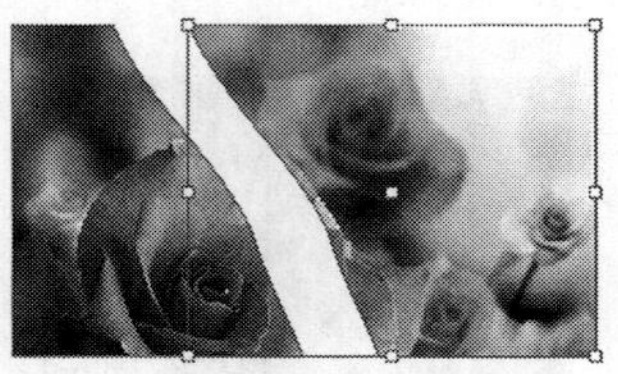

图 3-51 用剪刀工具裁剪图像

也可以使用剪刀工具在边框上设置断点裁剪图像。将剪刀工具置于图像边框上，单击边框，设置第一个断点，然后点击第二条边框，设置第二个断点，则以两点之间的直线为分割线，裁剪图像(见图 3-52)。

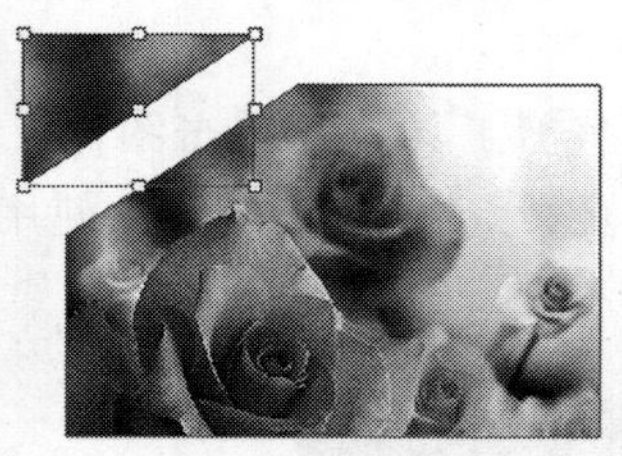

图 3-52 设置断点裁剪图像

如想实现抠洞效果，可使用选取工具选中图像，选择工具箱里的剪刀工具，在图像内画出封闭区域(画线回到图形原点附近时双击鼠标使图形封闭)，然后按删除键，即可提取图像中部区域，抠除该局部(见图 3-53)。

图 3-53　图像抠洞效果

3. 图像勾边

选中带背景的图像，选择“美工”|“图像勾边”，弹出“图像勾边”对话框（见图 3-54）。

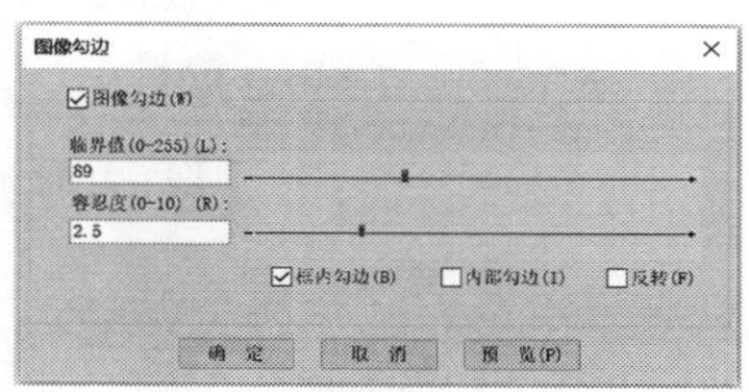

图 3-54　“图像勾边”对话框

选中“图像勾边”选项，激活设置，使用默认设置，点击预览，查看勾边效果(见图 3-55)。通常情况下，系统会根据选中的图像自动设置最佳临界值。如果效果不理想，可调整临界值和容忍度。操作过程中单击“预览”按钮，可以查看设置效果，点击“确定”即可完成操作。

原图像

勾边后图像

图 3-55　图像勾边效果

勾边后，有时即使调整了临界值和容忍度，图像仍然无法自动去除掉所有的背景部分。此时可以用穿透工具选中图像，在各把柄节点上用拖拽、删除等方法，使节点契合图像中主体的轮廓线，去掉多余部分。

如果需要恢复原图，可以选中图像，在对话框中取消“图像勾边”选项即可。当图像背景与主体物对比度相差较大，或背景单一时，可以使用图像勾边直接清除背景。

在“图像勾边”对话框中，选中“内部勾边”，可清除主体物内部与背景相似的颜色（见图 3-56）。

原图像

勾边后图像

图 3-56　图像内部勾边

在“图像勾边”对话框中，选中“反转”，则勾边时清除主体物，保留背景（见图 3-57）。

原图

勾边效果

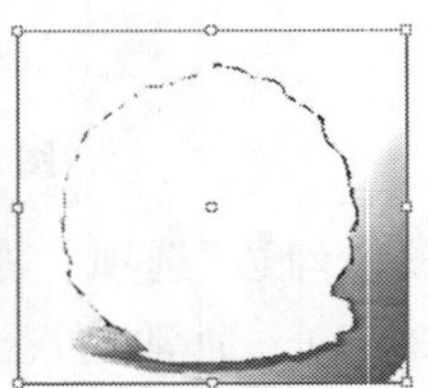
反转效果

图 3-57　图像反转勾边

4. 图像去背

排入图像（如风景图），使用选取工具选中图像，选择“美工”|“图像去背”|“自动去背”即可去除背景（见图 3-58）。如果图像周围有多余的部分，可以选中穿透工具，点击图像，就可以看到图像的裁剪路径，使用穿透工具拖动节点裁剪掉多余的部分。可以双击节点删除节点，也可以双击曲线增加节点。

原图像

去背后图像

图 3-58　图像去背效果

当图像背景比较复杂，或者需要截取图像某一部分时，可以使用这一功能。可选择“美工”|“图像去背”|“框选区域”。将光标置于图像上，绘制去背区域。如果不满意，可以松开鼠标后，重新绘制，再进行图像去背。如果对去背效果不满意，可以重新选择“美工”|“图像去背”|“框选区域”，则图像恢复原貌，可重新操作。如果图像周围有多余的部分，切换到删除节点工具，可以删除多余部分。

5. 裁剪图像

当图像色彩复杂时，需要使用钢笔工具勾图，配合裁剪图像的功能，将图像轮廓勾画出来。选择钢笔工具，沿图像轮廓逐步点击，勾画出线型作为裁剪路径。回到原点附近时双击鼠标左键，使整个线型成为一条闭合路径，线型的粗细、颜色也可同时调整(见图 3-59)。

选中线型路径，在“美工”中设为裁剪路径。再使用选取工具，同时选中图像和路径，选择“美工”|“裁剪图像”，就可以按图形外框形状裁剪图像(见图 3-60)。

图 3-59 用钢笔工具勾画封闭路径

图 3-60 沿图形轮廓裁剪图像

如果需要清除图像中间区域，可使用钢笔工具勾出中间区域。选中图像和路径，选择“对象”|“更多”|“路径运算”|“差集”，也可以得到最终效果。

6. 裁剪路径

用选取工具选中需要进行裁剪路径的图元，选择“美工”|“裁剪路径”，即可将图元设置为裁剪路径。将需要裁剪的图像与图元重叠放置，在右键菜单里选择“成组”。使用穿透工具选中图像，即可移动图像，调整图像在边框内的显示区域。

用裁剪路径还可制作图像剪影。以动物剪影的制作为例，首先用选取工具选中图像，执行“图像去背”。然后在右键菜单中选择“将裁剪路径转为边框”。用选取工具选中图像，设置线型为单线，线宽加粗，即可看到图像边框。鼠标点击到版面空白处，弃选图像，即使图像处于非选中状态。选择穿透工具，点击图像，即可选中图像，然后按 Delete 键删除图像，仅保留边框。最后使用选取工具选中边框，在“色样”里设置底纹颜色为黑色，形成动物剪影效果(见图 3-61)。

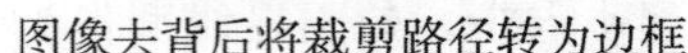
图像去背后将裁剪路径转为边框

设置边框线型

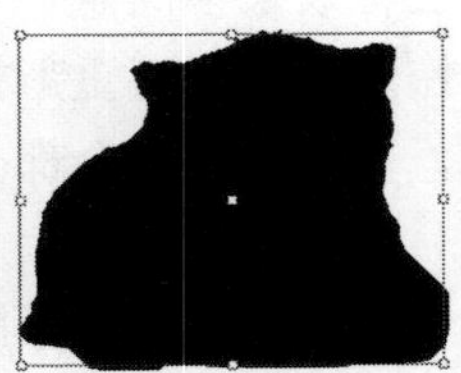
设置底纹

图 3-61　动物剪影效果制作

四、阴影、羽化、透明

飞翔可以在文字、图元和图像上制作阴影、羽化、透明效果。当为文字制作阴影、羽化或透明效果时，需要使用选取工具选中文字块；得到效果后可以保留文字属性。

1. 阴影

选中需要制作阴影效果的对象，点击“美工”菜单下的“阴影”图标，图标下显示出各种阴影形式(见图 3-62)。选择其中一种，可在对象上加上相应的阴影。

也可点击“自定义阴影”，在“阴影”对话框中设置阴影各选项，可设置的选项包括混合模式、不透明度、X 偏移、Y 偏移、模糊半径、颜色(见图 3-63)。

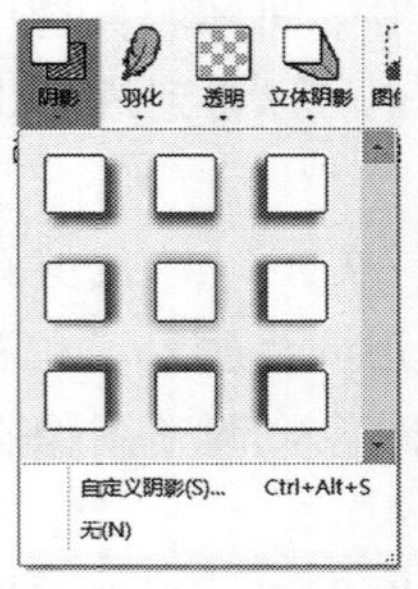

图 3-62　软件提供的阴影形式

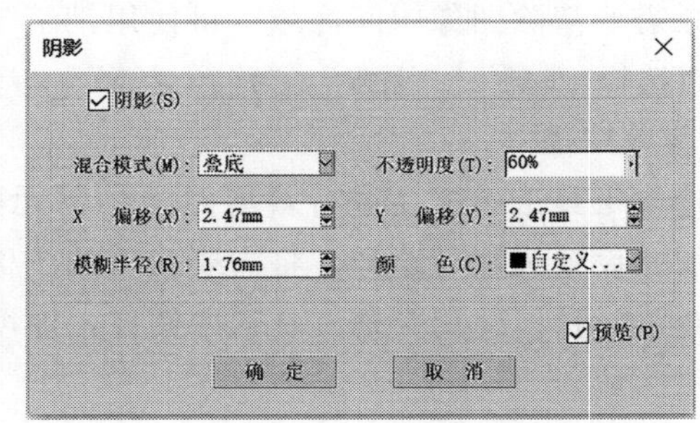

图 3-63　“阴影”对话框

选中“预览”，可在版面上看到设置的效果。设置完成后，点击“确定”，可将阴影效果作用于对象(见图 3-64)。如果需要取消阴影效果，取消“阴影”

的选中状态即可。

图 3-64　阴影效果

2. 羽化

选中需要制作羽化效果的对象，点击“美工”菜单下的“羽化”图标，图标下显示出各种羽化形式(见图 3-65)。选择其中一种，可使对象呈现出相应的羽化效果。

也可点击“自定义羽化”，在“羽化”对话框中设置羽化的宽度和角效果(见图 3-66)。

图 3-65　软件提供的羽化形式

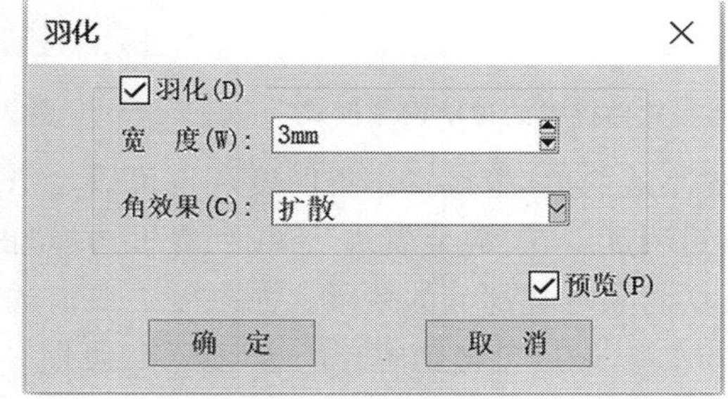

图 3-66　“羽化”对话框

选中“预览”选项，可以查看羽化设置效果。点击“确定”，将设置作用于图像(见图 3-67)。如果需要取消羽化效果，可以在“羽化”对话框取消“羽化”的选中状态。

图 3-67　羽化效果

3. 透明

飞翔软件可以对文字、图元和图像等各种对象设置透明效果，透过对象显示下层图案。选中需要设置透明效果的对象，点击“美工”菜单下的“透明”图标，图标下显示出各种透明设置形式(见图 3-68)。选择其中一种，可使对象呈现出相应的透明效果。

也可点击“自定义透明”，在“透明”对话框中进行设置(见图 3-69)。

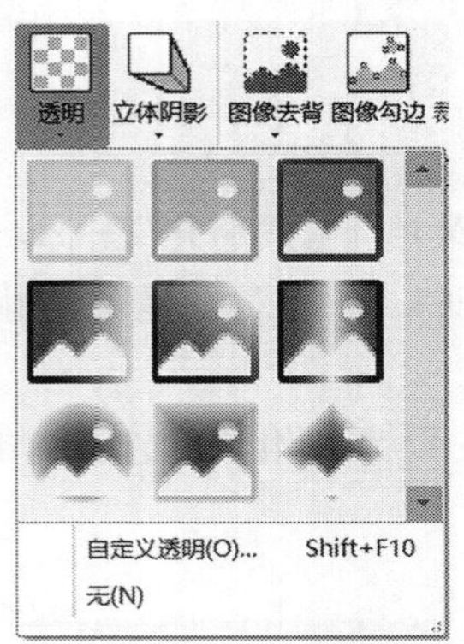

图 3-68　软件提供的透明设置形式

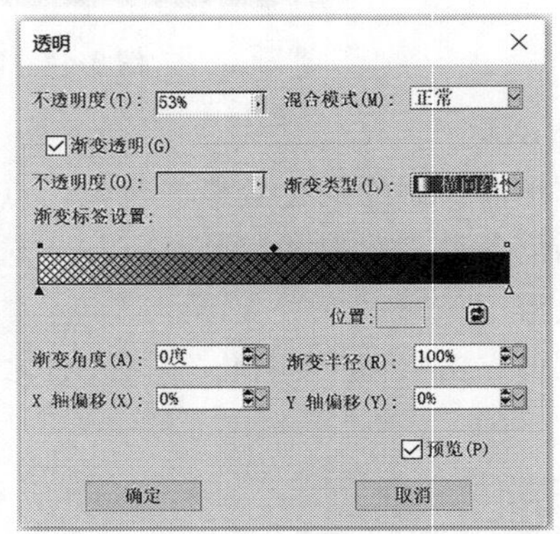

图 3-69　“透明”对话框

在“不透明度”里设置不透明度，也可以点击右边的三角按钮，拖动滑块设置不透明度。在“混合模式”下拉列表里选择“正常”或“叠底”，选择透明对象与下层对象重叠部分的效果。如果需要取消透明设置，可以将不透明度恢复为 100%。最后可得到图片的透明效果(见图 3-70)。

图 3-70　透明效果

五、图像管理

通过排版界面右侧窗口区的“图像管理”可以查看图像状态。当版面上缺图或更新图像时，将自动弹出“图像管理”窗口(见图 3-71)，显示“缺图”或“已更新”。窗口中会显示图像的状态、文件名、页面、格式和颜色空间。单击各个标签可以将图像重新排列。

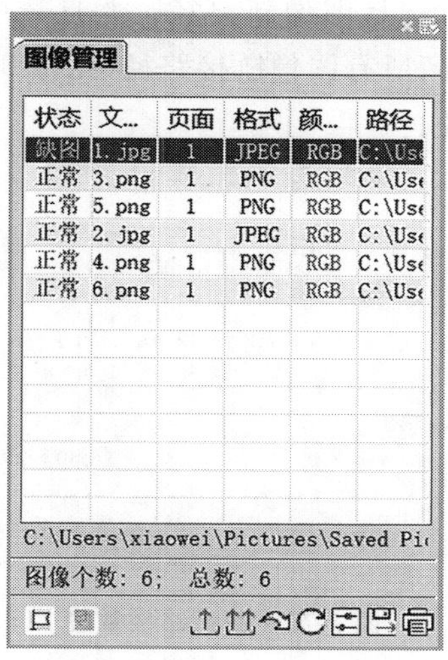

图 3-71　“图像管理”窗口

在“图像管理”窗口底部，有一排特别功能的按钮，可以实现更新图像、重设图像路径或打印图像信息等操作。

1. 更新和全部更新。在“图像管理”窗口选中修改过的图像，单击“更新”按钮，可以将修改结果更新到版面上。单击“全部更新”按钮，则将所有做过修改的图像全部更新到版面上。

2. 激活。在图像管理窗口中选中某张图像，按“激活”按钮，可跳转到该图像所在页面，并选中图像。

3. 重设。选中图像，单击重设按钮，弹出“排入图像”对话框。选择重设的图像，点击“打开”，可以在当前图像位置重新排入图像。当图像文档更名后，也需要重设图像，否则将报缺图。“按原图属性设定”表示按即将导入的图像原始大小导入版面。“按之前版内图像属性设定”表示图像按照版面内图像的大小、缩放、旋转等属性导入。

4. 图像信息。选中图像文件，按此按钮，可以查看选中图像的文件名、保存路径、颜色和格式等信息。

5. 另存。可以将“图像管理”窗口显示的图像信息输出为文字文件“.txt”。

6. 打印。可以将“图像管理”窗口显示的图像信息打印到纸上。

当图像保存路径做过更改，或图像文档文件夹更名后，需要重新建立图像路径。方法是在图像管理窗口内选中图像，点击右上角的三角形按钮，在菜单里选择“路径重设”，选择图像新路径，并且选中“更新此路径下所有图片”，点击“确定”即可更新所有图像链接路径(见图 3-72)。如果不选中此项，则仅更新选中图像的路径。

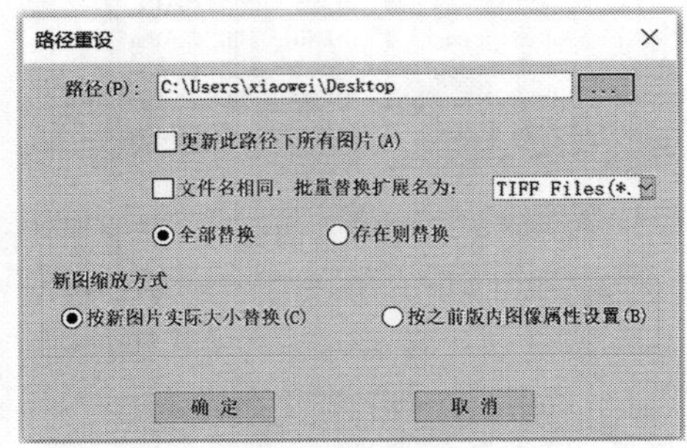

图 3-72　图像路径重设

六、特殊的图像效果

1. 转为阴图

使用选取工具选中图像，选中“美工”|“转为阴图”，即可将图片转为阴图(见图 3-73)。

原图

阴图

图 3-73　转为阴图

取消所选则可将阴图恢复到原始状态。通过这一功能，可以将图像转为类似照片底片的效果。但 PDF、PS 和 EPS 格式的图像不能转阴图。

2. 灰度图着色

使用选取工具或穿透工具选中灰度图，选择“美工”|“灰度图着色”，在二级菜单里选择着色模式(包括逆灰度、红色、绿色、蓝色、黄色、青色、品色等多种)，即可为灰度图着色(见图 3-74)。也可以在二级菜单里选择“自定义”，自定义颜色，制作特殊的图像效果。

原图

黄色

青色

品色

图 3-74　灰度图着色

另一种方法是选中图像，在“颜色”或“色样”浮动窗口里为灰度图着色。使用穿透工具和选取工具，可以得到两种不同的着色效果。使用穿透工具选中灰度图，在“色样”(或“颜色”)浮动窗口中选中“底纹”按钮，单击色样即可为灰度图着色，效果与使用菜单的着色效果一致。使用选取工具选中灰度图，通过“色样”或“颜色”浮动窗口着色时，着色的效果铺满边框，同时也为灰度图蒙上一层色彩，形成图像的透底效果。

3. 背景图

选中文字块或图元，选择“美工”|“背景图”，在对话框中选中“背景图”，激活选项(见图 3-75)。在“图像路径”的编辑框里输入背景图的绝对路径以及文件名，或通过“浏览”按钮，在“排入图像”对话框选择背景图。

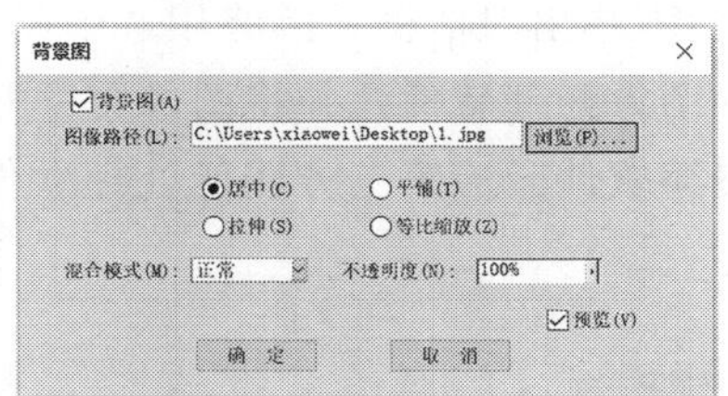

图 3-75　“背景图”对话框

然后可设置铺底效果，背景图排入后有居中、平铺、拉伸、撑满、等比缩放等效果(见图 3-76)。其中“等比缩放”指背景图排入后，以最短的一个边等比例缩放，适应排入区域。

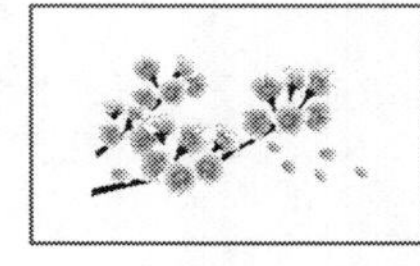
居中

平铺

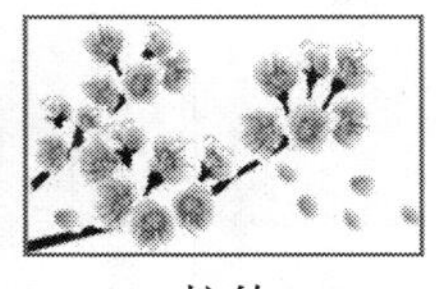
拉伸

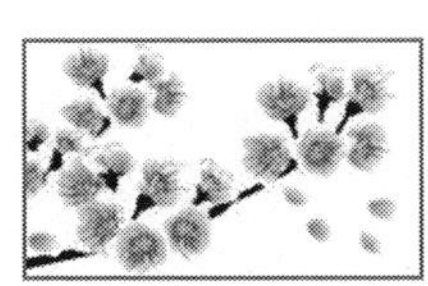
等比例缩放

图 3-76　背景图排入效果

通过“混合模式”可以选择正常或叠底效果，正常即按原图铺底，叠底即镂空图像背景(图 3-77)。在“不透明度”编辑框内可以设置铺底图像的不透明度，也可以单击编辑框右边的三角按钮，拖动滑块选择不透明度。选中“预览”可以查看版面设置效果。

正常效果

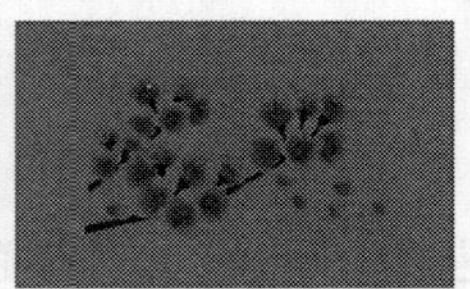

叠底效果

图 3-77　混合模式的背景图排入效果

单击“确定”即可完成铺底效果。这样可以对文字块、图元设置背景图片。取消“背景图”，则可以清除已经设置的背景图。

七、图像编辑器

单击“美工”菜单下的“图像编辑”图标 PS，弹出“选择图像编辑器”对话框(见图 3-78)，从给定的列表中选择另一个图像处理软件。如果选中“始终用该程序打开”，则以后不弹出对话框，始终用选中的同一个图像处理软件。单击“确定”，即可启动图像处理软件，并将图像文件开启在当前窗口。这一功能可使用户直接从飞翔软件激活第三方图像处理软件修改图像，结果将自动更新到版面上。

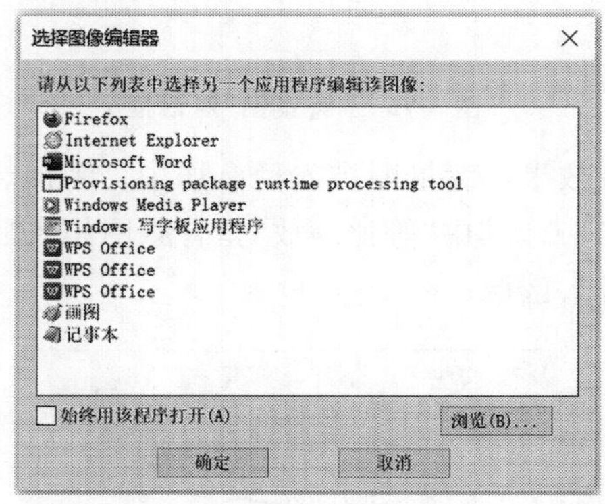

图 3-78　“选择图像编辑器”对话框

八、图像的叙事与编排

1. 报纸版面的图像叙事与编排

图片是报纸组织版面的重要手段，具有直观现场、吸引眼球、平衡功能、美化版面等价值。[①] 图像作为信息载体具有突出的传播优势。与文字符号相比，图像具有强烈的真实感、现场感和美感，具有特别的力度和信度。即使在存在语言和文化差异的情况下，人们也能超越文字等方面的跨文化障碍，就图像达成一致的理解。对于某些难以用文字精确描述的场景来说，图像也可以起到很好的传播作用。

报纸版面上的图片类型多样，从选编、安排到图片说明等都有各自特定的规范和技巧。由于新闻编辑教材中对此已有详细解说，本节不再重复赘述，而是选用一个典型个案来进行综合分析。

2019 年 10 月 19 日，位于河南省洛阳市偃师区的二里头夏都遗址博物馆正式开馆，《河南日报》以跨版特刊(见图 3-79)的形式呈现了这一考古文化盛事。整个版面以夏朝建筑的主色调夯土色铺底，版面中心是一幅手绘淡彩的二里头宫城想象图，版面下方是一系列二里头先民生活劳作想象图。这些图像是制图人员在翻阅大量历史文献、对遗址博物馆进行实地考察座谈后，一帧一帧手绘出来的，形象地展现了我国先民的生活场景。版面两侧各排有一张出土文物(大型绿松石龙形器)的照片，为读者提供了真实的器物形象。手绘素材与真实照片的联合使用，既增添了版面的历史味道，也增加了版面的学术和收藏价值。这个版面获得了第三十届中国新闻奖版面设计的二等奖。

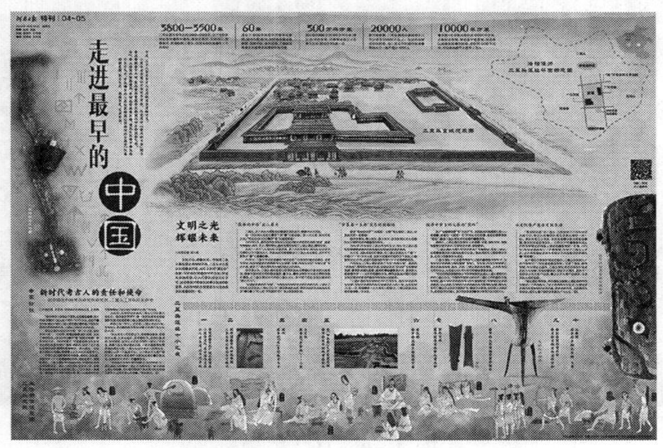
走进最早的中国

图 3-79 《走进最早的中国》版面

---

① 邓利平：《报纸编辑学》，224～227 页，北京，北京师范大学出版社，2014。

2. H5页面的图像叙事与编排

H5页面中的图像类型与报纸版面不存在大的区别，但在叙事和编排手法上有若干明显差异，主要体现在以下方面。

(1)图像常常担任首要的叙事元素

与报纸相比，H5屏幕小，读图的便利性高于读文字。与图像产生关联的元素不仅有文字，还有声音/音乐、视频、触摸与互动等。因此，图像在H5中的重要性更加凸显出来。H5设计者应充分发挥图像的视觉表达优势，联合各种其他要素，进行综合叙事。

以澎湃新闻出品的《长幅互动连环画｜天渠：遵义老村支书黄大发36年引水修渠记》(以下简称《天渠》，见图3-80)为例，它讲述了一位老村支书带领村民修通万米水渠、脱贫致富的故事。这个H5选择了交互式插画的叙述方式，既直观、生动，又可以弥补现实影像资料不足的缺陷。故事采用黑白装饰画、金色点缀的风格，集合渐进式动画、全景照片、图集等多种图像形式，给读者带来如“水”一般自上而下流淌式的阅读体验。分镜漫画的形式，高度还原了故事细节。深情的背景音乐，黄大发清唱的当地歌谣、开渠炸石的爆炸声、鸟鸣等声音素材的配合使用，使H5的表达更加立体。4名“80后”和“90后”的口述，更是体现了“天渠精神”的传承。这一作品最终摘得2018年度中国新闻奖一等奖桂冠。①

图3-80　H5《天渠》

① 李媛：《如何以H5形式报道典型人物——澎湃〈长幅互动连环画｜天渠：遵义老村支书黄大发36年引水修渠记〉策划笔记》，载《传媒评论》，2018(12)。

图像的使用重点不在于数量多，而在于形式适当、能提供关键信息。以《人民日报》与中国移动咪咕联合出品的《你是一棵什么树》(见图 3-81)为例，这是一个为植树节推出的 H5，采用手绘彩铅的风格表现树木、植物，视觉效果清新美观。用户选择 3 个与自己相近的品格后，会生成一种匹配树种。树木手绘图既能展现该树种的外观特征，也能给用户带来视觉享受和情感上的愉悦。

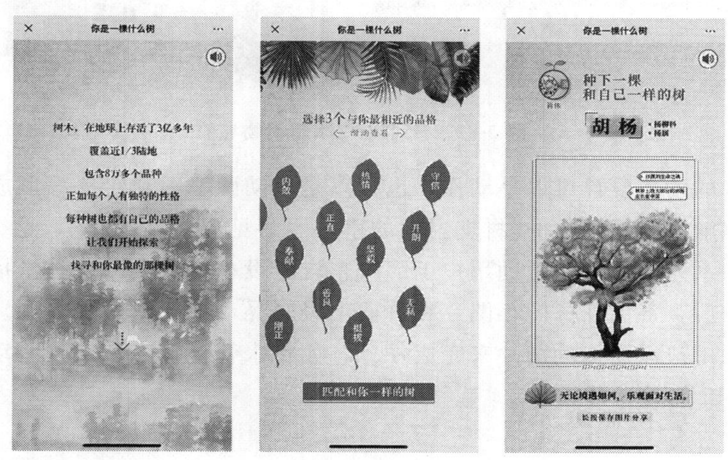

图 3-81　H5《你是一棵什么树》

(2)图像的动态叙事和交互叙事成为可能

通过 H5 的技术支持，可以利用动画显示时间、触发逻辑的巧妙设计，让静态的图片形成动态的效果，如动态绽放的花朵、蝴蝶轻轻舞动翅膀、图片旋转配对等。

《人民日报》新媒体与抖音联合制作的《2022 冰雪动物城》是为 2022 年北京冬奥会推出的融媒体作品。在这个 H5 中，用户可以化身动物角色，挑战各种冬奥项目(见图 3-82)。在挑战过程中，用户的动作会触发图片的动态变化。如在花样滑冰项目中，用户的手指沿提示线路滑动，熊猫形象就会做出相应的花样滑冰动作。在冰球项目中，用户用手指滑动冰球，北极熊守门员会做出挡球的动作。在冬季两项比赛中，用户点击靶子，靶心会变成红色。这些图片的动态设计保证了用户的参与和互动，使用户足不出户就能在一定程度上体验冬奥赛事的乐趣。

图 3-82 H5《2022 冰雪动物城》

图片的动态设计可以是动作，也可以是以动画、图片轮播等形成的动感视觉。以触电新闻推出的《村支书们的手账本》(见图 3-83)为例，这个 H5 旨在通过一系列小游戏，帮助用户了解广东省建设小康社会的各种举措。进入手账页面后，各项任务的小图片在页面上轻轻晃动，提醒用户点击。在另一些页面，用户需要拖动图片来完成任务，如将水管拼接完整。这些动态设计增加了 H5 的趣味性。

图 3-83 H5《村支书们的手账本》

(3)长图成为受欢迎的表现手法

长图是将多种图片素材进行拼接组合，以滚动形式向读者展示文章内容。与普通尺幅的图片相比，长图能对用户形成较大的视觉冲击，是使 H5 获得更多关注的一种好方法。

以腾讯新闻和 HANS 汉声共同出品的《唤醒春日武汉》(见图 3-84)为例，这个 H5 以长图细致地展示了武汉的城市风貌。随着用户滑动长图，页面从无色变为彩色，画面细节逐一出现。用户在画面上点击，会不断发现武汉故事，感受春日武汉的美好景象。

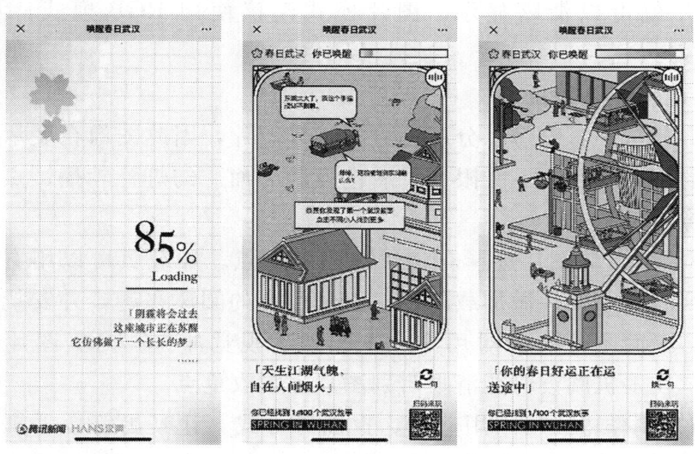

图 3-84 H5《唤醒春日武汉》

在近年的中国新闻奖获奖作品中，长图漫画经常可见。如湖南红网新媒体发布的《改革开放 40 年 · 长沙有多“长”》，以手绘长卷＋动画＋视频＋拼图的形式，新颖地展示了长沙的改革开放之路。《海南日报》出品的《快来！搭乘“海南号”时空穿梭机重返 1988！》，采用手绘方法描绘了海南的 18 个重要事件。用户拉动一图到底的长图界面，点击各种“彩蛋”，能够获得多种体验。这两个作品分别获得了第二十九届中国新闻奖媒体融合奖项的一等奖和三等奖。

长图通常将文字与图片融合在一起，以文字画龙点睛，或讲述图片无法叙述的内容。文字与图片相辅相成，能够更好地完成叙事任务。由于长图吸引了用户的大部分注意力，所以图中不宜使用大幅的文字数据，否则会给用户带来过重的阅读负担和疲倦的心理感受，让人没看完就想离开界面。

(4)需要平衡图像的品质和容量

H5 图片的容量标准，是为了保证 H5 打开顺畅、阅读流畅。过大的图片会耗费读者大量的流量，还会耗费图片加载的时间，从而给读者带来不佳的阅读体验。合适的图片尺寸还会便于图片的顺利上传。

在质量方面，图片对分辨率的要求不是特别高，但仍然注重图片的质感。高质感的图片会更容易吸引用户的注意力，带给用户良好的视觉体验。图片的品质与分辨率有很大的关系，较高的分辨率可以让图片显得更加清晰、精美。图片如果非常模糊，品质较差，则会影响用户的视觉体验。

H5设计者应在上述两方面做平衡，选择适当的图片。通常像素在72dpi以上的图片就可以清晰显示。图片模式建议使用RGB模式，不要使用CMYK模式。

(5)其他差异与特征

手机屏幕虽小，但可以分层、分屏安排图片，因此图像在展示空间上既有受限制的一面，也有不受限、扩展性强的一面。幻灯片轮播、点击弹出是常用的图像展示方式。

H5不同部分的图片选择有相对不同的重点。加载页可以用有趣的、与内容关联度高的小图片做加载图标，引发用户的阅读兴趣，并安抚其等待的焦虑情绪。封面图片应能对用户产生强烈的视觉冲击。内页图片应简洁大方，使用户在手机阅读时能清晰辨别图片，吸收重点。

H5图片制作中，可采用剪裁、抠图等方式，让其更符合手机页面的需要，让主体对象的特点得以凸显。

思考与练习

1. 自选素材，使用飞翔软件，对重要的图形排版操作进行逐项模仿实验。

2. 自选素材，使用飞翔软件，对重要的图像排版操作进行逐项模仿实验。

3. 选择一则重要新闻，收集多家报纸对该事件报道的版面，对比不同报纸的图像运用方式，思考新闻的内容特征与图像叙事之间的关系。

4. 选择一个H5产品，分析其加载页、封面页、内容页、转化页等部分的图形和图像排版设计。

第四章　颜色与表格操作

色彩(颜色)是由物理性的光反射到人眼视神经上所产生的感觉。在版面诸多构成元素中，色彩是最直接、最迅速、也是最重要的，它往往先于文字和图形给人们留下深刻的第一印象。表格、图表是一种数据化的资料展示，也是近年来迅速崛起的数据新闻的基本样式。作为视觉报道形式，它们能够直观地反映数字对比，展示新闻事件发生和发展的过程以及事物发展的趋势。掌握颜色与表格的相关操作，同样是新闻编辑的重要内容。

第一节　颜色编辑

实验主题

本实验的主题是讲述飞翔软件中颜色的设置与编辑方法，以及如何通过颜色管理使色彩在版面上的表现始终如一。

实验目的

1. 掌握单色、渐变色的设置方法。
2. 学会编辑和保存色样。
3. 学会运用颜色吸管。

实验内容

一、单色

在排版界面右侧窗口区找到“颜色”，点击弹出“颜色”浮动窗口。飞翔印刷版与飞翔数字版的“颜色”窗口有所不同，一个以 CMYK 为主显示模式，一个以 RGB 为主显示模式(见图 4-1)。

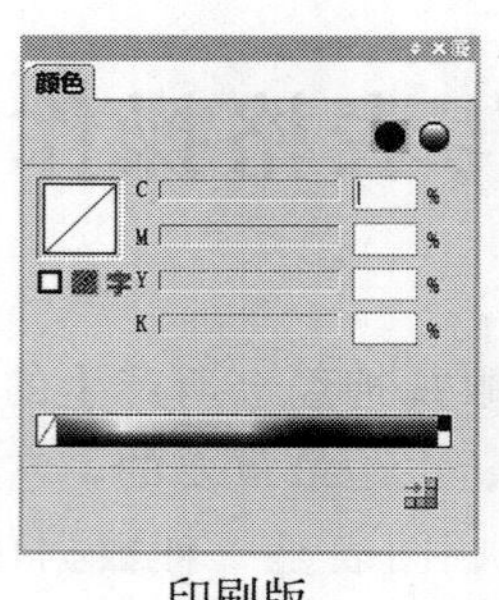

印刷版

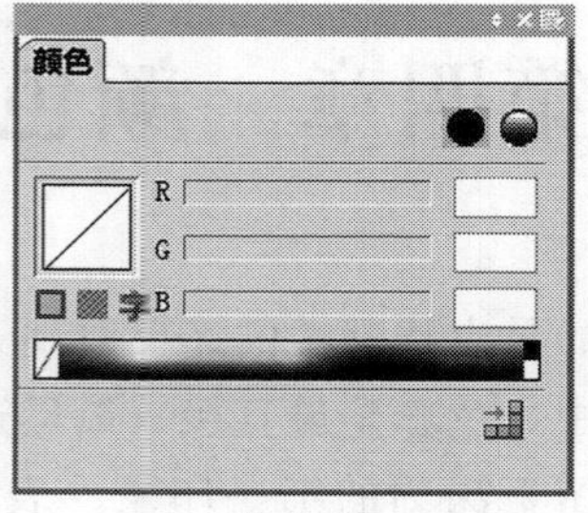

数字版

图 4-1　飞翔印刷版与数字版的“颜色”浮动窗口

报纸印刷使用的是四色印刷工艺，也被称为 CMYK 模式。电脑生成的 PS 文件含有青(cyan)、品红(magenta)、黄(yellow)、黑(black)四色信息，经过 RIP 发排，输出四色胶片，分别对应四个颜色版。印刷时按各版的指令，上相应色的油墨，形成四色叠加印刷的效果。印在白纸上的四色网点，其中一部分重叠起来，实现减法混合后的新色，其他保持原色。这些重叠的或没有重叠的细密彩色网点布满版面，产生色彩混合，形成不同的色调。RGB 模式常为电脑显示器、投影仪、移动终端等电子仪器设备所应用。R(红色)、G(绿色)、B(蓝色)三种颜色叠加，形成其他模式，因此也叫作加法模式。在飞翔印刷版、数字版两种软件中，除了颜色模型上的差异，颜色的其他操作没有明显不同。为行文方便，本节统一讲述印刷版的颜色设置操作。

单击单色按钮，选中着色对象(包括文字块、线条、图元、底纹、表格单元格等)，在“颜色”窗口选择填色对象类型。为对象着色可有三种方法。方法一是在 CMYK 编辑框内输入颜色值，也可以分别拖动滑块选择数值。方法二是将鼠标置于彩虹条上，吸取颜色值。方法三是单击“颜色”窗口顶端的按钮，在原有浮动窗口下弹出颜色空间面板：单击按钮，在颜色空间 C、M 和 Y 之间循环切换；将鼠标置于彩条上，当光标变为手形时，单击鼠标左键即可指定需要选取的颜色范围；最后，将鼠标置于颜色区域里，当光标变为吸管形状时，单击鼠标左键即可为对象着色(见图 4-2)。

飞翔印刷版默认的颜色模式为 CMYK 模式，通过“颜色”窗口右上角的按钮，用户可以修改为灰度模式或专色模式(见图 4-3)。

灰度模式是指当一个彩色文件被转换为灰度模式的文件时，图像中的色相和饱和度等有关颜色的信息将被消除掉，只留下亮度信息。专色模式指使用专用色标来定义颜色(见图 4-4)。

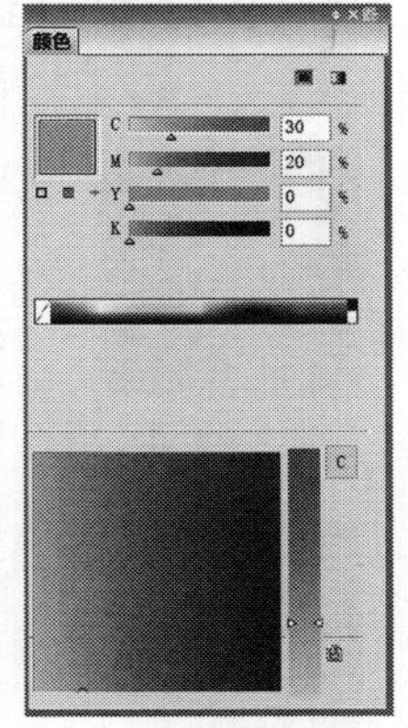

图 4-2　颜色设置的不同区域

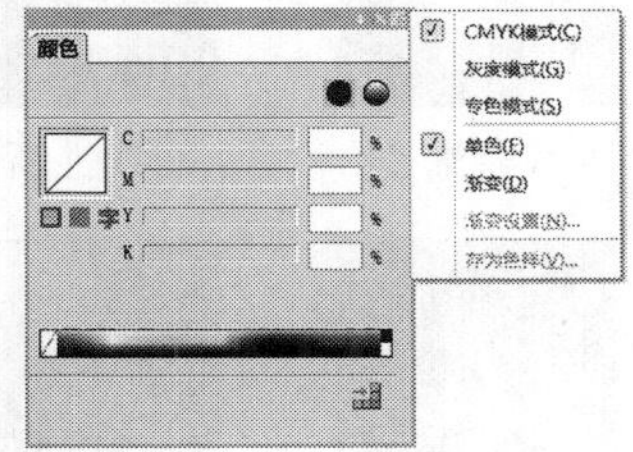

图 4-3　颜色模式

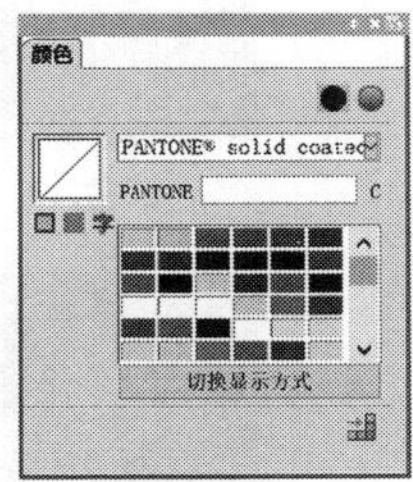

图 4-4　专色模式

各种模式的选择标准为：如果排版生成的结果最后用于印刷，在排版时通常使用 CMYK 模型定义颜色。如果排版的结果用于电子移动终端设备，则使用 RGB 模型。灰度模式中只存在灰度(0～100%)，如果排版结果用于印刷，一般不用这种方式。专用色标常用于广告和装帧设计，对油墨和设备的要求也较高。对于排版软件的初学者来说，使用专用色标有助于建立清晰、准确的色彩认知，因此在学习时可以使用。

二、渐变色

在"颜色"浮动窗口里单击渐变色按钮，切换到"渐变色"对话框(见图 4-5)。

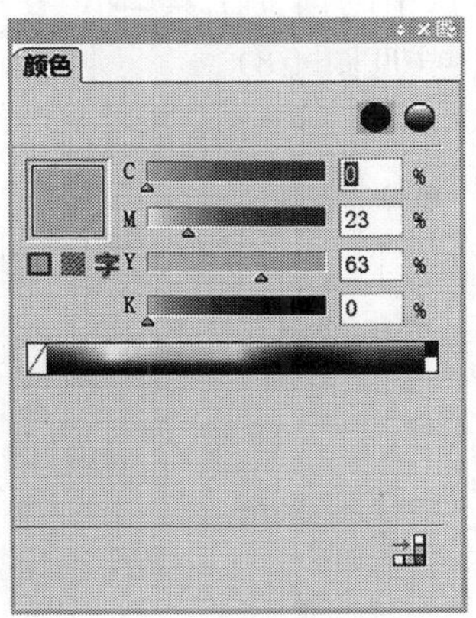

图 4-5　"渐变色"对话框

选中着色对象，在“颜色渐变类型”下拉表里选择渐变类型，如线性渐变、双线性渐变、方形渐变、圆形渐变、菱形渐变、锥形渐变、双锥形渐变等(见图 4-6)。

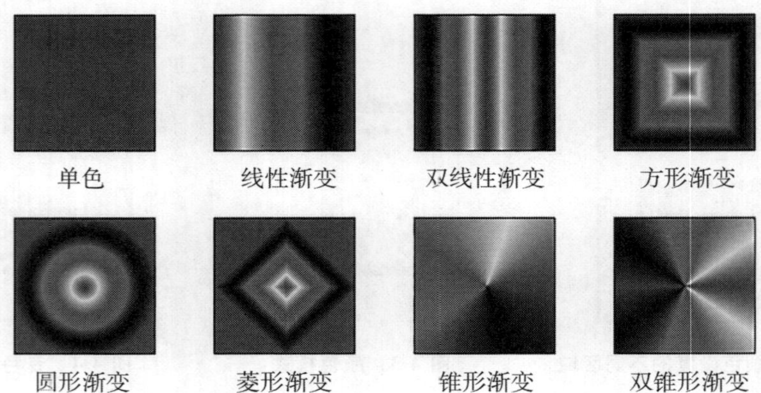

图 4-6　颜色渐变类型

要设置分量点的颜色，可以单击分量点，在 CMYK 编辑框内指定颜色值(或在“色样”下拉表里选择色样)。拖动两个分量点中间的菱形滑块，可以调整分量点间的颜色渐变位置(见图 4-7)。双击颜色条，可以添加分量点；将分量点拖动到颜色条最左端或最右端，或者向下拖动分量点，即可删除分量点。单击“反向”按钮，可以反转渐变方向。选中分量点，在“位置”编辑框内可以指定分量点在颜色条上的位置。

使用渐变工具可以为对象着色，还可以调整渐变中心和渐变角度。选中带底纹的对象，选择工具箱中的渐变工具，在版面上画出任意角度的线段，即可为对象添加渐变色(见图 4-8)。

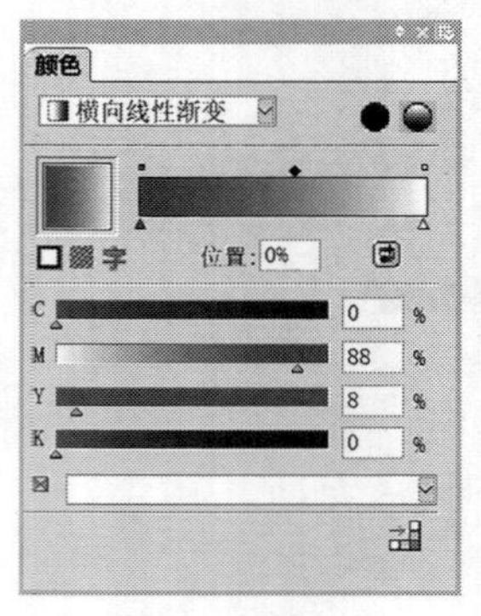

图 4-7　设置分量点颜色与位置

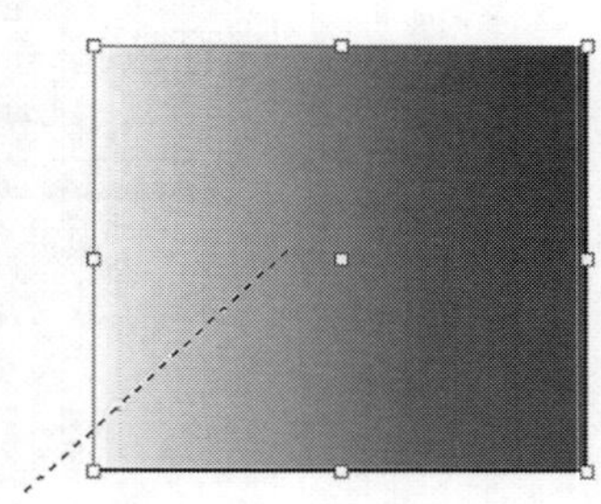

图 4-8　用渐变工具调整对象颜色

当选中多个对象画线时，可以将渐变效果应用于多个选中的对象。使用此功能可以制作出丰富的渐变效果(见图 4-9)。

选中多个对象

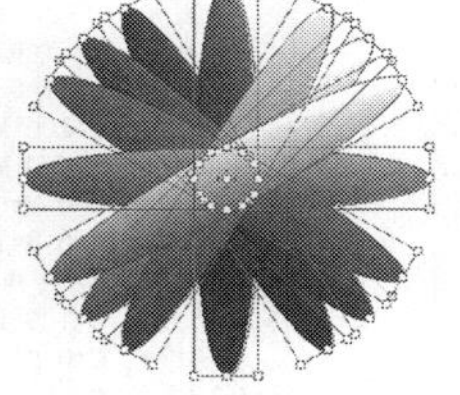

使用渐变工具

图 4-9　渐变工具作用于多个对象

选中填充了渐变色的对象，可以选择“美工”|“渐变设置”，设定渐变中心和渐变角度的精确值。选中对象，选择“窗口”|“颜色”，弹出“颜色”浮动面板。点击浮动面板右上角的三角按钮，弹出扩展菜单(见图 4-10)。

在扩展菜单中选择“渐变设置”，弹出“渐变设置”对话框(见图 4-11)。可以选中“预览”选项，实时查看设置效果。

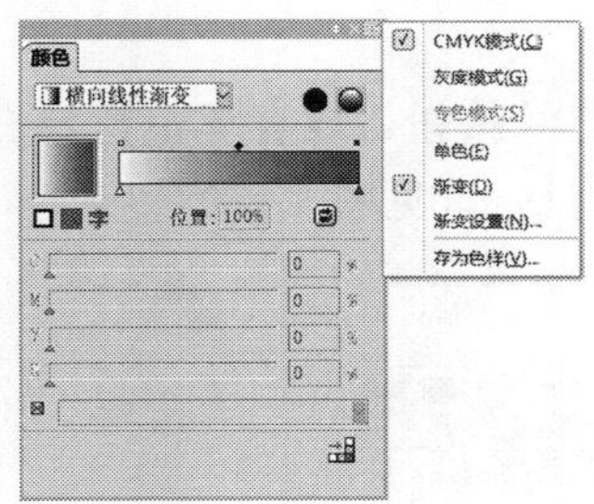

图 4-10　颜色扩展菜单

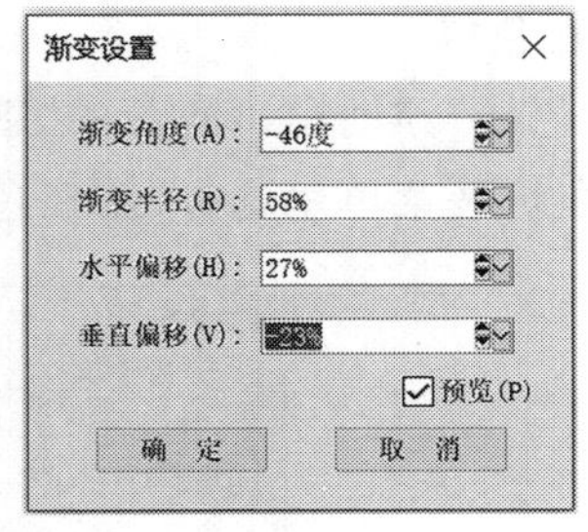

图 4-11　“渐变设置”对话框

三、色样

将颜色保存为色样，需要时直接调用即可。色样表支持导入/导出操作，可以在不同的机器或文件间共享色样表。

选择“窗口”|“色样”，弹出“色样”浮动窗口(见图 4-12)。色样后的图标表示色样不可编辑(飞翔软件自带的色样不可编辑)。色样后的图标表示色样为 CMYK 颜色模式。其他符号表示色样为 RGB 颜色模式、灰度模式、专色模式或渐变模式。用鼠标单击色样，就可以将选中的色样应用于对象。

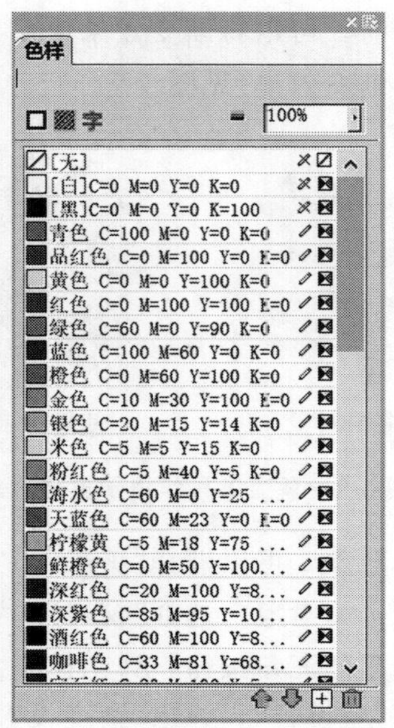

图 4-12 "色样"浮动窗口

1. 新建色样

单击"色样"浮动窗口底部的"新建色样"按钮，或者单击窗口右上角的扩展符号，在扩展菜单里选择"新建色样"对话框(见图 4-13)。

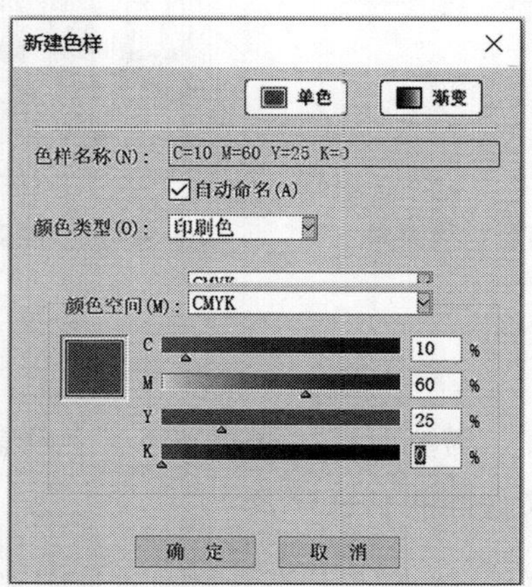

图 4-13 "新建色样"对话框

取消"自动命名"，在编辑框内指定色样名称。通过颜色空间可以设置颜色色值。在"色样"浮动窗口里双击色样，弹出"编辑颜色"对话框，可以修改色样颜色值或名称。

新建色样还可以通过“颜色”浮动窗口来实现：在窗口扩展菜单里选择“存为色样”，弹出对话框，在“色样名称”编辑框中为色样命名，确定后即可将当前颜色值保存为色样。

2. 应用色样

选中对象，在“色样”窗口单击，选择填色对象为边框、底纹或文字。单击色样，则将选中色样应用于对象。选中已着色的对象，在浮动窗口的“色调”编辑框内输入色调值，或者单击编辑框右边的三角按钮，拖动滑杆设置色调值，可以调整色调。

3. 编辑色样

在“色样”窗口双击色样，弹出“编辑色样”对话框(见图 4-14)，可以修改色样颜色值或名称。如果想批量修改使用了同样色样的对象的颜色，可以通过“编辑色样”修改颜色值，点击“确定”后即可将对象全部修改。

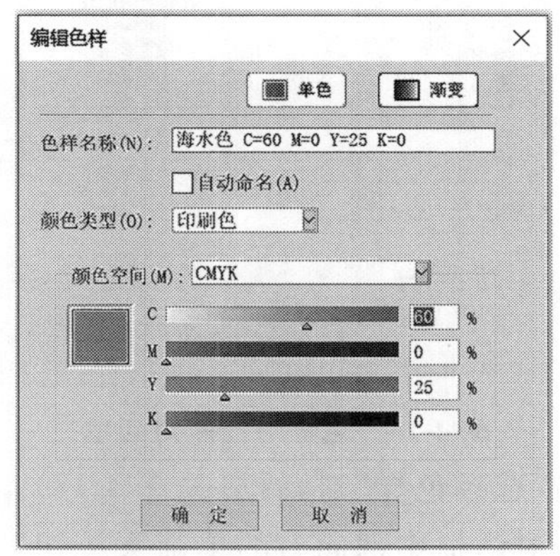

图 4-14　“编辑色样”对话框

如果想要删除色样，可以按住 Ctrl 键或 Shift 键选中多个色样，单击“色样”窗口底部的按钮，或者在窗口扩展菜单中选择“删改色样”，弹出“删除色样”对话框(见图 4-15)。选择“直接删除”，可以直接删除色样，保留应用了原色样的对象颜色；选择“替换为”，可以选择一种替换色样，应用了原色样的对象颜色更新为替换色样，单击确定即可。如果选中多个色样，可通过“确定”“全部”“跳过”“取消”等按钮进行相应操作。

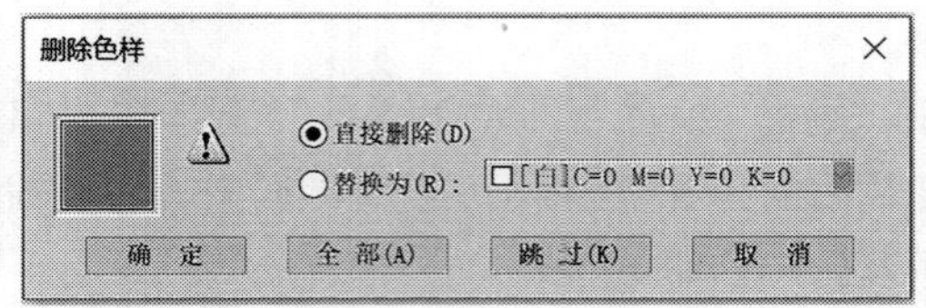

图 4-15 “删除色样”对话框

4. 导入/导出色样表

单击“色样”窗口右上角的按钮，在扩展菜单里选择“另存色样表”，弹出“另存为”对话框，选择要保存文件的驱动器和文件名，在“文件名”文本框中输入该色样表文件名。单击“保存”按钮，在所选目录下将生成一个文件 *.clr。

这个色样文件可以应用到另一个文件或另一台机器里。单击“色样”窗口右上角的按钮，在扩展菜单里选择“导入色样表”，弹出“打开”对话框(见图 4-16)，在“文件类型”里选择“.clr”，选择一个色样表文件。

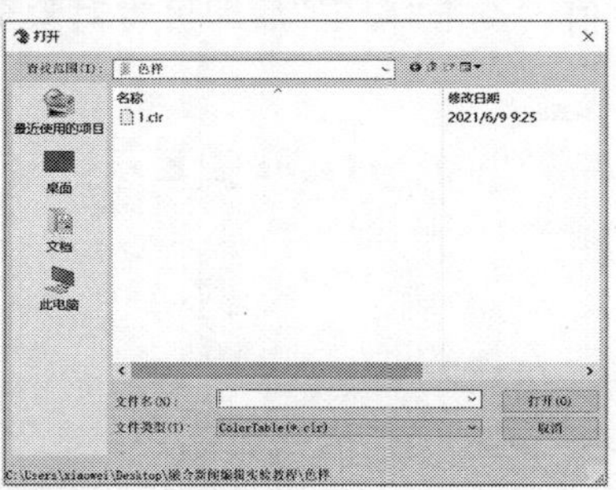

图 4-16 色样“打开”对话框

单击“打开”，弹出“选择色样”对话框(见图 4-17)，从“源色样表”中选中需要导入的色样，单击对话框中部向右的单箭头按钮“＞”，可将这一色样添加到“导入色样”里。单击向右的双箭头“≫”按钮，可将源色样表中的所有色样添加到“导入色样”里。单击“确定”，就完成了导入操作。

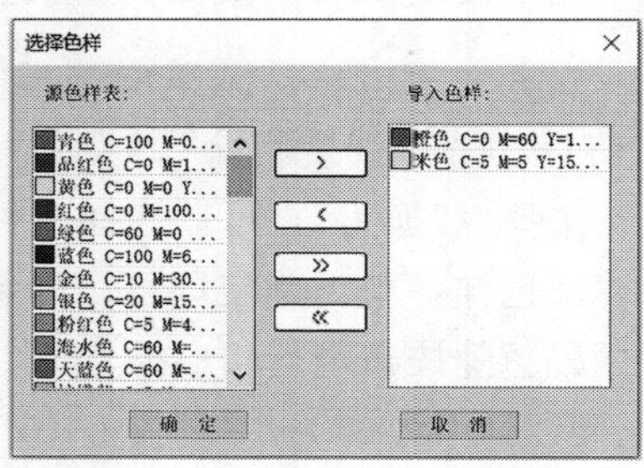

图 4-17 “选择色样”对话框

当色样表中的色样没有应用于对象，即未使用过时，可以通过“删除未使用色样”清除。单击“色样”浮动窗口右上角的按钮，在扩展菜单里选择“删除未使用色样”即可。

四、颜色吸管

使用颜色吸管可以吸取图像及图元上的颜色，将其应用于文字、图形边框和底纹。吸取的颜色也可以保存为色样，供以后使用。

单击工具箱中的颜色吸管，将光标移动到图像上需要吸取颜色的地方，单击鼠标左键吸取颜色。用吸取了颜色的吸管单击需要着色的图元，或者选中需要着色的文字，即可着色(见图 4-18)。

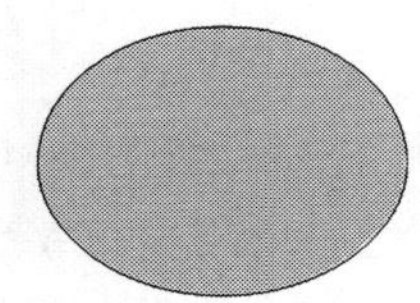

图 4-18 用图像中的颜色为图元着色

操作过程中，按 ESC 键或点击空白处可以清空吸管中所吸取的颜色。为图元着色时，吸管单击图元边框，则为边框着色，单击图元内部则为图元铺设底纹。

五、颜色的叙事特征和编排技巧

1. 报纸版面的色彩叙事和编排

报纸版面上，色彩无处不在。一般认为图片和标题形成版面上的黑色，大段的稿件正文形成灰色，版面上的空白处呈现为白色，彩色主要由版面上的彩色照片、标题、正文、底纹、线条等来表现。彩色图片的质量如何，往往影响到整张报纸的观感。经过扫描、修正的彩色照片，其最后的效果，还要根据印刷设备的功能来定。

报纸版面上的色彩，除了美化版面，增强审美效果，主要有强化信息、表达情感、凸显强势等作用。① 版面用色方法主要包括主色调、谐调色、对比色等，白色、黑色和灰色的运用也可以达到各自不同的效果。

本小节以美国报纸对于“9・11”事件十五周年的纪念报道为案例，对色

① 邓利平：《报纸编辑学》，224～227 页，北京，北京师范大学出版社，2014。

彩的编排技巧进行集中分析。2001 年 9 月 11 日，美国发生了本土最为严重的恐怖袭击事件，遇难者总数高达 2996 人。这一事件不仅当时对世界政治产生了重大影响，也在美国民众的心中印下难以磨灭的印迹。2016 年 9 月 11 日，值“9·11”事件十五周年之际，美国报纸纷纷在头版展开纪念性报道。这些版面不仅在标题制作、图片运用等方面精心设计，在色彩的运用方面也别具特色。

部分报纸采用了黑白色调。如美国南加利福尼亚州的报纸《企业报》(*The Press-Enterprise*)，浓重的黑色底色从题图下方延伸开去，占据了大半个版面；新闻标题、文字导读、图片线框、图片说明、分割线条全部用白色。黑与白的对比庄重肃穆，呼应着大字标题“十五年后记忆依然深刻”。版面上的两处红色小细节(题图顶端、导读中的双引号)，则为版面增加了生机(见图 4-19)。

康涅狄格州《哈特福德新闻报》(*Hartford Courant*)用长长的黑色块模拟双子塔的外形，黑色底上用白色字整齐地排列着该州当年在事件中不幸遇难的民众的名字，设计简洁朴素(见图 4-20)。

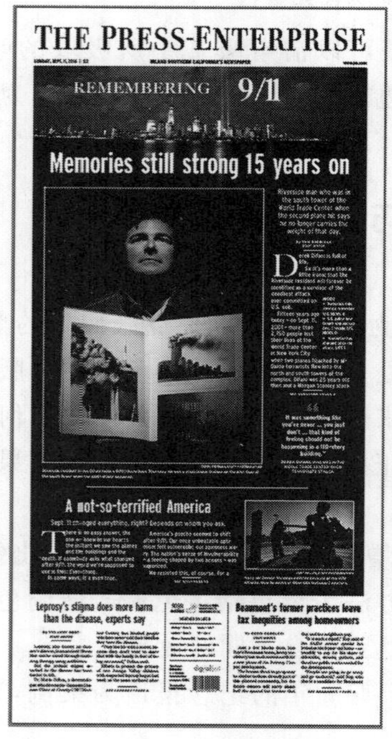
THE PRESS-ENTERPRISE

REMEMBERING 9/11

Memories still strong 15 years on

A not-so-terrified America

Leprosy's stigma does more harm than the disease, experts say

Beaumont's former practices leave tax inequities among homeowners

图 4-19 《企业报》的黑白色调设计

Hartford Courant

SOMBER LESSONS

GROWING UP IN THE SHADOW OF 9/11

For The Young, A Historical View

Scout Creates A Connection

Children Find Inspiration

图 4-20 《哈特福德新闻报》的黑白色调设计

灰色调的运用也较为多见。如《星期日星报》(*Sunday Star-Ledger*)运用的主标题是“失去与怀念”，版面上中部是淡淡的灰色渐变底纹，与报头区连成一片；底纹上用深灰色块与白色线条绘出双子塔的形象。图片说明、小标题和文字导读是黑色字，但行距较宽，旁边并有较多留白，整体偏灰白色调。题图上，遇难者的家属紧拥着亲人遗物，背景也是淡灰色的(见图 4-21)。

《今日佛罗里达》(*Florida Today*)大半个版面用灰色铺底，再用更浅的灰色块模拟仰视状态下的双子塔。这两个版面上灰白色调的运用都十分协调统一，传达出有节制的哀伤和思念之情(见图 4-22)。

Sunday Star-Ledger

LOSS AND
REMEMBRANCE

15 YEARS AFTER SEPT. 11 TERROR ATTACKS, A MOTHER STRUGGLES TO EXPLAIN THE DEATH OF HER BROTHER TO THE NEXT GENERATION.

Victim's parents vow to escalate battle against cyberbullying

FOUR STARS FROM THE ORIGINAL CAST OF BROADWAY'S JERSEY BOYS — OCTOBER 8

THE MIDTOWN MEN

DON'T DELAY!

图 4-21 《星期日星报》的灰色调设计

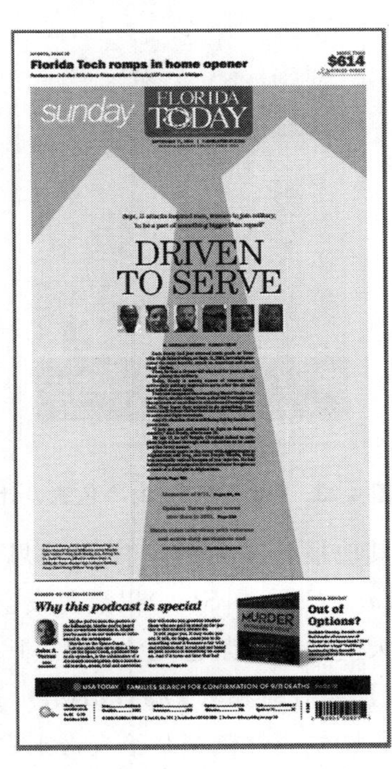

Florida Tech romps in home opener

$614

sunday FLORIDA TODAY

DRIVEN
TO SERVE

Why this podcast is special

MURDER

Out of Options?

图 4-22 《今日佛罗里达》的灰色调设计

冷色调和暖色调会形成不同的视觉印象。如《每日新闻》(*Daily Times*)的版面没有用新闻图片，除了广告位外，全部运用冷色调的灰绿色块，并靠不同深浅色彩的变化勾勒出双子塔的轮廓；大字标题“十五年以后”和文字提要以白色叠压在底色上，整个版面给人以清冷、宁静之感(见图 4-23)。

四开报纸《新闻日报》(*Newsday*)的设计正好相反，报头以下整版用了一张大图片，图上是雨后的纽约曼哈顿，天空高挂七彩霓虹，橙色阳光洒遍高楼与海面。版面上并用大红色来设置粗线条、版序号及报纸网址等文字，色调温暖明亮，很好地反映了主标题“怀念与重建”的基调(见图 4-24)。

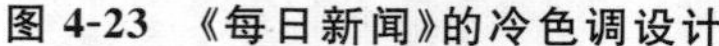

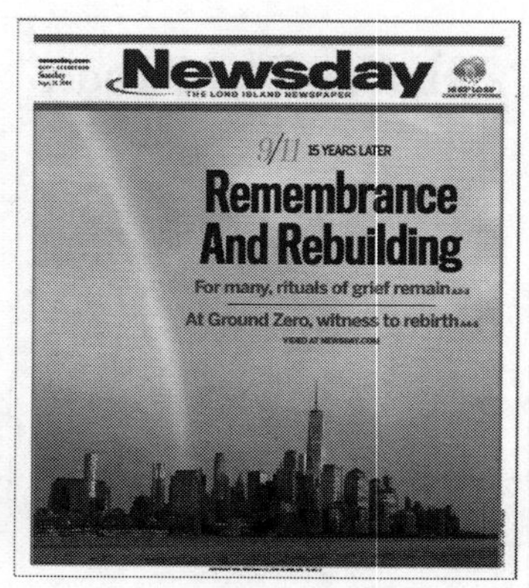

图 4-23 《每日新闻》的冷色调设计

图 4-24 《新闻日报》的暖色调设计

其他报纸还有不少独具心思的色彩设计或运用。如《文图拉县星报》(*Ventura County Star*)以黑色夜空为底，凸显了世界贸易中心遗址“零地带”射向天空的两道紫色光柱(见图 4-25)。

《加兹登时报》(*The Gadsden Times*)选用的主图照片是纪念碑上的一枝玫瑰，娇艳的红色花朵给人带来安慰(见图 4-26)。

纵观美国报纸对“9・11”事件十五周年的纪念报道，主色调、协调色、对比色等色彩运用方式得到了多样的展示，黑、白、灰的运用也恰如其分，共同表达出深切的思念之情，并展现了努力重建的心态。

VENTURA COUNTY

STAR

15 YEARS LATER

Fifteen years following the World Trade Center terrorist attacks that brought the globe to a frightful pause, America remains a pillar of strength and growth

9.11

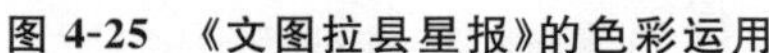

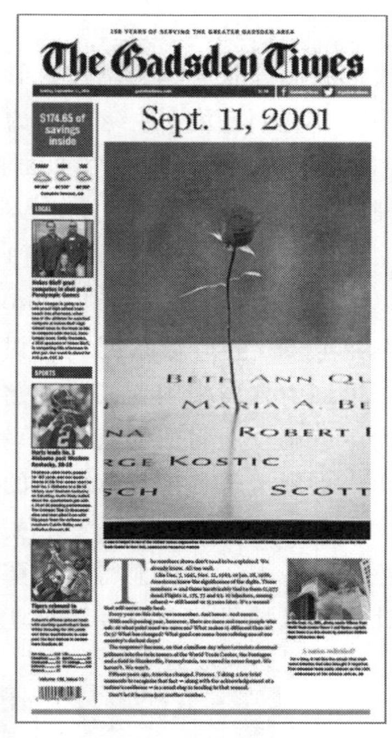

158 YEARS OF SERVING THE GREATER GADSDEN AREA

The Gadsden Times

$174.65 of savings inside

Sept. 11, 2001

图 4-25　《文图拉县星报》的色彩运用　　　　图 4-26　《加兹登时报》的色彩运用

2. H5 版面的色彩叙事和编排

H5 的色彩运用与报纸相比存在明显的区别，主要表现出以下特点。

(1)色彩使用受限较少

对于报纸版面来说，色彩的使用会受到印刷载体的限制。如一份报纸是否使用全彩印刷，需要考虑印刷成本等经济因素；某些色彩的呈现效果可能因纸张质量、印刷质量差而被削弱。在这些方面，H5 显然受限较少。

在移动终端，电子屏幕显示器的色彩呈现为 RGB 模式，即通过红(R)、绿(G)、蓝(B)三个颜色通道的变化以及它们相互之间的叠加来得到各式各样的颜色。RGB 色比 CMYK 色能够呈现更广泛的色域，可以在显示器上呈现出很多鲜亮颜色，这是油墨印刷品无法表现的。因此 H5 在色彩的运用上显得更为自由，有时为了在色彩上达到视觉冲击力，会使用颠覆性色彩搭配。

以轩尼诗的新年 H5《讨个好彩头》为例，这是一个品牌推广类的 H5，用户可以选择自己喜欢的颜色生成福牌海报，为新年祈福。整个 H5 界面颜色的饱满度非常高，包括粉紫、果绿、金黄等，鲜艳明亮，搭配鸡尾酒照片和热闹高亢的背景音乐，烘托出欢乐的新年气氛。

(2)通常有明确的主色调

报纸版面开张大，为增加色彩的变化，常会使用大面积的渐变色。手机屏幕小，H5 多使用某种纯色作为主色调，给人以简单、明确的视觉印象。H5 使用的主色调通常决定了页面的风格，在确定主色调的基础上，再决定其他辅助色和元素的搭配。H5 设计者可以通过颜色来传递特定的信息，设定 H5 的调性风格，或是传达某种气氛与情感。

以《每日经济新闻》发布的《ofo 迷途》(见图 4-27)为例，该 H5 以还原共享单车企业 ofo 的运营状况、探讨共享经济和创业公司的发展未来为主题，获得了第二十九届中国新闻奖“融合创新”类奖项的一等奖。这个 H5 采用黄色作为主色调，从封面的黄色共享单车、按钮，到数据可视化页面的不同地区按钮，再到呈现各地运营数据的表格，代表 ofo 小黄车的黄色串联、贯通了整个 H5。虽然从量上看，黄色并未占据版面的很大比重，但在灰黑或蓝白底色的衬托下，黄色显得非常醒目，不仅突显了互动感、提示性，也无声地向社会公众警示着共享经济行业的风险。

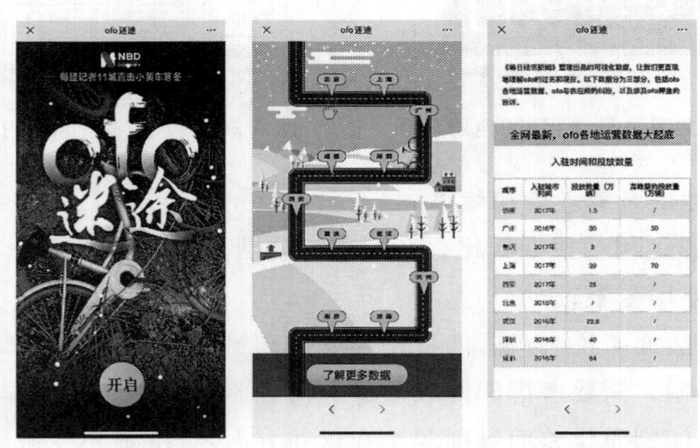

图 4-27　H5《ofo 迷途》的色彩运用

(3)以色彩表达个性

与报纸版面相比，一个 H5 就是一个独立的产品，色彩运用的个性化程度更高。不仅如此，H5 本身就能依用户的个人信息、个性选择而生成个性化结果。这方面，色彩常常成为 H5 表现用户个性风格、营造不同视觉氛围的关键元素。

网易云音乐的《你的使用说明书》(见图 4-28)是一个典型的案例。这是一个测试型的 H5，用户在每个页面上听取音乐或声音，在所给选项中选择最符合自己感受的那个答案，最后集合成为测试结果，即用户关于“我”的使用说明书。在 H5 中，每个页面针对配乐都使用了一种主色，这些色彩多采用红色、粉色、绿色、紫色等活泼明亮的颜色，使得用户的视觉感受不断变化，整个 H5 的视觉风格丰富生动。

在用户回答完所有问题后，H5 会生成一个由 3 个色拼合而成的结果页，比如红、绿、蓝的组合或紫、绿、粉的组合。这样 H5 可以得到多种不同色块搭配的结果页，加上个性化的文案表述，充分满足了用户对自我个性认知的心理期待。

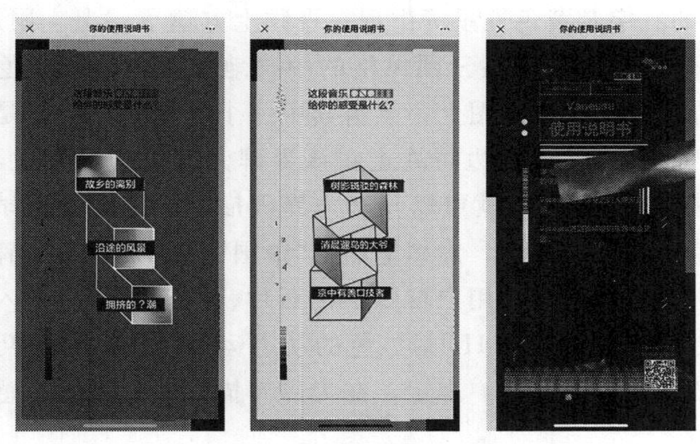

图 4-28　H5《你的使用说明书》的色彩运用

又如网易哒哒的《你的专属小诗》(见图 4-29)，这也是一个测试型的 H5，用户在问题选项中进行选择，输入个人名字、性别等信息，H5 会生成一首写给用户的专属小诗。在输出页上，每首小诗的背景色都有所不同，给用户带来不同的视觉体验。

图 4-29　H5《你的专属小诗》的色彩运用

(4)兼顾动态与静态

设计者不仅仅需要从静态表达的角度去考虑色彩的使用，还需要考虑画面的动态，如元素的动态、转场的方式、动画的衔接逻辑等，即需要增加“动态”思维。

以人民网联合陆军政治工作部宣传局、腾讯共同出品的《点亮人民红，祖国在我心》为例(见图 4-30)，这是为了献礼新中国成立 70 周年而推出的 H5。开屏后首先播放边防战士在冰天雪地中执勤的视频，随即“点亮人民红 祖国在我心”的红字及黄色五星等出现在视频上方遮罩层上。用户点击“开始描红界碑”按钮，进入了卫星云图风格的中国地图页面，以红色标记的七个边境界碑坐标逐一出现在地图上。点击其中一个红色标记，就是选中了一个界碑。点击“确认”，播放完边防战士在该界碑旁宣誓的视频后，用户按“点击笔刷 开始描红”的引导，就可以开始为界碑描红。伴随着激昂的音乐，用户手指在屏幕上触摸、移动，虚拟笔刷将“中国”两个大字及界碑编号一笔一画刷红点亮。完成描红后，用户可以上传照片、选择身份、输入姓名，生成奖状外观的专属海报。这个 H5 对红色的动态运用是非常富于巧思的。人民网推文后的留言中，就有用户表示，在为界碑描红的互动时，感受到庄严神圣，十分震撼。

图 4-30　H5《点亮人民红，祖国在我心》的色彩运用

总之，H5 在进行颜色设计时，应保持整体风格的统一，并注重用户对色彩的情感体验。色彩的选择需要契合 H5 的主题内容，并根据不同的目标用户来进行。在进行 H5 的色彩设计时，初学者可以尝试采用三阶配色方案。

①第一阶：确定主色。主色是占据页面色彩最多的颜色，多为背景色。主色应避免亮度过高，颜色不要过于艳丽。

②第二阶：确定辅助色。辅助色面积占比仅次于主色，常被应用于主元素(如大标题)中，数量不固定。辅助色应结合整体页面效果来设计，不干预主色。

③第三阶：适当添加点缀色。点缀色在 H5 页面中起点缀、修饰的作用，面积占比小，常选取与主色、辅助色反差较大的颜色。①

并不见得所有的 H5 都要使用大量的色彩、鲜亮的彩色。有些 H5 页面的色块面积占比非常高，有些 H5 则通过恰到好处的用色来塑造整个 H5 的调性。以司法部法治宣传中心、司法部律师工作局和澎湃新闻联合出品的《〈民法典〉将这样守护你一生》(见图 4-31)为例，该 H5 介绍了公民从出生到养老、继承的部分法律权利和义务，文字较多，实用性强，背景采用淡淡的灰黄色，读者滑屏阅读，就如同在阅读一部庄严的纸质法典。

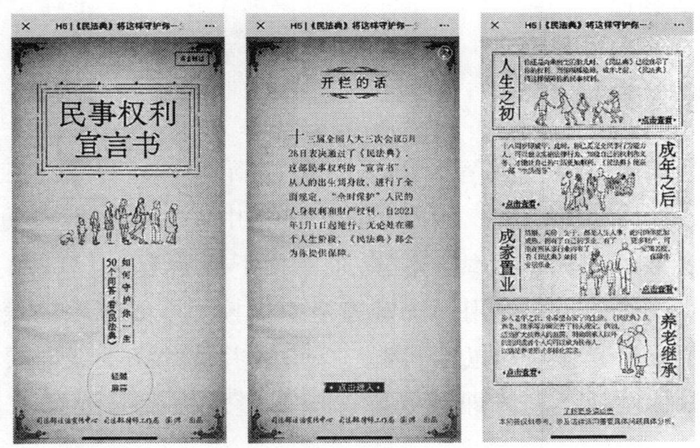

图 4-31　H5《〈民法典〉将这样守护你一生》的色彩运用

在彩色之外，黑、白、灰也仍然是 H5 色彩设计中的重要考虑。H5 页面尤其要注重留白设计，使用户的视线转移到被留白包围的元素上，为其增加视觉冲击力。

① 余兰亭、万润泽：《H5 设计与运营：视频指导版》，46～48 页，北京，人民邮电出版社，2020。

第二节　表格编辑

实验主题

本实验的主题是讲述飞翔软件中表格的设置与编辑方法，包括如何改变其表线、表格块等属性，并灌入文字内容。

实验目的

1. 掌握创建表格的方法。
2. 掌握表线和单元格的设置方法。
3. 学会向表格内灌入文字。

实验内容

一、创建表格

选择工具箱中的表格画笔按钮，可以新建一个表格。在版面上拖画出一个矩形，即表格外边框。然后在这个表格中左右或上下拖动鼠标，释放鼠标后，在表格中生成新表线。注意如果按下或抬起鼠标键的位置在表格外，那么画线操作就不起作用。选择表格橡皮擦，在要删除的表线上，按下鼠标左键且不要抬起，拖动鼠标产生一条虚线并使这条虚线与要删除的表线重合。抬起鼠标左键，表线即被删除。应尽量使虚线靠近要被删除的表线(见图 4-32)。

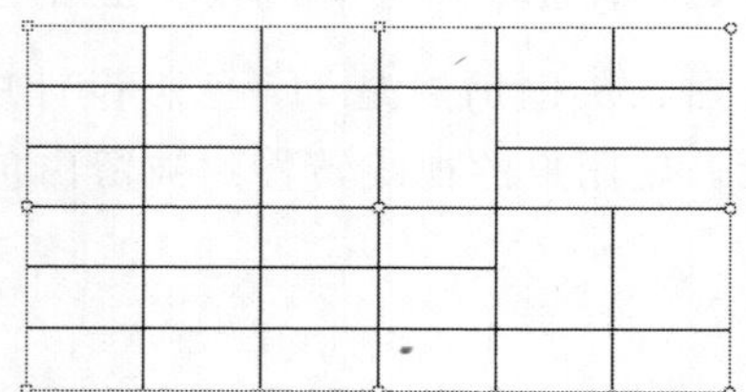

图 4-32　擦除部分表线的表格

也可以使用菜单命令新建表格。单击“表格”|“新建表格”命令，弹出“新建表格”对话框(见图 4-33)。

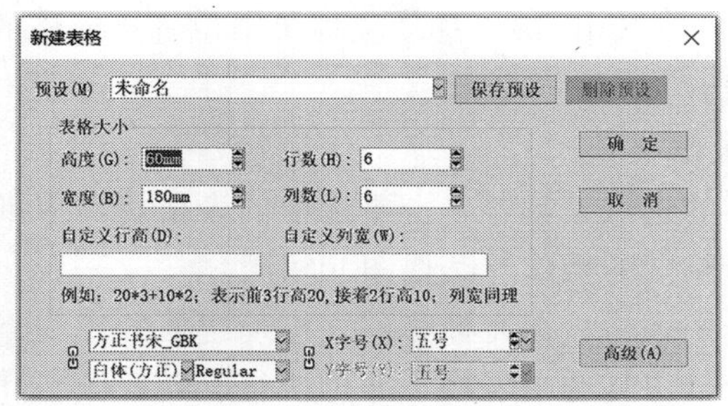

图 4-33　“新建表格”对话框

通过“高度”“宽度”“行数”“列数”等子对话框，可以设置整个表格所占的高度、宽度、行数、列数等。各个项目设置完成后，单击“确定”按钮即可生成表格(见图 4-34)。通过“新建表格”对话框中的常规参数和高级设置，可以进一步设定表格的属性和单元格属性。

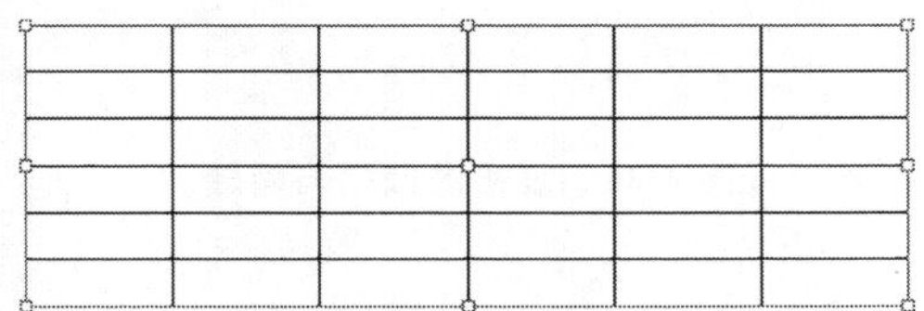

图 4-34　生成的表格

二、表线和表格的基本操作

1. 移动表线

选中工具箱中的文字工具，将光标靠近要移动的表线，按住鼠标，并向所需要的方向移动。释放鼠标，即可把表线移到需要的位置(见图 4-35)。

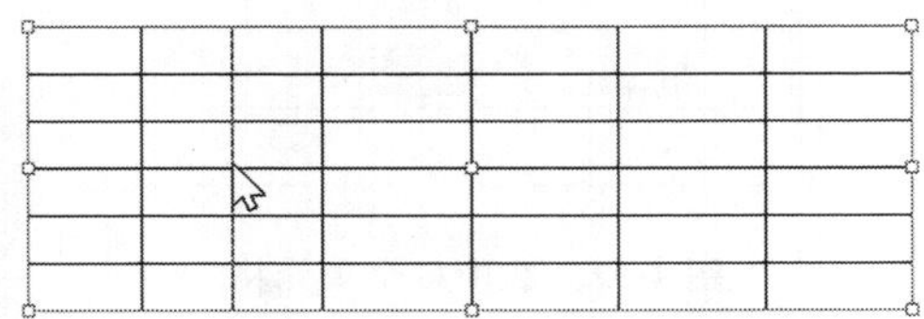

图 4-35　移动表线

当直接拖动表线时，只会移动当前表线，其他表线不动。当按住 Shift 键时，当前表线以右和以下的所有表线都会被移动，并保持其相对位置不变。当按住 Ctrl 键时，只移动当前表线中鼠标单击位置附近能移动的最短的一段线段。按住 Ctrl＋Shift 键，移动鼠标单击位置单元格的一段表线及该表线以后的所有表线。

2. 表格块的操作

选中飞翔软件的选取工具，单击要选中的表格块，用鼠标拖动表格块到目标位置。复制、粘贴的操作与其他图元相同。

用选取工具选中表格，把光标移到表格外边框的控制点，即可调整表格大小。使用旋转变倍工具选中表格，即可执行旋转、倾斜和变倍操作。也可以选中表格，在控制窗口编辑框内设定缩放、倾斜和旋转的精确数值。后一种操作需要在表格控制窗口的辅助面板中才能设定(见图 4-36)。

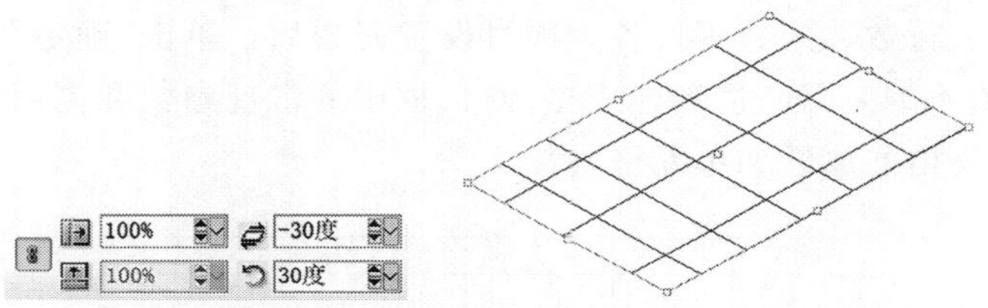

图 4-36　表格的倾斜与旋转

3. 选中单元格

选用工具箱里的文字工具，将文字光标靠近单元格边框，光标变为倾斜箭头状态时，进入选中状态，点击或拖动鼠标即可选中单元格。然后按住 Ctrl 键，点击其他单元格，即可选中所点击的多个单元格(见图 4-37)。

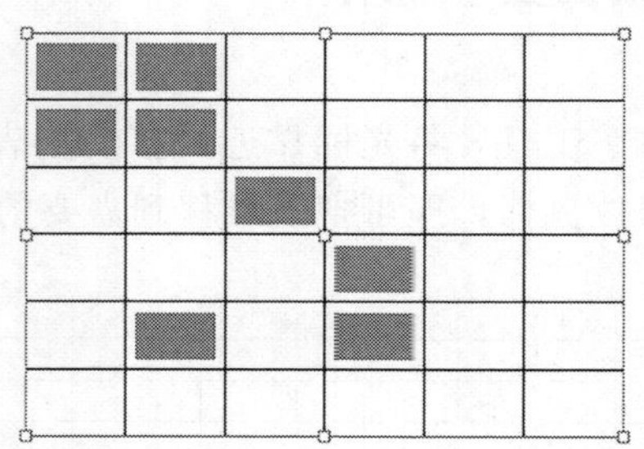

图 4-37　选中多个单元格

按住 Shift 键可以选中连续多个单元格(见图 4-38)，用按住鼠标左键不动、拖动光标的方法也可以。

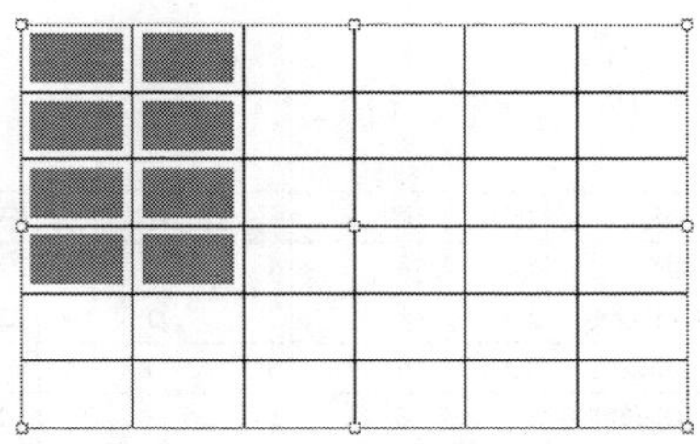

图 4-38　连续选中多个单元格

将文字光标靠近单元格左(上)边框，光标呈向下的箭头状态时，双击鼠标左键可选中整行；光标呈斜上的箭头状态时，双击鼠标左键可选中整列(见图 4-39)。

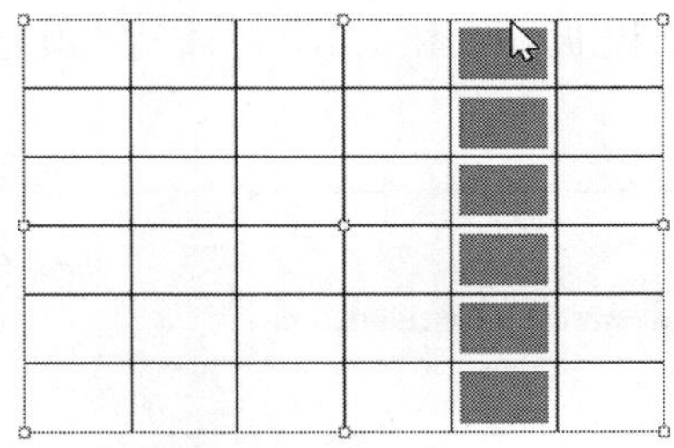

图 4-39　选中整列单元格

也可以使用菜单“表格”|“选中”，即可在二级菜单中选择选中类型：整行、整列、全选、反选、隔行、隔列或阶梯。

4. 行列操作

在表格中插入行/列、删除行/列、调整行高/列宽、锁定行高(设定选中行的高度固定不变)、在选定的多行/列范围内平均分布行/列，均可通过“表格”菜单下有关行列操作的按钮来进行(见图 4-40)。

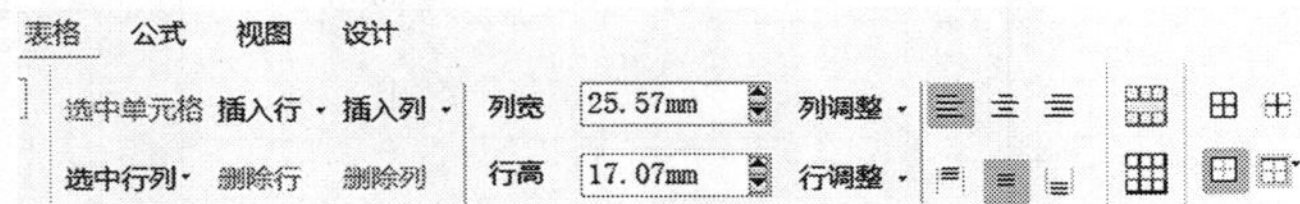

图 4-40　表格行列操作

三、表格框架

通过表格框架模板，可以一次性完成对表格样式的设置，制订表格线框和表格文字属性等。

使用选取工具选中表格(见图 4-41)，

名次	球队	场次	胜	平	负	积分
1	上海上港	10	6	4	0	22
2	广州恒大	10	6	3	1	21
3	北京国安	10	6	3	1	21
4	山东鲁能	10	6	1	3	19
5	广州富力	10	4	3	3	15
6	江苏舜天	9	4	3	2	15
7	石家庄永昌	9	4	2	3	14
8	上海申花	9	4	1	4	13

图 4-41　原始表格

选择“表格”|“表格框架”|“自定义表格框架”，在“表格框架”对话框的“框架选择”里选中一个模板(见图 4-42)，通过“预览”可以看到表格框架样式。

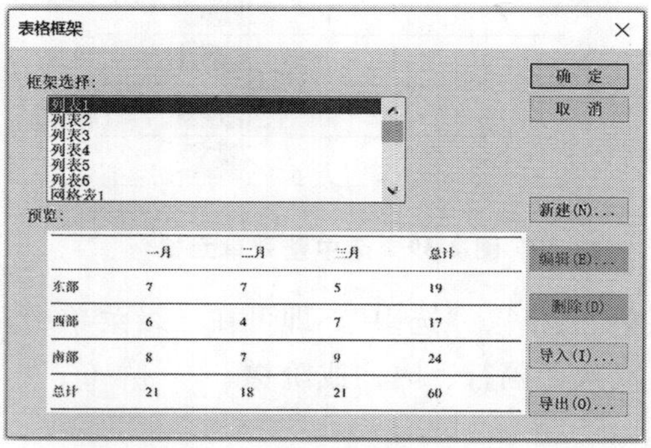

表格框架

框架选择:

列表1
列表2
列表3
列表4
列表5
列表6
网格表1

确 定
取 消
新建(N)...
编辑(E)...
删除(D)
导入(I)...
导出(O)...

预览:

	一月	二月	三月	总计
东部	7	7	5	19
西部	6	4	7	17
南部	8	7	9	24
总计	21	18	21	60

图 4-42　“表格框架”对话框

选择一个样式，点击“确定”即可应用模板样式(见图 4-43)。

名次	球队	场次	胜	平	负	积分
1	上海上港	10	6	4	0	22
2	广州恒大	10	6	3	1	21
3	北京国安	10	6	3	1	21
4	山东鲁能	10	6	1	3	19
5	广州富力	10	4	3	3	15
6	江苏舜天	9	4	3	2	15
7	石家庄永昌	9	4	2	3	14
8	上海申花	9	4	1	4	13

图 4-43　应用框架后的表格

如果系统自带的模板不能满足需要，使用者也可以自己定义表格框架。在“表格框架”对话框里点击“新建”按钮，弹出“表格框架定义”对话框。在“框架名称”编辑框内为表格框架命名，在“属性应用在”下拉列表里指定属性应用范围。选中“属性应用在”后面的复选框后，即可激活属性设置。通过“文字属性”可以设置单元格文字的字体和对齐属性，通过“其他属性”可以设置线框属性和底纹属性，然后点击“确定”即可(见图 4-44)。如果需要修改表格，可以选中表格，点击“编辑”按钮。

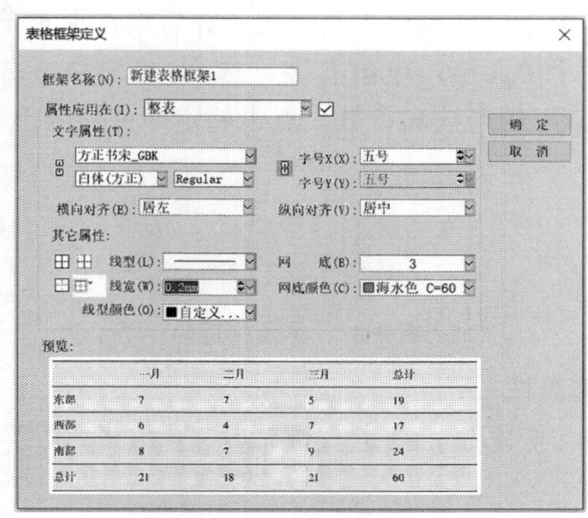

图 4-44　“表格框架定义”对话框

四、单元格操作

1. 单元格合并/均分

选中多个连续的单元格(见图 4-45)。

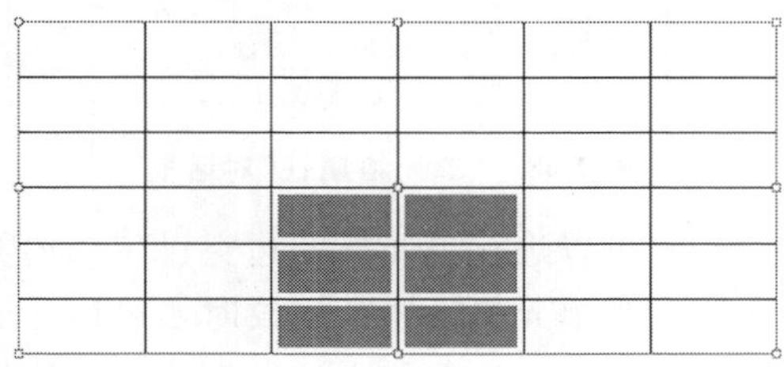

图 4-45　选中连续单元格

单击鼠标右键，选择“单元格合并”，这些单元格可合并为一个(见图 4-46)。注意选中规则区域才能执行上述操作。

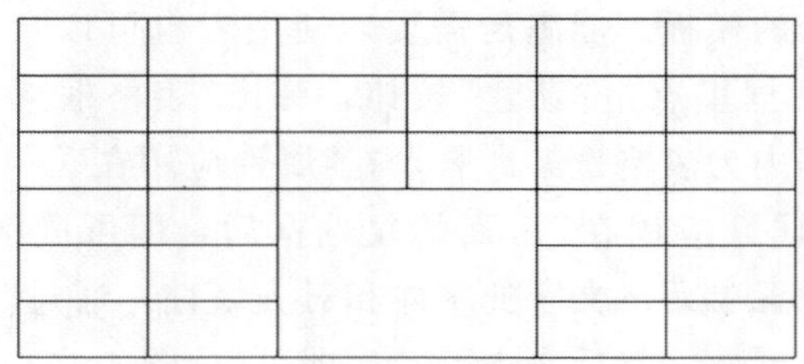

图 4-46　合并后的单元格

如果合并的多个单元格属性不同，则合并后取左上角单元格的属性。

选中一个或多个单元格，单击右键，选择“单元格拆分”，在“单元格拆分”对话框中设置分裂的列数和行数，点击确定即可均分单元格(见图 4-47)。

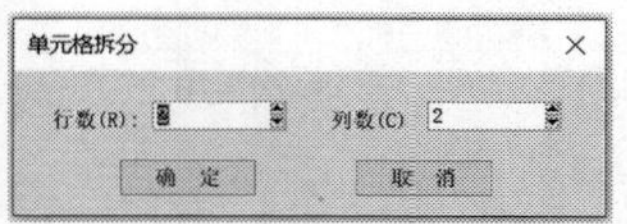

图 4-47　单元格拆分

2. 设置单元格属性

选中一个或多个单元格，点击右键选择“单元格属性”，弹出对话框(见图 4-48)。

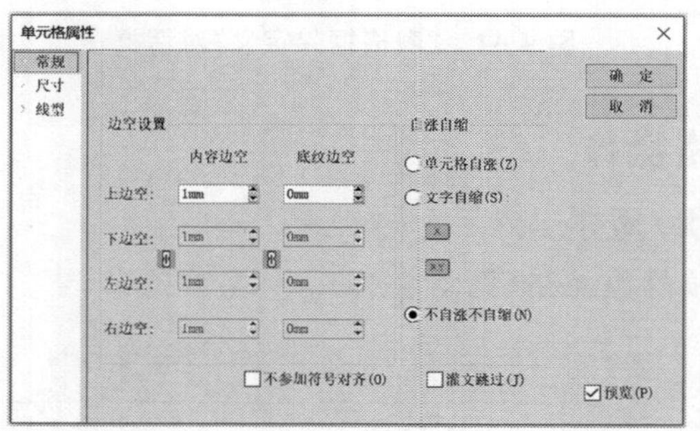

图 4-48　“单元格属性”对话框

选择其中的“常规”，可以进行单元格的边空设定。内容边空表示文字区域与单元格外框的距离。当单元格设置了底纹时，可以在底纹边空里设定底纹与单元格外边框的距离。内容边空与底纹边空均可分别设定上边空、下边空、左边空和右边空的值，也可以单击连动按钮，使各边空值相等。选择“尺寸”，在“高度”和“宽度”编辑框内输入调整的单元格的高度值和宽度值，可以调整单元格的尺寸。

选择“线型”，单击窗口中的边框示意按钮，指定需要设置线型的单元格边线。当选中边框后，激活“线型设定”选项组。通过线型可以选择线型的样式，如单线、双线等。线宽可以设置线型的粗细值。间距指当选中线型为双线、文武线时，设置两线间距，以双线粗细的倍数为基准。颜色指设置边线的颜色。比例指用倍数的方式调整文武线的粗细，此倍数为相对文线的倍数。

3. 表格吸管

选中工具箱的表格吸管工具，单击需要吸取属性的单元格，此时光标变为吸满状态。将表格吸管移动到目标单元格，单击鼠标左键，即可将原单元格属性注入新的单元格。继续点击其他单元格，则将陆续为其他单元格注入单元格属性。鼠标单击版面空白处或按 ESC 键，可以清空吸管。这一操作可以将单元格的属性应用于其他单元格，实现属性的快速复制。可以复制的表格属性包括边空属性、自涨自缩、单元格的底纹、单元格的纵向对齐和横向对齐属性、单元格的文字属性。

五、表格中的文字

1. 输入文字

在文字状态下，选中要输入文字的单元格(标志是光标在被选中的单元格中闪烁)，输入文字。如果输入文字很多，单元格容纳不下，单元格可能自涨或者文字自动缩排。按 Tab 键可将文字光标跳至下一个单元格，继续录入文字。按 Shift＋Tab 键可返回上一单元格录入文字。用选取工具双击单元格，也可转为文字工具，定位到双击点所在单元格。

可用表格中的箭头工具选中多个单元格，同时改变这些单元格中文字的字体、字号，当然也可以用文字工具一个个进行修改。改变颜色的操作相同。单元格内的文字属性设置，以及段落属性设置，与文字块内的文字属性操作和排版操作相同。

2. 未排完单元格

选中单元格，选择菜单“表格”|“查找未排完单元格”，系统会自动选中未排完单元格。选择“表格”|“选中全部未排完单元格”，则自动选中表格里全部未排完单元格。方便用户进行文字处理。

3. 表格内容的编辑

选中表格或单元格，或者将 T 光标置入单元格内，可通过“编辑”|“查找/替换”来进行查找/替换。在“查找范围”里选择“当前文章”“到文章末”“到

文章首”，可以从当前文字光标所在单元格开始，在整个表格内循环查找。

选中一个或多个单元格，按快捷键 Ctrl＋C 可复制单元格。选中新的单元格，按 Ctrl＋V 可将原单元格文字粘贴到新的单元格。如果新的单元格数目少于原单元格，那么部分原单元格内容会丢失。如果选中整行(一行或多行)单元格，按 Ctrl＋C，然后将文字光标点击到任意单元格内，按 Ctrl＋V，可以粘贴整行单元格(包括单元格内容和结构)，表格会按原来行的结构新增几行单元格(见图 4-49)。

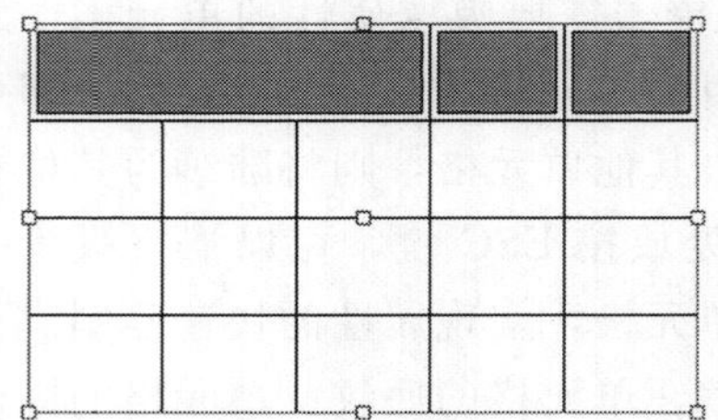

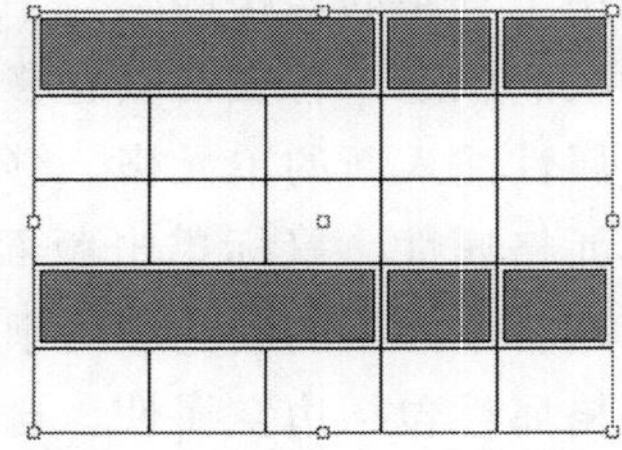

图 4-49 单元格复制

单元格的文字属性也可被粘贴复制。选中一个单元格，按 Ctrl＋C 复制单元格内容(图 4-50)。

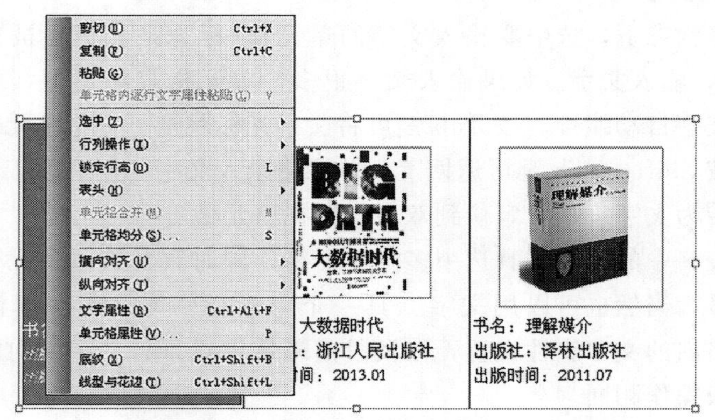

图 4-50 复制单元格内容

选中其他单元格，点击右键选择“单元格内逐行文字属性粘贴”(见图 4-51)，即可在新的单元格应用复制的文字属性(见图 4-52)。

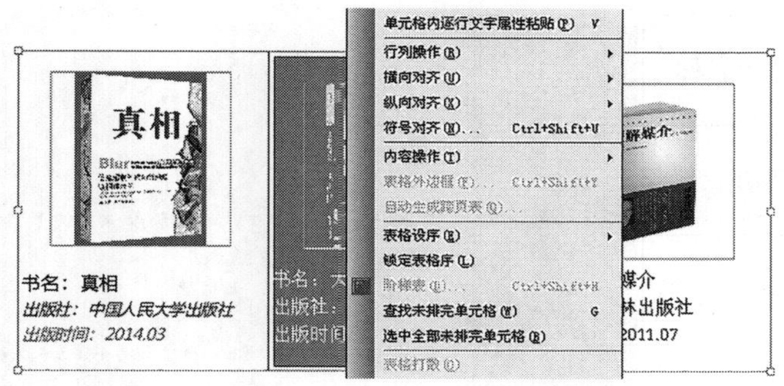

图 4-51　单元格内逐行文字属性粘贴

图 4-52　新单元格中应用文字属性

4. 移动单元格内容

想要移动一个单元格的内容的话，可按住鼠标左键拖动，拖动到新的单元格放开鼠标左键，整个单元格内容就移动到新的单元格了。拖动过程中按住 Ctrl 键拖动，则光标变为 ，表示复制单元格内容到新的位置。如果想通篇移动单元格，可在选中单元格后按下 B 键，在当前位置增加一个空的单元格，选中单元格及其后面的单元格内容会依次后移。按 F 键，则将当前单元格内容删除，当前单元格后所有单元格内容前移一个单元格。

5. 对齐

通过符号对齐可以使一列中的内容按指定符号(小数点、字母、汉字或其他特殊符号)对齐。选中规则的整列单元格(见图 4-53)，单击菜单“表格”|“更多”|“符号对齐”，弹出“符号对齐”对话框(见图 4-54)。

图 4-53　选中整列单元格

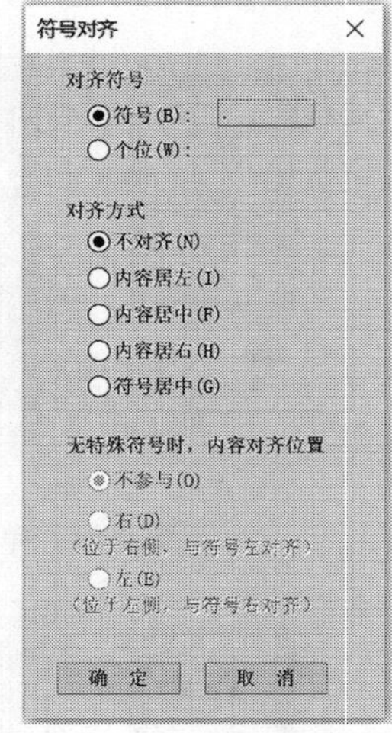

图 4-54　“符号对齐”对话框

可在“对齐方式”里选择一种对齐方式，包括内容居左、内容居中、内容居右、符号居中等(见图 4-55)。选择“不对齐”即取消对齐设置。

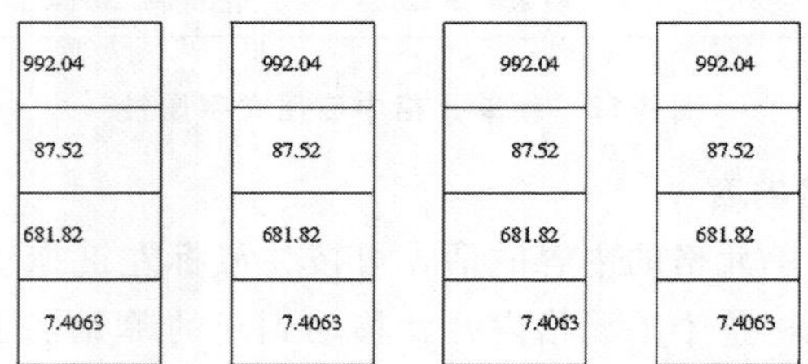

图 4-55　符号对齐方式

通过右键菜单里的横向对齐和纵向对齐可以指定文字在单元格内的排版位置。

六、表格边框和底纹

1. 表格边框

可以通过表格控制窗口设置表格边框线(见图 4-56)。

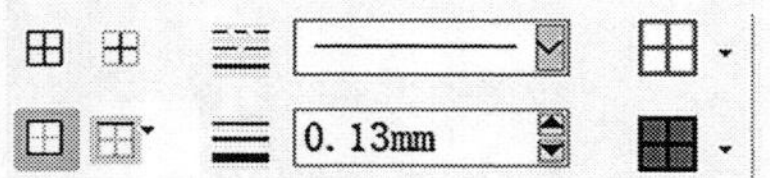

图 4-56　表格边框控制窗口

选中表格，在控制窗口里首先选中边框按钮，然后设置线型和粗细即可。可以设置的表格边框包括表格全部框线、表格外边框、表格水平线和垂直线。也可以使用选取工具选中表格，选择菜单“表格”|“更多”|“表格外边框”，弹出“表格外边框”对话框(见图 4-57)。

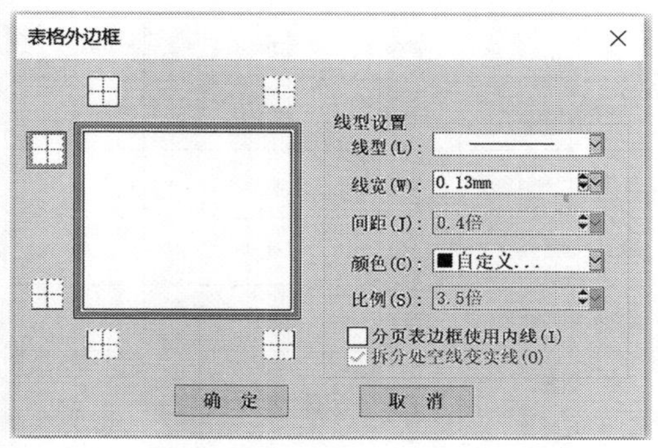

图 4-57　“表格外边框”对话框

在弹出的“表格外边框”对话框中，单击窗口中的边框按钮，选中要设置线型的表格边线。边线按钮分别代表设置表格四周边线、上边线、下边线、左边线、右边线。设置表格边框线的“线型”“线宽”“颜色”就行了。第三种方法是在“线型与花边”控制窗口设置线型，此时将设置表格全部框线。

如果要设置单元格线型，可以选中单元格，在右键菜单里选择“单元格属性”，在对话框里选择“线型”标签即可。也可以通过单元格控制窗口，选择边框按钮，设置线型和粗细。

2. 立体底纹

选中单元格，点击“表格”|“更多”|“单元格立体底纹”(见图 4-58)，在弹出的对话框中选中“立体底纹”，激活选项设置。

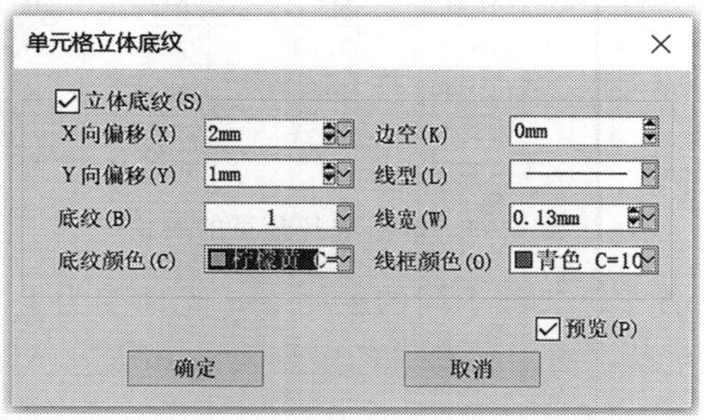

图 4-58　“单元格立体底纹”对话框

在“底纹”下拉列表里选择底纹类型，并在“底纹颜色”下拉列表里设置底纹颜色。调整底纹在 X 方向和 Y 方向的位移，在“边空”中设置底纹与单元格边框的间距，在“线型”“线宽”和“线框颜色”编辑框内设置底纹边框。完成设置后点击“确定”即可(见图 4-59)。

	2008年	2015年	2020年
人才资源总量(万)	11385	15625	18025
每万劳动力中研发人员	24.8	33	43
高技能人才比例(%)	9.2	15	20
人才资本投资比例(%)	10.75	13	15

图 4-59　立体底纹设置

七、表格块的操作

1. 分页表

分页表即将一个表格分为多个表格块，每个表格块之间均有连接关系，在一个分页表里删除行列，将影响到下一个分页表的结构及文字流动。分页表可分为纵向分页表和横向分页表。

要生成纵向分页表，首先使用选取工具选中表格(见图 4-60)。

交易币种	交易单位	现汇买入价	现钞买入价	现汇卖出价	现钞卖出价
英镑	100	903.17	875.1	909.82	913.84
港币	100	82.23	81.57	82.56	82.56
美元	100	638.05	632.86	640.75	640.75
瑞士法郎	100	710.19	688.27	715.17	718.24
新加坡元	100	481.24	466.39	484.62	487.03
瑞典克朗	100	74.62	77.62	77.99	77.31
丹麦克朗	100	104.29	101.07	105.13	105.63
挪威克朗	100	77.11	74.73	77.73	78.1

图 4-60　选中准备分页的表格

其次，将鼠标置于下边线中间的控制点，光标变为上下双箭头形状，按住 Shift 键与鼠标左键，向上移动鼠标压缩表格(见图 4-61)。

交易币种	交易单位	现汇买入价	现钞买入价	现汇卖出价	现钞卖出价
英镑	100	903.17	875.1	909.82	913.84
港币	100	82.23	81.57	82.56	82.56
美元	100	638.05	632.86	640.75	640.75
瑞士法郎	100	710.19	688.27	715.17	718.24
新加坡元	100	481.24	466.39	484.62	487.03

图 4-61　压缩表格

最后松开鼠标，此时表格下边线出现分页标志，用鼠标单击续排标志，按住鼠标左键拖画出一个矩形区域，即生成新的分页表(见图 4-62)。

交易币种	交易单位	现汇买入价	现钞买入价	现汇卖出价	现钞卖出价
英镑	100	903.17	875.1	909.82	913.84
港币	100	82.23	81.57	82.56	82.56
美元	100	638.05	632.86	640.75	640.75
瑞士法郎	100	710.19	688.27	715.17	718.24
新加坡元	100	481.24	466.39	484.62	487.03

瑞典克朗	100	74.62	77.62	77.99	77.31
丹麦克朗	100	104.29	101.07	105.13	105.63
挪威克朗	100	77.11	74.73	77.73	78.1

图 4-62　生成新的分页表

生成横向分页表的方法类似，只是将光标置于侧面中间控制点、向左拖动即可。

如果想合并分页表，将选取工具置于带三角箭头的控制点，按住 Shift 键与鼠标左键，向下拖动到另一个分页表边线，松开鼠标左键即可。

如果想删除分页表，选中这个分页表，按 Delete 键就可以了。如果选中一个分页表，按 Shift＋Delete 键，将删除所有分页表。

2. 表头

可以为分页表设置相同的表头。选中要设为表头的行(必须是整行或整列)，选择“表格”|“表头”|“设置”，即可为其他表格块自动添加表头。选中设定了表头的行或列，选择“表格”|“表头”|“取消”，即可取消表头。注意，表格最后一行、最后一列是无法设置表头的。

3. 跨页表

当表格有未排完内容，出现续排标记时，有两种处理方法。一种是生成

续排表，续排表与原表之间保持连接关系，这种用表格灌文就可以了。另一种是生成跨页表，即将未排完内容在后续页面上生成与原表结构相同的新表格。后一种方式的实现，可使用选取工具选中有续排标记的表格，点击“表格”|“自动生成跨页表”，设置有关参数，单击“确定”即可在后续页面中生成跨页表，如果一个跨页表排不下内容，则继续在下一页面生成跨页表，直到排完所有内容为止。

4. 阶梯表

选中表格第一行、第一列或最后一列的连续多个单元格，选择“表格”|“更多”|“阶梯表”，弹出“阶梯表”对话框(见图 4-63)。在对话框中选择阶梯方向为正向或反向(正向为向右产生阶梯形状，反向为向左产生阶梯形状)，选择阶梯幅度为一行或两行，就可以生成阶梯表了。

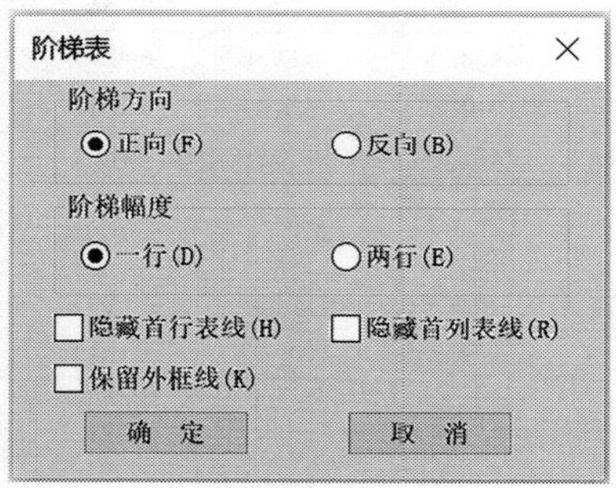

图 4-63 “阶梯表”对话框

通过“隐藏首行表线”可以不显示首行表线；选择“隐藏首列表线”则阶梯表不显示首列表线。选择“保留外框线”则生成阶梯表后保留表格的边框。完成设置后，点击“确定”即可(见图 4-64)。

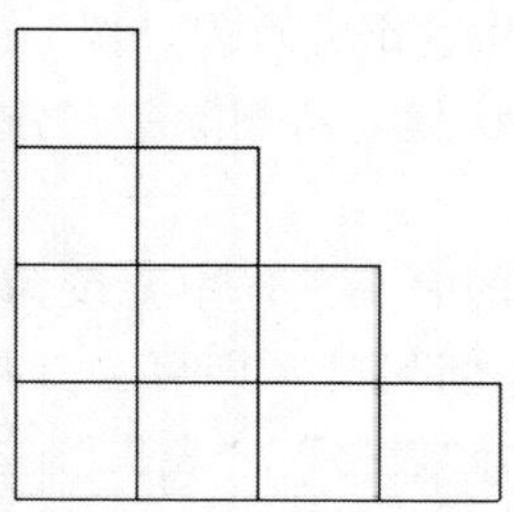

图 4-64 生成阶梯表

5. 表格设序

表格的序是文字灌入表格时单元格的排序(见图 4-65)。

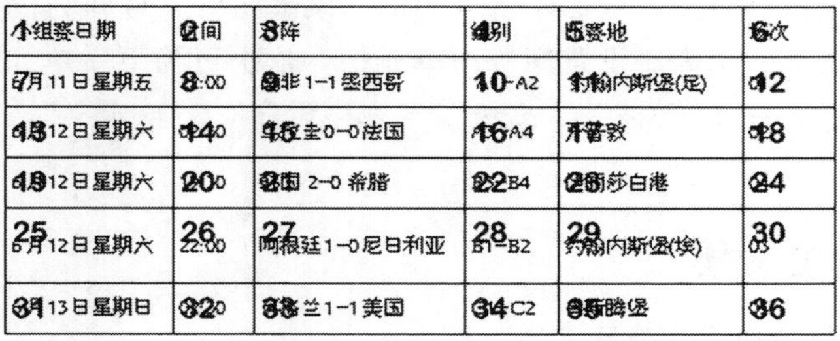

1组赛日期	2间	3阵	4别	5赛地	6次
7月11日星期五	8:00	9非1-1墨西哥	10-A2	11翰内斯堡(足)	12
13 12日星期六	14 0	15 圭0-0法国	16 A4	17 普敦	18
19 12日星期六	20 0	21 国 2-0 希腊	22 B4	23 莎白港	24
25 6月12日星期六	26 22:00	27 阿根廷1-0尼日利亚	28 B1-B2	29 约翰内斯堡(埃)	30 03
31 13日星期日	32 0	33 兰1-1美国	34 C2	35 腾堡	36

图 4-65 单元格排序

可以在新建表格时设置表格的序，也可以在新建完成后调整表格的序。使用选取工具选中表格，或使用文字工具选中单元格，单击菜单“表格”|“更多”|“表格设序”，在二级菜单中选择“正向横排”“正向竖排”“反向横排”“反向竖排”，或进行自定义，灌文就会按所选顺序依次将文字灌入单元格(见图 4-66)。

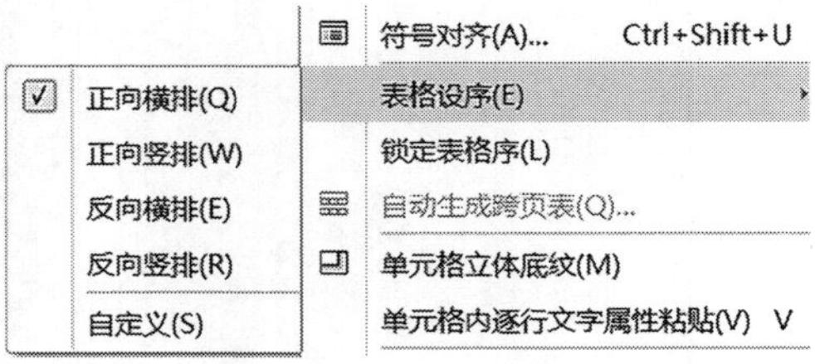

正向横排(Q)
正向竖排(W)
反向横排(E)
反向竖排(R)
自定义(S)

符号对齐(A)... Ctrl+Shift+U
表格设序(E)
锁定表格序(L)
自动生成跨页表(Q)...
单元格立体底纹(M)
单元格内逐行文字属性粘贴(V) V

图 4-66 “表格设序”选项

设序后如果需要查看序，按字母 O 键即可显示序(见图 4-67)。

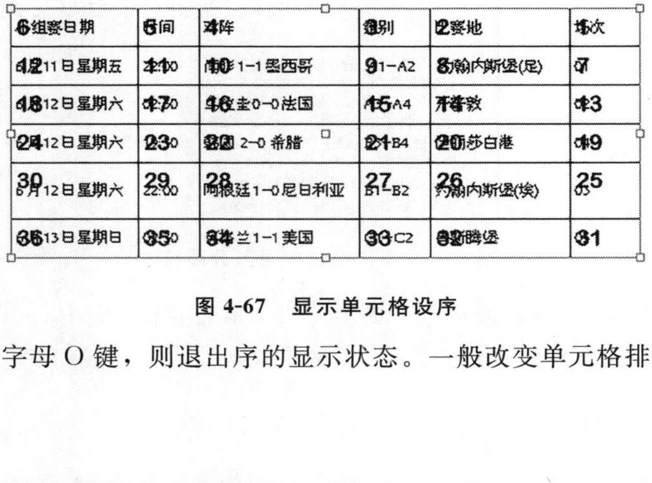

6组赛日期	5间	4阵	3别	2赛地	1次
12 11日星期五	11 0	10 非1-1墨西哥	9 1-A2	8 翰内斯堡(足)	7
18 12日星期六	17 0	16 圭0-0法国	15 A4	14 普敦	13
24 12日星期六	23 0	22 国 2-0 希腊	21 B4	20 莎白港	19
30 6月12日星期六	29 22:00	28 阿根廷1-0尼日利亚	27 B1-B2	26 约翰内斯堡(埃)	25 03
36 13日星期日	35 0	34 兰1-1美国	33 C2	32 腾堡	31

图 4-67 显示单元格设序

再次按字母 O 键，则退出序的显示状态。一般改变单元格排序后，单元

格内容并不随着序的改变而移动。如果想自定义表格序，可以用文字工具选中一个或多个单元格，选择“表格”|“高级”|“表格设序”|“自定义”。设置起始序号，单击“确定”，鼠标单击单元格，该单元格序号即为设定的起始序号，然后单击下一个需要设置序号的单元格，依次可为下一单元格设序。完成自定义序后，选择“表格”|“高级”|“表格设序”|“自定义”，即可退出设序状态。

八、内容转换

1. 文本转表格与表格转文本

要想将版面上的文字块转为表格，需要首先定义好单元格分隔符。选择“文件”|“工作环境设置”|“偏好设置”|“表格”，设置单元格分隔符为“\&”，表格换行符为“换行换段符”（见图 4-68）。

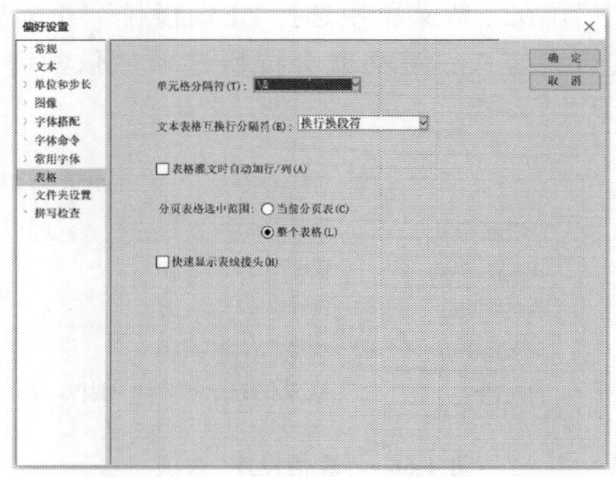

图 4-68　定义单元格分隔符（表格偏好设置）

在文字块里录入字符“\&”，每行之间以“换段符”结束（见图 4-69）。

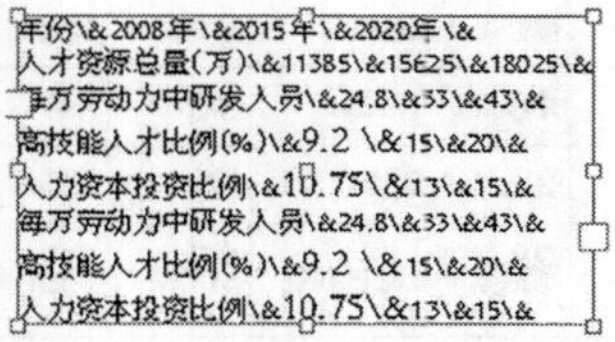

年份\&2008年\&2015年\&2020年\&
人才资源总量(万)\&11385\&15625\&18025\&
每万劳动力中研发人员\&24.8\&33\&43\&
高技能人才比例(%)\&9.2 \&15\&20\&
人力资本投资比例\&10.75\&13\&15\&
每万劳动力中研发人员\&24.8\&33\&43\&
高技能人才比例(%)\&9.2 \&15\&20\&
人力资本投资比例\&10.75\&13\&15\&

图 4-69　在文字块中录入分隔符

选中文字块，选择“表格”|“更多”|“文本转表格”即可，这样就可以按表格分隔符的位置将文字转为表格了（见图 4-70）。

年份	2008年	2015年	2020年
人才资源总量(万)	11385	15625	18025
每万劳动力中研发人员	24.8	33	43
高技能人才比例(%)	9.2	15	20
人力资本投资比例	10.75	13	15
每万劳动力中研发人员	24.8	33	43
高技能人才比例(%)	9.2	15	20
人力资本投资比例	10.75	13	15

图 4-70　文本转为表格

要想将版面上的表格转为文本，选中表格，单击菜单“表格”|“更多”|“表格转文本”即可转换为文字块。转换后的分隔符取“文件”|“工作环境设置”|“偏好设置”|“表格”里的设定。

2. 排入表格/输出表格

可以将 Excel 表格排入版面，并继续编辑该表格。选择“插入”菜单下的“Excel”图标，弹出“打开”对话框(见图 4-71)。选择需要排入的 Excel 文件，单击“打开”，弹出“Excel 置入选项”对话框，选择需要排入的工作表。如果希望将 Excel 表里隐藏的行/列排入飞翔软件，可以选中“置入工作表隐藏行列”。单击“确定”，用光标单击版面即可排入 Excel 表格。

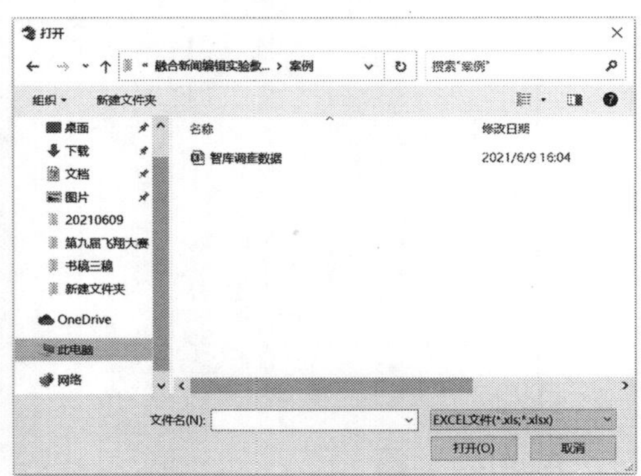

图 4-71　Excel 表格“打开”对话框

这样排入的表格可以基本保留原表格属性，包括结构、尺寸、线型、底纹、文字属性及格式等。但原 Excel 表中的图表、柱状图、趋势线、批注、超链接、设置的文字角度等不转换。还有，可转换的 Excel 表的高/宽最大值为 10000mm，超过此范围的内容不转换。

输出表格时，整个表格或部分单元格内容可以直接另存为文本小样。使用选取工具选中表格(导出整个表格的内容)，或使用文字工具选中任意多个单元格(导出选中单元格的内容)。选择“表格”|“高级”|“输出文本”，在“另存为”对话框中的“保存类型”下拉列表里选择“*.txt”或“*.csv”。选择保存路径，为输出的文件命名，点击“确定”即可。这样方便将表格内容备份。

思考与练习

1. 选择一则重要新闻，收集多家报纸对该事件报道的版面，对比不同报纸的色彩运用方式，思考新闻的内容特征与色彩叙事之间的关系。

2. 选择一则优秀的 H5，分析其色彩运用方式，思考 H5 的内容、互动与色彩运用之间的关系。

3. 自选素材，使用飞翔软件，对重要的色彩排版操作进行逐项模仿实验。

4. 自选素材，使用飞翔软件，对重要的表格排版操作进行逐项模仿实验。

第五章　多媒体与互动操作

与传统平面媒体相比，移动终端内容类产品的叙事手法多有不同。多媒体素材的使用和适当编排、以触摸为首的多感官互动设计，在新媒体产品叙事策略中占有重要地位。充分掌握多媒体和互动手法的软件操作，是编辑设计不可或缺的基础。本节将基于方正飞翔数字版软件，全面介绍多媒体素材的编排及互动操作。所有多媒体与互动设置均可在飞翔数字版软件的排版界面中预览效果，具体方法是点击“互动”菜单下的“页面预览”(只能预览该页)或“文档预览”(可预览文档的所有页面)。

第一节　多媒体素材的处理与编辑

实验主题

本实验的主题是对音频、视频等多媒体素材进行处理编辑，以及对文字块进行互动处理。

实验目的

1. 学会将音频、视频文件转为飞翔软件要求的标准格式。
2. 学会对音频、视频文件进行基本的剪辑。
3. 在飞翔软件中插入音频、视频文件。
4. 尝试将文字块设置为滚动内容。

实验内容

一、音频的编辑与排入

音频在内容类产品的应用中十分普遍，如音乐、歌曲、人声、自然界声音等。各种音频素材可以按需求插入页面，点击后播放。也可以作为产品的背景音乐，在移动终端打开产品时，自动播放背景音乐。音频还可以用来制作交互发音的图书课件等。

1. 编辑音频

在移动终端使用音频时，建议音频文件不宜过大。尤其是手机端浏览的作品中，音频不宜超过 10MB，否则会影响整体页面的加载速度。因此，音频素材多数需要进行剪辑压缩。网络上一些音频处理软件可以用来进行音频编辑操作。本小节介绍的是 Audacity 软件的相关操作，这是一款免费的音频处理软件，是一个跨平台的声音编辑软件，操作界面简单，音频处理效果良好。

在 Audacity 中，选择“文件”|“打开”，载入音频文件(见图 5-1)。

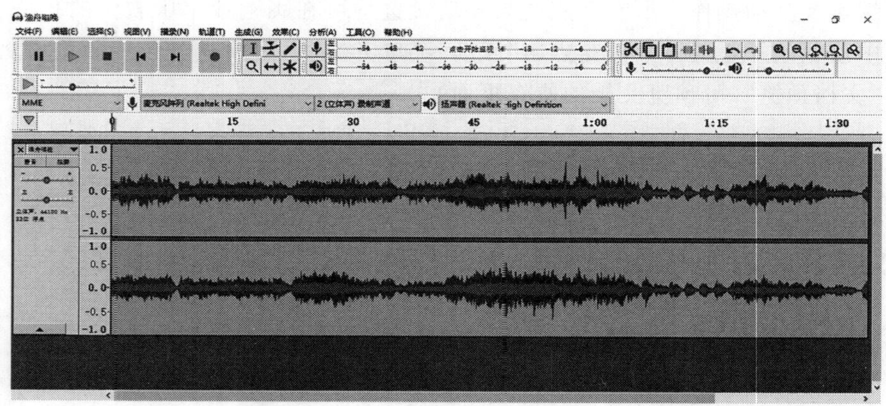

图 5-1 将音频文件载入 Audacity

利用播放工具栏可以实现播放、停止、暂停、跳至开头等操作(见图 5-2)。

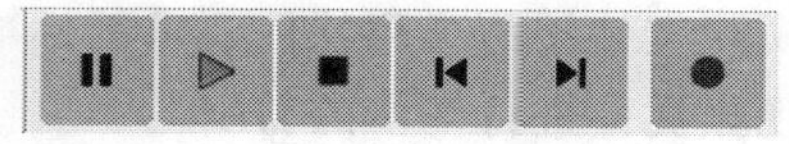

图 5-2 Audacity 的播放工具栏

利用选择工具栏可以选定、移动、放大显示一段音乐，按住 Shift 键变成缩小显示(见图 5-3)。

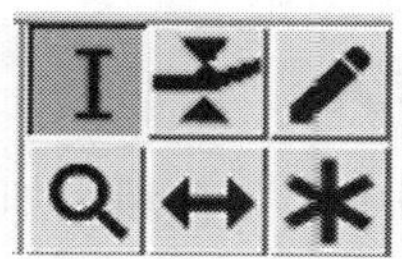

图 5-3 Audacity 的选择工具栏

利用编辑工具栏可以复制、粘贴、裁剪一段音乐，还可以设成静音(见

图 5-4)。

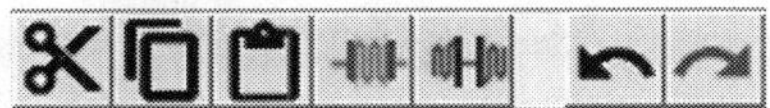

图 5-4　Audacity 的编辑工具栏

利用编辑工具栏还可以放大、缩小音乐，可以放大选中片段或者显示整个音乐(见图 5-5)。

图 5-5　Audacity 的放大、缩小工具

在音轨左边标签面板中，有删除按钮和下拉菜单按钮，可以将立体声分割成单声道(见图 5-6)。

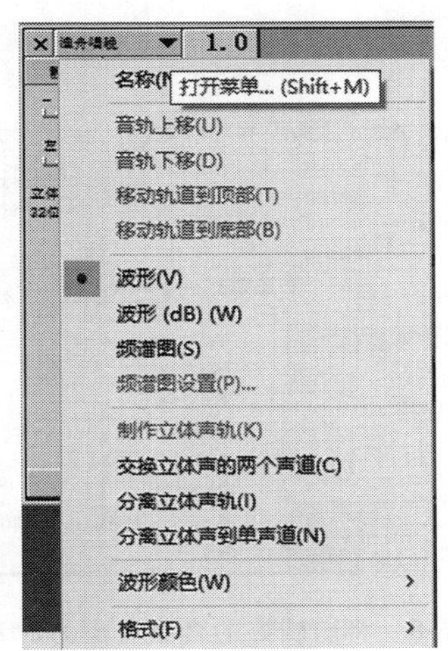

图 5-6　Audacity 的音轨处理菜单

如果想使用 Audacity 剪辑音乐，使音频文件变小，可在音轨中直接选中一段音频的时间范围，然后进行导出。具体方法是：点击 Audacity 菜单栏左下方的播放按钮进行音乐试听，并确定好想要剪辑的音频时间范围。按下“选择工具”按钮，然后用鼠标在音轨上拖动，鼠标变成小手形状，选中的范围就是被剪切的范围(见图 5-7)。执行“编辑”|“剪切”，或直接运用编辑工具栏中的剪切工具，就可以剪辑掉不需要的部分。

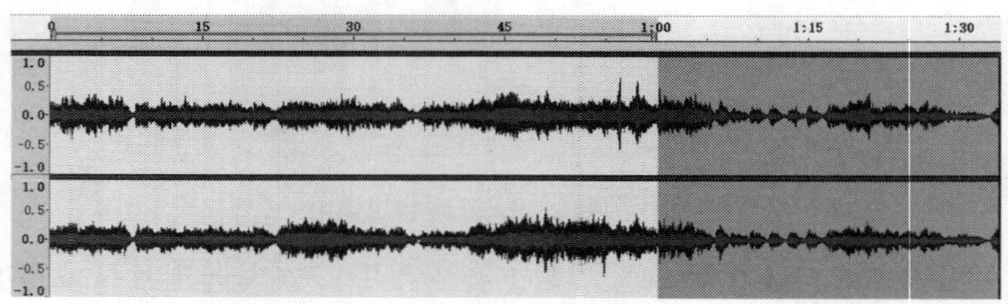

图 5-7　在音轨中选中被剪切的范围

在“文件”下拉菜单中，选择“导出为 MP3”(见图 5-8)。MP3 是一种音频压缩技术，其全称是“动态影像专家压缩标准音频层面 3”(Moving Picture Experts Group Audio Layer Ⅲ)。它被设计用来大幅度地降低音频数据量。利用 MPEG Audio Layer 3 的技术，可将音乐以 1∶10 甚至 1∶12 的压缩率，压缩成容量较小的文件。对于大多数用户来说，重放的音质与最初的不压缩音频相比没有明显的下降。

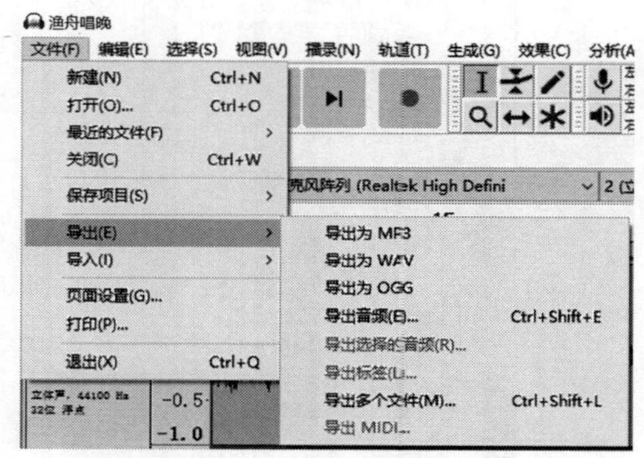

图 5-8　将剪辑好的音频导出为 MP3

飞翔数字版支持的音频格式为 MP3。如果音频文件原本就是 MP3 格式，直接导出即可获得所需的音频。如果原始的音频素材是 WMA、WAV、APE、FLAC 等格式，在导出时还需要按照 Audacity 软件的提示，将 lame _ enc. dll解码器文件装入电脑，导出的音频即可转化为 MP3。

如果想保持音乐的完整播放、又想压缩文件大小，可以将文件分离成单声道。点击文件名称旁边的▼，选择菜单中的“分离立体声到单声道”(见图 5-9)。处理所得到的音频大小会有效降低。注意这只是针对不需要高保真的文件而采取的操作方法；如果音频文件带有立体声效果，那么不推荐进行这一步。

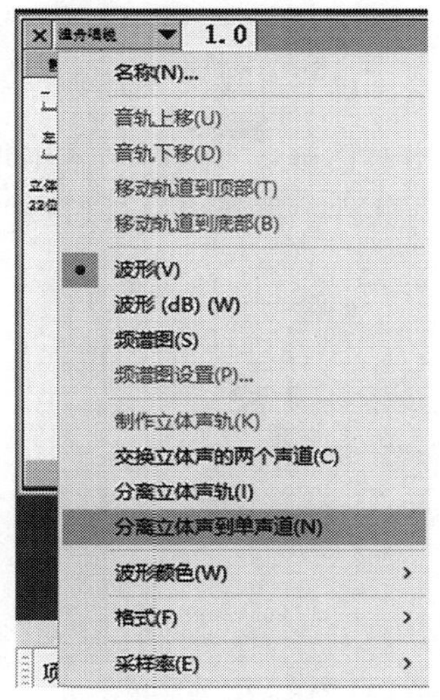

图 5-9　分离立体声到单声道

另外还可以用降低比特率的方法来缩小文件。在“导出音频”对话框的下部找到“比特率模式”选项，将“预设”改为“可变”，然后在“质量”下拉菜单中选择所需要的比特率范围(见图 5-10)。对于 MP3 文件来说，比特率越小，文件也越小，但是会损失音质。128 Kbps 相当于 FM 音频的音质，320 Kbps 相当于 CD 的音质。

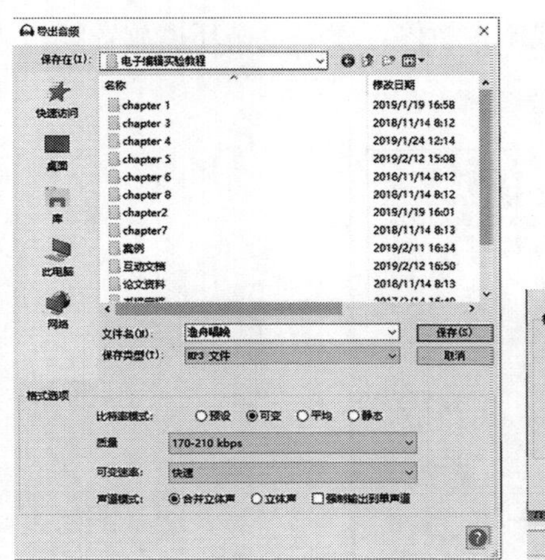

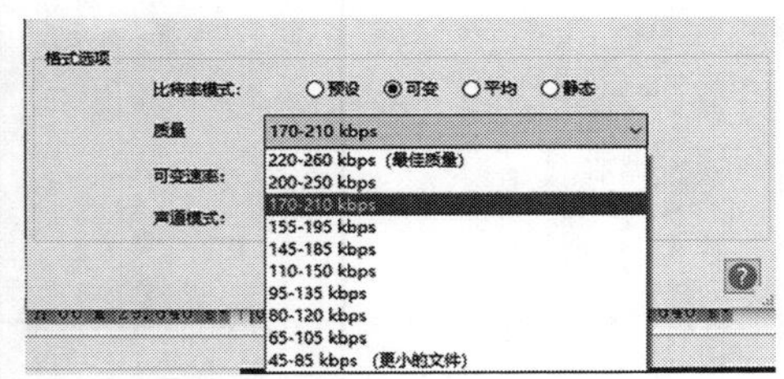

图 5-10　在“导出音频”对话框中改变比特率

2. 插入音频

准备好音频素材后，就可以将其排入飞翔数字版中了。单击“互动”菜单下的“音视频”图标，弹出对话框，可选择插入本地音视频文件还是网络音视频。本例中插入的是本地文件，选择好文件后按“确定”，音频操作提示符出现在版面上(见图 5-11)。

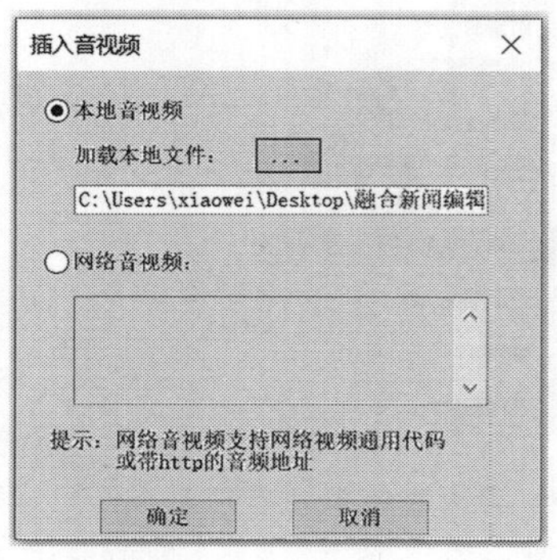

图 5-11 “插入音视频”对话框及音频提示符

插入音频后，“互动属性”浮动面板随之出现，可在其中设置各种选项(见图 5-12)。如“音频占位图”选项中，可选用系统提供的三角、耳机、话筒，也可用自定义的占位符号。“进度风格”指音频进度条的形式。“自动播放”指用户翻到此页时，会自动播放音频。自动播放开始的延迟时间也可自行设置。“循环播放”指只要用户在阅读时不翻页或不按暂停，就一直循环播放音频。

图 5-12 音频互动属性设置

也可先选中某图元或图像，以其为互动对象，点击鼠标右键，在弹出的菜单中选择“互动”|“音频”，同样可以该图元或图像为互动对象加载音频(见图 5-13)。此时整个图元或图像成为音频的触发热区。

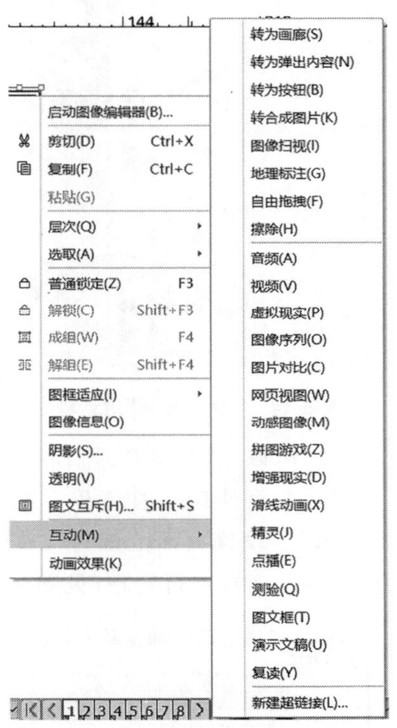

图 5-13 鼠标右键菜单中的“互动”子菜单

使用右键菜单的“互动”子菜单可以完成工具栏的各种互动功能，下文不再重复叙述了。

3. 添加背景音乐

可以为整个文档添加背景音乐，也可以为指定的页面添加背景音乐。准备好音频素材，单击“互动”菜单下的“背景音乐”图标，弹出“背景音乐”对话框(见图 5-14)。与插入音频的操作一样，这里可选择插入本地视频，也可选择插入网络音频。如果准备插入的是本地文件，选择好文件后按“确定”就可以了。可勾选对话框下方的“循环播放”“自动播放”，这样背景音乐可以伴随着整个 H5 的使用过程来播放。

背景音乐也可以选用网络音频。勾选“网络音频”选项，然后将音乐网址复制在下方的对话框里。注意音乐网址只能用结尾是“. mp3”的地址，有些网站提供一些可商用的免费音乐资源，可到这些网站去找合适的音乐。

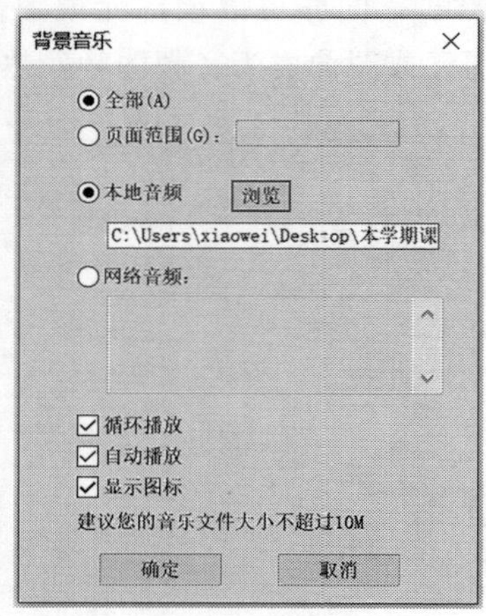

图 5-14 “背景音乐”对话框

如果背景音乐不止一首，可以在“背景音乐”面板中通过“页面范围”来进行设置。如在 H5 的第 1、2、3 页使用一首音乐，第 4、5 页使用另一首音乐，就可以分别在“背景音乐”中设置页面范围为“1-3”和“4-5”；然后再通过排版界面右侧的“背景音乐”浮动面板进行管理(见图 5-15)。

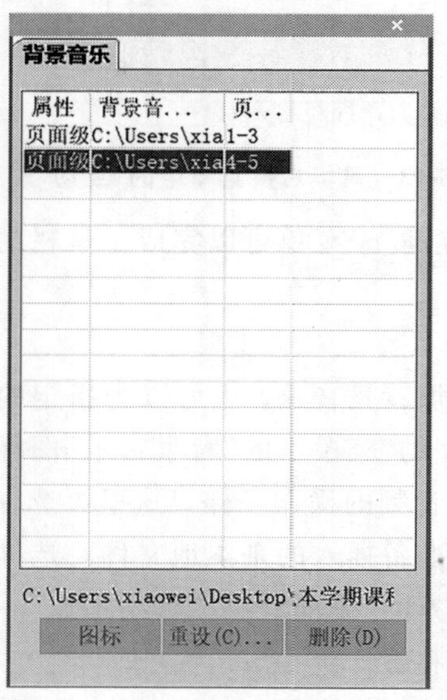

图 5-15 “背景音乐”浮动面板

利用“背景音乐”浮动面板，可以删除音乐、重设音乐及其页面范围，也可以设置背景音乐的图标按钮。点开面板上的“图标”按钮，可以看到系统默认配置了一对音乐图标(播放/停止播放)(见图 5-16)。如果想要使用自己的个性化图标，可以通过“图片预览”进行选取完成。

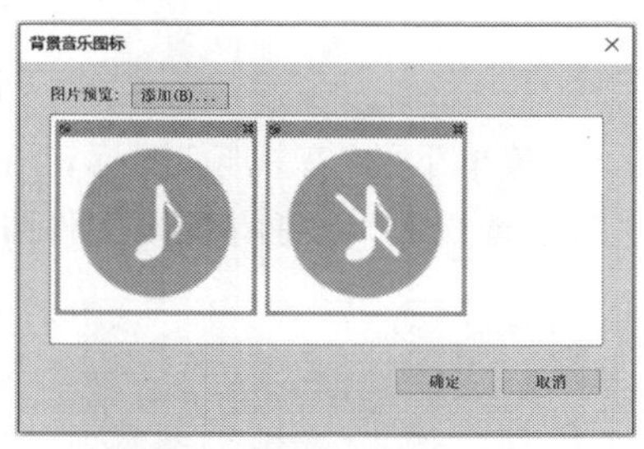

图 5-16　背景音乐图标

二、视频的编辑与排入

视频泛指将一系列的静态影像以电信号方式加以捕捉、记录、处理、储存、传递与重现的各种技术。视频在内容类产品中是一种重要的表达介质，无论用于封面或内页，无论形式是现场记录、人物访谈、专题呈现抑或幕后花絮，精彩的视频可以大大加强产品表达的生动直观性，并传达静态图文无法传达的信息。

1. 将视频文件转为 MP4 文件

当前常用的视频格式非常多样，包括 RM、AVI、MP4、3GP 等。飞翔数字版要求插入的视频文件为 H264 编码的 MP4。利用视频编辑软件可以实现各种视频格式到 MP4 格式的转码。运用网络上常见的视频转换器工具(如格式工厂、会声会影等)，也可以方便快捷地转码。

2. 编辑、压缩视频

取得原始视频素材后，应按表达需要进行编辑。具体的镜头组接、声像结合、蒙太奇运用等请参阅视频编辑类书籍。另外还应根据版面创意需求，用视频编辑软件设置视频分辨率、播放速率。由于苹果系统不支持 Flash 文件，动画文件也需要转换成视频文件。

需要提醒的是，移动终端的内容类产品中，视频的运用往往求“短”，几十秒甚至数秒钟长度的视频，通常是较为适用的。究其原因，一方面是视频越长、文件越大，产品的总容量就会越大，打开时间也会相应较长，或给用户带来过多下载压力；另一方面则因为在互动产品中，用户的注意力受多种要素的争夺，集中于视频的时间也往往不会过长。因此，对视频素材的加工剪辑需要充分考虑时长问题，力争用最精简出彩的视频来抓住观看者。

将视频剪短并压缩大小，可用的软件也很多。这里推荐的软件是 Freemake Video Converter。这是一款免费的视频编辑工具，支持各种主流的视频格式，简单易用。

3. 排入视频

单击飞翔软件中“互动”菜单下的“音视频”图标，在弹出的对话框中，选择加载“本地音视频”或“网络音视频”，可将视频文件排入版面（见图 5-17）。

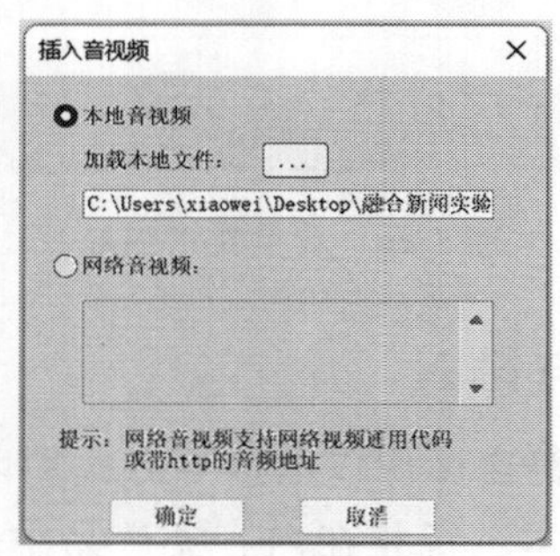

图 5-17 插入音视频

视频导入版面后，会默认以视频第一帧作为占位图。“互动属性”浮动面板随之出现，可在其中设置各种选项（见图 5-18）。通过“重新设置”可更换视频文件。如选择“自定义占位图”，可使用任意其他图片作为占位图。另外还可设置视频是否自动播放、延迟多久、是否循环播放、是否弹出式全屏播放、是否显示播放控制等。

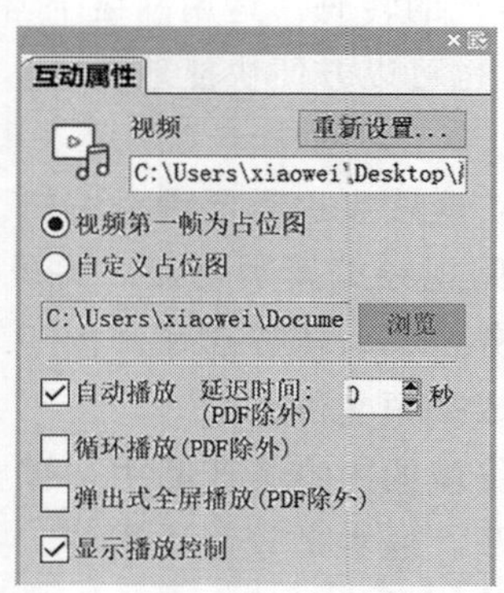

图 5-18 视频互动属性设置

也可以先准备好占位图（如事先对视频中合适的帧进行截图），导入版面，选中图片后点击鼠标右键，选中右键菜单中的“视频”选项，就可以此为互动对象加载视频了。

三、文字转滚动内容

将文字转为滚动内容，可以方便用户在移动终端有限的区域内，通过手指轻滑，查阅更多资料内容。这使得文字信息传达在一定程度上超越了空间的限制，是互动产品与平面产品的重要区别之一。

将准备好的 TXT 文档导入飞翔软件，调整文本对象框，使一部分文字不显示出来。也即制作一个未排完的文字块，在右下角显出红色的数字和“＋”号续排标记（见图 5-19）。

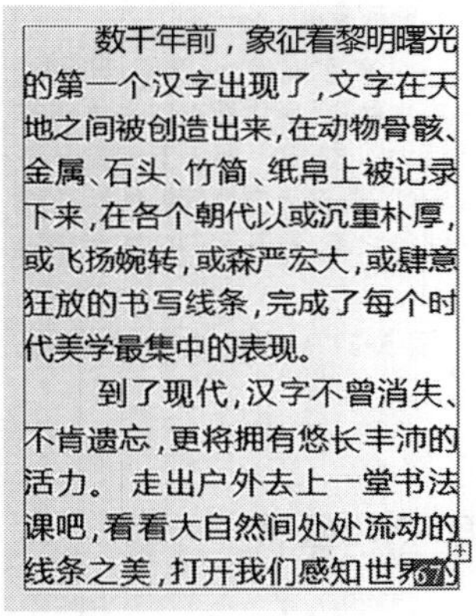

数千年前，象征着黎明曙光的第一个汉字出现了，文字在天地之间被创造出来，在动物骨骸、金属、石头、竹简、纸帛上被记录下来，在各个朝代以或沉重朴厚，或飞扬婉转，或森严宏大，或肆意狂放的书写线条，完成了每个时代美学最集中的表现。

到了现代，汉字不曾消失、不肯遗忘，更将拥有悠长丰沛的活力。 走出户外去上一堂书法课吧，看看大自然间处处流动的线条之美，打开我们感知世界的

图 5-19　未排完内容文字块

然后选中文字块，在“互动”菜单下点击“转滚动内容”图标，浮动窗口出现（见图 5-20）。可按需求选择是否显示滚动条、是否自动滚动，以及自动滚动的速度。

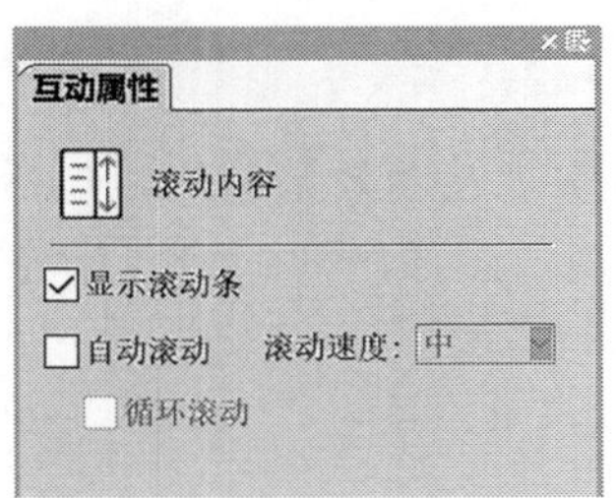

图 5-20　滚动内容互动属性设置

设置好的文字块周边出现蓝色的虚线框，表示其已转为滚动内容(见图5-21)。这样在移动终端就可以方便地滑动文字阅读了。需留意的是，显示出多少文字、隐藏起多少文字，一要考虑设计意图，二要考虑阅读的适宜性。显示文字过少，可能会造成信息展示不足，或文字块形状不美观；显示文字过多，会占用过多版面空间。如果一个文字块的内容过多，可以将其适当拆分成几个文字块，或改用按钮弹出设计。

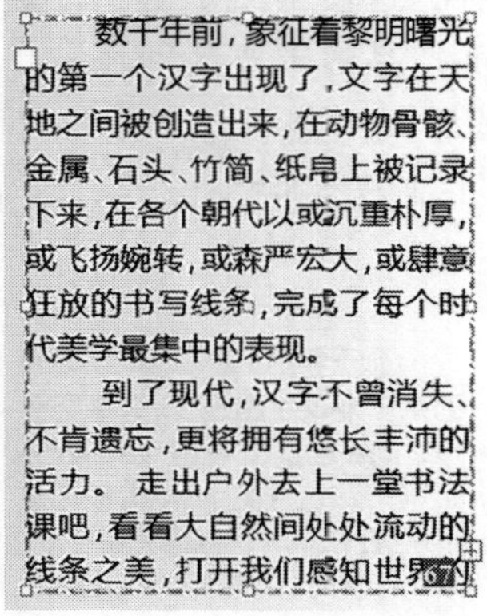

数千年前，象征着黎明曙光的第一个汉字出现了，文字在天地之间被创造出来，在动物骨骸、金属、石头、竹简、纸帛上被记录下来，在各个朝代以或沉重朴厚，或飞扬婉转，或森严宏大，或肆意狂放的书写线条，完成了每个时代美学最集中的表现。

到了现代，汉字不曾消失、不肯遗忘，更将拥有悠长丰沛的活力。走出户外去上一堂书法课吧，看看大自然间处处流动的线条之美，打开我们感知世界的

图 5-21　滚动内容文字块

第二节　图像的互动操作

实验主题

本实验的主题是对图像素材进行多种互动效果的制作。

实验目的

1. 学会压缩图像素材。

2. 学会利用图像素材实现互动效果制作，包括动感图像、全景图、图像对比、自由拖拽、图像扫视、图像序列、幻灯片等。

实验内容

一、压缩图像素材

H5 是基于手机端的 html 页面进行的，需要上传云端进行发布，其浏览体验与文件大小、网络环境关系密切。不论是基于哪种考虑，尤其是从 H5 的用户体验着想，都建议对图像源文件进行一定程度的压缩。

这里推荐的图片压缩工具是在线网站 TinyPNG。这个网站可以对图片进行压缩处理，并能保证较好的效果与质量。打开网址 https://tinypng.com/，可以看到图像压缩的工作界面(见图 5-22)。

图 5-22　TinyPNG 的工作界面

把打包文件中的某一文件夹中要压缩的图片全部选中，拖动到网站的方框内，即可开始压缩(见图 5-23)。压缩完成后，点击“Download”下载压缩文件，并将压缩文件中的图片整体拖动到打包文件中相应的文件夹中进行替换，即可完成源文件内的素材压缩。

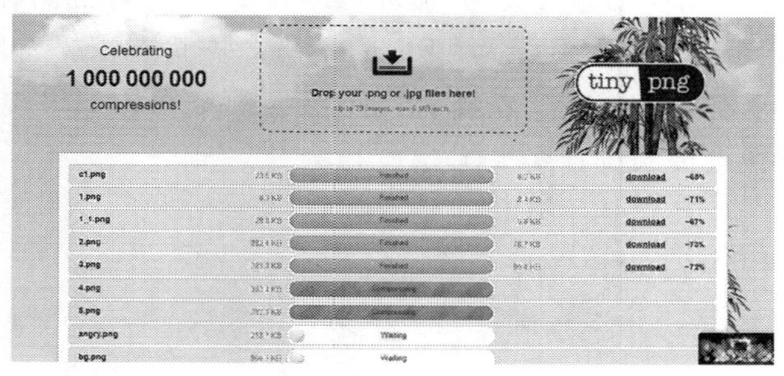

图 5-23　成批压缩图片

这一操作不需要在源文件中进行素材大小、比例的修改，压缩后的图片依然会保持原来源文件中的参数与互动设置。

二、动感图像

动感图像效果指的是通过在一张大的底图上添加小的前景图，形成无数小图在底图上运动的效果。在准备素材时，用作动感图的小图需要先处理为PNG格式。在“互动”菜单下点击“动感图像”图标，浮动窗口出现，将动感小图和背景大图分别添加进去(见图5-24)。注意小图的大小只能在10×10到150×150像素之间，否则就无法加载。

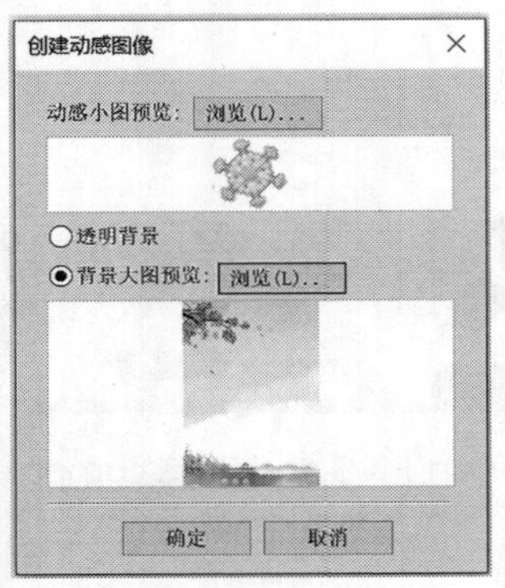

图5-24　创建动感图像

点击确定，带蓝色虚线边框的大图出现在版面上。同时出现的还有互动属性面板，通过该面板可以设置一系列参数(见图5-25)。如可将动感小图的个数设为20个，行动的方向设计为“从上向下”，速度设为“中”；小图大小变化范围设为原图的50%至200%之间；小图摆动范围设为“－180度”和“180度”之间；小图摆动方式设为“循环”或“反复”，移动的路径方式设为“直线”或“曲线”；手势交互参数设为“无”“打散”或“聚拢”。如果设置了“打散”，终端阅读者用手指弹动雪花、花瓣时，小图会弹开去；如果设置了“聚拢”，小图则会向手指点按的位置聚拢。

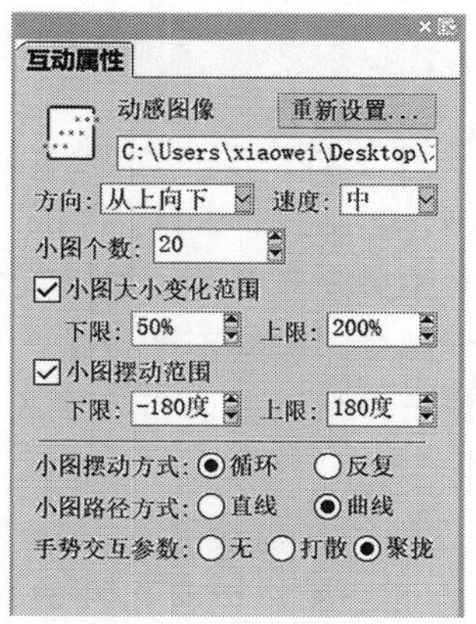

图 5-25　“互动属性”面板

这个功能可以展示雪花、花瓣、雨滴、树叶等飘落的动感效果，但一定要用得贴切。如用落叶表现秋天的场景，或用小范围的红心表达感情，都是常见的手法。小图不可过于密集，以免遮蔽了主图。

以洛报融媒体中心出品的 H5《二十四节气　洛阳起源地》为例，该作品依春、夏、秋、冬顺序介绍二十四节气，不同的季节、画面用到了多种动感小图。如开屏页是纷飞的桃红色花瓣，夏至、芒种页面是红色花瓣和白色的蒲公英，立秋、处暑页面是飘落的枫叶，立冬、小雪页面是漫天的雪花(见图 5-26)。动感图像的运用增加了气氛和感情上的表现力。

图 5-26　H5《二十四节气　洛阳起源地》中的动感图像

三、虚拟现实

虚拟现实效果提供了一种从各个空间维度上完整地观察景象的视觉效果。例如，当互动产品需要展示一个店铺的内部场景时，可以在前、后、左、右、上、下六个方位共拍摄 6 张照片，然后设定为虚拟现实效果，在手机端就可以用手指触动这个部分，连续不断地从六个方位来观看店铺的内部了。虚拟现实效果可用于展示自然风光、新闻现场、展厅布置等，能够给人以身临其境的沉浸感。

用于制作虚拟现实的 6 张图片需要预先处理为相等大小，这叫作拆分图。如果没有已经准备好的拆分图，也可以用数码相机拍摄一张大的全景图，或找一张现成的大照片，通过飞翔软件的“虚拟现实”工具拆成 6 张不同方位的图。

点击“互动”菜单，找到“虚拟现实”按钮，点击按钮下方的小三角，弹出“虚拟现实拆分”对话框。浏览图片，加载需要拆分的大图片。图片类型可选择“平面”或“球面”。这两类的差异是，“球面”能够做到视角全覆盖，“平面”则无法覆盖所有的视角。建议自己设定保存路径，以便寻找(见图 5-27)。点击“拆分”，原图就会被拆分成大小相等的 6 张图片，显示六个不同方位。

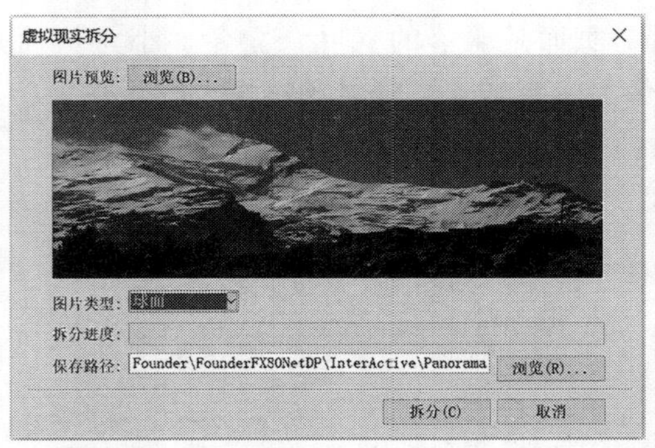

图 5-27 “虚拟现实拆分”对话框

点击“互动”|“虚拟现实”按钮，弹出“创建虚拟现实”对话框。选择“拆分图(6 张)”，单击“浏览”按钮，找到刚才存 6 张拆分图的文件夹，选定这些图片，创建虚拟现实(见图 5-28)。

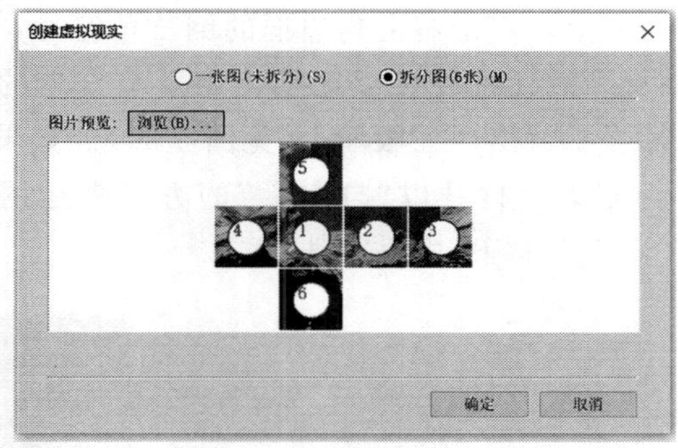

图 5-28　创建虚拟现实(拆分图)

如果有一张质量良好的全景大图，也可以直接在“创建虚拟现实”面板上选择“一张图(未拆分)”进行加载。图片类型可以在“平面”或“球面”之中选择(见图 5-29)。

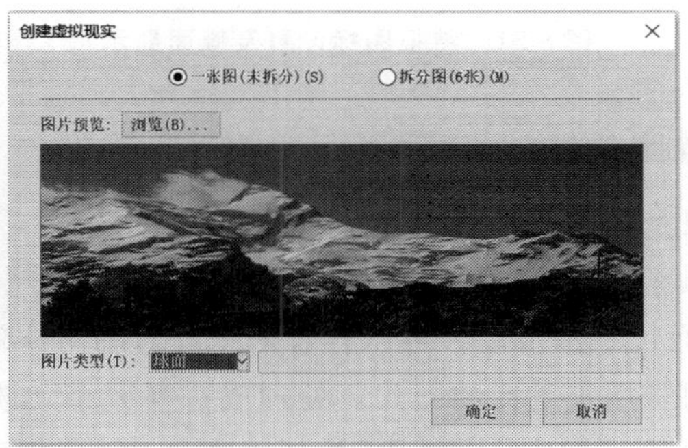

图 5-29　创建虚拟现实(一张图)

点击“确定”，就可以看到鼠标携带了一张图片，点击左键将图片排入页面的合适位置(见图 5-30)。

图 5-30　虚拟现实占位显示图

在“互动属性”面板上，点击右上角边框的倒三角符号，选择“特征图标”选项，弹出“特征图标”对话框。可以选择使用系统自带的特征图标，虚拟现实操作的特征图标提示就出现在版面上(见图 5-31)。如果想用更有个性的特征图标，可以自行搜集素材并以“自定义”的方式来运用。图标位置可在“左下”“左上”“中”“右上”“右下”中进行选择。

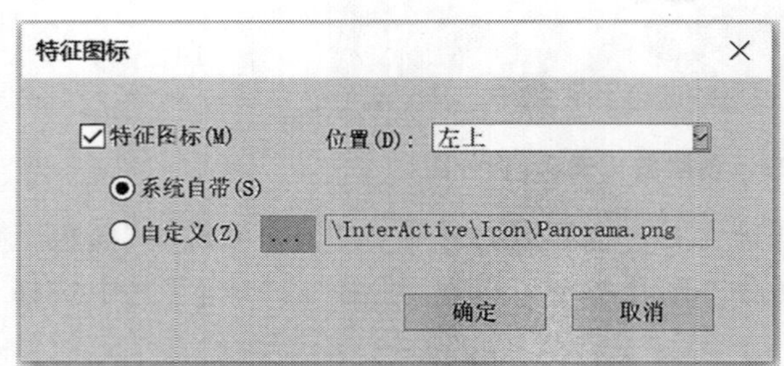

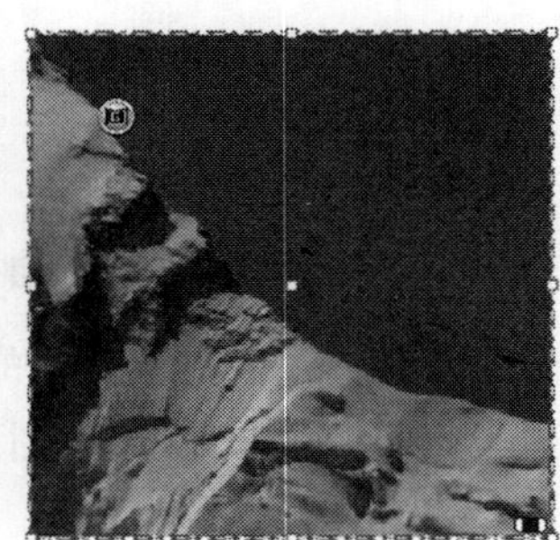

图 5-31　特征图标设置及版面显示

四、图片对比

图片对比效果是用两张图片进行对比，可以展示同一事物、同一角度、不同时期两个场景前后的变化，也可以用来显示同一人物、不同形象的变化。在 iPad 上，通过手指滑动，可以查看两张图片的对比效果。

首先准备好两张用来对比的图片，处理成一样大小，放入同一个文件夹中。点击“互动”菜单下的“图片对比”按钮，在弹出的“创建图片对比”面板中，添加准备好的图片(见图 5-32)。点击“确定”，两张图片进入版面。

图 5-32　“创建图片对比”对话框

在“互动属性”面板上设置相关参数。如“初始显示比例”设为50%，“对比方向”设为“水平对比”，“对比分界线”设为系统自带(见图5-33)。

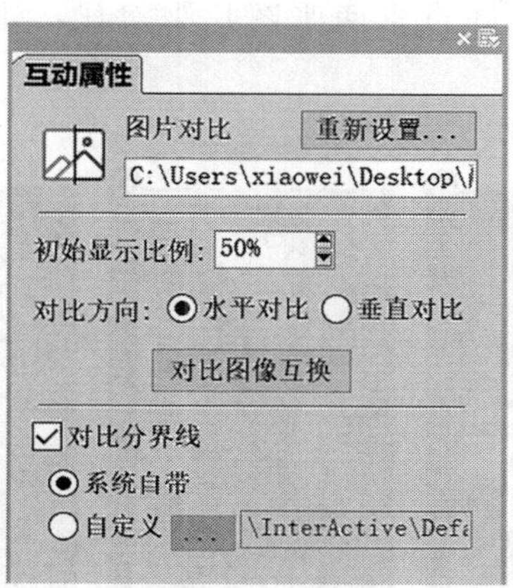

图 5-33 图片对比属性设置

完成图片对比设置后，在终端上可看到其中一张对比图显示了50%(见图5-34)，拖动对比分界线，可以水平方向上把这张图拉开看全貌，也可以合上来看下图的全貌。反复拖动对比，可以看到同一个地点建设前与建设后的不同面貌、巨大变化。初始显示比例、对比方向等参数还可按需要自行调整。

图 5-34 图片对比效果

运用图片对比功能时，两张图片需要有明显的区分，能够表现出在历时性上的变化，或者人物的不同形象、特质。以第六届中国大学生新媒体创意大赛的获奖作品《月亮与六便士!》为例，这个H5改编自毛姆同名小说，讲述的是以保罗·高更为原型的画家的故事。故事结尾处用了图片对比的手法，一幅图是喧闹的城市生活，一幅图是画家在原野中独自面对月亮星空作画。星空图片在上方，初始显示为50%的大小。随着阅读者一点点拖动分界线，星空原野整个覆盖了画面(见图5-35)。这个对比很好地显示了画家追求艺术之美的取舍。如果随意拿两张图片来对比，就失去了这一功能的意义了。

图 5-35 H5《月亮与六便士!》中的图片对比

五、自由拖拽

对图片做自由拖拽设置，能够方便读者在终端上通过手势对图像进行任意移动、放大、缩小或旋转，或进行全屏显示，查看细节。用这个功能可以制作图片背景墙。

点击“互动”菜单下的“自由拖拽”图标，打开文件夹找到需要的图片，即可完成自由拖拽的制作。点击“互动属性”面板右上角的扩展符号，选择“特征图标”中的“系统自带”，版面上的图片会带上默认的特征图标(图5-36)。也可以选择“自定义”，选用更加个性化的特征图标。

图 5-36 设置自由拖拽功能的图片

通过“互动属性”面板，还可以设置不允许拖拽、不允许缩放和不允许旋转图片。如果勾选了这几个选项中的某一项，图片在该方面就会受到限制。拖拽的范围也可以改动。勾选“距离限制”，改动水平轴上的两个 X 值、垂直轴上的两个 Y 值，就可以将拖拽的范围限定在某个区间。例如，点击坐标轴中间的连动锁，使四个坐标值处于连动状态，然后将 Y 值设为 80px(见图 5-37)。设置后的图片会在上下左右各 80px 的范围内被拖动。

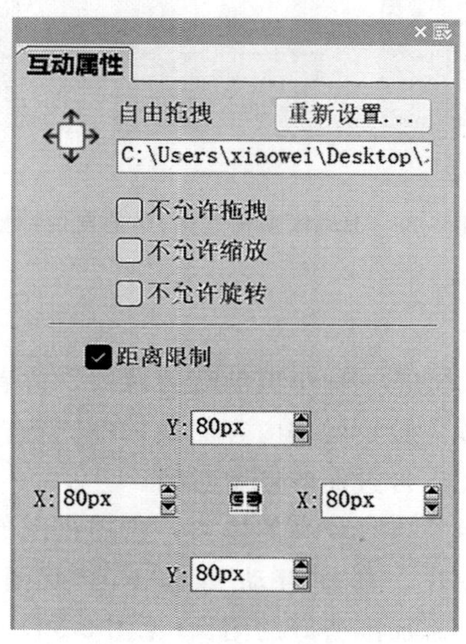

图 5-37　自由拖拽的互动属性设置

自由拖拽功能可以被灵活地运用，从而实现特殊的表达效果。以第六届中国大学生新媒体创意大赛获特等奖的《以动物之铭》为例，该作品以保护濒危动物为主题，邀请用户将动物剪影拼成完整图像，使用的就是自由拖拽。设计者先将剪影素材处理为四个碎片，各自设置自由拖拽。用户点击动物剪影后，弹出四个碎片，用户用拖拽的方式将其拼接完整，随后可查看该动物的详细信息(见图 5-38)。这里拖拽功能的使用能够增加用户的浸入程度。

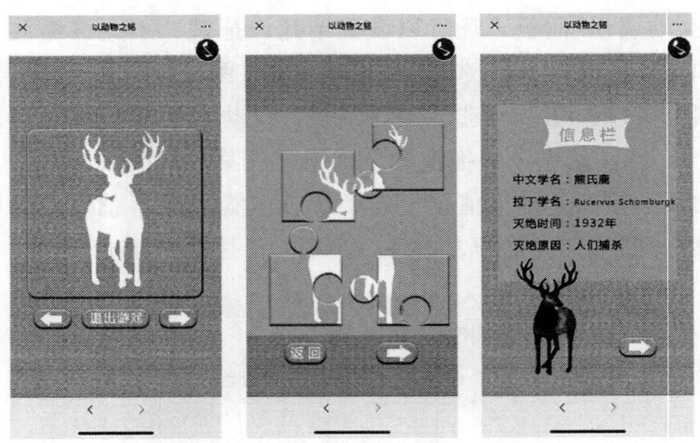

图 5-38　H5《以动物之铭》中的自由拖拽

六、拼图游戏

“拼图游戏”互动功能是一种小型的智力游戏。读者亲手在屏幕上拼出原图，会产生有趣的阅读体验，增加内容的娱乐性。在广告内容中设计拼图游戏，还可以延长读者在广告页面的停留时间。

用来做拼图的图像需要有较高的像素，这样拼图的效果才会好。游戏设置几关，就准备几张图片。点击“互动”菜单下的“拼图游戏”按钮，弹出对话框。点击“图片预览”，添加准备好的图像(见图 5-39)。可以设置第一页为占位图，也可以另选占位图。

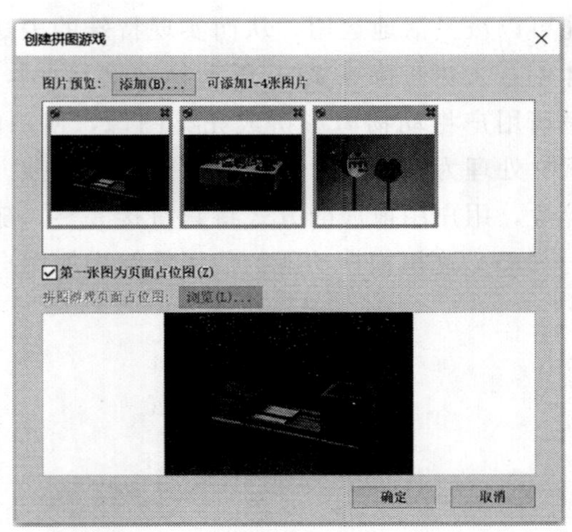

图 5-39　创建拼图游戏

在“互动属性”面板上，可以设置是否以第一张图像为占位图、每一关的分割块数等参数(见图 5-40)。系统默认的分割块数，游戏第一关为 12 块，第二关为 20 块，第三关为 35 块。随着分割块数的增加，拼图的难度也在不断增加。

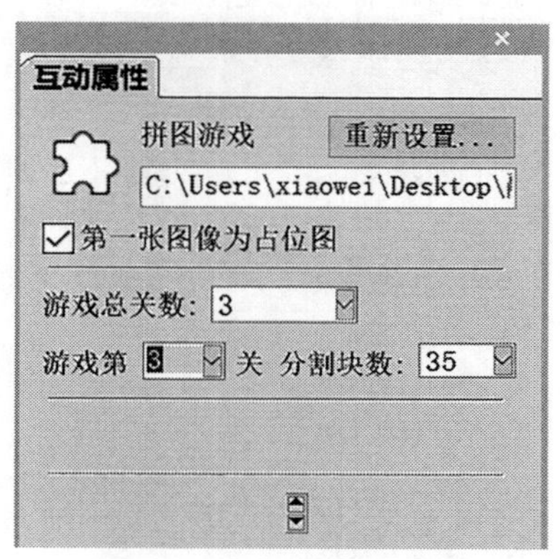

图 5-40　拼图的互动属性设置

在终端上点击带有拼图特征图标的图片，就可以进入拼图环节了。设计拼图游戏时，应注意所选择图片的各局部在拆分后有一定的区分度，能够让读者轻松地拼出来。如果拆分后各块都差不多，很难辨识、拼凑，就失去拼图的意义了。另外，包含人的面部、身体的图片一般情况下是不应当拿来做拼图的，因为这种行为暗含了对人体的不尊重。

七、图像扫视

图像扫视效果可在较小的区域中显示较大的图像，在移动终端上，通过手势可以平移或缩放图像。这个功能主要用于查看图像的局部细节和移动效果。

进行图像扫视的制作之前，需要先准备好素材大图。单击“互动”菜单下的“图像扫视”图标，在对话框中选择所需的图片素材，单击“打开”进入版面，用鼠标虚线画出一个矩形范围，将大图放置在适当的位置上。此时图像无偏移，起点的 X、Y 值均为 0px。

调出互动属性面板，可以设置图片的初始偏移量和比例、镜头摇移、终止偏移量和比例。如将 X 设为－180px(相对于原点水平向左偏移 180px)，将 Y 设为－30px(相对于原点垂直向上偏移 30px)；勾选“镜头摇移”，摇移速度为“中”，终止比例设为“50％”(见图 5-41)。

图 5-41　图像扫视的互动属性设置

完成设置后，矩形内的图像起始于图中可见的初始状态，结束于按参数摇移的终止状态(见图 5-42)。在移动终端看到的效果，就是图片缓缓向纵深处移动、缩小，增加了版面的动感。

图 5-42　版面上的图像扫视效果

以第七届中国大学生新媒体创意大赛的获奖作品《昆虫记节选》为例，这个 H5 讲述的是童年法布尔和小伙伴贝茜一起研究昆虫、探索大自然奥妙的故事。故事中，法布尔和贝茜喝下茜草汁，变成蚂蚁大小，在黑蚂蚁的带领下找到了红蚂蚁的洞穴。这一段场景中，长幅的背景图运用了图像扫视功能，置于前景的法布尔和贝茜的小图片设置了图像序列，完成持续走路的动作，画面整体上就形成了两个人在森林草丛中不畏艰险、长途跋涉的效果(见图 5-43)。

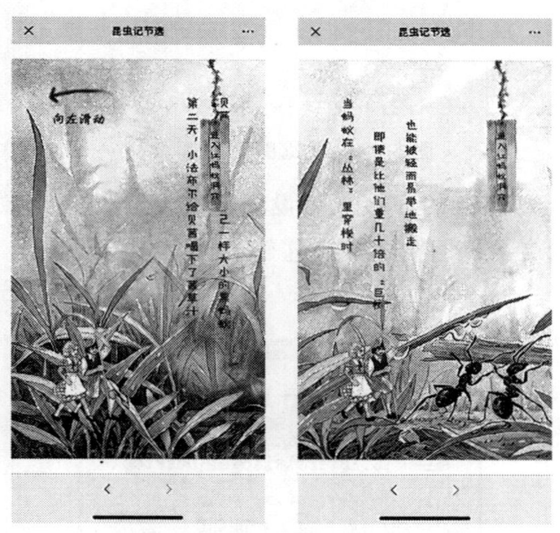

图 5-43　H5《昆虫记节选》中的图像扫视设计

八、图像序列

图像序列效果是在移动终端展示物体连续变化的效果。如果使用一个物体各个方位的图片，就可以显示为该物体旋转 360 度的效果。

首先需要准备一组等大小的序列图像素材。这组图像可以由摄影师按顺时或逆时针方向拍摄，也可以用 3D Max 软件制作。图像的数量越多，图像序列的连贯效果越好。当然同时还要考虑素材准备的工作量问题。如想要展示一辆自行车 360 度旋转的效果，45 张素材已经能够得到相当流畅的展示。

单击“互动”菜单下的“图像序列”图标，浏览文件夹(见图 5-44)，将准备好的图像素材导入版面，放置在适当的位置上。

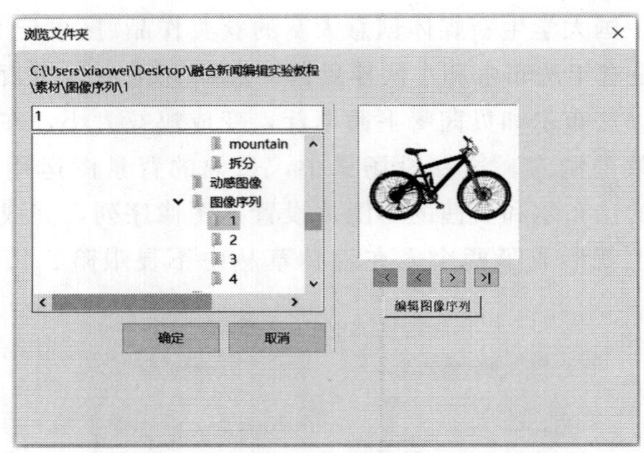

图 5-44　浏览图像序列素材

在图像序列互动属性的面板上可设置相关播放方式参数(见图 5-45)。完成设置后，就可以在移动终端看到这辆自行车以每秒 16 帧的速度自动转动了。

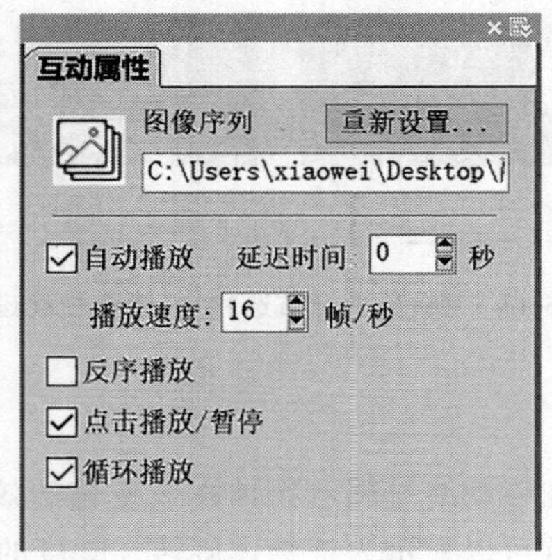

图 5-45　图像序列互动属性面板

少量图像素材同样可以做出图像序列效果。最简单的是准备两张大小相同、姿势不同的人物动作图像(见图 5-46)，设置图像序列，并将属性设为“自动播放”，在移动终端就可以看到人物动作的变化。不过要注意调整播放速度，动作不能太快或太慢。

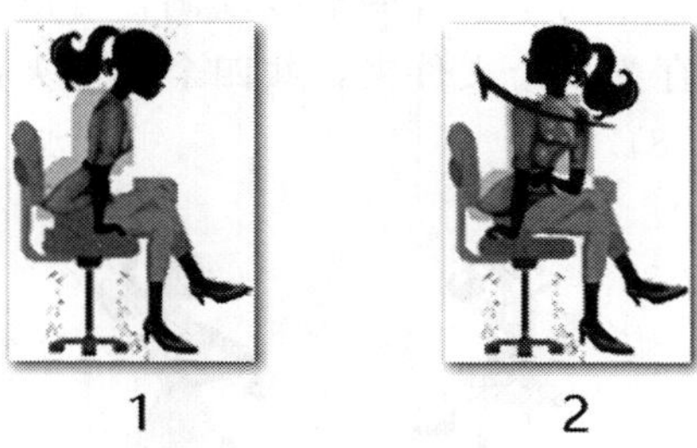

图 5-46　利用两张图像制作序列

将若干张图像设置成序列，可以形成类似动画的场景变化效果。以第七届中国大学生新媒体创意大赛的获奖作品《守塔世家》为例，这个 H5 根据真人真事改编，讲述的是浙江叶家五代人在百年间接力守护海岛灯塔，默默为社会奉献的故事。H5 中多处使用图像序列，如通往海边的脚印从少到多、大海上掀起滔天巨浪等页面，均为由 3～4 张图片形成的序列，使原本静态的图片成为动态的过程(见图 5-47)。

图 5-47　H5《守塔世家》中的图像序列

九、滑线动画

滑线动画是在移动终端上通过手指滑动或点击，逐帧播放每个节点的动态效果。比如要表现一棵植物从播种、发芽、长大、开花到结果的过程，就可以用相关素材创建动画，动态地展现这一过程。

首先需要按照所需节点的数量，准备几组等大小的序列图像素材。例如准备做一个办公室简易运动小教程的滑线动画，可以先准备四组序列图像。每组两张(大小相等)存为一个文件夹，共四个文件夹，共同存放在“滑线动画”文件夹下(见图 5-48)。

图 5-48　四组滑线动画序列图像素材

单击“互动”菜单下的“滑线动画”图标，浏览文件夹，选中刚才准备好的“滑线动画”文件夹(见图 5-49)，将准备好的图像素材导入版面，放置在适当的位置上。

图 5-49　浏览滑线动画素材

版面上显示的占位图是第 1 个文件夹中的第 1 张图(见图 5-50)。

图 5-50　版面上的滑线动画占位图

在滑线动画的互动属性面板上可设置相关播放方式参数(见图 5-51)。完成设置后，就可以在移动终端看到这组办公室简易运动小教程自动播放了。还可以在节点加载 MP3 文件作为播放音乐，此时建议勾选“播放时背景音乐静音”。另外还可以自选图片作为滑线图标，加载进来。

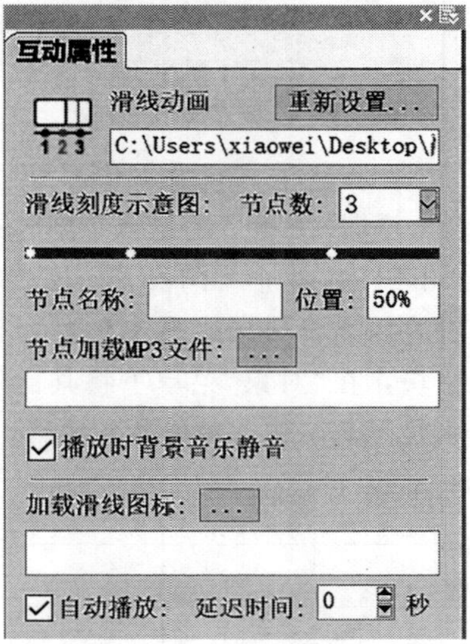

图 5-51　滑线动画互动属性面板

十、图表

运用飞翔数字版中的“图表”互动功能，可以做出有动态展示效果的折线图、柱形图、饼形图等，它们与平面、静态的表格相比，更能形象地展示统计数据。

点击“互动”菜单下的“图表”图标，弹出“创建图表”面板(见图 5-52)。如果数据适合用柱形图或饼形图来表示，这属于“一维图表”的范畴，需要选定“一维图表”中的“柱形”或“饼形”。然后设定图表的高度、宽度和图例个数。

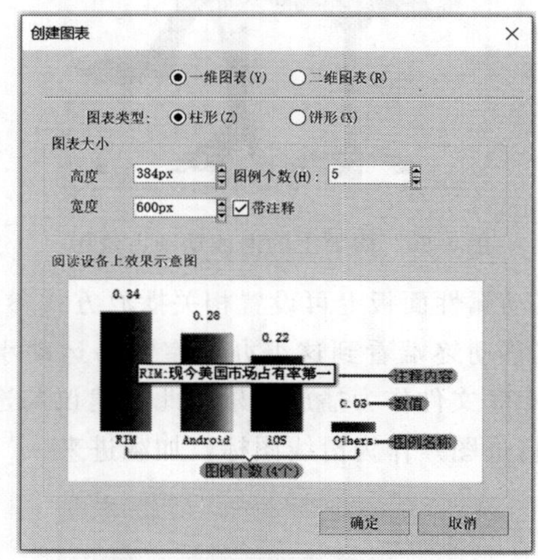

图 5-52 “创建图表”面板

例如，我们要做一个“2020 年中国重要城市 GDP 盘点”的动态图，图中将呈现 2020 年北京、上海、深圳、广州、重庆五个城市的 GDP 数值。在收集好相关的数据资料后，创建图表，选择“一维图表”“柱形”，“图例个数”设为 5 个。

点击“确定”，操作图表以表格的样式出现在版面上。系统默许的对象块比较大，可选中这个表格块，在“对象”菜单下将其比例调整为原大的 50%。这个表格分为三列，分别是图例名称、数值项和注释(见图 5-53)。

一维图表	数值项1	注释
图例名称1		
图例名称2		
图例名称3		
图例名称4		
图例名称5		

图 5-53 动态柱形图的操作界面

在图例名称一栏中填入城市名，“数值项”一栏中分别填入各城市 2020 年的 GDP 数据(单位为“亿元”)，“注释”一栏中用文字来说明各城市 2015 年 GDP 的排名，用于对比升降变化。各图例名称用不同的色彩来显示，这些色彩就是终端柱形图中不同柱体的颜色(见图 5-54)。

一维图表	数值项1	注释
上海	38710	2015排名：1
北京	36103	2015排名：2
广州	25019	2015排名：3
深圳	27670	2015排名：4
重庆	25003	2015排名：5

图 5-54　输入数据后的终端柱形图动态图表

在“互动属性”面板中，可设定动态图的相关属性(见图 5-55)。如将柱形图外观设为“立体”，“图例方向”设为“垂直向上”，图例增长速度设为“正常”。

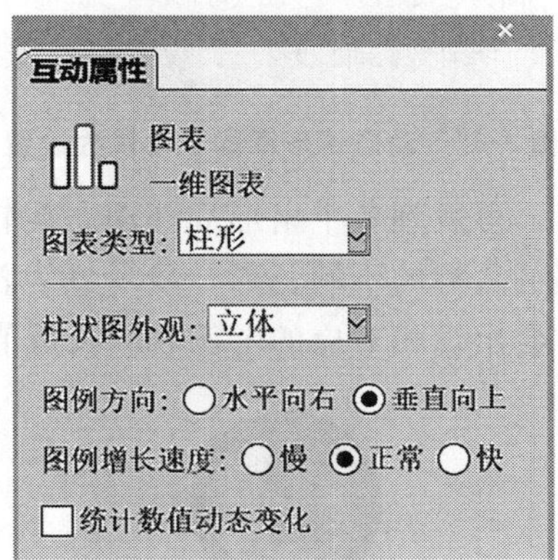

图 5-55　动态柱形图的互动属性设置

这样就完成了整个设置。在移动终端浏览时，可看到各柱体动态、匀速地升高至顶端(见图 5-56)。

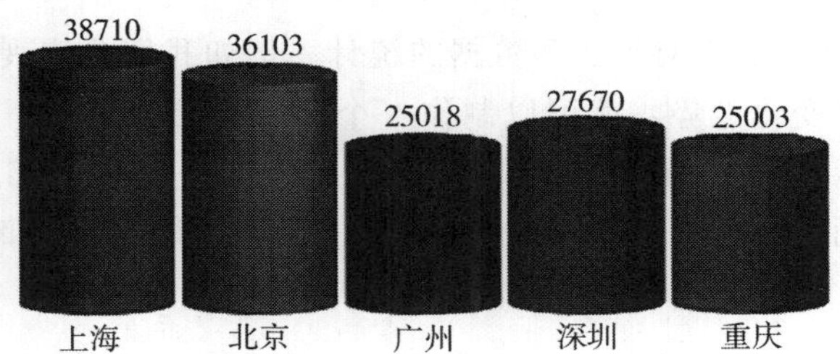

图 5-56　动态柱形图

如果希望用图表形象地展示五个城市 GDP 值的相对占比，也可以选用饼形图来呈现这组数据。仍用前述步骤中已经输入好的数据，选中该图表，在“互动属性”面板中将图表类型设为“饼形”，并按需求设置图例增长速度，如“正常”(见图 5-57)。

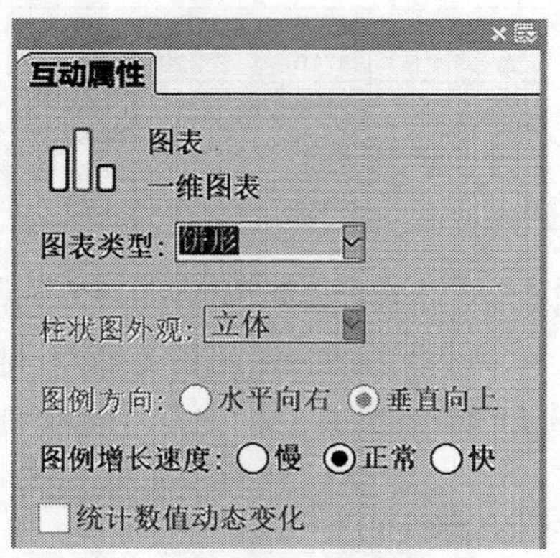

图 5-57 动态饼形图的互动属性设置

在移动终端浏览时，可看到各个扇形局部动态旋转出现，至整个饼图完整出现。操作图表中图例名称的不同色彩，显示成为各扇形的颜色。点击某一扇形局部，饼图下方会出现相对应的图例名称及数值(见图 5-58)。

图 5-58 动态饼形图

二维图表适用于多对象、多数据的统计。例如我们希望展示重要城市不同年份的 GDP 变化走势，就可以制作一个动态的二维图表。图表中将呈现 2015—2020 年北京、上海、深圳、广州、重庆五个城市的 GDP 数值变动。在收集好相关的数据资料后，创建图表，选择“二维图表”，图表类型为“折线形”。“图例个数”设为 5 个，“数值项数”设为 6 个，选择“带注释”(见图 5-59)。

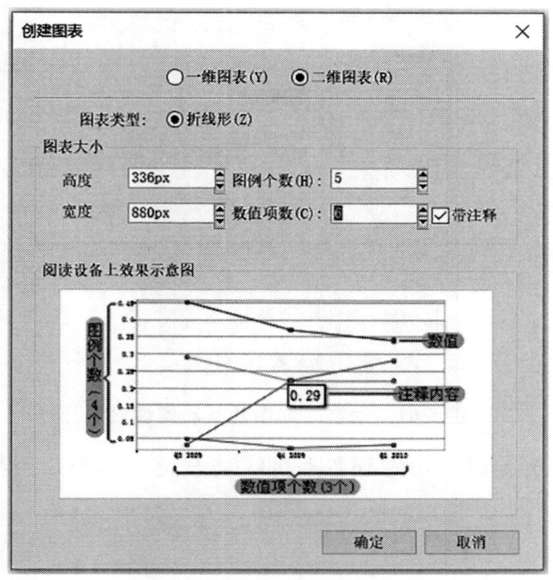

图 5-59　创建二维图表

在图例名称一栏中填入城市名，第一横行五个“数值项”栏中分别填入年份，纵向各“数值项”栏目中填入各城市不同年份的 GDP 数据(见图 5-60)，“注释”一栏可选填或不填。如果不填，可在“表格”菜单下用“删除列”将这一栏删除。各图例名称用不同的色彩来显示。

二维图表	2015	2016	2017	2018	2019	2020
上海	25300	26688	30133	32679	38155	38701
北京	23000	24541	28000	30320	35371	36103
广州	18100	20004	21500	23000	23628	25019
深圳	17500	19300	22286	24691	26927	27670
重庆	16100	17010	19530	20363	23605	25003

图 5-60　输入数据后的二维动态图表

在“互动属性”面板中，可设定动态二维图的图例增长速度，如“正常”(见图 5-61)。

图 5-61 动态二维图的互动属性设置

在移动终端浏览时，可看到各条折线动态延展出现，至整个折线图完整(见图 5-62)。

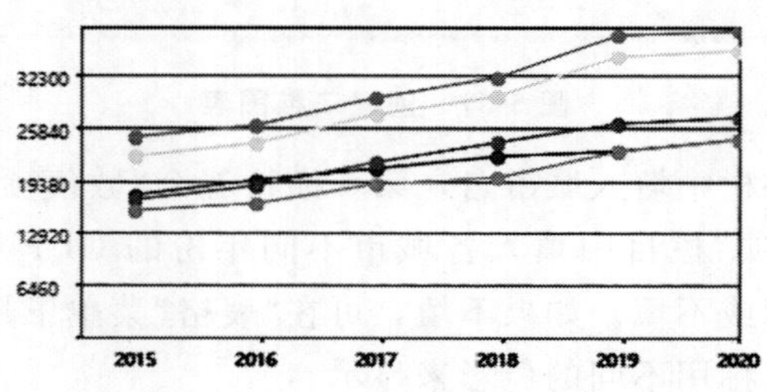

图 5-62 动态折线图

十一、地理标注

“地理标注”功能常用于标识地图上某指定地点的相关信息。读者点击标识可查看相关的文字和图片信息。

首先需要获取指定地点的经纬度值。可在百度地图下方找到“地图开放平台”，点击进入。找到“拾取坐标系统”，查找“暨南大学”。在地图上找到暨南大学(广州石牌校区)的标注点，点击鼠标左键，弹窗中显示暨南大学的经度与纬度坐标。同时可截下一张地图备用做占位图。如果使用 Google 地图，可在其中查找“暨南大学”，在地图上暨南大学的标注点处点击右键，在右键菜单中找到“这儿有什么?”，也可获取其经纬度。

点击“互动”|“地理标注”，弹出“创建地理标注”对话框(见图 5-63)。在“地理标注页面占位图”旁单击“浏览”，加载地图截图。在“标注物的中心点

的经纬度”中填入经度和纬度值。点击“标注信息”，在对话框中填入“暨南大学”；点击“加载”，可以加载一张该地理位置的图片(如标志性建筑的照片、手绘校园地图等)。“地图类型”可选择“标准地图效果”或“卫星地图效果”。

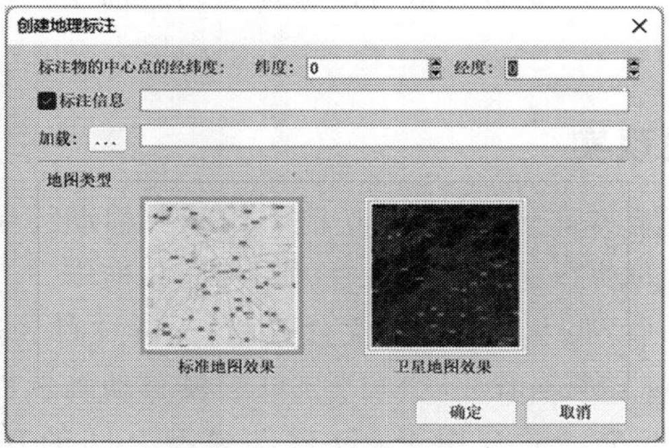

图 5-63　创建地理标注

全部设置完成后，点击“确定”，地图占位图出现在排版界面中。通过“互动属性”面板(见图 5-64)，可看到刚才设置的各项选项的信息。也可以在此处修改信息，如将“显示范围”从 1 千米(公里)改为 5 千米(公里)。

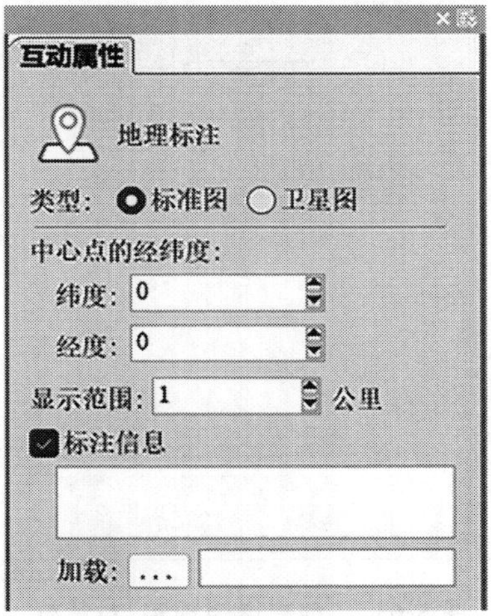

图 5-64　地理标注的互动属性设置

点击“页面预览”，进入预览界面，可看到全球地图的图片。点击这张图，暨南大学及其周边的地理位置就显示出来。进一步点击中心点，标注的信息“暨南大学”名称及加载的手绘校园示意图均显示在页面上。在移动终端，可以用手指扩展、缩小地图，也可以拖动改动地图显示的中心位置。

上面的步骤是直接导入地图。另一种方式是先将地图占位图插入版面中，选中该占位图，在右键菜单中找到“互动”|“地理标注”，再按之前的步骤进行地理标注的设定。这种方法可以保证互动之前用户可以先看到适合的占位图片。

十二、增强现实

“增强现实”功能实质上就是3D功能，用于在移动终端上展现三维立体效果，适用于物品的动态立体展示，也可用于商品推广。

首先要准备一个obj格式的3D文件素材。obj文件为通用的3D模型文件格式，是由Alias | Wavefront公司为3D建模和动画软件Advanced Visualizer开发的一种标准，适合用于3D软件模型之间的互导，也可以通过Maya(三维动画软件)读写。

点击“互动”菜单下的“增强现实”图标，弹出“创建增强现实”对话框。点击“浏览”加载obj文件(如一个飞机模型的3D文件)(见图5-65)。点击“确定”，文件进入版面。

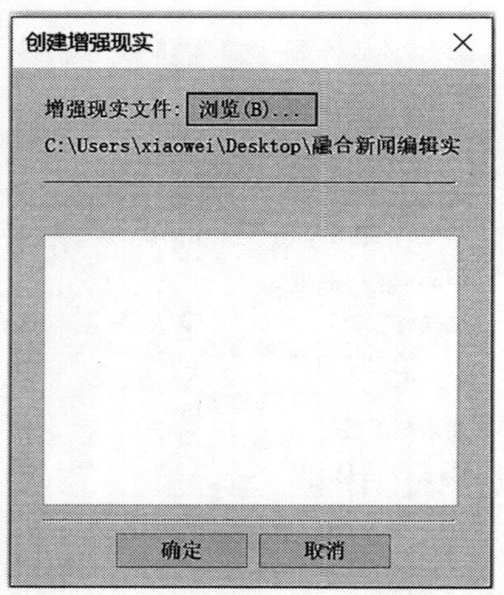

图5-65 “创建增强现实”对话框

点击“互动属性”按钮，在弹出的对话框中设置对象的旋转方式、初始显示比例和位置参数(见图5-66)。

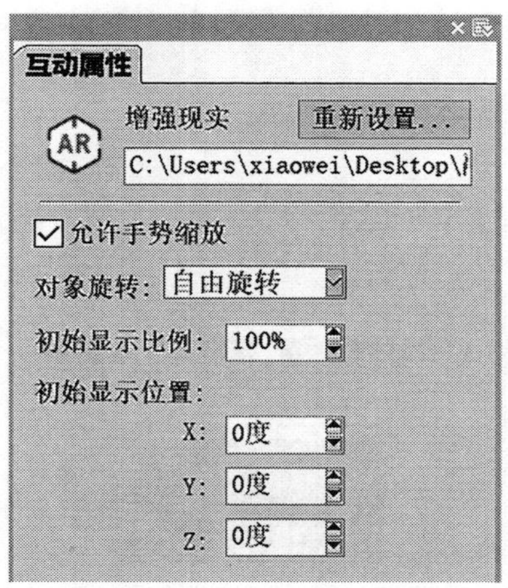

图 5-66　3D 互动属性设置

点击“页面预览”，在预览界面中可看到 3D 效果的飞机模型，还可用鼠标操纵其翻滚、旋转，从各个不同方向、部位进行观看(见图 5-67)。

图 5-67　增强现实效果预览

也可先将一张占位图插入版面，利用右键菜单的“互动”|“增强现实”来完成操作。

十三、网页视图

通过“网页视图”，用户可在视图区域内查看网页内容，而不必跳出 H5，转而使用专门的网页浏览器。这个功能可用于产品内容的延伸阅读，也可用于产品的介绍、宣传等。

点击“互动”菜单下的“网页视图”图标，弹出“创建网页视图”对话框。在“URL 或 html 文件”选项部分，可以单击旁边的“浏览”，加载电脑中预存的 HTML 文件夹(其所在的文件夹中应包括 HTML 文件中使用的所有图像和脚本)；也可以直接在下方的对话框中输入网址，如“www.jd.com”。点击

“网页视图界面占位图”旁的“浏览”，加载预先截好的网页图片(见图 5-68)。

图 5-68 “创建网页视图”对话框

点击“确定”，网页截图出现在排版页面上(见图 5-69)。

图 5-69 网页视图界面

在移动终端上点击这张占位图，就可以跳转到相应的网站，进行进一步浏览。

第三节　动画、画廊、按钮等的互动操作

实验主题

本实验的主题是对素材进行动画、按钮和弹出内容、画廊等互动效果的制作。

实验目的

1. 学会对素材进行动画设置。
2. 学会设置按钮及弹出内容。
3. 掌握画廊的各种设置方法。
4. 掌握本节的各种其他操作。

实验内容

一、动画

动画可用来展示多媒体对象的进入、停留、退出过程中的运动效果。读者在翻到 H5 的某一页时，各种动画效果自动出现，可以极大地提高相关对象的表现力及阅读的趣味性。

在飞翔 V8 版本中，“动画”功能在菜单栏中单列。选中版面上的静态对象(如文字块、图像、图元)或互动对象(如音频、视频、设定了互动功能的图像或图元)，点击“动画”菜单，可以看到四个二级选项区：进入、强调、退出、形变。前三个区域用于设定普通动画，第四个区域用于设定特殊的路径动画和形变动画。

1. 普通动画

普通动画效果相当于预制动画。选中某个对象，点击“动画”菜单中的“进入”“强调”或“退出”，可为对象设置动画效果，在终端上自动播放。

“进入”指选中对象进入版面的方式，包括渐变、滑动、回弹、飞升、冒泡、旋转、跌落等(见图 5-70)。

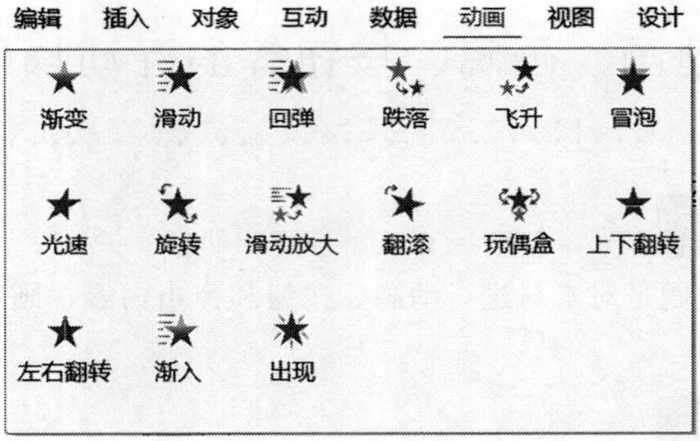

编辑 插入 对象 互动 数据 动画 视图 设计

渐变 滑动 回弹 跌落 飞升 冒泡

光速 旋转 滑动放大 翻滚 玩偶盒 上下翻转

左右翻转 渐入 出现

图 5-70 动画"进入"效果选项

"强调"指选中对象在版面中停留期间的运动方式，包括弹跳、闪烁、放大、橡皮筋等方式(见图 5-71)。

图 5-71 动画"强调"效果选项

"退出"指选中对象退出版面的方式，具体类型和"进入"类似(见图 5-72)。

图 5-72 动画"退出"效果选项

选择某种动画效果后，排版界面右侧的动画选项卡弹出，可以进行进一步的设置。"触发事件"指触发动画开始的事件，包括"与上一动画同时开始"

和“在上一动画之后开始”，设置时选择其一即可。“延迟时间”指在触发事件发生之后延迟多久开始动画；“方向”指动画发生的方向；“持续时间”指动画持续的时间。还可以选择播放次数(限次播放)或“循环播放”。

如可为某个对象设置跌落、飞升、玩偶盒三种进入效果，每个效果都在上一动画之后开始，持续 2 秒(见图 5-73)。预览版面，可以看到这三种效果依次发生。

通过选项卡中的“添加效果”按钮，可以继续为该对象添加进入、强调、退出等的各种效果(见图 5-74)。

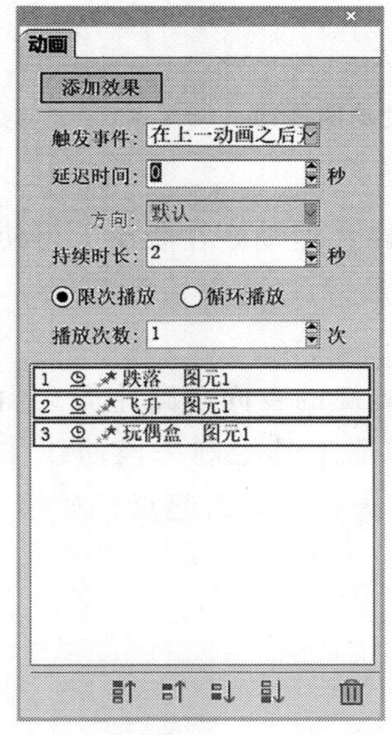

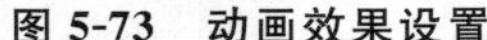
图 5-73 动画效果设置

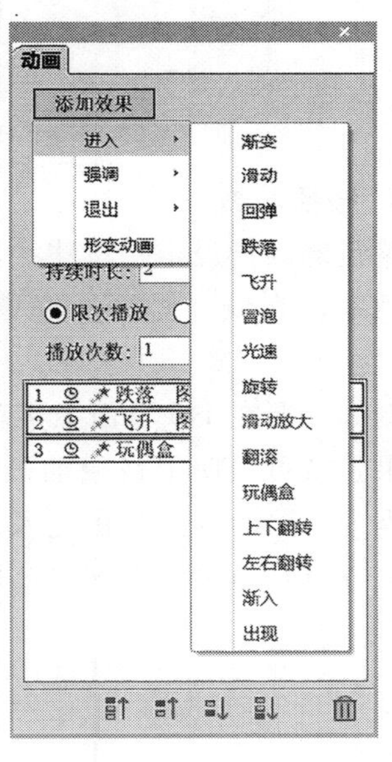

图 5-74 动画“添加效果”选项

普通动画的操作本身并不复杂，关键是要通过对多个对象的合理的参数设置，包括触发事件、延迟时间、方向和持续时长等，形成对象间的一种动态叙事关系。仍以《昆虫记节选》为例，这个 H5 中多处讲述都使用了普通动画设置。如蚂蚁和小法布尔的对话是文字动画交替出现；爷爷给小法布尔讲故事时，也可将红蚂蚁和黑蚂蚁作战经过的文图设置为动画，在圆框中先后出现。这样，原本静态的文字图片就成为动态的连续过程，将故事生动地呈现出来(见图 5-75)。

图 5-75　H5《昆虫记节选》中的动画设计

2. 路径动画

路径动画指设定一段路径，使对象沿着该路径运动。在版面上可使用钢笔、画笔、直线、矩形、椭圆、菱形或多边形等工具来绘制图形，作为路径。

例如，要在 H5 页面上实现让小男孩沿着蜿蜒的乡间小路跑向大山的动画效果，就可以使用路径动画。首先，使用钢笔工具绘制一段曲线作为路径。因为小路的方向是由近及远，所以曲线是从右下方为起点开始绘制的，到左上方时双击鼠标左键结束(见图 5-76)。

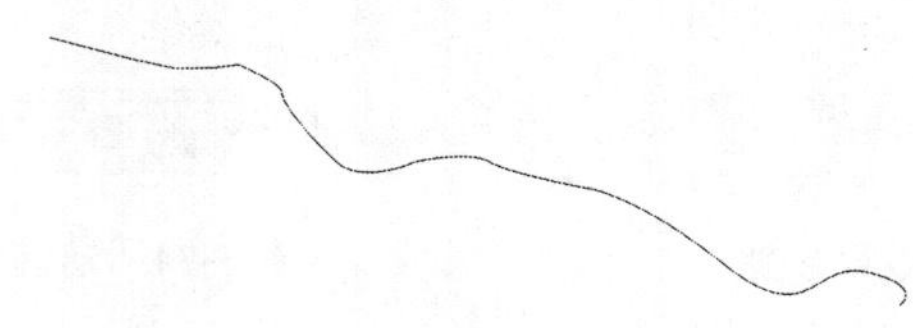

图 5-76　绘制曲线路径

为了让动画效果更逼真，这里用的小男孩图片是本身带有跑步动作的 gif 动图。将这张图片导入版面，移动其位置至曲线开始处。然后同时选中曲线和小男孩，点击“动画”菜单中的“路径动画”，两个对象合并为一个对象。此时，曲线图形形成了一条运动路径，由绿色和红色的三角形分别标注起点和终点，并与原来的图形脱离(见图 5-77)。

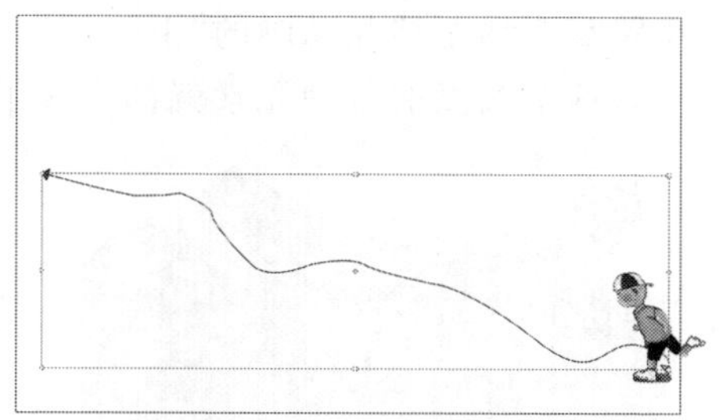

图 5-77　形成动画路径

如果用选取工具双击选中路径，点击鼠标右键，会出现“反转路径方向”的文字框。点击这个文字框，路径的起点和终点会互换。因此，绘制小路曲线时也可以从左上方开始，到右下方时结束，完成路径动画设置后再将其方向反转。

在“动画”选项卡中，将该路径动画的触发事件设为“在上一动画之后开始”，延迟时间设为“0 秒”，持续时长设为“8 秒”，播放次数为“1 次”(见图 5-78)。

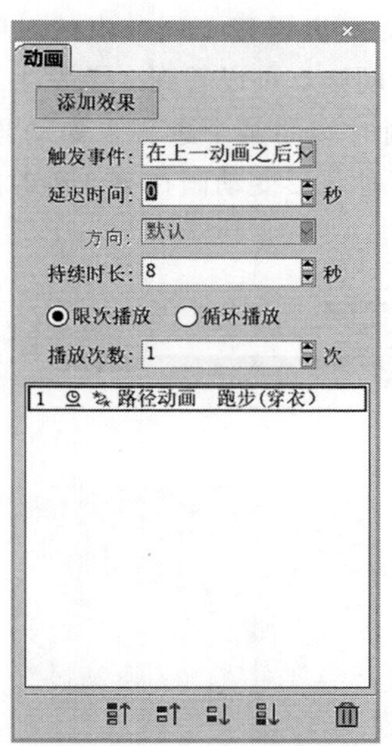

图 5-78　路径动画属性设置

原来的黑色曲线图形会盖在新形成的路线上。可以选中图形，在“线型”对话框中设置其宽度、颜色，使其形成一条小路的形状。也可以删掉这条曲线，另外绘制小路。小路需要移至路径动画的“下一层”。在版面上安排好落日、大山、绿田等图形，这个版面的各种元素就都完成了(见图 5-79)。

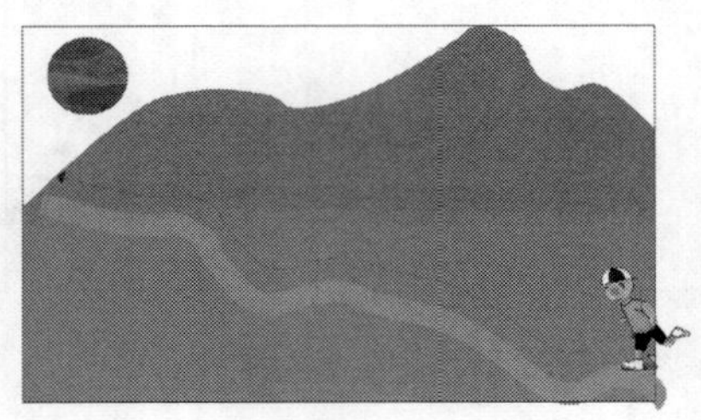

图 5-79　路径动画和版面的其他元素

预览版面，可以看到小男孩沿着小路向大山奔跑，跑动持续 8 秒，跑至小路终点时结束。

3. 形变动画

形变动画指对象在实施动画的过程中有形态变化。选中版面上的某个对象，点击“动画”菜单中的“形变动画”按钮，会弹出“形变动画设置”面板(见图 5-80)。通过增加节点，可以设置不同节点的时间进程、尺寸、旋转、斜切、不透明度。运行这个动画，可以看到对象发生了一系列的形态变化。时间进程代表对象走到动画时间的某个进程，如动画的持续时长设为 10 秒，50%的时间进程就是第 5 秒，形变动画在第 5 秒时走到该节点，发生相应的形态变化。

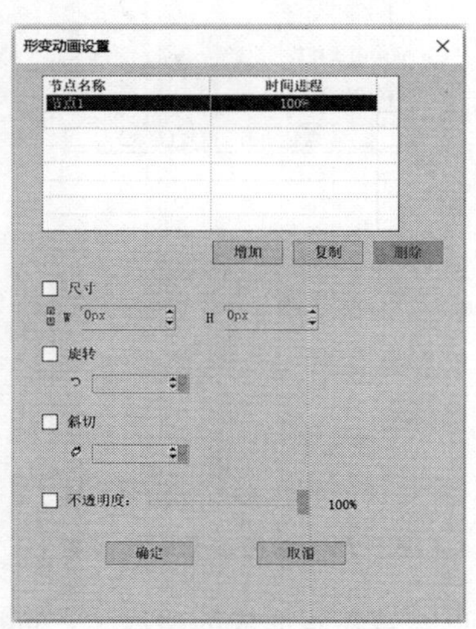

图 5-80　“形变动画设置”面板

我们继续以小男孩跑向大山这个实例来制作形变动画。在“动画”对话框中，右键点选已设置好路径动画的这个对象，出现“设置形变”提示(见图5-81)。点击该提示，弹出形变动画设置面板。

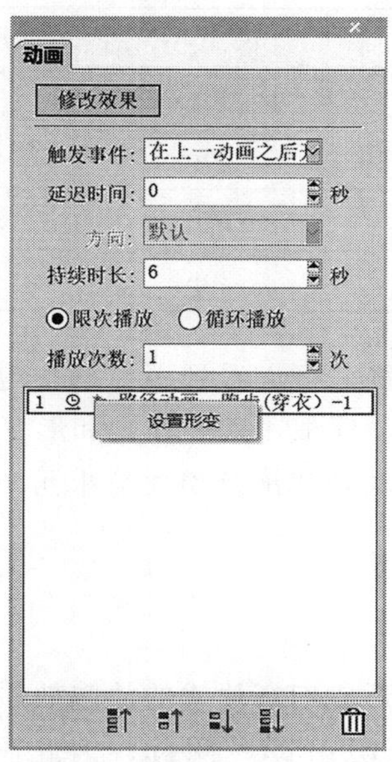

图 5-81　动画设置形变提示

我们准备实现的形变效果，是小男孩跑向大山的过程中，身影逐渐变小、变模糊。为此，我们可以设计四个节点，分别设在30%、50%、70%、100%的时间进程时(见图5-82)。

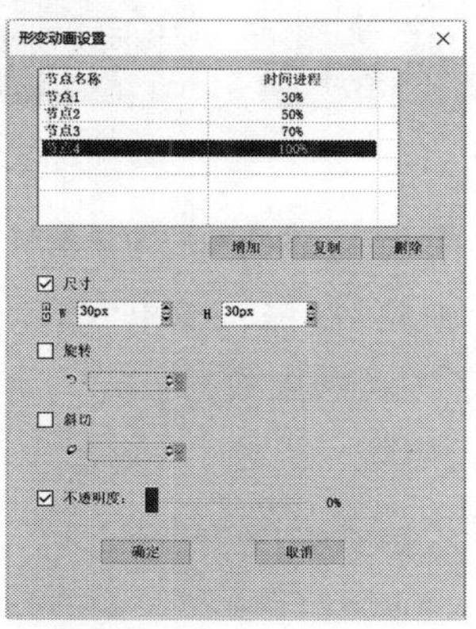

图 5-82　形变动画的时间进程设置

在4个节点中，分别进行相关参数的设置，将小男孩图片的尺寸(包括宽度和高度)逐步变小，并调整不透明度从100%逐步降低到0%(见表5-1)。

表5-1　形变动画节点设置

节点名称	时间进程	尺寸(W)	尺寸(H)	不透明度
节点1	30%	90px	90px	100%
节点2	50%	70px	70px	90%
节点3	70%	50px	50px	50%
节点4	100%	30px	30px	0%

设置完成后，预览页面，可以看到小男孩在跑远的过程中，身形逐步变小，身影逐步消失。这样就完成了路径动画和形变动画的综合效果。

需要注意的是，形变动画和预设动画是相互冲突的，不能同时设置和播放，只能选择其一。

二、画廊

画廊就是用多张图片形成幻灯片式的放映效果。在移动端阅读中，图片有很强的表现力，也更能吸引读者阅读，因此画廊是最常用的互动方式之一。

制作画廊需要按照要表达的主题，事先准备好一组(通常是3～5张)宽度、高度相同的图片素材，存放在同一文件夹中(见图5-83)。

图5-83　准备画廊图像素材

点击“互动”菜单下的“画廊”图标，弹出“创建画廊”对话框(见图5-84)。可以看到“效果选项”提供了三种画廊效果：走马灯、一对一按钮、导航式按钮。下面就这三种效果逐一解说。

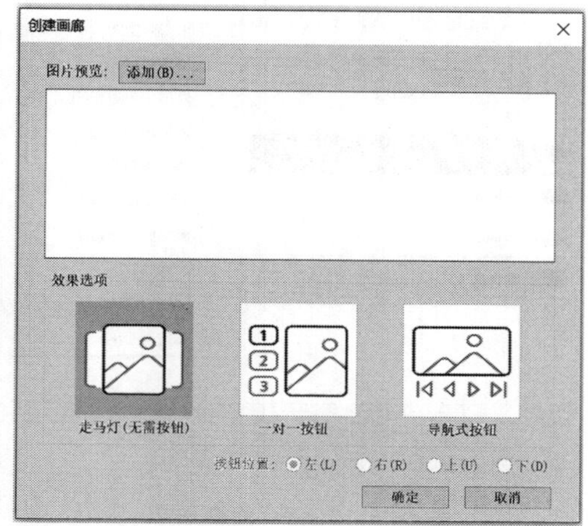

图 5-84　“创建画廊”对话框

1. 走马灯

在“效果选项”中选择“走马灯”，通过“图片预览”添加准备好的图像素材（见图 5-85）。

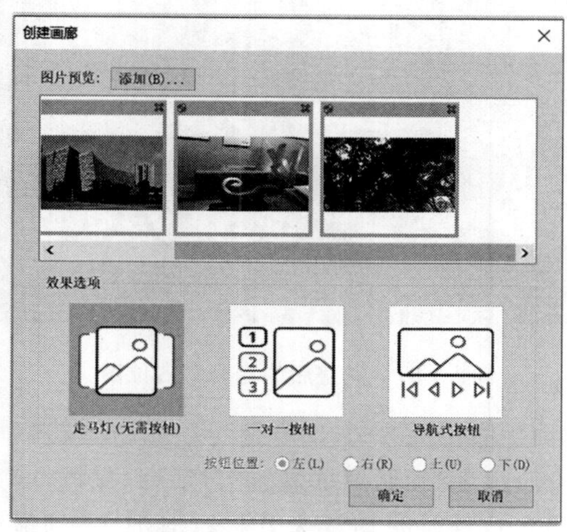

图 5-85　添加图像素材

素材文件夹中的第一张图像会作为占位图出现在版面上。“画廊”管理面板同时弹出，在其中可进行图像顺序的调整，以及添加画面、释放画面等操作（见图 5-86）。

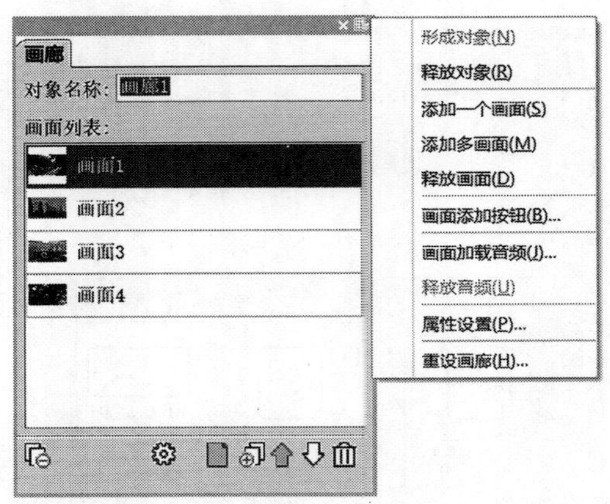

图 5-86 "画廊"管理面板

例如，可将原来的"画面 2"上调至第一个播放的画面，这张图像会作为新的占位图出现在版面上(见图 5-87)。

图 5-87 调整后的走马灯占位图

点击画廊管理面板右上角的小三角符号，在出现的扩展面板中找到"属性设置"选项，点击后出现"画廊属性设置"对话框(见图 5-88)。可选择"自动播放"，将延迟时间和间隔时间均设为 0 秒；取消"手动滑动图像"，将图像效果切换方式选为"无缝切换"，并在"从右向左""从左向右""从上向下"及"从下向上"中选择一种切换方向。这样，在移动终端观看时，这组走马灯式幻灯片无需按钮触发，就会在载入页面的同时不间断地自动按顺序循环播放图像。

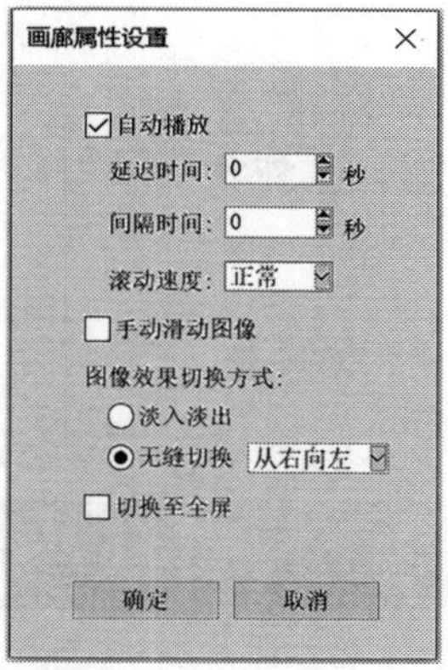

画廊属性设置

☑自动播放

延迟时间：0 秒

间隔时间：0 秒

滚动速度：正常

☐手动滑动图像

图像效果切换方式：

○淡入淡出

◉无缝切换　从右向左

☐切换至全屏

确定　取消

图 5-88　走马灯的画廊属性设置

也可以将原本分散的多张小图（3～5 张较为合适）事先用图片软件拼成一张图，复制成为两份，再以这两张拼好的图像设置走马灯效果。在移动终端播放时，多张小图会同时显示在页面上，走马灯的特征会更突出。

仍以《守塔世家》为例，这个 H5 的主体素材均为人工手绘图画，但在结束页时使用了照片素材，展示了叶家几代人的形象。这些照片被设置为走马灯形式，放在泛黄的胶片框中，犹如老电影般一幕幕放映出来，增强了 H5 的真实感和感染力（见图 5-89）。

图 5-89　H5《守塔世家》中的走马灯设置

2. 一对一按钮

在“创建画廊”面板的“效果选项”中选择“一对一按钮”，通过“图片预览”添加准备好的图像素材。可选择按钮位置，即缩略小图按钮位于大图的左、右、上、下哪个位置(见图 5-90)。

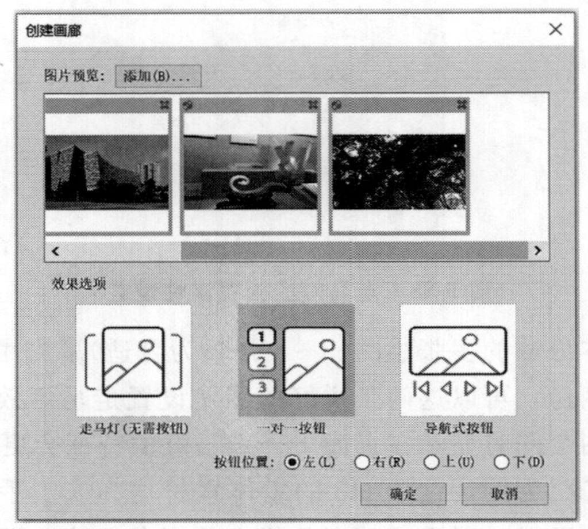

图 5-90　创建“一对一按钮”式画廊

点击“确定”，素材文件夹中的第一张图像作为占位大图出现在版面上，旁边另有四个缩略小图作为按钮。可利用“对象”菜单中的宽高、对齐等按钮调整大图和按钮的宽高、位置、对齐等项目，使画廊形式合乎需求(见图 5-91)。

图 5-91　版面上的画廊占位图及按钮

通过“画廊”管理面板可进行这组幻灯片的管理操作。在“画廊属性设置”对话框中可设置一对一按钮式幻灯片的属性(见图 5-92)。可选择“自动播放”。如可将延迟时间设为 0 秒，间隔时间均设为 2 秒；图像效果切换方式可选为“淡入淡出”(指一张图片逐渐出现或隐没)。这组幻灯片在移动终端呈现播放时，将以间隔 2 秒的速度逐张显示图片，并不间断地自动按顺序循环播放。与走马灯的“无缝切换”式播放相比，“淡入淡出”更适合大图片的轮流播放。

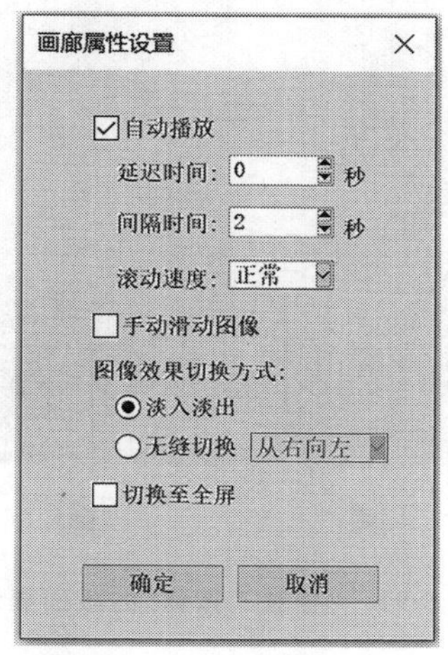

图 5-92　一对一按钮式画廊的属性设置

3. 导航式按钮

在“效果选项”中选择“导航式按钮”，通过“图片预览”将图像素材添加至版面上(见图 5-93)。

图 5-93　创建“导航式按钮”画廊

在版面上出现图像大图(以文件夹中的第一张素材为占位图)以及导航按钮(见图 5-94)。可选中导航按钮，通过“对象”菜单调整这些按钮的大小、位置、对齐等。

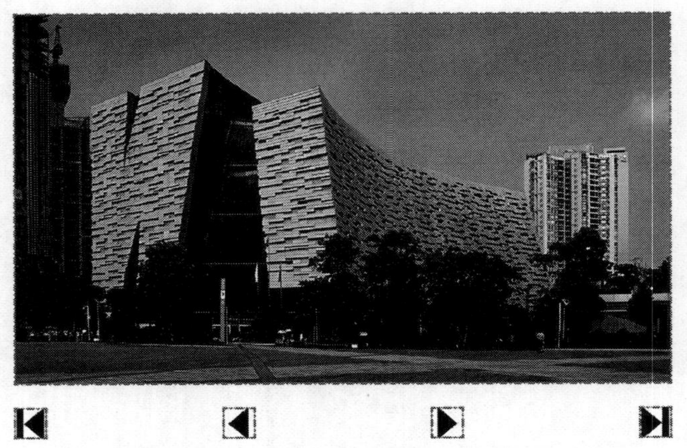

图 5-94 “导航式按钮”的版面显示

通过“画廊属性设置”管理面板可进行相关的管理及属性设置(见图 5-95)。

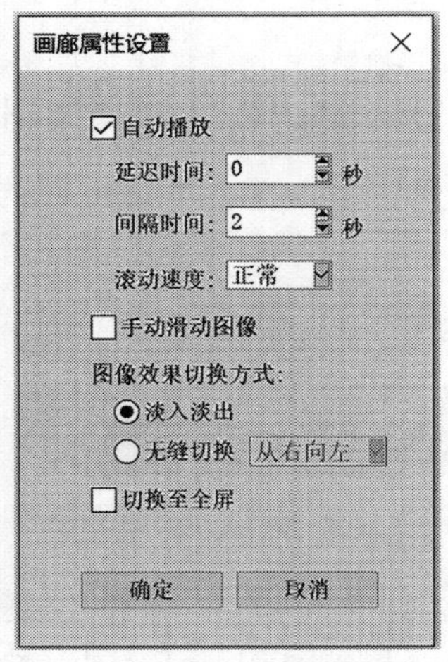

图 5-95 导航式按钮画廊的属性设置

在移动终端播放这组幻灯片时，可点击导航按钮，快速切换至想看的图像。

三、按钮和弹出内容

按钮和弹出内容是互相关联的两种互动设置，设置后，在移动终端上初始不显示所要弹出的内容，完全通过按钮触发、弹出。这一操作的应用非常广泛，是扩展版面空间的重要手段。常用于弹出细节信息，或展示同一物体在同一位置的不同“皮肤”效果，如模特换装表演、同一车型的不同颜色等。这两种互动设置的关系还可以有所变化（如互斥与不互斥，或单一画面与多画面），在移动终端表现出多样的弹出效果。方正飞翔 V8 版本的按钮操作还增加了“长按”、逻辑判断等新功能。

1. 单个按钮及其弹出对象

弹出内容设置的基本逻辑是：将一个对象设为“弹出内容”，将另一个对象设为“按钮”，然后为按钮添加动作，使其指向前一个对象。这样，在移动终端点击按钮时，弹出内容就会出现。下面以提示符型按钮、点击弹出图片对象为例讲解操作步骤。

先用画图形工具设计一个弹出提示符，截图保存在电脑中（见图 5-96）。

图 5-96　提示符型按钮

在版面上选中准备当作弹出内容的图片，在互动菜单下找到“转弹出内容”图标，点击后弹出“弹出内容”面板。在面板中可看到这张图片被作为弹出内容添加到了画面列表中，图片本身周围则出现了蓝色虚线框作为互动标识（见图 5-97）。

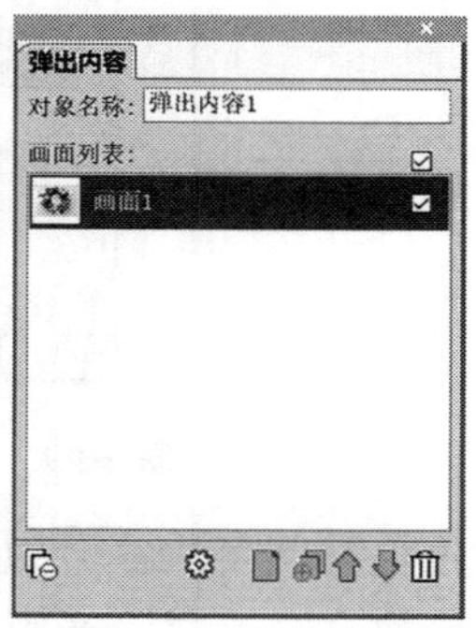

图 5-97　将图片设置为弹出内容

将鼠标移至画面表列中画面的蓝色选中条上时，出现“请为此画面关联触发按钮”的提示。用鼠标右键点击面板右上端的扩展符，在扩展面板中点击“画面添加按钮”，弹出“创建按钮”对话框。浏览添加按钮图片，默认的按钮动作是“转至画面 弹出内容 1 的画面 1”，即这个按钮会指向弹出刚才设为弹出内容的那个画面(见图 5-98)。

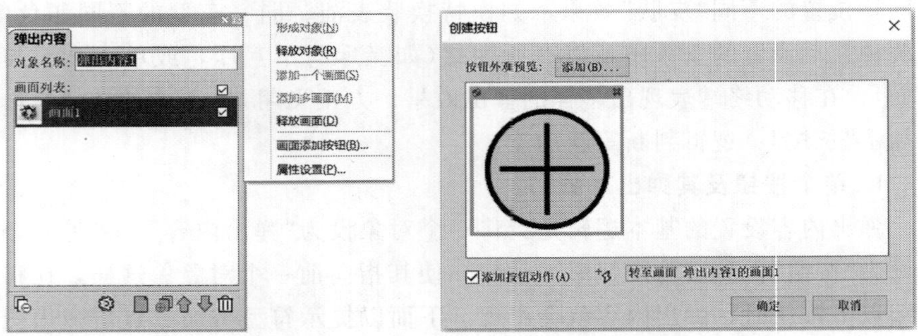

图 5-98　图片设置的“创建按钮”对话框

点击“确定”，按钮提示符图片被导入版面，图片边缘出现蓝色虚线的互动提示框。“按钮”面板同时弹出，点击面板底部的 (指选中一个或两个图形块形成按钮)，这个按钮就被设置完成了(见图 5-99)。

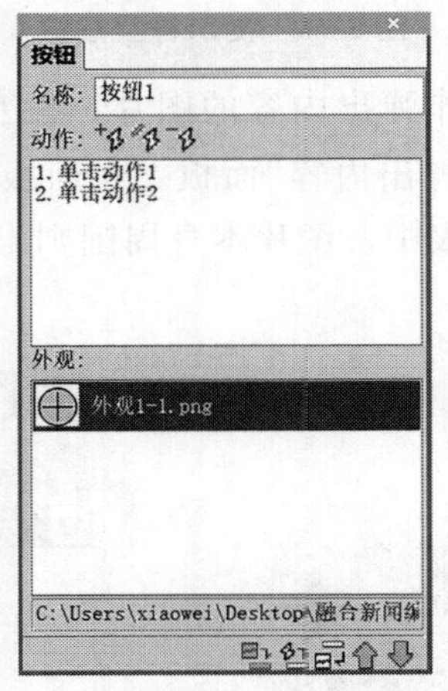

图 5-99　图片设置的“按钮”面板

图片、色块、文字块在转为图像块后均可以用来做按钮，弹出对象也不限于图片，色块、文字块、音视频或不同元素成组合形成的对象都可以用来做弹出对象。

2. 多个按钮及其弹出对象

按钮的设置也可以直接通过“按钮”图标完成。首先将版面上的某图片设为弹出内容。然后点击“互动”菜单中的“按钮”图标，在弹出的“创建按钮”对话框中，选择图片作为按钮外观。如果只用一张图片作为按钮的外观，那么点击前、点击后的按钮外观是一样的。如果选用两张图片作为按钮的外观，那么这两张图片分别代表“点击前”和“点击后”的按钮形状。继续单击对话框中的“添加按钮动作”，使按钮指向已设为弹出内容的画面(见图 5-100)。

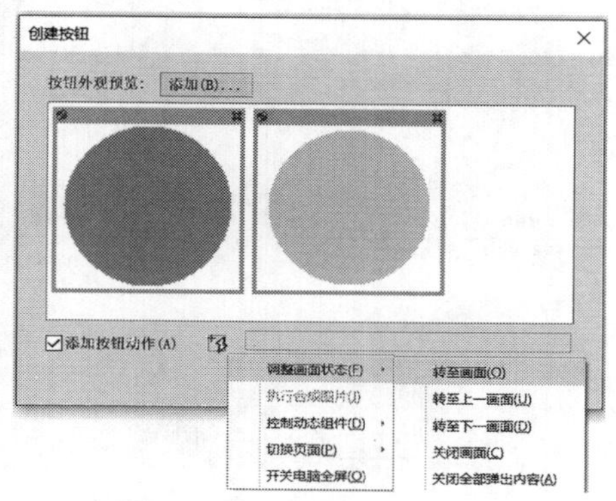

图 5-100　以两张图片作为按钮外观

设置完成后，点击“确定”，按钮进入版面。“按钮”面板随之弹出，可看到这个按钮的两个外观(橙色和蓝色)都出现在列表里(见图 5-101)。通过面板的“外观上移”“外观下移”两个箭头操作符，可以调整外观 1 或外观 2 各在“点击前”还是“点击后”。

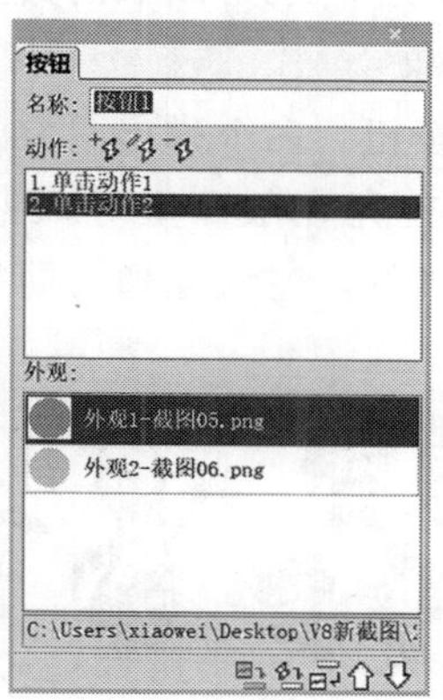

图 5-101　“按钮”面板上的两个外观

3. 自定义按钮动作

点击按钮面板中“动作”栏中的“修改动作”按钮，弹出“自定义按钮动作”面板，可以在其中做各种设置，如将按钮操作由“单击”改为“双击”(见图 5-102)。

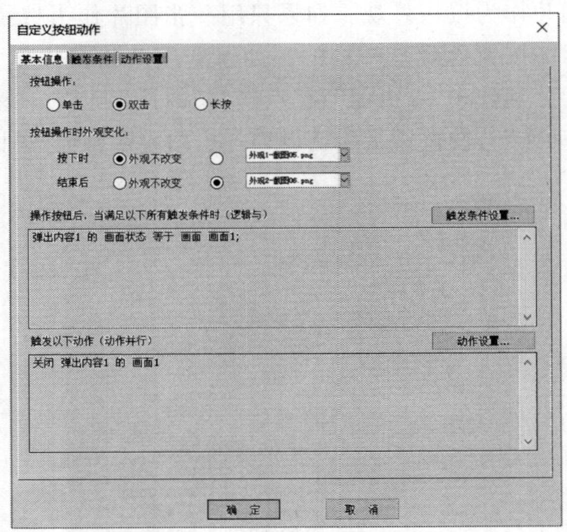

图 5-102 “自定义按钮动作”面板

设置完成后，在终端 H5 中双击橙色按钮(外观 1)，会弹出相应画面，按钮同时变为蓝色(外观 2)。

如果设置好弹出内容后又想取消，可选中该对象，在鼠标右键菜单中点击“转为普通对象”，对象就取消了原有互动设置。或者点击按钮面板底部的“将选中按钮恢复为普通图像块”，也可以取消其按钮属性。

4. 多组按钮及其弹出对象

版面上通常会设置多个按钮、多个弹出对象。这里用往届奥运会吉祥物图片为例来讲解一下步骤。首先在版面上导入四张吉祥物图片，调整好位置。图片素材大小宜事先处理好，建议处理为同等大小(见图 5-103)。

图 5-103 准备弹出内容素材

打开“弹出内容”面板，用鼠标左键将素材 1 至素材 4 逐一拖入画面列表中，形成画面 1 至画面 4(见图 5-104)。

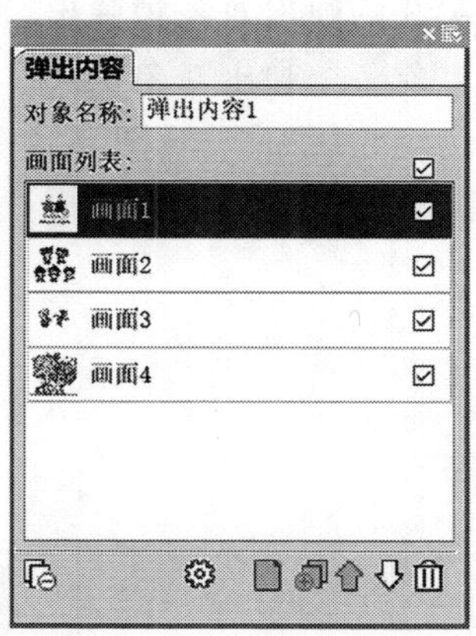

图 5-104　将多画面设置为弹出内容

在版面上制作好 4 组相对应的按钮图标，每组按钮包括一个选中状态(色块带边框)和一个未选中状态(色块不带边框)(见图 5-105)，然后全部转为图像块。

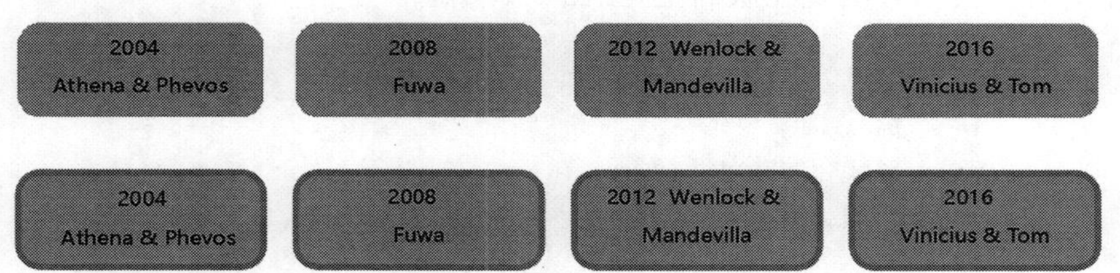

图 5-105　制作多组按钮图标

打开“按钮”面板，将第一组图标转为按钮，并分别添加动作，使其转向相应的弹出内容(弹出内容 1 的画面 1)。这组按钮中的两个不同状态的图标在版面上重叠在一起，且上层为未选中的初始状态(见图 5-106)。如果点击面板下端的“切换外观图像的上下位置”，上下两层图标就会互换。按同样的步骤将 4 组图标全部转化为按钮，并分别添加动作转至相应的画面。

图 5-106　设置一组按钮

点击“弹出内容”面板右上角的扩展符，在扩展菜单中点击“属性设置”，在“弹出内容属性设置”中可以进行相关设置。其中“弹出内容之间互斥”指按下某一按钮时，只有其相关联的弹出对象被弹出；继续按下一个按钮时，其相关联的弹出对象被弹出，前一个弹出对象消失。也就是说，弹出对象之间是互相排斥的，不会同时出现在版面上(见图 5-107)。

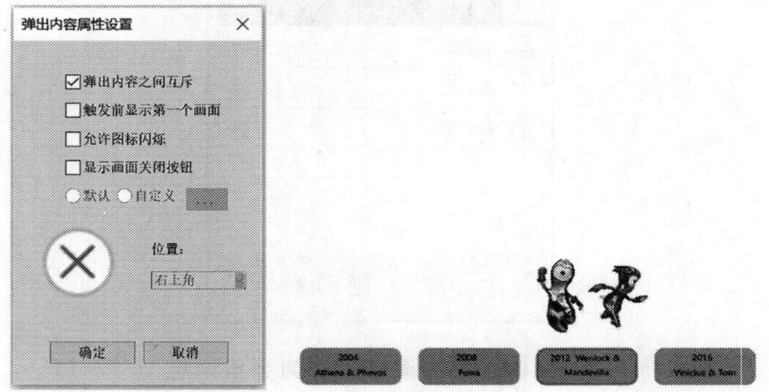

图 5-107　弹出内容之间互斥

如果取消“弹出内容之间互斥”前的对号，那么按下不同按钮时，相关联的弹出对象会同时出现在版面上(见图 5-108)。

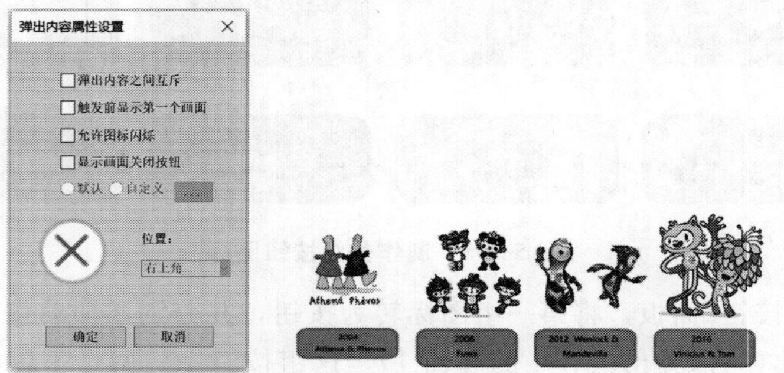

图 5-108　弹出内容之间不互斥

选择互斥与否，取决于编辑者对不同画面间关系的理解和设计。例如，要做一组换装秀的内容，使同一个模特身上依次穿着不同服饰，那么就要设置成互斥型的弹出内容。如果想要让读者在版面上同时看到多个内容，就要设置成不互斥型的弹出内容。

5. 弹出互动组件

飞翔软件不仅能将普通的图片、画面转为弹出内容，还可以将各种互动组件转为弹出内容。以将音频组件转为弹出内容为例，选中版面上的音频对象，点击版面右侧菜单中的“弹出内容”图标，在浮动对话框中将其转化为弹出内容(见图 5-109)。

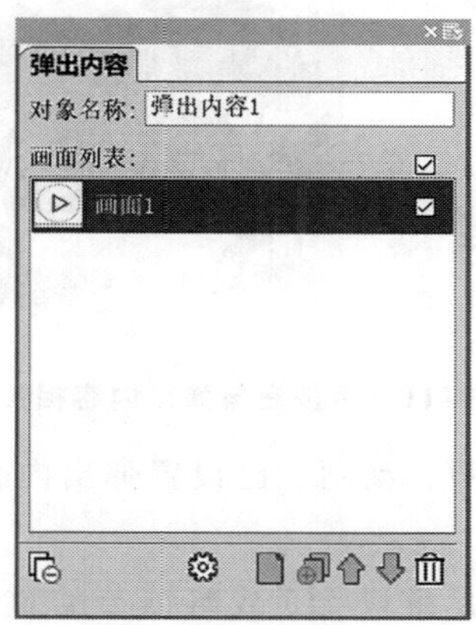

图 5-109　将互动组件转化为弹出内容

在版面上制作好相应的“试听”按钮，通过“按钮”浮动面板进行设置，将按钮与这个弹出内容关联起来(见图 5-110)。

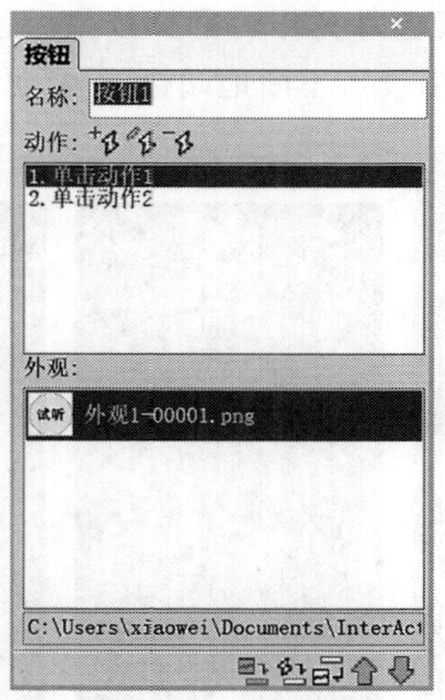

图 5-110　将按钮与弹出内容相关联

再排入装饰性图片，这个部分就完成了(见图 5-111)。在预览页面，点击“试听”按钮，音频符号弹出，自动播放音乐。作为弹出内容的音频符号可以独立操控，在播放与暂停之间切换。

图 5-111　将按钮与弹出内容相关联

按照同样的方法，视频、动画、已设置弹出内容的组件等均可以被转化为弹出内容。

设置按钮和弹出内容是推进 H5 故事情节的重要手段。仍以《月亮与六便士!》为例，这个 H5 中多处运用按钮和弹出内容。如画家的太太收到丈夫的来信，信纸上方设置了黄色的月亮按钮，并提示“点击月亮，查看信件”，点击可弹出整页信件。故事讲述者到旅馆寻找画家，门上提示“点击门牌号，敲开房门”，点击后可出现一连串动画，画家现身。有些页面右下角标明“点击月亮可到下一页”，以黄色月亮作为翻页按钮。这些设计巧妙地将按钮和故事情节融合在一起，吸引读者不断地阅读下去(见图 5-112)。

图 5-112　H5《月亮与六便士!》中的按钮设计

6.“长按”功能的按钮设置

飞翔 V8 版本中，“长按”功能的按钮设置较为复杂，需要在“自定义按钮功能”面板中做相关设计。本小节的实例是通过“长按”按钮，实现小船在大海上航行的效果。设置“长按”功能的按钮，外观可以用一个；也可以增加至三个，即选用三张图片，分别代表“点击前”“长按住”和“长按结束”三种不同的按钮状态。本实例暂用一个外观进行讲解。

在版面中导入制作好的大海背景图片、帆船图片。在版面中画一个圆形按钮，中间写上“长按”，将圆形和文字块成组，在“互动”菜单中点击“转为图像块”，将其转为图像。将该图像设置为按钮(见图 5-113)。

图 5-113　“长按”按钮

通过版面右侧的“对象管理”面板，将各对象一一命名(见图 5-114)。准备用于移动的背景图片命名为“动态背景”，不移动的背景蓝色块命名为“静态背景”。之所以要区分这两种背景，是因为如果移动的是背景，在动态背景移动后，版面上相应位置会出现一段空白，所以预先放置一个蓝色块填补空白。

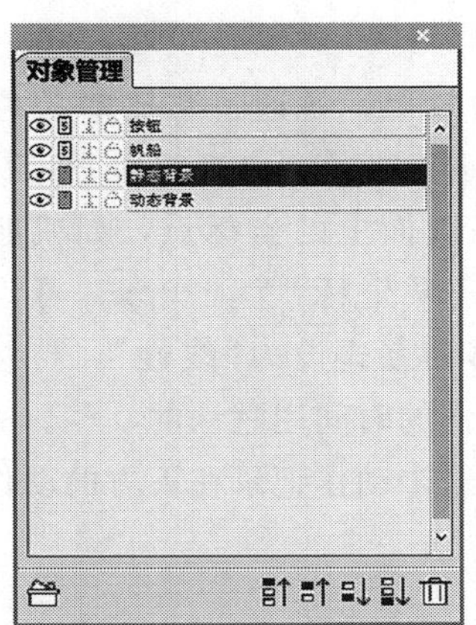

图 5-114　为版面各对象命名

在按钮面板中，将按钮的“动作”选为“自定义按钮动作”，弹出“自定义按钮动作”面板。在“基本信息”模块中，将按钮操作选为“长按”(见图 5-115)。

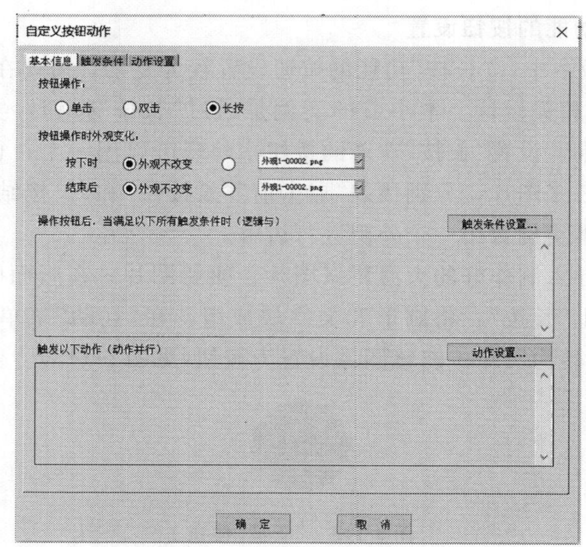

图 5-115 设置“长按”动作

点击“动作设置”选项卡，进入动作类型设置。窗口左侧列出各项动作类型，其中“切换页面”指点击按钮后跳转到另一页，“调整画面状态”涉及弹出内容的控制。“切换画廊画面”是关于画廊页面的控制。其他动作还包括“控制动态组件”“移动对象位置”“调整对象大小”“调整对象属性”“调整接力计数”“调整计时器”等。

小船在大海上航行的效果，是通过移动对象位置来实现的。点击进入“移动对象位置”对话框，选定对象为“帆船”，然后设定对象移动后的位置。“绝对位置”指的是对象在版面上的坐标点，如帆船原来的初始位置，X值（横坐标）为25px，Y值（纵坐标）为630px，可设置其移动后的X值为500px，Y值为630px。移动方式设为“线性”，持续时长设为“6秒”，点选“松手停止”。延迟执行动作的时间用默认的0秒。完成这一系列设置后，点击下方的“增加”按钮，使这个动作记录在下方的动作框中(见图5-116)。

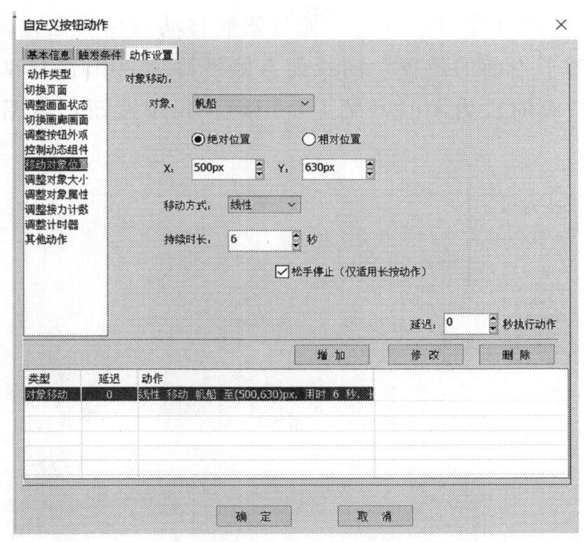

图 5-116　“移动对象位置”相关属性设置

预览页面，可以看到初始时帆船停在版面左侧，长按按钮，帆船向版面右方线性平移，在版面上的高度保持不变。期间如果松开按钮，小船则停止运动。6 秒钟结束时，帆船到达版面右侧位置，停止运动(见图 5-117)。

图 5-117　帆船在版面上的移动过程

如果“移动方式”改用“立刻”，预览时可看到小船立刻移动到了目标位置。如果还想改变其他参数，可以利用互动面板下方的“增加”“修改”“取消”等功能进行修改。

也可以通过“相对位置”的设定来实现对象的移动。“相对位置”指的是对象相对于现在的位置发生了什么改变。如将帆船移动的相对位置设为(1000，0)，指的是其将相对于当前的位置，向版面右侧平移1000px。移动方式仍设置为“线性”，移动持续时长为10秒(见图5-118)。长按按钮，帆船实现向右侧走的效果。

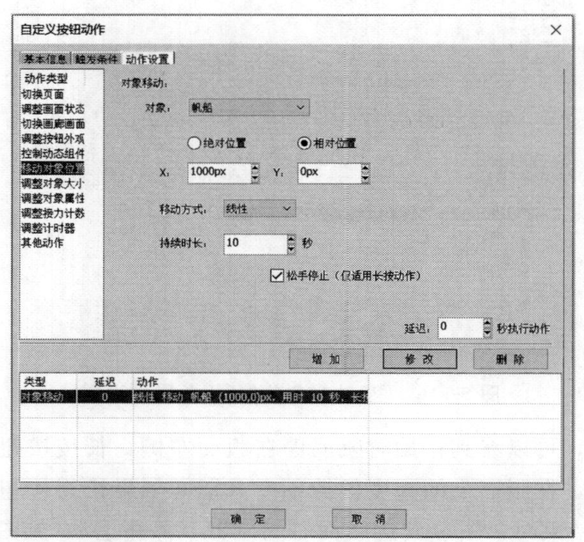

图 5-118 “相对位置”的参数设置

还可以通过设置其他对象的“绝对位置”或“相对位置”来实现同样效果。如将对象“动态背景”的相对位置设为(－1000，0)，指的是其将相对于当前的位置，向版面左侧平移1000px。移动方式仍设置为“线性”，移动持续时长为10秒。长按按钮，动态背景(大海)向左侧移动，视觉效果看上去就是帆船在向右侧走的效果。

7. 按钮触发条件

按钮的动作可以与触发条件结合，触发版面中的特定动作。在这类关系中，按钮的动作设置和逻辑判断较为复杂。这里以“猜硬币”小游戏为例加以讲解。

小游戏页面的设计为：一枚硬币，正面为花，反面为字，花面与字面各有一组按钮(包括显示和置灰两种状态)。硬币正反面快速切换，用户在“花面按钮”和“字面按钮”之间任选其一点击，如果与此时页面中硬币的显示面一致，版面就会出现“猜对了”提示，如果与硬币的显示面不一致，版面就会出现“猜错了”提示。

要完成这个游戏设计，需要对按钮操作、触发条件和按钮动作做一系列设置(见表 5-2)。

表 5-2　“猜硬币”小游戏按钮设置

按钮	按钮操作	触发条件	动作设置	备注
花面按钮	单击按钮	图像序列为	显示画面 猜对了	单击按钮后，图像序列暂停，并显示两种画面中的一个
		图像序列为	显示画面 猜错了	
字面按钮	单击按钮	图像序列为	显示画面 猜错了	
		图像序列为	显示画面 猜对了	

下面逐步讲解相关设置。首先，准备好硬币花面和字面的图片，将这两张图片设置为一个图像序列。播放速度采用默认的 16 帧/秒即可。在“互动属性”中，关闭“点击播放/暂停”，这样才能实现以按钮控制序列暂停(见图 5-119)。

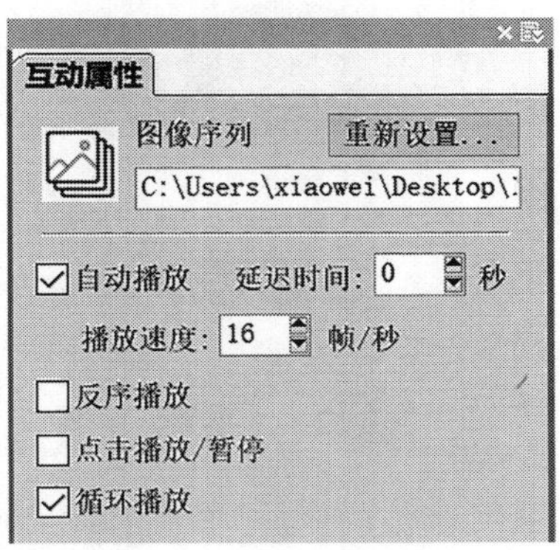

图 5-119　硬币图像序列的互动属性设置

准备好花面按钮和字面按钮的图片素材，每组按钮各有两种外观(有色和置灰)，以区分选中和未选中状态(见图 5-120)。

图 5-120　按钮图片素材两种外观

将两组图片转化为按钮(见图 5-121)。为方便后续设置，可在按钮面板的“名称”对话框中为其命名，或在“对象管理”面板中为各对象命名。

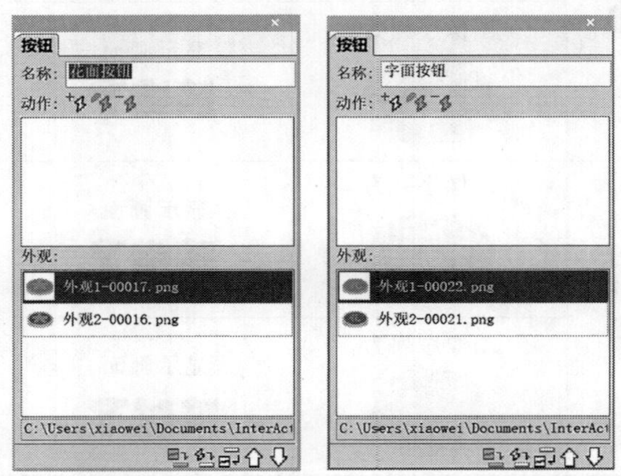

图 5-121　将素材转化为按钮

加上标题“猜正反”和装饰性线框，版面的主体元素就固定下来了(见图 5-122)。

图 5-122　版面主体元素

选择按钮 1(花面按钮)，自定义按钮动作。在“动作设置”中，选择“控制动态组件”，将“图像序列 1”组件设为“暂停”，然后将这个动作增加至动作列表中(见图 5-123)。

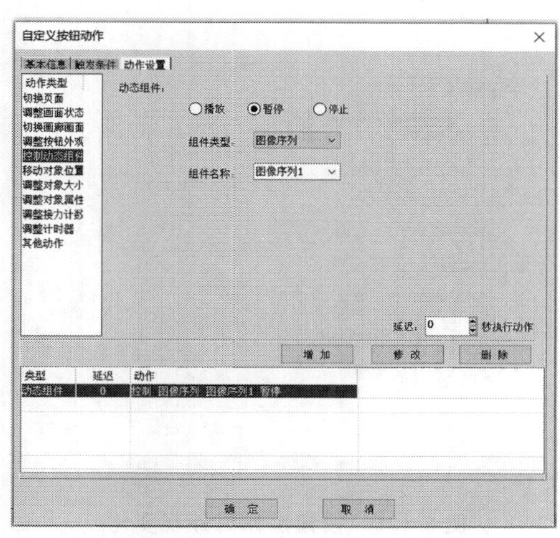

图 5-123 “控制动态组件”设置

然后选择“调整按钮外观”，将按钮 2(字面按钮)的外观设为“外观 2”，并将动作增加至动作列表(见图 5-124)。这样，当点选花面按钮时，字面按钮呈置灰状态。

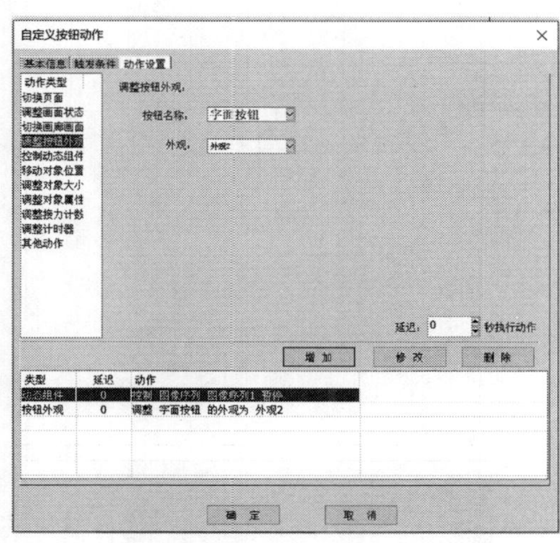

图 5-124 “调整按钮外观”设置

在“基本信息”中，将按钮1(花面按钮)在“按下时”和“结束后”均设为“外观不改变”(见图5-125)。这样，当点选这个按钮时，按钮一直呈选中状态。

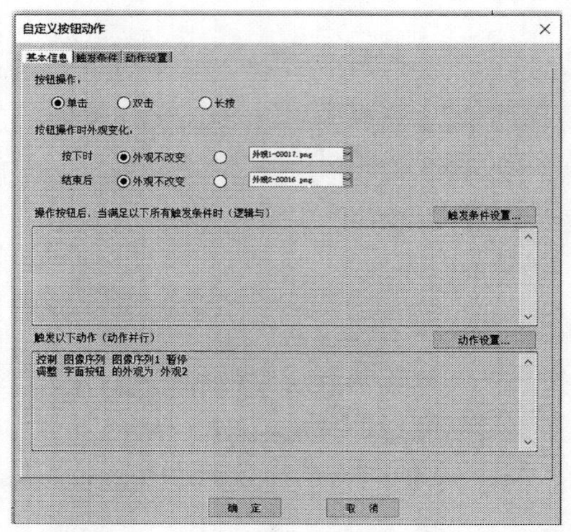

图 5-125 按钮操作时外观变化

选择按钮2(字面按钮)，仿照上面的步骤，将动态组件、按钮外观和按钮操作时外观变化进行逐一设定。此时按钮外观控制为将花面按钮设为“外观2”。

为了在完成一次选择后，快速刷新版面的外观，可以设置一个“再玩一次”按钮。在这个按钮的动作设置中，选定“切换页面”，设定“转至页面”为“下一页”(见图5-126)。

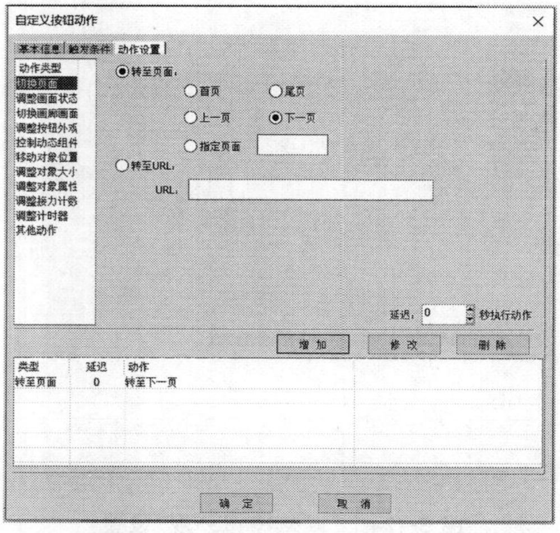

图 5-126 “切换页面”设置

同时调出操作界面右侧的“页面属性”面板，点选“禁止滑动翻页”(见图5-127)。

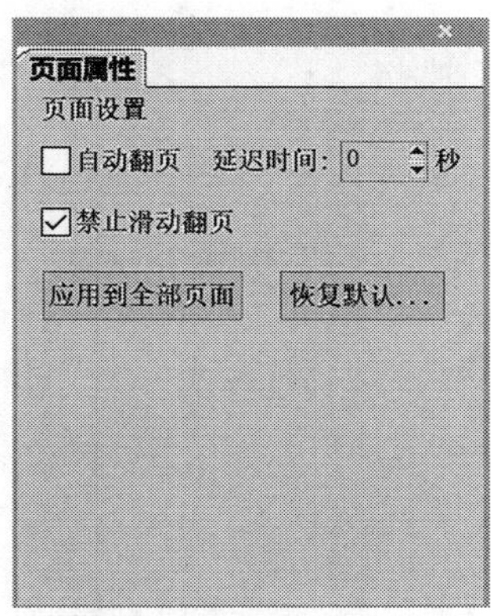

图 5-127　“禁止滑动翻页”设置

预览页面，版面中心的硬币不断在花面和字面之间变化。在字面或花面按钮中任选一个点击，版面中心的硬币停止变化，未选按钮变成置灰。这样就玩了一局游戏。点击“再玩一次”按钮，版面刷新成起始状态，硬币重新开始变化(见图 5-128)。

下面需要设置按钮与图像序列之间的逻辑关联。先做两个提示结果的按钮“猜对了”和“猜错了”，然后将这两个按钮重叠放置在版面上的适当位置(见图 5-129)。

图 5-128　刷新版面外观

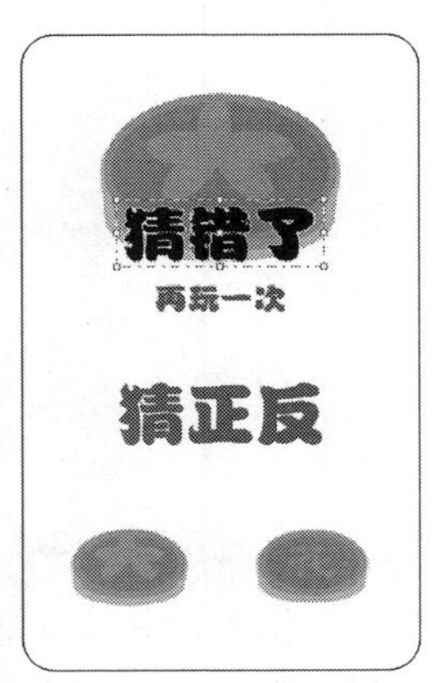

图 5-129　设置结果提示按钮

在“对象管理”面板中，将结果提示按钮命名为“猜对了”和“猜错了”，并和“再玩一次”按钮一起，设置为在 H5 端不显示(见图 5-130)。这样，结果提示按钮在 H5 端开始时是看不到的。

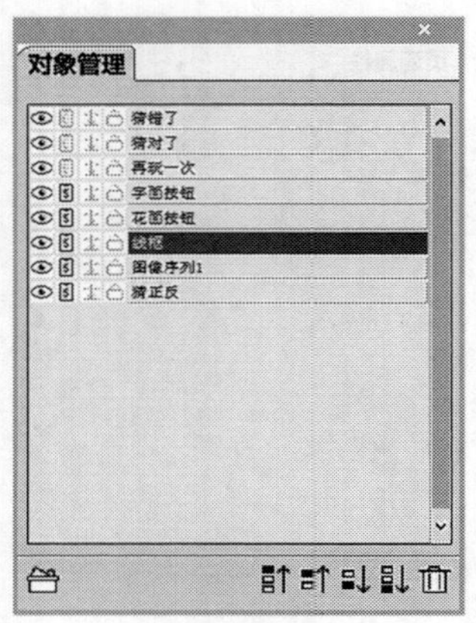

图 5-130　H5 端隐藏结果提示

选中按钮 1(花面按钮)，修改自定义按钮动作，将“触发条件”设置为当“图像序列 1＝花面”时(见图 5-131)。

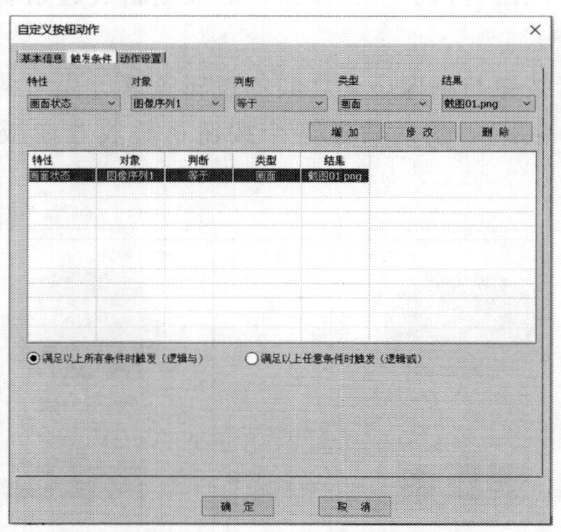

图 5-131　设置按钮触发条件

在“动作设置”选项卡中，点选“调整对象属性”，在右侧的“对象属性”中，将对象“再玩一次”“猜对了”均设为“可见”，并增加至动作列表中(见图 5-132)。

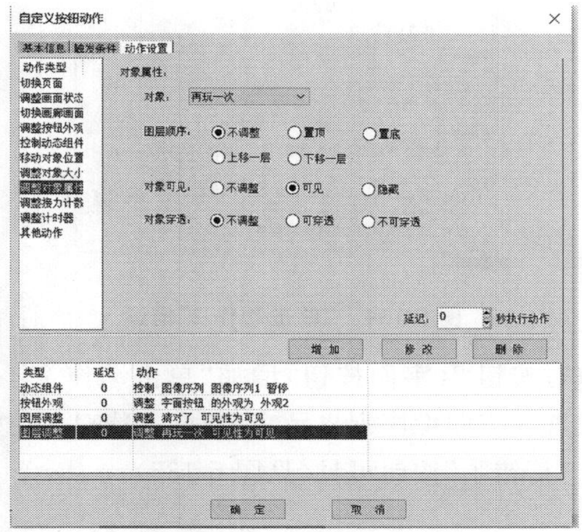

图 5-132　调整对象属性为可见

为按钮 1 增加一个单击动作，即“单击动作 2”(见图 5-133)。

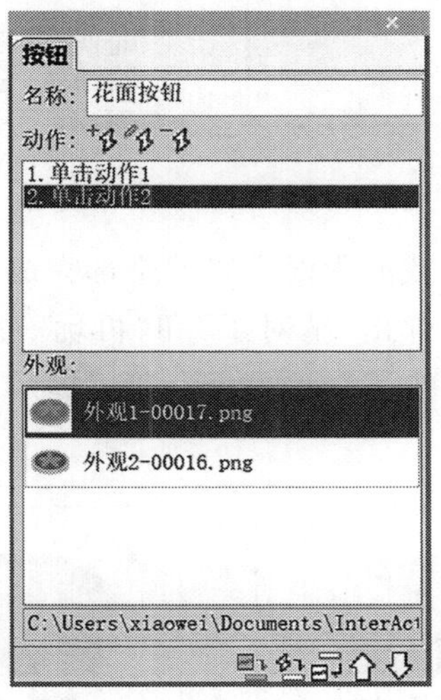

图 5-133　增加“单击动作 2”

为“单击动作 2”进行自定义设置，外观、控制与“单击动作 1”的设置一致，触发条件和动作的逻辑关系为：当图像序列显示字面时，“猜错了”按钮可见。在按钮面板上，点中“单击动作 2”，可看到浮动面板上对该动作的简要描述(见图 5-134)。

[单击动作2]：
按钮操作
单击
按下时 外观不改变
结束后 外观不改变

触发条件
当 图像序列1 的 画面状态 等于 画面 截图02.png 时

动作
调整 再玩一次 可见性为可见
调整 猜错了 可见性为可见
控制 图像序列 图像序列1 暂停

图 5-134 “单击动作 2”描述

按同样的步骤对按钮 2(字面按钮)增加“单击动作 2”，并为两个动作分别进行触发条件设置：当图像序列显示字面时，“猜对了”按钮可见；当图像序列显示花面时，“猜错了”按钮可见(见图 5-135)。

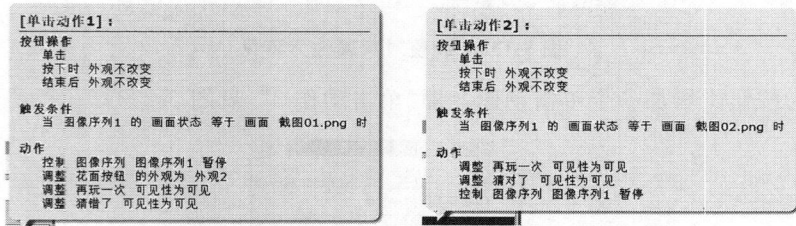

[单击动作1]：
按钮操作
单击
按下时 外观不改变
结束后 外观不改变

触发条件
当 图像序列1 的 画面状态 等于 画面 截图01.png 时

动作
控制 图像序列 图像序列1 暂停
调整 花面按钮 的外观为 外观2
调整 再玩一次 可见性为可见
调整 猜错了 可见性为可见

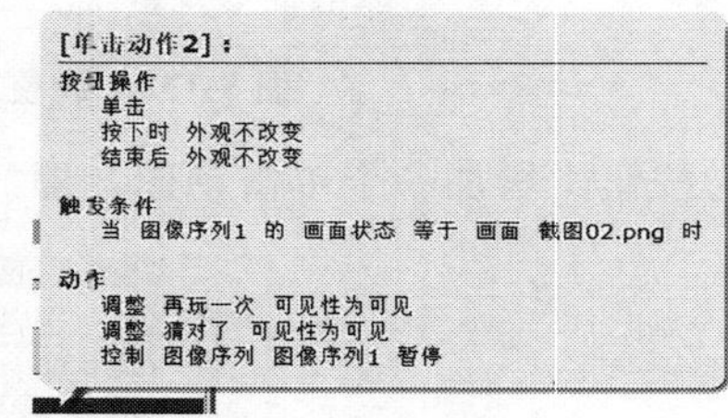

[单击动作2]：
按钮操作
单击
按下时 外观不改变
结束后 外观不改变

触发条件
当 图像序列1 的 画面状态 等于 画面 截图02.png 时

动作
调整 再玩一次 可见性为可见
调整 猜对了 可见性为可见
控制 图像序列 图像序列1 暂停

图 5-135 按钮 2 动作描述

至此，“猜硬币”小游戏的版面设置就全部完成了。预览版面，点按花面按钮，硬币同为花面时，弹出“猜对了”和“再玩一次”提示；点按字面按钮，硬币为花面时，弹出“猜错了”和“再玩一次”提示(见图 5-136)。其他结果类推。

图 5-136 H5 预览效果

这个小游戏的逻辑判断涉及 2 个按钮、4 种结果。H5 实际设计中，按钮可能更多，逻辑判断也可能更为复杂。学习者重在学习其中的原理、思路，然后举一反三，运用到不同场景的 H5 设计中。

四、对象管理

点击排版界面右侧的“对象管理”按钮，弹出对象管理面板(见图 5-137)，面板中罗列了版面上所有的对象。

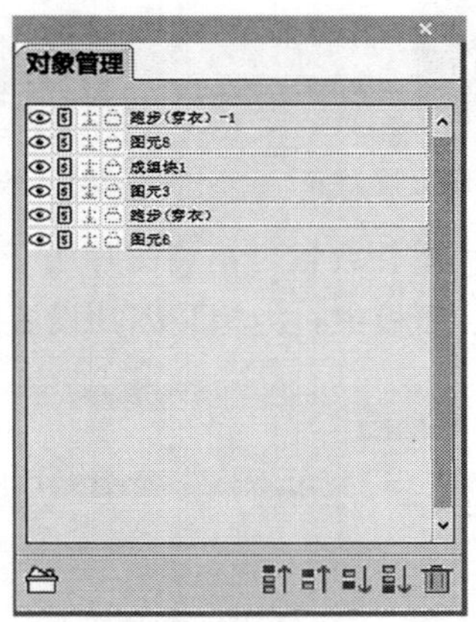

图 5-137　“对象管理”面板

面板左侧的各列按钮功能如下。

第一列“”：可切换对象在飞翔版面中的可见性，用于控制对象在编辑面板中的显示与隐藏。

第二列“”：可切换对象在 H5 页面中的可见性。用于控制页面在 H5 里的显示与隐藏。

第三列“”：可设置图片、图元在 H5 中是否可穿透。可穿透的图片、图元能够操作该对象下层的互动对象，不被遮挡。

第四列“”：可在飞翔面板中锁定或解锁对象。锁定就后无法对对象进行操作了。

相邻的一列是对象名称，双击后可以更改已有名称。面板下方还有一些图标，用以调整对象层次。

设置了穿透属性的对象，可以透过该对象点击到下层的对象，对下层进行操作，如移动、旋转、放大等。穿透属性按钮可被应用在适当的互动场景中。例如，让用户从页面上的福袋中摸出一个小礼物。制作时，首先将福袋图片导入版面，或在版面上画一个小福袋，将其转化为图像块，这样就制作好了上层对象(见图 5-138)。

通过“互动”菜单下的“自由拖拽”选项，为准备好的下层对象(铅笔图片)设置自由拖拽(见图 5-139)。

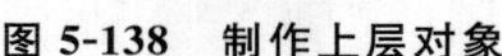

图 5-138　制作上层对象　　图 5-139　设置下层对象

将福袋图片和铅笔图片重叠放置，福袋图片居于上层，并完全遮盖住下层的铅笔图片。在“对象管理”面板中，为福袋图片设置穿透属性(见图 5-140)。

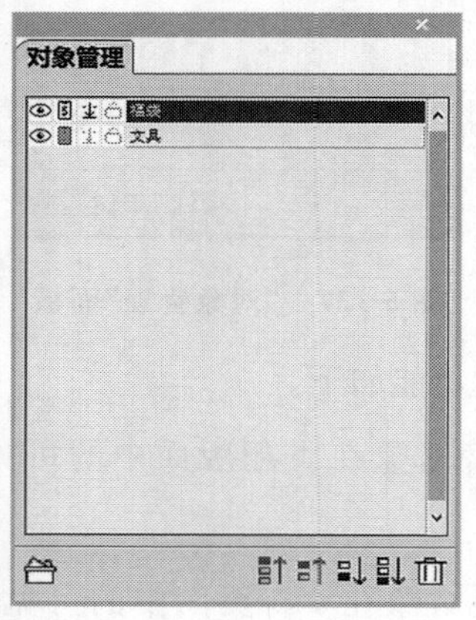

图 5-140　为上层对象设置穿透属性

预览页面，可见只有福袋显示在版面上。用鼠标在铅笔的位置进行拖拽，可以将铅笔图片拖拽移动，显示为从福袋中取出铅笔的效果(见图 5-141)。

图 5-141　穿透上层对象操作下层对象

五、超链接

选中文字块或其他类型的对象，可以为其设置超链接。以一个标题文字块为例，用“T”工具选中整行标题，点击“互动”菜单下的“超链接”图标，弹出“新建超链接”对话框(见图 5-142)。

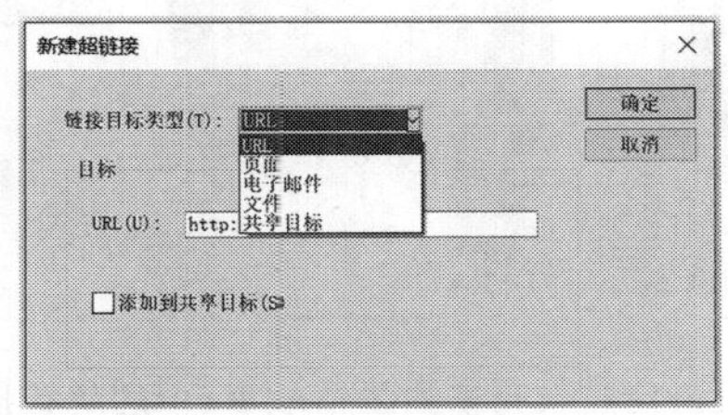

图 5-142　“新建超链接”对话框

点开“链接目标类型”的下拉菜单，可看到有“URL”“页面”“电子邮件”“文件”“共享目标”等选项，分别选定后可以将这个文字标题链接到不同的目标。如选择“页面”，将目标页面指定为“1”，版面上的文字块会转化成浅蓝色，并带上了同色的下划线(见图 5-143)。在移动终端点击这个带下划线的文字块，页面会从文字块所属页跳转到文件的第 1 页。这一功能经常被用来制作目录。

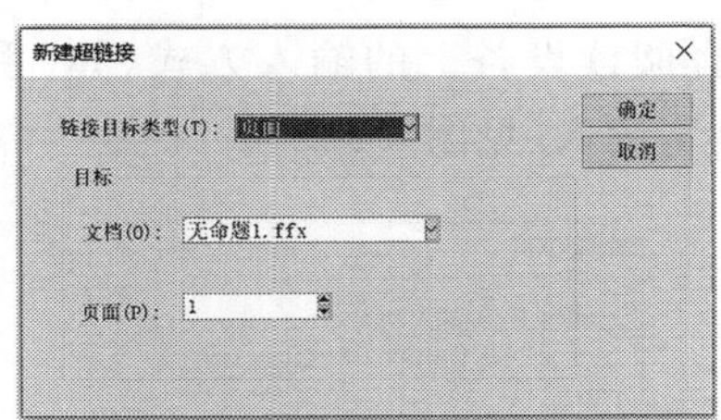

图 5-143　超链接目标为页面

对文字块、图片、组合对象都可以设置超链接。以 H5《我家的爱情故事》为例，这是第六届中国大学生新媒体创意大赛的获奖作品，以一家三代人的爱情故事透视中国改革开放以来的巨大变化。H5 开屏页后的第二页(目录页)分为三块，分别是“姥姥和姥爷”“阿姨和台湾小伙”“姐姐和爱情”，都是图文组合成的对象块，通过超链接通向各自的故事内容。每部分故事讲完后，用户点击“返回”键，可以通过超链接再度返回目录页(见图 5-144)。

图 5-144 《我家的爱情故事》中的超链接

如果希望读者在阅读内容后向编辑者发电子邮件、交流阅读体会，可在文稿(如编者按)中写上电子邮件地址，将其链接目标类型选为“电子邮件”，在目标地址中也填入邮件地址，就可以完成设置。在移动终端点击邮箱，页面会从文字块所属页跳转到写邮件的界面。

六、图文框

图文框提供用户手动在终端屏幕进行录入的功能。可以先为图文框准备一张米字格形状的占位图，点击“互动”菜单下的“图文框”图标，弹出“创建图文框”对话框。可选择阅读设备上的输入方式(如“手写”或“输入法”)，并将图文框页面占位图浏览读入(见图 5-145)。

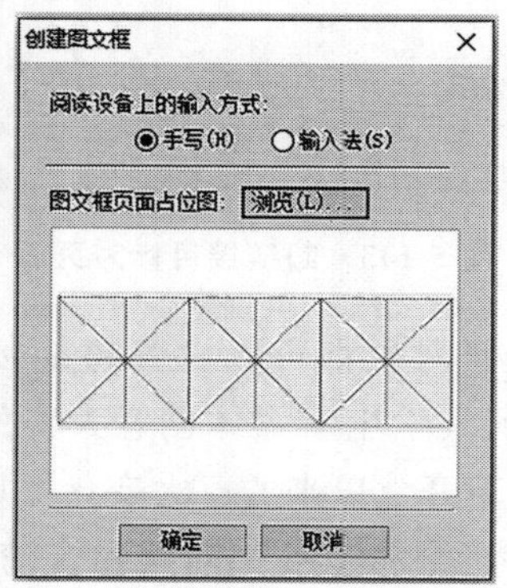

图 5-145 “创建图文框”对话框

点击“确定”，作为图文档占位图的米字格出现在版面上(见图 5-146)。

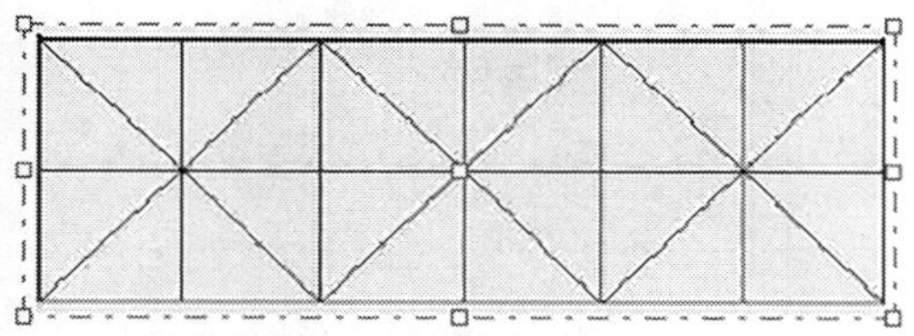

图 5-146　图文框占位图

预览这个页面，可以用鼠标在米字格中写字，查看图文框效果。如果是正式发布的 H5，就可以用手写的方式输入文字了。

在互动属性面板中，可以改动图文框的属性。如将阅读设备上的输入方式由“手写”改为“输入法”，可以使在终端输入的文字按照阅读设计的默认示例文来显示(见图 5-147)。

图 5-147　图文框的互动属性设置

七、擦除

通过“擦除”，可以在终端屏幕上用手逐步擦除掉上层的对象，实现特殊的效果(如露出对象下方隐藏的图片)。先准备一张占位图(如一块渐变颜色的圆角矩形)，点击“互动”菜单下的“擦除”图标，在弹出的对话框中选择打开占位图，进入版面的占位图带上了蓝色虚线框(见图 5-148)。移动其位置使其遮盖住预先隐藏的对象。

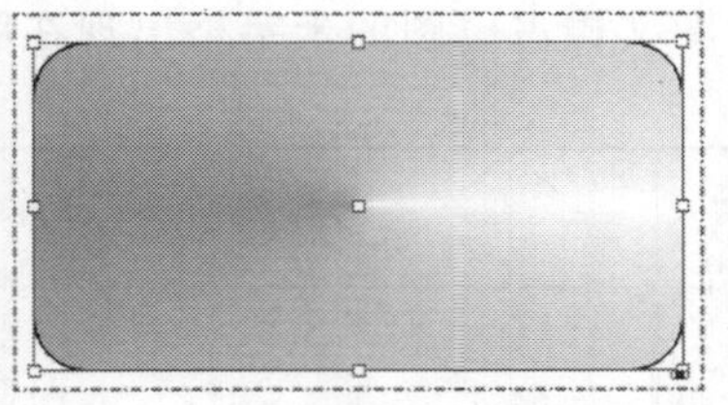

图 5-148　图文框的互动属性设置

互动属性面板弹出，可对擦除对象进行不透明度、擦除半径的设置(见图 5-149)。擦除半径的原始设置为 5px，擦除时笔触(半径)比较细，擦除大面积对象时会较为吃力。可以将其改设成 15px 或更大，擦除时笔触较粗，用户体验会更好。

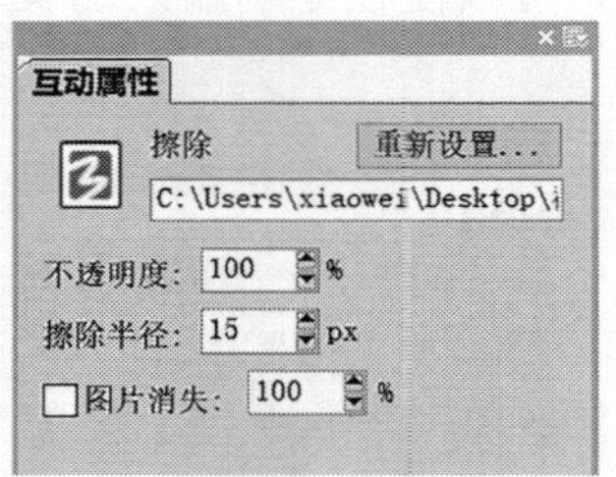

图 5-149　擦除功能的互动属性设置

预览页面，长按鼠标左键，一点点擦除掉占位的色块，色块遮盖的图片就会逐步露出来(见图 5-150)。

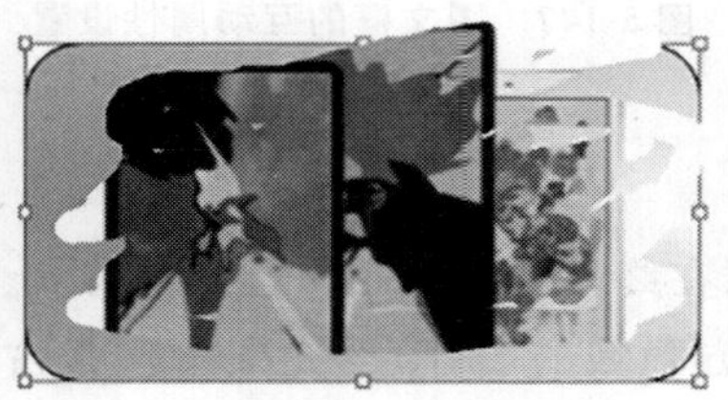

图 5-150　擦除效果

八、自定义加载页

飞翔数字版默认提供加载页，在移动终端浏览 H5 时会呈现出加载效果。点击“互动”菜单下的“加载页”图标，弹出“加载页设置”对话框(见图 5-151)。加载样式包括进度条、进度环、旋转、饼状、条状、百分比等，可在其中选择一种进行设置。

加载页设置

加载样式：进度条　恢复默认

进度条前景色：　进度条背景色：

不透明度：　100%

前景图片：C:\Program Files\Founder\FounderFX80NetDP\

背景图片：

背景颜色：

显示加载进度百分比

百分比颜色：　前缀文字：

确定　取消

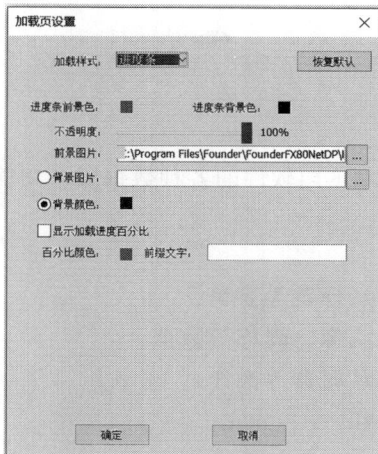

图 5-151　“加载页设置”对话框

不同的加载样式需要设置的选项不同。以“进度条”为例，设置涉及进度条的前景色、背景色、前景图片、背景图片等(见图 5-152)。如果勾选“显示加载进度百分比”，还可设置百分比颜色和前缀文字(如“加载中”)。其他的加载样式也需进行相关设置。

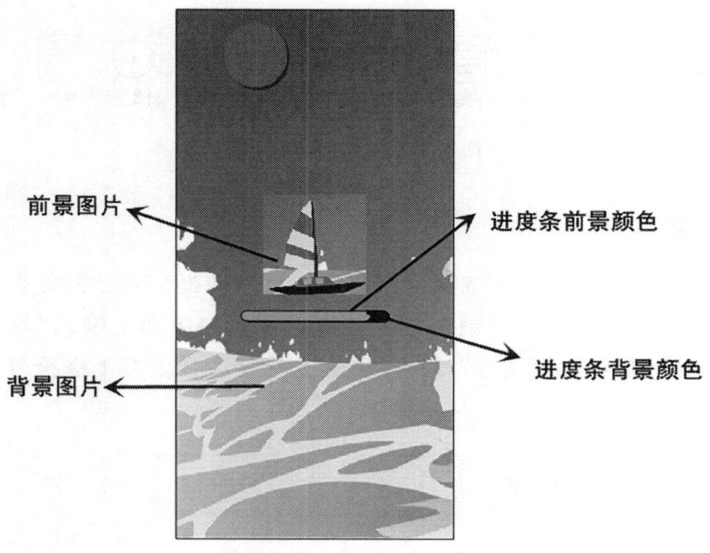

图 5-152　加载页构成

第四节　数据服务

实验主题

本实验的主题为学习飞翔软件的各种数据服务功能。

实验目的

1. 学会设置文本、选择题等表单。
2. 学会读取照片、头像、昵称等数据。
3. 掌握接力计数、计时器等操作。
4. 掌握数据按钮操作。

实验内容

数据服务就是将 H5 与平台的数据进行对接，进行各种数据文本的填写与记录。用户在使用 H5 时，可以将数据填入 H5，并进一步通过各种移动平台进行展示和分享。在飞翔软件的主菜单中找到“数据”图标并点击，可看到数据服务功能共有 10 种，旁边还有一个数据按钮(见图 5-153)。以下逐一讲述各种数据服务的操作。

图 5-153　数据服务功能

一、文本

通过数据服务中“文本”选项，用户可以填入并提交自己的姓名、手机号码等表单数据。如需要用户填写姓名信息，可先在版面上输入“姓名”二字，然后点击数据服务中的“文本”图标，鼠标光标就会带上文本框符号。单击鼠标左键，文本框出现在版面上(见图 5-154)。

图 5-154　版面上的文本框

互动属性面板随即弹出，可以按需求设置相应的属性。如将文本颜色设为二号，颜色设为“弱紫罗兰红”，勾选“必填”选项(见图 5-155)。其他选项也可按需求进行设置。预览页面，就可以在文本框中填入自己的名字了。

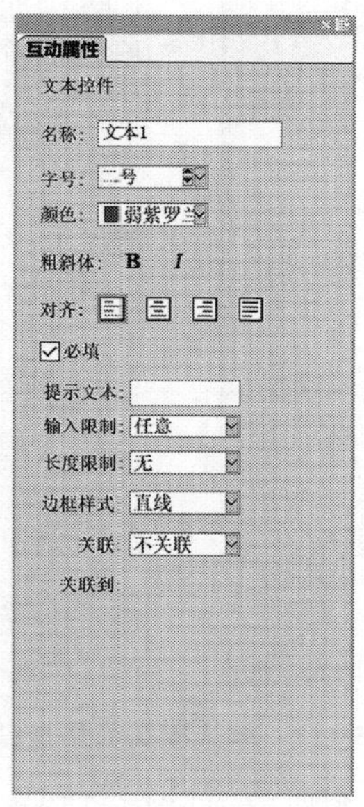

图 5-155　文本控件的互动属性设置

二、单选

通过数据服务中“单选”选项，可以让用户在给定的若干选项中进行单选。如需要用户在四个城市中选择其一，可先在版面上输入“城市”二字，然后点击数据服务中的“单选”图标，单击鼠标左键，单选框出现在版面上(见图 5-156)。

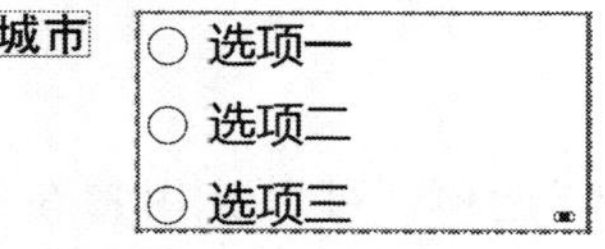

图 5-156　版面上的单选框

互动属性面板弹出，默认选项有三个。利用对话框下方的“增加”“删除”和“修改”按钮，将选项文字改为四个选项城市(北京、上海、广州、深圳)。其他选项如名称、字号、颜色、边框样式等也可按需求进行设置(见图 5-157)。

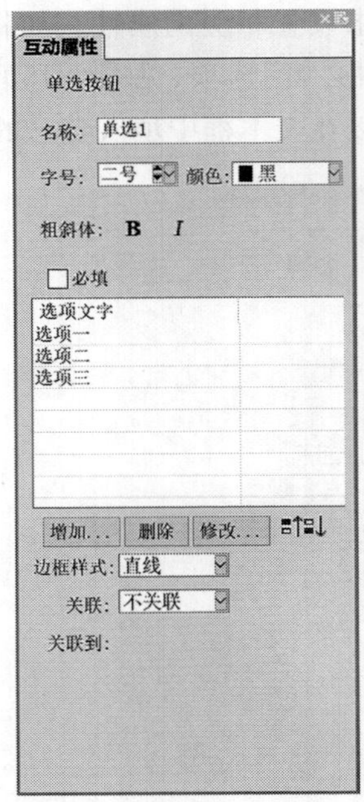

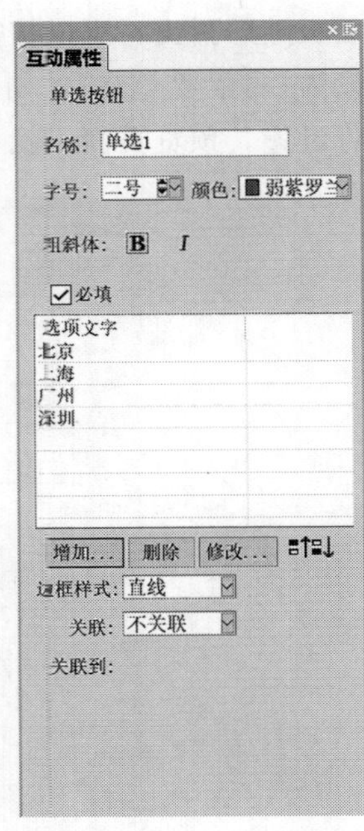

图 5-157 单选按钮的属性设置

版面上可见四个单选的备选项(见图 5-158)。预览这个页面，可以在各选项中进行选择。

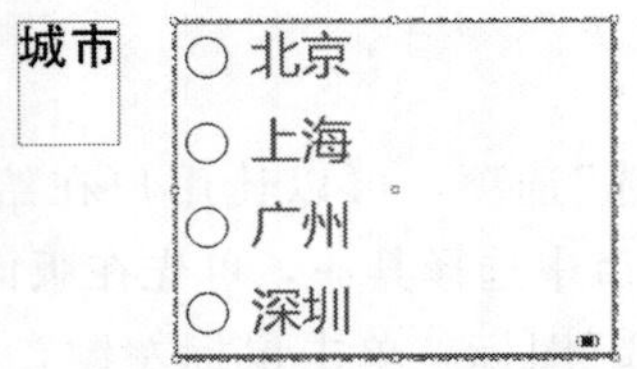

图 5-158 单选选项

三、复选

通过数据服务中“复选”选项，可以让用户在给定的若干选项中进行多选。如需要用户在游泳比赛的四个项目中任选多个项目参赛，可先在版面上输入“项目”二字，然后点击数据服务中的“复选”图标，单击鼠标左键，复选框出现在版面上(见图 5-159)。

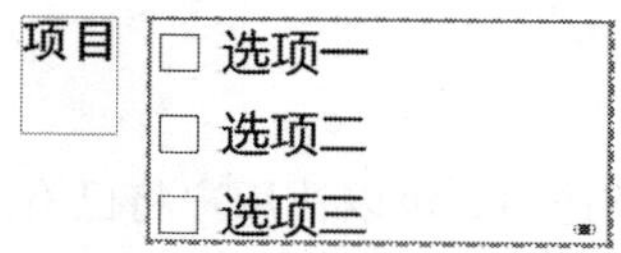

图 5-159　版面上的复选框

互动属性面板弹出，默认选项有三个。点击对话框下方的“增加”“删除”和“修改”按钮，将选项文字改为四个选项(50 米蛙泳、100 米蛙泳、50 米自由泳、100 米自由泳)。其他选项如名称、字号、颜色、边框样式等也可按需求进行设置(见图 5-160)。

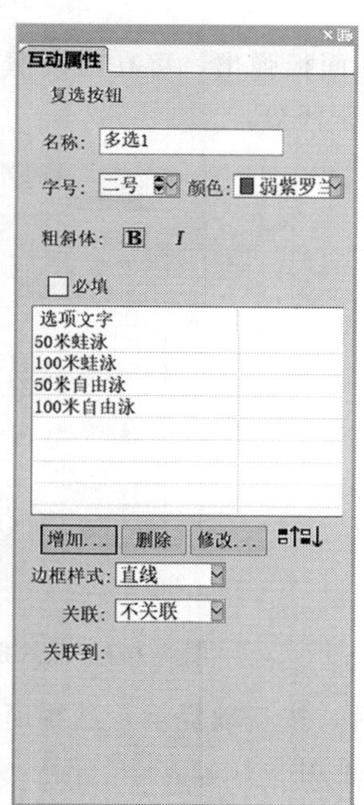

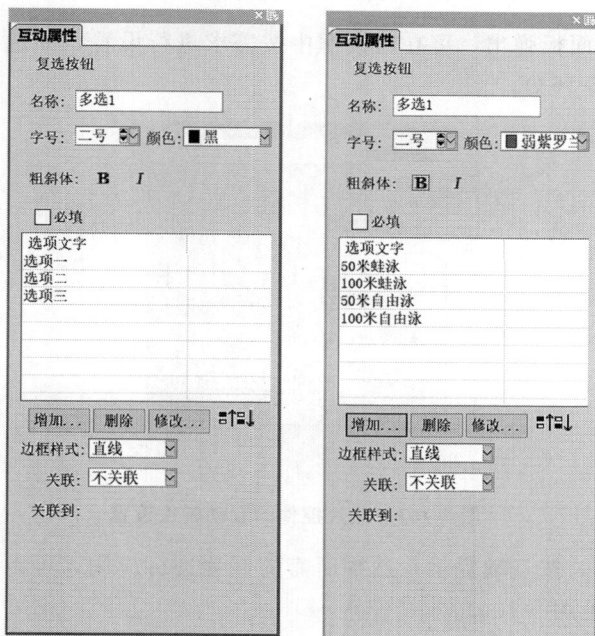

图 5-160　复选按钮的互动属性设置

预览这个页面，可以在备选项中任意选择多项(见图 5-161)。

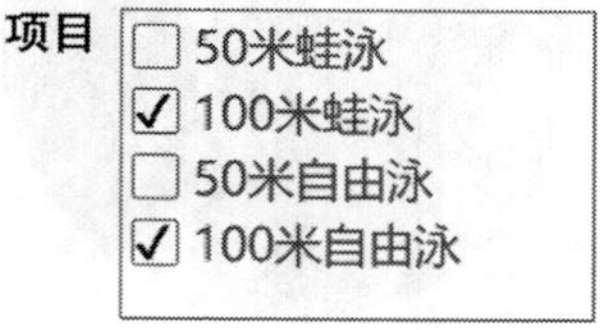

图 5-161　复选选项

四、照片

通过数据服务中“照片”选项，可以让用户将已有的照片应用到 H5 中。点击数据服务中的“照片”图标，单击鼠标左键，照片框出现在版面上(见图 5-162)。

图 5-162　照片框

互动属性面板弹出，可在对话框中按需求进行设置，如选择展示形状为“圆形”(见图 5-163)。

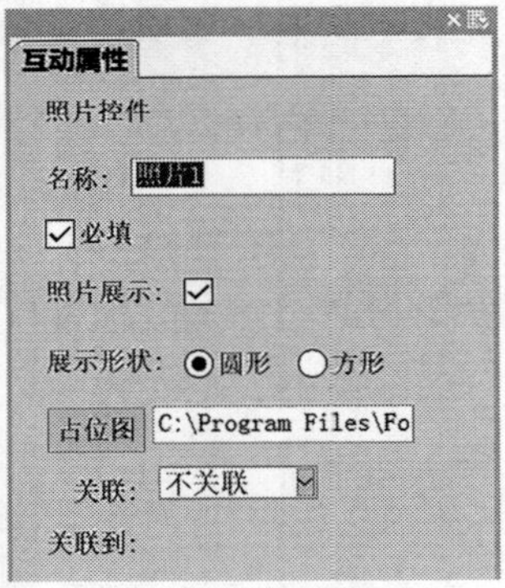

互动属性
照片控件
名称：照片1
☑必填
照片展示：☑
展示形状：◉圆形　○方形
占位图　C:\Program Files\Fo
关联：不关联
关联到：

图 5-163　照片控件的互动属性设置

预览页面，按互动提示，选择所需的照片进行应用，可以看到照片显示在圆形框中(见图 5-164)。

图 5-164　照片预览

五、列表

通过数据服务中“列表”选项，可以让用户在给定的下拉框选项中进行选择。如需要用户在游泳比赛的四个项目中选择一个项目参赛，可先在版面上输入“项目”二字，然后点击“列表”图标，单击鼠标左键，列表框出现在版面上(见图 5-165)。

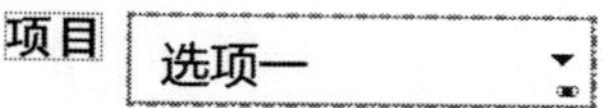

图 5-165　版面上的列表框

互动属性面板弹出，通过对话框下方的“增加”“删除”和“修改”按钮，将选项文字改为四个选项(50 米自由泳、100 米自由泳、50 米蛙泳、100 米蛙泳)。其他选项如边框样式等也可按需求进行设置(见图 5-166)。

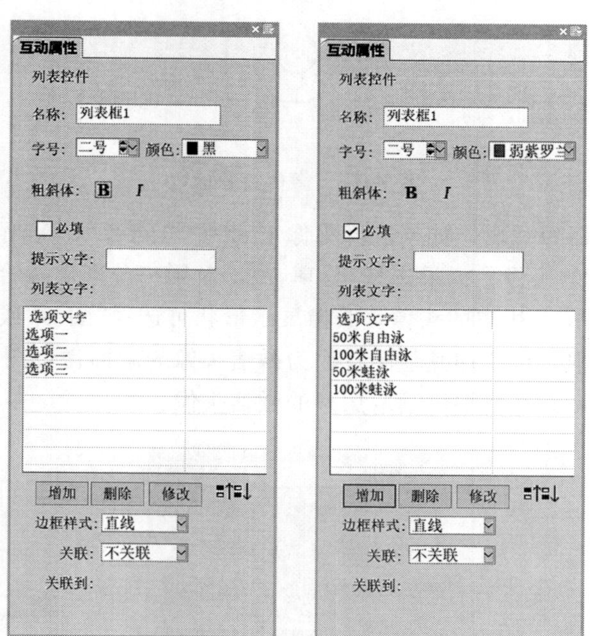

图 5-166　列表控件的互动属性设置

预览这个页面，可以在下拉框选项中进行选择(见图 5-167)。

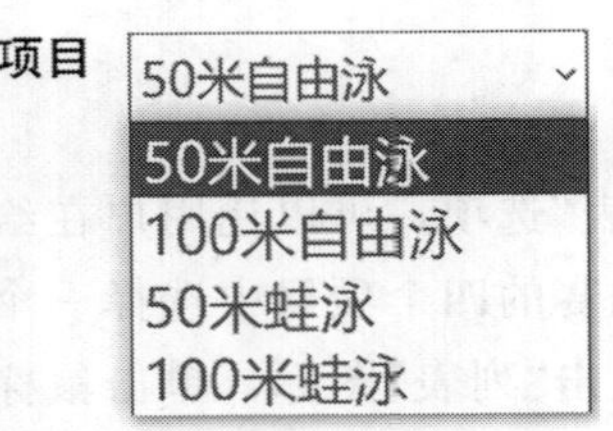

图 5-167 列表预览

六、微信头像

通过数据服务中“微信头像”选项，可以使互动文档读取用户的微信头像，增加用户对 H5 的参与感。点击“微信头像”图标，单击鼠标左键，微信头像读取标记出现在版面上(见图 5-168)。

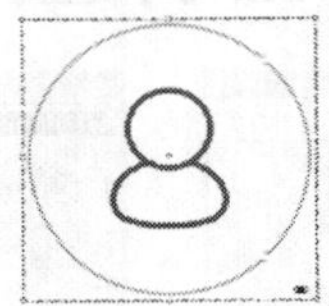

图 5-168 微信头像标记

互动属性面板弹出。如果选择头像来源为“访问者”，A 用户打开作品就会显示 A 用户的头像；如果选择“分享者”，A 用户分享作品给 B 用户，B 用户打开后就显示 A 用户的头像。头像展示形状可选择“圆形”或“方形”。通过“占位图”对话框，可添加其他图片作为微信头像的版面占位图(见图 5-169)。文件正式发布后，在终端可读取用户的微信头像。

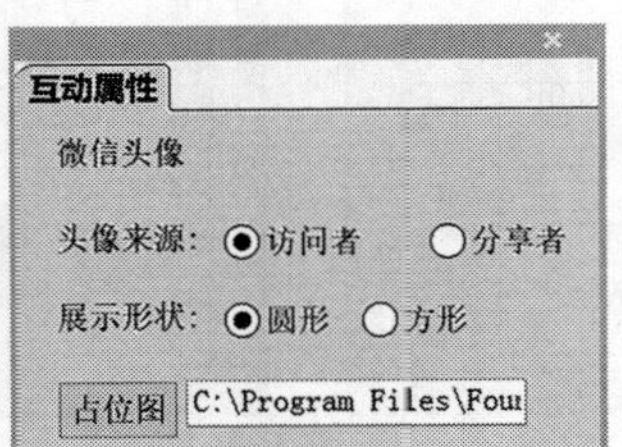

图 5-169 微信头像互动属性设置

七、微信昵称

通过数据服务中“微信昵称”选项，让互动文档读取用户的微信昵称，同样可以增加用户对 H5 的参与感。点击“微信昵称”图标，单击鼠标左键，微信昵称读取标记出现在版面上(见图 5-170)。

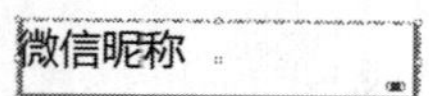

图 5-170　微信昵称读取标记

互动属性面板弹出，可选择昵称来源为“访问者”或“分享者”，其显示方式与微信头像的展示方式相同。还可调整昵称的字号和颜色(见图 5-171)。文件正式发布后，在终端可读取用户的微信昵称。

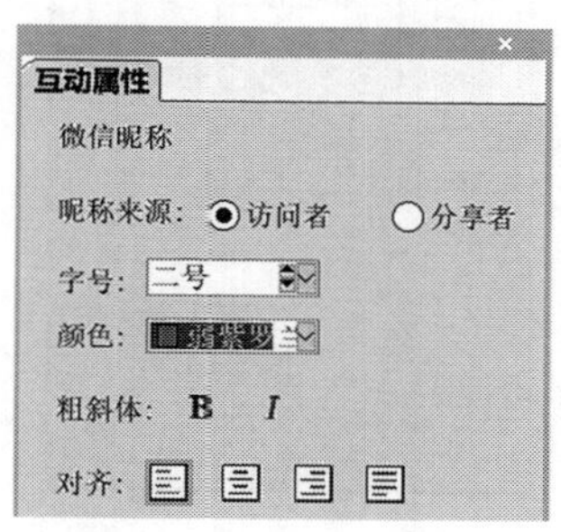

图 5-171　微信昵称互动属性设置

八、接力计数

通过数据服务中“接力计数”选项，可以统计用户对互动文档的访问量或浏览量。点击“接力计数”图标，单击鼠标左键，接力计数标记出现在版面上(见图 5-172)。

图 5-172　接力计数标记

互动属性面板弹出，可对数据的字号、颜色、初始位数和初始数值、计数方式等进行设置。如将初始位数设为“4”，初始数值设为“0”，作品中数据的初始显示就是“0000”。计数方式中的“访问量”指单个 IP 的访客数量；“浏览量”是指用户(访客)打开或刷新这个 H5 的次数(见图 5-173)。H5 正式发布后，在终端可显示计数结果。

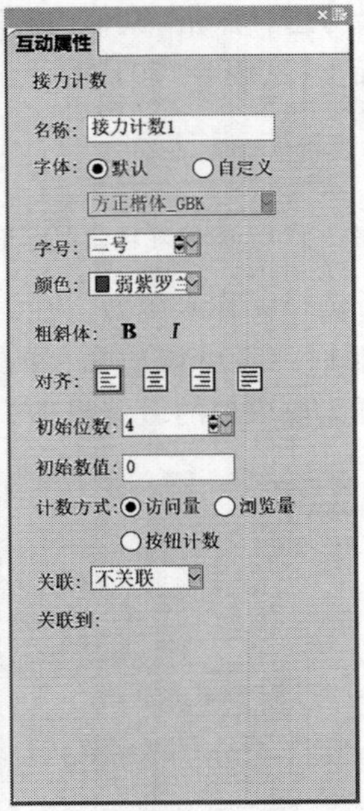

互动属性

接力计数

名称：接力计数1

字体：◉默认 ○自定义

方正楷体_GBK

字号：二号

颜色：弱紫罗兰

粗斜体： **B** *I*

对齐：

初始位数：4

初始数值：0

计数方式：◉访问量 ○浏览量

○按钮计数

关联：不关联

关联到：

图 5-173　接力计数互动属性设置

接力计数配合按钮功能，可以实现不少游戏性的小场景。这里以“摘棉花”小游戏为例，来讲解接力计数与按钮的配合使用。小游戏的目标，是版面上若干指定位置随机出现棉花花朵，用户点中棉花时，计数增加 1，最后看点中的棉花总数是多少。

首先制作棉花小图，将棉花边缘设置为两种颜色(紫色和金黄色)，作为点中前、点中后的不同外观(见图 5-174)。

图 5-174　制作棉花外观

将这两张小图转化为图像块，设置为一组按钮(见图 5-175)。

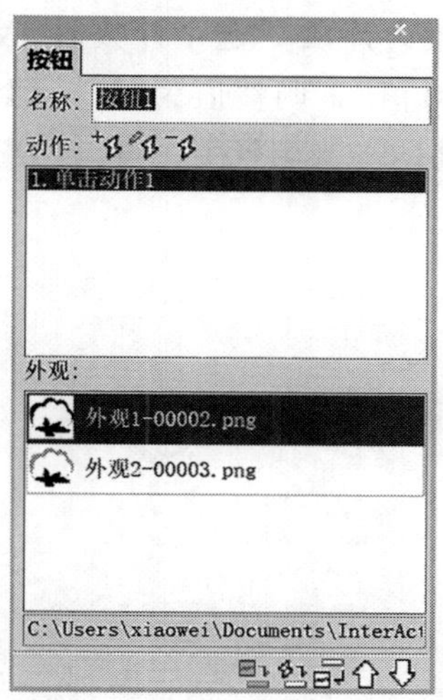

图 5-175 将棉花外观设定为一组按钮

在这个版面上添加接力计数，可以自行设置字体、字号、文字颜色等文本特征。“初始位数”设为“2”，初始数值设为“0”(见图 5-176)。

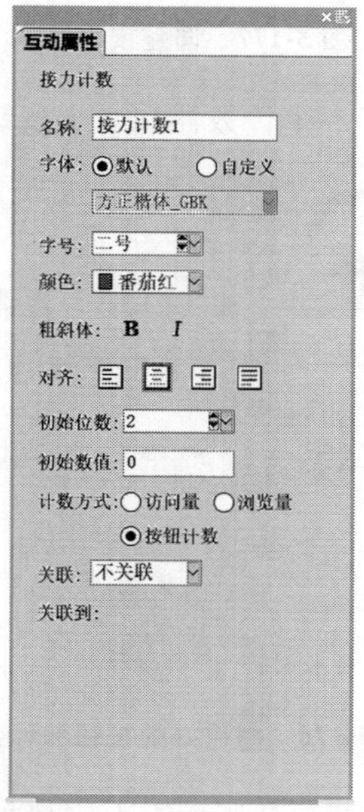

图 5-176 设置接力计数

选中按钮，在按钮面板中选用“自定义按钮动作”，在动作设置中点选

“调整接力计数”。选定“接力计数 1”这个计数器(版面上可能有多个计数器)，设定“单次调整”，取“相对值”，调整值为“1”，即每点中一次按钮，计数值增加 1(见图 5-177)。在其他一些场景中，可以勾选“禁止负数”，这样即使答错题扣分，也不会扣到负分。

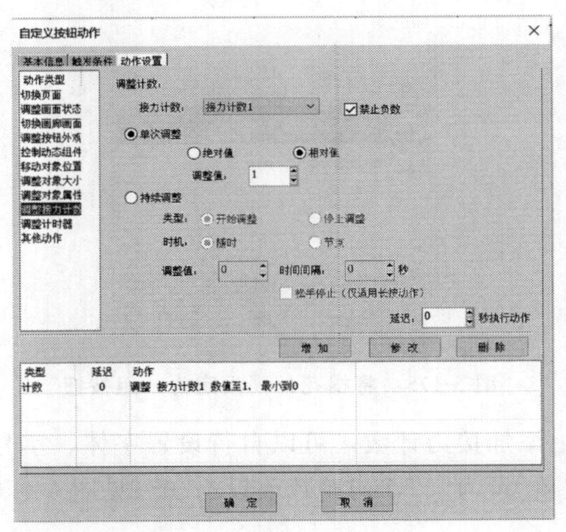

图 5-177 调整接力计数

至此，版面上设置好了一个计数器和一个按钮(见图 5-178)。

图 5-178 制作好的按钮和计数器

我们可以为按钮增加动画，让版面看上去更加动感活泼。选中这个按钮，添加进入效果为“滑动放大”，退出效果为“滑动收缩”，触发事件均为“在上一动画之后”，延迟时间均为“1 秒”，持续时长均为“1 秒”(见图 5-179)。

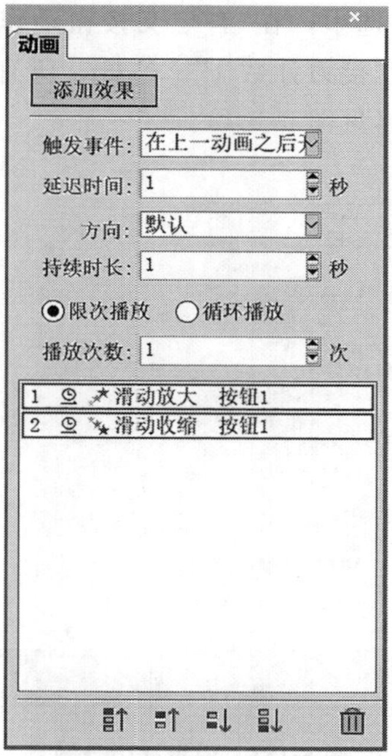

动画

添加效果

触发事件：在上一动画之后

延迟时间：1 秒

方向：默认

持续时长：1 秒

限次播放　循环播放

播放次数：1 次

1　滑动放大　按钮1

2　滑动收缩　按钮1

图 5-179　为按钮添加动画效果

同时选中按钮及计数器进行复制，这样按钮及其关联动作都得到复制。复制所得按钮的位置可打乱顺序，仿照按钮随机出现的效果，共复制 5 份，然后将复制得到的 5 个计数器全部删除。现在，版面上共有 6 个棉花按钮、1 个计数器(见图 5-180)。

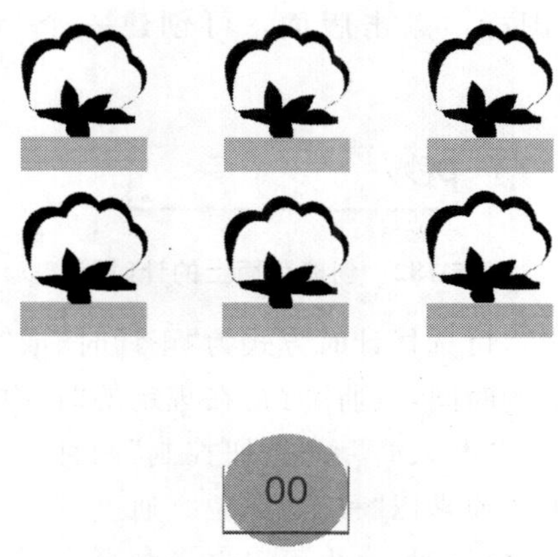

图 5-180　复制按钮及其动作

将复制出的按钮逐一选中，在“自定义按钮动作”的“调整接力计数”中，将其关联的计数器均设为“接力计数 1”。这样，所有 6 个按钮都与版面上的这一个计数器关联起来了(见图 5-181)。

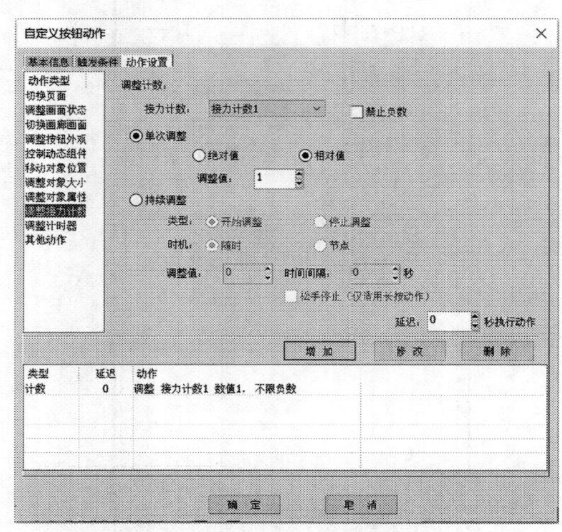

图 5-181 设置接力计数

至此设置完成。预览版面，棉花花朵依次随机滑动出现，点选后滑动消失，每选中一次，计数器增加 1。

九、计时器

计时器常用于答题或闯关游戏计时。单击数据菜单下的“计时器”图标，光标带上一个文件框图标，点击版面，可创建一个“计时器”组件(见图 5-182)。

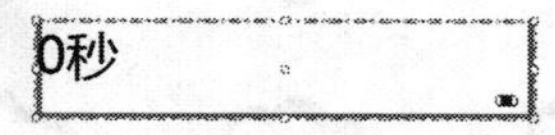

图 5-182 创建版面上的计时器

互动属性面板弹出，可选择计时方式为“正计时”或“倒计时”。正计时指答题或闯关完成所花费的时间，倒计时指在规定的时间内是否能完成指定任务。计时器的触发方式有“载入时”和“按钮控制”两种，可按具体任务选择以哪种方式载入。计时方式通常以“秒”为单位。通过“翻页时”选项，可以控制翻页不在计时范围内(暂停计时)；也可以选择翻页占用计时(继续计时)。如果勾选“关联”中的“关联到已有数据”，可选择文档中已有的计时器组件进行关联。“关联到”指关联文档中已有的计时器组件，实现在不同页面显示相同的计数结果。从其他页面回到设置计时器的页面时，计时器重置。另外还可调整计时器的字号、颜色、粗斜体、对齐方式等(见图 5-183)。

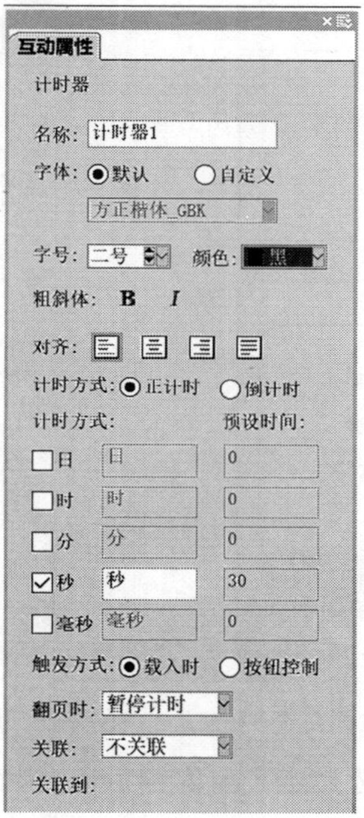

图 5-183　计时器的互动属性设置

计时器设置完成后，在手机终端上可以看到正数或倒数的计时数字不断跳动改变。

十、测验

测验功能是在终端上对填空题或简答题进行回答并核对答案，需要使用第三方测验工具插件，加载测验资源包，步骤较为烦琐。建议使用按钮、弹出内容来实现这类功能，这里不再过多讲述。

十一、数据按钮

制作数据按钮，可实现所有数据控件信息的提交。单击数据服务中的“数据按钮”，单击鼠标左键，数据按钮提交标记出现在版面上(见图 5-184)。

调出互动属性面板，可以选择需要提交的控件列表，修改需要的填写内容，如页面上已经做了三个控件，分别是文本、单选和多选。在数据按钮互动属性面板上勾选这三个控件(见图 5-185)。

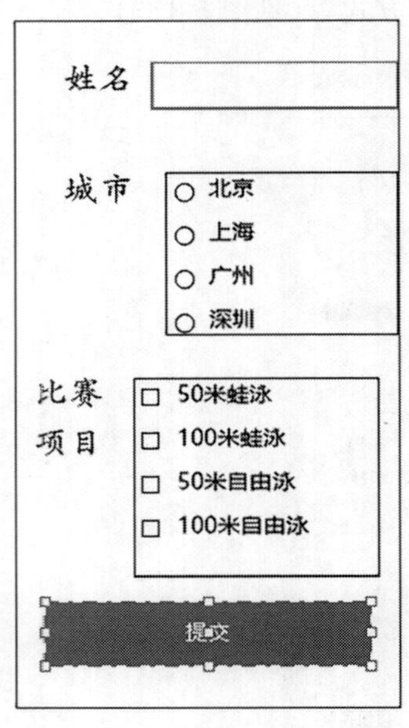

图 5-184　数据按钮标记

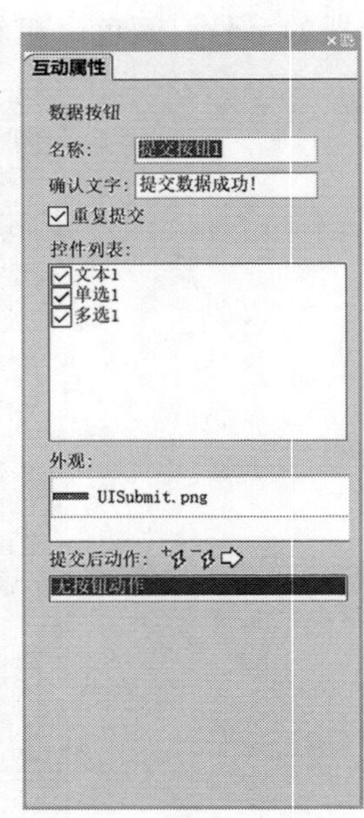

图 5-185　数据按钮互动属性设置

用户在终端上填写、选择这三项内容后点“提交”，就可以完成数据提交了(见图 5-186)。

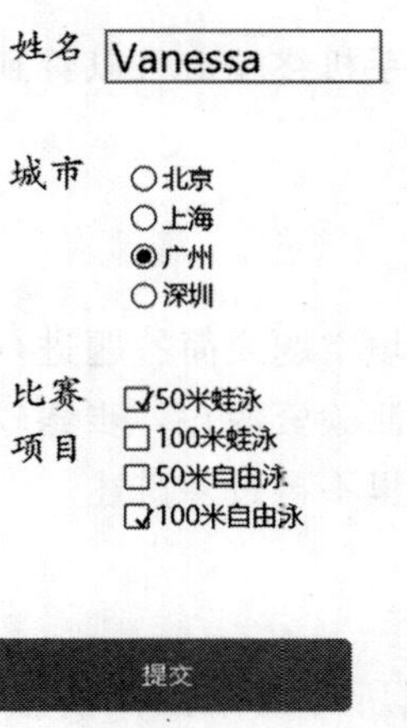

图 5-186　数据提交

数据按钮的外观可以替换。可先用飞翔或其他排版编辑软件制作两个按钮图片，一个用于返回修改，一个用于点击确认(见图 5-187)。

返回修改　点击确认

图 5-187　数据按钮外观

在数据按钮互动属性面板上，找到“外观”选项，在上面点击鼠标右键，用新制作的按钮图片替换系统的原有图片，就可以将自制按钮图片导入版面了。

第五节　互动操作综合练习

实验主题

本实验的主题是对一个 H5 样板案例进行综合分析，并用方正飞翔数字版软件仿制出来。

实验目的

1. 学会分析 H5 中常用的多媒体操作。
2. 学会分析 H5 中常用的互动操作。
3. 通过对案例 H5 的整体仿制，综合掌握方正飞翔数字版的操作。

实验内容

一、样板案例的主题及素材

本小节选择的 H5 样板案例，是第七届中国大学生新媒体创意大赛的获奖作品《点击领取你的夏天读物》(暨南大学新闻与传播学院硕士生侯自然、张迅凯、涂辛砾设计制作)。这个 H5 以若虹妈妈的《给孩子们说二十四节气·夏》这本图书为蓝本进行二度创作，融入了很多巧妙的动态场景，并提供了适当的操作引导，充分发挥了 H5 载体的特长。

整体策划方面，H5 设计了一个“城市小男孩回乡村度暑假”的故事，将原书介绍的各个夏季节气串联起来。这个故事框架不仅便于展现有关节气的知识和信息，还隐含了“帮助现代城市儿童体验自然与传统文化”的功能，不论对成年用户(尤其是父母用户)还是天生热爱大自然的儿童用户，这个设定都是具有吸引力的，使之成为一个适合亲子共读的作品。

风格基调方面，H5为符合“夏天”主题，选择了较为清爽的构图和色彩；模仿融合了人教版小学语文教科书的封面、字体、排版等设计风格。正文使用了方正清刻本悦宋字体，兼备易读性与美观性。

素材来源方面，制作者先通过比赛指定邮箱联络出版社，获得原著图画素材，然后根据原图画素材绘制出动态的场景图画，并原创了主人公小男孩的形象。文字素材摘取自原著，并配合田字格和拼音排版；在页面之间加入了简洁通俗的文案衔接。音频素材方面，制作者邀请了一位7岁的小朋友为主人公角色配音，原著作者若虹妈妈的配音来自图书素材；纯音乐、音效(小孩嬉戏、蝉鸣等环境音)均来自网络。

二、逐页观察与仿制

1. 片头动画+封面

片头小男孩跑动的动画，由三张图片先后叠加出现，随后的衔接利用云朵的滑进和滑出作为转场，最终定格到正式封面，主人公的形象由城市男孩变为乡村男孩(见图5-188)。

图5-188　H5片头动画+封面

这一连串的动作和转场，需要针对各素材出现的时间、顺序、延迟时间、方向和持续时长，来制订、调试到合适的参数。设定完成后，“动画”面板中共有 12 个动画效果(见图 5-189)。

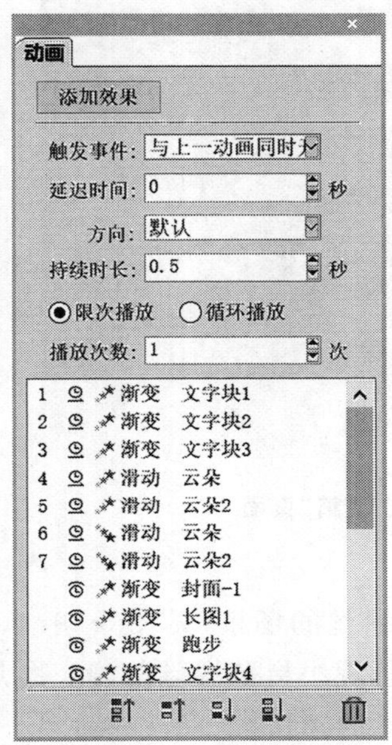

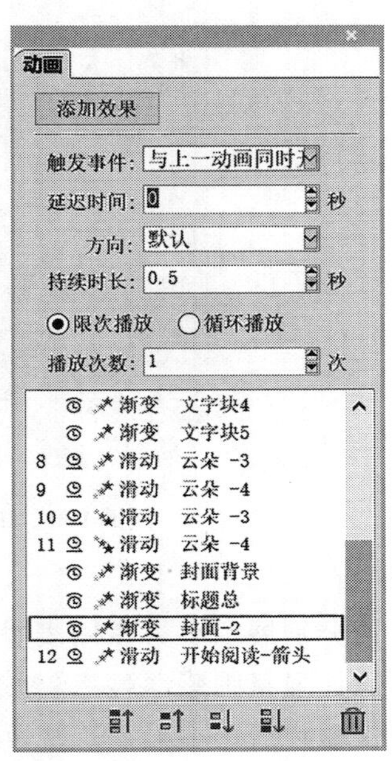

图 5-189　片头动画的设置参数

2. 正文内容

正文内容按照时间顺序，参照书中内容对应的具体信息，挑选合适的场景依次制作。为模拟单张长图的体验，页面切换方式为下滑，背景色采用晕染过渡的色系衔接。

每个节气都有两个页面，第一个页面以田字格的形式展现节气字样，第二个页面以画面内容为主，突出该节气的特色场景。

(1)立夏篇

两个页面分别展示小男孩吃樱桃、看芍药的画面(见图 5-190)。此部分无互动，自动播放男孩的朗读音频。

图 5-190　H5“立夏篇”页面

(2)小满篇

两个页面分别展示小男孩闻麦香、缫丝的场景(见图 5-191)。第一个页面加入风声，加强氛围感。第二个页面呈现小男孩缫丝的静态图片，读者按文字提示双击图片后，小男孩开始做缫丝的动作。

图 5-191　H5“小满篇”页面

这里重要的互动设置就是缫丝动作的触发。小男孩缫丝的素材要准备两个，一个是静态图片，一个是动图。动图可以用 PhotoShop 一帧帧画好，然后用“时间轴”功能，按顺序依次调整可见图层、播放时间，最后导出 gif 格式。

将这两个素材导入版面。将其中的静态图设置为按钮，动态图设置为弹出内容，按钮动作设置为双击后转至弹出内容画面(见图 5-192)。然后将两张图片重叠放置，静态图置于上方，掩盖住动图。这样，读者通过双击静态图后，就触发了男孩进行缫丝的动图。

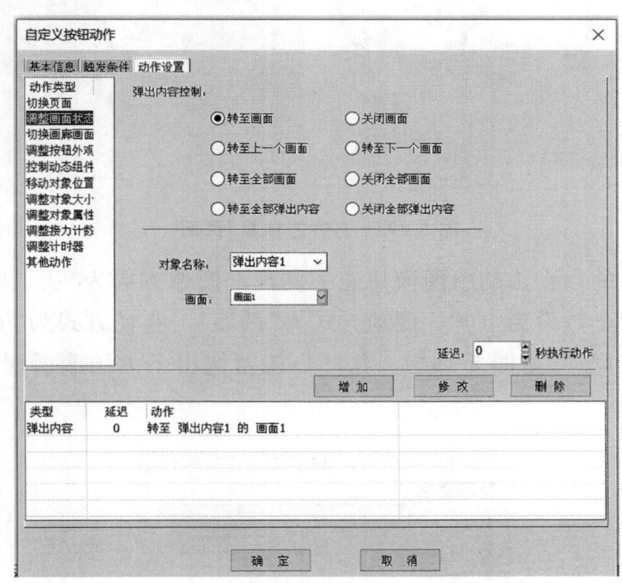

图 5-192　缫丝动作的按钮设置

(3)芒种篇

两个页面分别展示小男孩擎荷叶、捧粽子的场景(见图 5-193)。第一个页面加入雨滴声和雨滴落下的效果，配合诗句营造场景感。第二个页面上，用户可以拖拽各盘食物进行互动，拖动的终点是加了透明度的原图，帮助用户确定拖动元素的终点。

图 5-193　H5“芒种篇”页面

雨滴落下的动作由动感图像功能来实现。图像方向为“从上向下”，速度为“慢”，小图个数设为“10”，摆动方式为“循环”，路径方式为“直线”，手势交互参数为“打散”(见图 5-194)。这样，就营造出了大雨滴缓缓落下的动态场景。

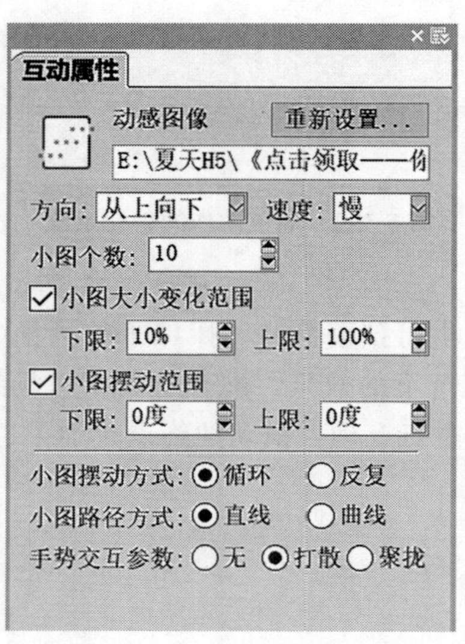

图 5-194　雨滴动感图像的互动属性设置

(4)夏至篇

两个页面分别展示小男孩观虫、吃面的场景(见图 5-195)。第一个页面加入了蟋蟀叫声。第二个页面采用和之前缫丝所采用的互动方式一样，双击触发动图覆盖静态图。

图 5-195　H5"夏至篇"页面

(5)小暑篇

两个页面分别展示小男孩吃西瓜、捉蟋蟀的场景(见图 5-196)。该部分未加入互动元素，主要靠动图来展现人物的动作。

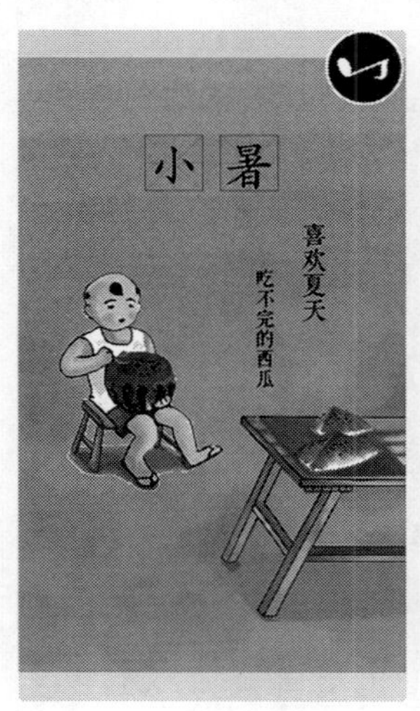

图 5-196　H5"小暑篇"页面

(6)大暑篇

两个页面分别展示小男孩摘荔枝、打扇子的场景(见图 5-197)。小男孩摘荔枝、打扇子的动作都是由 gif 格式的动图素材来实现的。

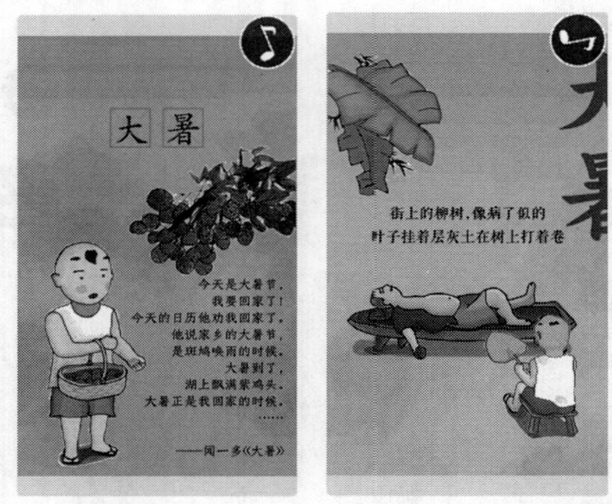

图 5-197　H5“大暑篇”页面

这两页有一个特别的动态设计：第一个页面上，有一颗荔枝单独从树上往下掉落；第二个页面上，这颗荔枝掉落在仰面休憩的爷爷的手上，两个页面间形成了有趣的衔接。这里需要单独制作一颗荔枝的 PNG 图片素材，分别导入两个页面。第一页上，这张小图放在荔枝树上，动画方向设为“到底部”；第二页上，这张小图放在老爷爷手上，动画方向为“自顶部”(见图 5-198)。这样就形成了荔枝的跨页掉落。

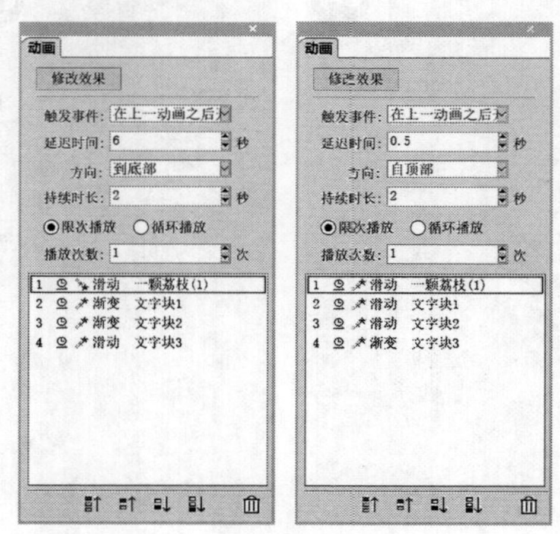

图 5-198　一颗荔枝跨页掉落的动画设置

3. 结尾和封底

小男孩结束暑假，从乡下回到城市，路上遇到若虹妈妈(该书作者)(见图 5-199)，点击喇叭可播放若虹妈妈的声音，这段声音来自该书自带的音频。

封底和封面的课本风格呼应，相关版权信息以动画方式逐渐出现。该页还附上了图书购买链接的二维码，发挥了 H5 的营销优势(见图 5-200)。

图 5-199　H5 结尾页面

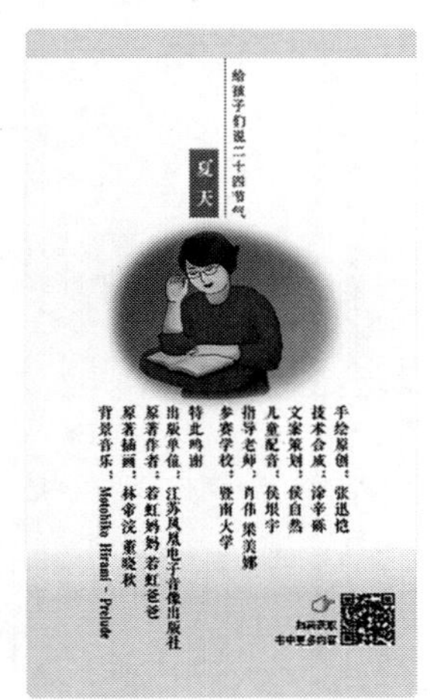

图 5-200　H5 封底页

三、案例制作要点

其一，在策划的过程中，需要了解方正飞翔的各种互动和动画呈现形式，将其巧妙地融入自己的作品中。预先构思清晰的主线脉络，后续的修改主要是衔接的处理和互动的细节优化。

其二，原素材不要做得太大，一些辅助性的素材尽可能压缩到最小。若单页面的图片承载量过大，可能导致作品呈现异常或难以加载的情况。

其三，及时保存副本(含各类原素材、工程文件等)，以及多运用不同设备进行测试。

其四，慎用长图。本案例原计划做纵向长图，由于赛事要求，后通过 PhotoShop 将长图背景切割为单页图。虽然单页图与纵向长图会有观看体验上的区别，但单页图加载速度会更快，总体上“性价比”更高。

思考与练习

1. 自选素材，使用飞翔软件，对各种多媒体、互动、数据服务操作进行逐项模仿实验。

2. 自选素材，设计适当的应用场景，练习按钮、动画等的各种设置。

3. 完成样板 H5 案例的模仿制作。

第六章　报纸融合产品的设计与编辑

媒体融合大环境下，作为新闻职业机构，报纸仍然是内容类产品生产的主力军之一。以文字、图片为主要叙事手段的报纸，核心竞争力在于提供重大新闻、独家报道、深度解读、专业观察，以及针对目标读者群提供贴近需求的专副刊精品。报纸与各种新媒体平台的交互联动，使得报纸越来越具有“融合产品”的特征。

在报纸融合产品的设计与编辑领域，要闻、专题、副刊是三类基础性产品，学习这三类产品的设计与编辑，是打好编辑基本功的重要途径。

第一节　要闻版设计与编辑

在报纸各种新闻版面中，要闻版是最受重视的部分，用于刊载最重要的新闻、评论以及其他稿件。狭义的“要闻版”仅指头版，广义的“要闻版”则是与专副刊版相对应的概念，含有“要闻总汇”的意味。本节集中讲述头版的编排与设计。

实验主题

报纸要闻版的设计与编辑。

实验目的

了解报纸要闻版的基本构成，掌握要闻版的编辑步骤，并学习要闻版的视觉设计与传达。

实验内容

一、设计整体架构

中外报纸的要闻版在长期的实践中，逐渐形成了相对稳定的架构方式：报型、报头、分区、栏型等。因各报的定位不同，这些基本元素在要闻版上被整合运用，形成不同的整体风格。要闻版的设计，需要首先从版面架构入手。

1. 报型

报型指报纸的外型，包括报纸的平面面积和长宽比例。报纸的报型总体上分为两大类：对开报纸和四开报纸。因为报纸印刷用纸通常采用新闻纸，也称白报纸。一张完整的平板形式的新闻纸叫作全开，以全开平板纸裁成多少小张就是多少开。裁成两张，每张1/2全开纸大小叫作对开；裁成四张，每张1/4全开纸大小叫作四开。例如，《人民日报》是对开报纸，《参考消息》是四开报纸。实践中，不少报纸在这两种分类的基础上设计了特定的宽高比例。如对开报纸趋向窄化，称为“瘦报”；四开报纸则出现宽幅设计。在网络媒体兴起后，欧美大报曾出现过一股“小报化浪潮”，英国的《泰晤士报》《独立报》等纷纷改为小报版型或推出小报版本。版型的变化也代表了报纸风格路线的调整。

2. 报头

报头即刊登报名的地方，一般位于要闻版的上端，可偏左、偏右或通栏居中，中文报头还有横排和竖排的区分。除报名外，报头中的常规内容包括出版机构、刊号、日期、报徽、当日版数、出版总期数、天气预报、报料热线号码等信息。当下的媒体融合时期，报纸会刊登网址、公众号或新闻客户端的二维码，有些国外报纸会印有Facebook账号。除了基本出版信息外，报名上端有时还可见到内页新闻的导读，显示出导读在报纸中的重要性。

报头是头版上最强势的部分，也是展示报纸定位、个性和魅力的重要区域。它的功能包括：①以报徽形成报纸标识。②以标识语诠释报纸理念。③以字体、装饰、布局表达特色。报头设计的目的，就是充分发挥这些功能。

我国传统的大报报头字多为手写体，一般由重要人物题写。如《人民日报》的报头(见图6-1)，报名为毛泽东主席亲笔所题，两边的“人”和“报”字特别写得大一点，以看上去好看些。现在《人民日报》的报头是位于报纸左上方的横排字，这也是非常普遍的中文报头的位置。包括左上方横排字在内，历史上《人民日报》报头的位置曾经有过九种变化。随着时代的发展，《人民日报》的报头上也出现了网址http://www.people.com.cn，从中也可管窥这份党中央机关报在传统媒体与新兴媒体融合发展中的进程。

图 6-1　《人民日报》报头

《南方周末》的报头(见图 6-2)采用的是中文报纸独有的竖排设计。报名四个字是从鲁迅文稿中集字而成的；报名外的线框原为一粗一细两条文武线框，在 2002 年改版时被精雕细琢成中国印玺的边框样式，粗重而时断时续。报名和边框所用的红，接近中国传统印泥的朱砂色，沉静、肃穆、温暖。整个报头透出厚重感，与中国人的文化心理相呼应。

图 6-2　《南方周末》报头

《纽约时报》的报头(见图 6-3)中，报名 *The New York Times* 是老式的花体字，灰黑色，极其素淡；字号不大，只占版面十分之一高。左边报耳细线框中以小字写着该报的编辑方针“All the News That’s Fit to Print”(所有适宜刊载的新闻)。

"All the News That's Fit to Print"

The New York Times

Late Edition
Today, cooler, cloudy, heavy showers and thunderstorms, high 83. Tonight, showers and thunderstorms, low 71. Tomorrow, morning showers, high 79. Weather map, Page A18.

VOL. CLXVIII ... No. 58,396 © 2019 The New York Times Company NEW YORK, MONDAY, JULY 22, 2019 $3.00

图 6-3 《纽约时报》报头

《华盛顿邮报》的报头(见图 6-4)设计也十分简朴，报名 *The Washington Post* 同样用古体字，贯通版面。

图 6-4 《华盛顿邮报》报头

《华尔街日报》的报头(见图 6-5)设计中，导读的地位更加凸显。在其周末版的头版上，报名相对印刷字体大字居中，两侧分列出生动有趣的新闻图片及其文字标题。

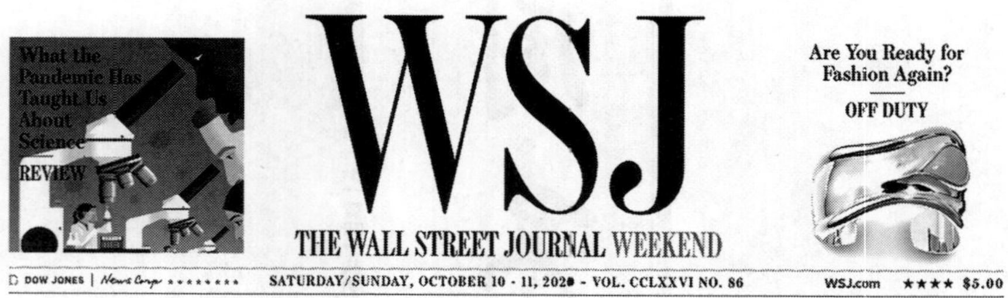

图 6-5 《华尔街日报》报头

3. 分区与栏型

一个版面可以划分为若干区，各区在版面中所占的位置叫版位，不同的版位具有不同的强势。横排报纸的强势排序，一般认为上区优于下区，左区优于右区，上左区优于上右区，下左区优于下右区。版面各个局部这种强势大小所排列的次序，就是区序。但区序是相对而言的，编辑应该灵活加以运用。

现代报纸版面均采用分栏编排，不同报纸具有不同的基本栏设计。到底分为几个基本栏，各报纸的设计（见表 6-1），多是基于报纸版型、文字易读性及报纸定位等做出的综合考虑。

表 6-1　典型报纸的基本栏

报纸名称	背景信息	宽×高/mm	栏型
人民日报	中国共产党中央委员会机关报，于 1948 年 6 月 15 日在河北省平山县里庄创刊	359×512	6 栏
纽约时报	1896 年由阿道夫·奥克斯收购，在美国纽约出版的严肃报纸	301×558	6 栏
华盛顿邮报	1877 年创办，美国华盛顿最大、最老的严肃报纸	341×603	6 栏
环球邮报	1844 年创办，加拿大颇具影响力的报纸、唯一的全国性报纸	253×510	4 栏
日本时报	1897 年创办，日本颇具影响力的英文报纸	408×575	6 栏

4. 报纸定位与整体架构

报纸定位是整体架构设计的基础。报纸媒介需要在市场竞争中，找到一个最适合自身价值实现的立足点。报纸定位要解决的问题，一是媒介的服务对象是谁，二是媒介为这些服务对象做什么。也即要确定报纸的受众定位和功能定位。当然，新闻媒介定位并不是完全照搬企业的定位理论，媒介在传递信息的同时，还要担负起舆论引导的重任。要闻版整体架构的设置和采用，通常是基于该报纸的定位所确定的。

当前报纸要闻版的整体架构，常见的有以下形式。

（1）新闻集纳式

选择若干条新闻进行组合编排，将新闻、评论等的文稿、图片完整地呈现在头版上。这是对开报纸日常经常采用的架构形式，为国内外的主流大报所长期采用。《人民日报》的日常头版就是典型的集纳式（见图 6-6），便于一次性展示多条重要新闻。

人民日报

RENMIN RIBAO

2021年4月

5

各地开展形式多样的缅怀英烈活动

弘扬英雄精神 坚定理想信念

初心长留天地间

——献给百年来奉献牺牲的中国共产党人

铁路单日客发量创今年新高

运输安全平稳有序

传承英烈精神 继续奋勇前进

海南：聚焦国家战略构建科创高地

高新技术企业比"十三五"初增长近四倍

图 6-6 《人民日报》的集纳式头版

西方主流报纸的要闻版，惯常的排文方式是在头版展示新闻的起首几段，其余的段落转版至内页版，一般还会在头版设导读、内页导览等模块。《纽约时报》就是这样的架构模式(见图 6-7)，这样可以在头版上展示不同层次的重要新闻。

"All the News That's Fit to Print"

The New York Times

LOW ON CASH IN '16, TRUMP GENERATED HIS OWN WINDFALL

Virus Spread Halts Europe's Economic Revival

Signs Suggest Second Wave For Northeast

President Pressuring Pompeo And Barr for a Campaign Jolt

Son of the City, and Cornerstone of a Dynasty

Sun Belt Is Suddenly Looking a Little Less Red

图 6-7　《纽约时报》的集纳式头版

（2）标题导读式

这种架构方式的头版上，除一至两条完整新闻外，其他内容均以标题＋图片或纯标题形式进行新闻导读，强调的是头版承载信息的多样性。典型的案例是法国的《庞卡底信使报》（见图 6-8）。我国的《北京青年报》的报头也是这种架构方式。

Courrier picard

AMIENS

C'est parti pour la 2ème semaine de jeu !

DOUKSÉKSÉ

EN CAHIER CENTRAL

COVID-19

LES CHEFS D'ENTREPRISE BROIENT DU NOIR

Le ministre de l'artisanat était hier en Picardie pour les rassurer alors que leur confiance en l'avenir repart à la baisse. PAGES 2 ET 3

QUARTIER SUD-EST

UN HOMME BLESSÉ PAR BALLE, LE TIREUR EN FUITE PAGE 7

CYCLISME PROGRAMMÉE

LE 25 OCTOBRE, LA COURSE PARIS-ROUBAIX ANNULÉE PAGE 25

FAITS DIVERS

L'ÉTRANGE MAL QUI AFFECTE DES CHIENS DE CHASSE

Des dizaines de chiens sont tombés malades en Picardie maritime après l'ouverture de la chasse. PAGE 6

FÊTE DE LA POMME ET DE LA COURSE À LA CUEILLETTE DE SAINT-GRATIEN

COVID-19 DES DOUTES SUR LE MAINTIEN DU MARCHÉ DE NOËL

PAGE 11

图 6-8 《庇卡底信使报》的标题导读式头版

(3)图片导读式

也称为“海报式设计”，即头版像电影海报一样，将最能引起读者兴趣的内容通过一张大图呈现出来，在四开报纸中最为常见。西方的四开小报许多都采用这种架构方式，如美国的《每日新闻》(见图 6-9)。我国的都市报、晚报中，也有很多采用图片导读式的头版，强调的是头版的吸引功能。

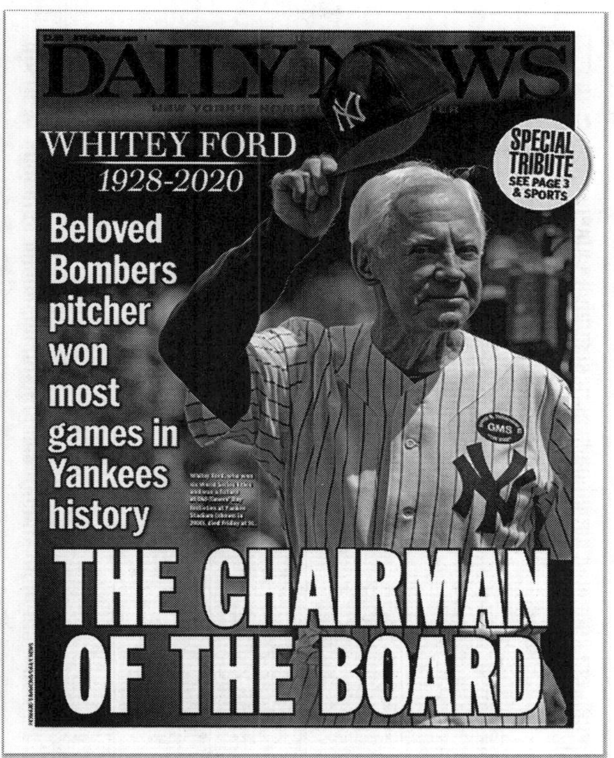

DAILY NEWS

WHITEY FORD
1928-2020

SPECIAL TRIBUTE
SEE PAGE 3 & SPORTS

Beloved Bombers pitcher won most games in Yankees history

THE CHAIRMAN OF THE BOARD

图 6-9 《每日新闻》的图片导读式头版

整体架构、色彩、文字、线条等的应用，共同构成一个要闻版明确的视觉识别系统，形成一定的版面风格。这种统一、稳定的形象被称为静态版式(static page)，即相对静止的、通常固定不变的版面划样方式。

静态版式并不意味着一成不变，报纸仍会针对当天特定的新闻来对要闻版的固有格局加以调整。如 2020 年 5 月 24 日，《纽约时报》用头版和内页共 4 个整版，刊登了 1000 名死于新冠疫情的美国人的简单讣告(见图 6-10)。这 1000 人代表着当时近 10 万名死于新冠疫情的美国人。头版的通栏标题是：“美国死亡人数接近 10 万，无法估量的损失。”副标题为：“他们不仅仅是名单上的名字，他们曾经就是我们。”在整个版面上，讣告一条紧挨着一条，密密麻麻地列出罹难者姓名、年龄及生前信息。这份要闻版以独特的方式向罹难者致哀，并向美国政府和民众发出沉重警示。

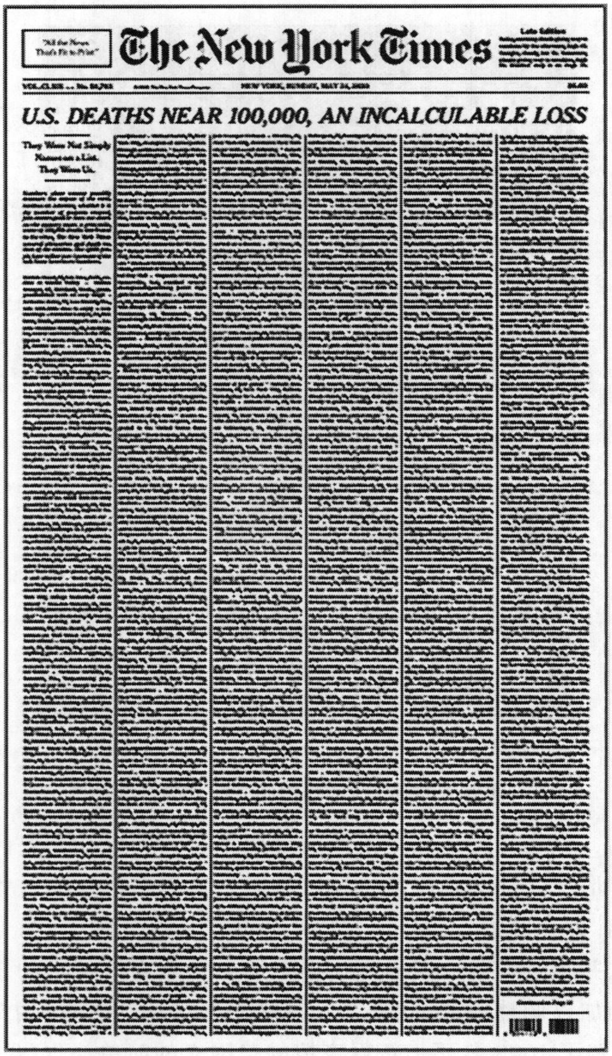
"All the News That's Fit to Print"

The New York Times

U.S. DEATHS NEAR 100,000, AN INCALCULABLE LOSS

They Were Not Simply Names on a List. They Were Us.

图 6-10 《纽约时报》的非常规头版

二、精选新闻信息

“海量存储”是网络媒体的优势，新闻信息的传播几乎不受物理承载空间的限制，但随之也会带来信息冗余、鱼龙混杂的问题。相对应地，精选信息、专业解读成为报纸的独到优势。20 世纪 70 年代，《纽约时报》的总编辑艾布·罗森索曾说：“《时报》的头版也许是这张报纸最重要的资产和商标。

头版呈现给读者的并非只是一些重要新闻，还包括本报编辑们对重要性的判别能力。头版不仅是新闻，而是新闻加《时报》声誉……因此，新闻在本报头版上的位置，其本身就构成一件新闻。”①在媒介融合的环境中，更需要编辑精心选择要闻信息，针对目标读者群提供贴近需求的精品。

1. 准确分析稿件

对新闻稿件进行准确的内容分析，才能形成适当的编排思想。分析主要包括以下方面。

(1)稿件的重要性。将每一篇稿件放在版面全局中权衡主次轻重，确定其在全局中的地位。从新闻价值、社会效果及是否符合本报特点三个方面，衡量稿件的重要性。

(2)稿件的性质。明确稿件是进行正面肯定、讨论还是供批判的。不同性质的稿件，在版面上应予以不同的处理。

(3)感情色彩。应根据稿件的内容和报纸态度，确定稿件在版面上应有喜、怒、哀、乐何种感情色彩。

(4)稿件间的相互关系。分析稿件之间是否有关系，是相同的关系还是相异的关系。继而从中提炼出应该强调的思想。

以《宁夏日报》2017 年 1 月 31 日要闻版(见图 6-11)为例，当时正值大年初四，编辑以“新春走基层”为主题，综合选择了多条信息。完成后的版面，共有 4 条文字新闻、4 张图片、1 幅数据图表和 1 组政策法规信息。编辑精心整合稿件，将本地教育、农业、经济发展的新闻放在版面上部，数据图表和政策信息放在版面中部，故事化方式讲述搬迁安置的新闻放在版面下部，节奏分明。版面中心，4 张表现民众欢度春节的照片拼合成菱形，中间压上“福”字。整个版面元素多元，结构清晰，年味十足，新闻贴近性强，是一个优秀的综合型版面。这个版面获得了第二十八届中国新闻奖三等奖。

① 辜晓进：《走进美国大报》，43～44 页，广州，南方日报出版社，2002。

宁夏日报

NINGXIA DAILY

我区经济实现“十三五”良好开局

2016年GDP同比增长8.1% 居西北5省区第1位

缩小城乡差距 共享改革红利

金凤区探索教育均衡发展新路径

新春走基层

撬动60亿元扶持资金 提振群众养殖信心

盐池县农民收入一半出在羊身上

福

春节假日前四天全国旅游接待总人数累计超2.5亿人次

村口柳树下，母亲痴痴的守望

图 6-11 《宁夏日报》2017 年 1 月 31 日要闻版

2. 确定头条和重点

选择哪条稿件作为头条，哪些稿件需要突出处理，是编辑首先要考虑的问题。编辑应通过比较各条稿件、权衡轻重，来选出适当的头条和重点。

头条也称头题。广义的头条指报纸一个版上最为重要的一篇(或一组)稿件。狭义仅指要闻版上最为重要的一篇(或一组)稿件。通常都放在最重要的版位，并利用其他编排手段加以突出。选择什么作为头条特别是要闻版的头条，对于发挥报纸的导向作用，创造报纸的特色具有重大意义。对于图片导读式的头版来说，头条就是其所选择的大图及其标题。重点是编者有意向读者强调的新闻，处理得比头条轻，但比起其他稿件来又显得突出。在编排版面时先处理头条和重点，就稳住了版面的重心。版面上的重点不宜过多。

不同定位的报纸，头条、重点的数量和选题方向均有所不同。党报的头条选择通常强调重要、权威，都市报的头条选择则更为多元化。以陕西的综合性城市类报纸《华商报》为例，该报在 2019 年 5 月改版之后，利用头版的专题化、海报化实施“议程设置”，选择重大和重要的新闻，呈现思考的观点与态度以引导舆论，着眼细微处关注民生，取得了良好的传播效果。[①] 该报 2021 年 4 月 2 日的头版，配合清明节时令推出《他们每个人都是一颗红星》的专题封面报道（见图 6-12），重现本地历史中为救护民众、勘探资源而献身的烈士的故事，从情感中寻求传播的切入点，以实现读者与烈士精神的共鸣。

華商報

新闻热线 029-88880000

十四运场馆·渭南市体育中心体育场

他们每个人都是一颗红星

祭英烈 恤义举 传薪火

A02~A03

是什么给了他们

勘破生死为大义的勇气

但他们的精神浩气长存

他们已然故去

他们也许平凡

为这片赤色大地

用舍生而取义的壮烈

但有一群人

清明时节总是多雨

今日10时-11时拨打热线 “开门评警”继续为你现场办公

治安管理局:029-62501771　110指挥中心:029-62502808　A04

图 6-12　《华商报》2021 年 4 月 2 日头版

① 袁红：《报纸头版如何用专题化“议程设置”穿透网端——以〈华商报〉为例》，载《西部学刊》，2020(6 月上)。

以服务民生为宗旨的晚报，会将服务类、资讯类、接地气的新闻放在头条。以《苏州晚报》为例，市区 24 个路口设置右转箭头灯、走错记 6 分罚 200 元这样的短资讯，被编辑和美编采用制图的方式放在头版大图位置，提醒市民如何正确右转。还有房屋中介违约、小区电梯罢工、维修缓慢等头版大图，均以强力的方式为民生发声监督。

3. 遴选、组合导读

导读是要闻版的重要组成部分。它反映出要闻版不仅要承担信息功能，还必须具备展示功能。导读已是当前几乎所有报纸都着力挖掘的头版功能，在版面容量有限的前提下，导读的应用无形中增大了头版的新闻密度。头版的导读应当是对当日第一新闻集群的一个简明、恰切的概括，是政治、经济、文化、科教等领域的头等要闻。因此，头版的导读实际上是报纸编辑对新闻价值相对较高的稿件的初次遴选，需要慎之又慎，精益求精。导读的制作，需要精选内容、精炼标题、精准位置、精心组合。①

需要指出的是，第一版使用整版导读，不仅在四开报纸中早已成为常态，在对开报纸中也越来越普遍。不过，在国际化的主流对开报纸中，导读多数还是要闻版的一个组成局部。导读大致可分为如下类型：①题文结合型，包括标题和简短说明。②题图结合型，包括标题和小型图片。③内页索引型，刊登板块要目(见图 6-13)。

CONTENTS

Books	C7-12	Opinion	A13-15
Food	D6-7	Sports	A16
Gear & Gadgets	D9	Style & Fashion	D2-3
Heard on Street	B14	Travel	D4-5
Markets	B13	U.S. News	A2-3,6-8
Obituaries	A11	Weather	A16
		World News	A9-10

What's News

World-Wide

The White House substantially increased its offer to Democrats on a coronavirus-relief package, further closing the gap between the parties in the on-again, off-again effort to pass new aid for households and businesses before the election. **A1**

◆ **Painful social lockdowns** in Europe and some American states helped blunt the coronavirus. Now, amid a fitful reopening, the pandemic is once again surging. **A1**

◆ **The Commission on Presidential Debates** scrapped the planned matchup next week between Trump and Biden after the president said he wouldn't participate in a virtual debate. **A7**

THE WALL STREET JOURNAL.

THE QUEST TO MAKE CHIPS DO MORE

BUSINESS & TECH. | B1

VIEW FROM THE TOP: C-SUITE STRATEGIES

JOURNAL REPORT | R1

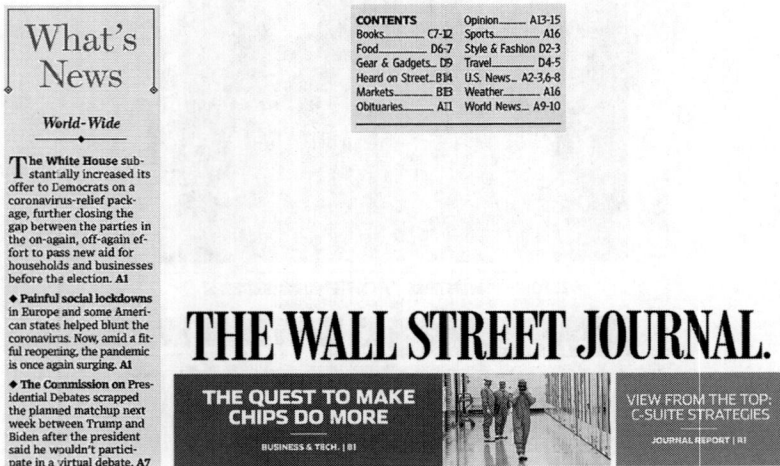

图 6-13 《华尔街日报》的头版的三种导读

① 甘险峰：《当代报纸编辑学》，288～291 页，广州，中山大学出版社，2013。

三、提升视觉效果

作为平面媒介，报纸版面效果与读者的视觉习惯直接相关。因此编辑应了解读者的视觉心理，用现代视觉理论来构建版面，提升视觉效果。

1. 善于运用图像

融合新闻时代，头版图像是报纸版面的创新点之一。编辑应在遵循简约性、艺术性和创新性等原则的前提下，强化图像运用，以图像来进行独特的符号传播，或营造版面的视觉冲击力，获得“视觉增效”。

以《中国日报》欧洲版为例，运用大幅插画已经成为其头版的主要表现手法。这些插画运用计算机软件与数字画板技术，将中国传统文化符号与西方绘画风格相结合，将许多“中国故事”主题进行了创新化的视觉表达。如其中一个以《至关重要的连接》为主题的报道，内容是重庆成为连接东南亚和欧洲的重要枢纽。大幅插画中，穿着各自传统服装的中国女孩和西方女孩亲密牵手，背景是中西方不同风格的建筑、花朵植物，远景是隧道、高铁、远山、太阳，寓意中欧的密切合作、共同步调将有着良好的发展远景（见图 6-14）。其他版面还常以烟花代表国庆、飞鸟喻意高铁、熊猫代表和平大使等，都以视觉的形式向西方读者介绍中国的发展成就，注入传统文化符号，使艺术感染力与文化传播相结合。

July 6-12, 2018 | europe.chinadaily.com.cn

CHINADAILY

中国日报 EUROPEAN WEEKLY

INSIDE

Reincarnation of the Phoenix p18

Trade war threat casts long shadow amid rising uncertainty p26

VITAL LINK

Western China's Chongqing shaping up as key trade hub between Europe and Southeast Asia

Villages' beautiful and rustic makeover

图 6-14　《中国日报》欧洲版

再以《深圳商报》要闻版(见图 6-15)为例。该报以综合性、经济性、权威性为新闻报道的主要特色，经济报道是其头版的主要报道内容。为更好地优化视觉效果、满足读者审美需求，该报每天的头版都有一张大幅的创意图片。这些图片意在将抽象的经济信息、数字、概念用视觉化的方式对新闻进行再次加工，以创意表达获得更佳的传播效果。

深圳商报

2019年6月24日 星期五

深圳小巨人

8家深企上榜工信部首批专精特新"小巨人"企业名单

导读／BRIEF

看深汕合作区
如何后发先行

退市潮来势猛
五类股要规避

多家上市公司
设立并购基金

"南沙太阳花"
讲述从军故事

医生不良行为
最高扣12分

白玉兰奖公布
《都挺好》领跑

营商环境一流，盛产明星企业

粤海街道成了"网红"

如此"看门人"一定要严惩

财经观察

涉黑涉恶行为
有奖举报电话

图 6-15 《深圳商报》要闻版

2. 遵从视觉规律

平面媒体设计中，主要应遵从以下视觉规律。

(1)平衡

早期的报纸版面会追求绝对平衡，以版面垂直中线为轴，左半版与右半版的元素、空间设计完全对称。但事实上，很少有新闻能够适应这样的设计要求。后来的版面设计者逐渐放宽了这种限制，转而追求相对的平衡。

我们可将版面的四个分区视为四个模块(见图 6-16)，每一个模块中都应该含有相应的视觉重量——一则标题，一幅图片，或是一块色块，这样可以帮助平衡整个版面。版面编辑应该考虑左右、对角线以及上下间的平衡，每个模块中的重量要素也可以突破模块的界限。

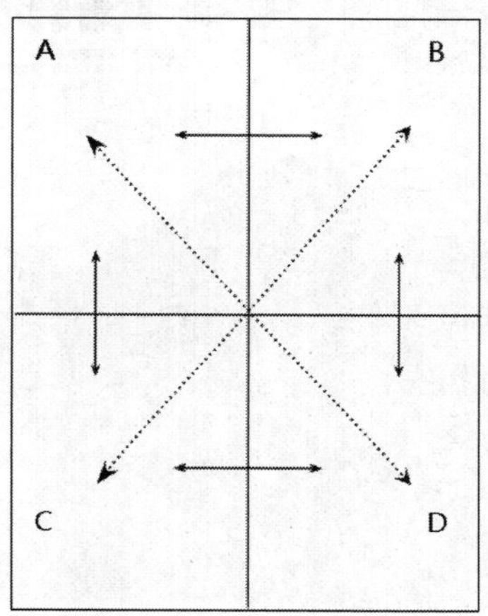

图 6-16　版面模块的平衡考虑

以《深圳晚报》为例，该报 2018 年 10 月 16 日的报头之下，两条新闻各以“深圳”和“晚报”作为主标题，左右均衡对称排版，形成了有趣的“双报头”形式(见图 6-17)。事实上，《深圳晚报》还曾运用各种变化多端的对称版式，如分列、叠加、对角对称等，尝试以更具创造性、感染力的头版设计赢回传播阵地。①

① 邓自强：《互文式头版：“戏剧性冲突”引发现象级创意传播——简论〈深圳晚报〉“双主题十二字标题”的头版范式》，载《新闻战线》，2019(13)。

深圳晚报

深圳

2018森林城市建设座谈会在汉召开
深圳荣获"国家森林城市"称号

晚报

深圳晚报订报首期抽奖36名订户中奖
今年还有3次抽奖机会，欢迎踊跃订阅

涉黑涉恶行为有奖举报电话

图 6-17 《深圳晚报》的"双报头"头版

设计顺序也对版面的平衡起着重要作用。美国学者埃德蒙德·阿诺德指出，读者首先注视的地方称为最初视觉区域(primary optical area，POA)，位于版面的左上角。版面右下角称为最终区域(terminal area，TA)也具有强大的视觉吸引力，因为当读者视线达到该区域时，他们便知道自己已经完成阅读。版面上其余两个角——左下角和右上角——称为潜伏角(fallow corner)。这两个角需要在设计上给予专门的注意，因为读者在视觉上容易对其忽略。强有力的设计能将读者的眼睛吸引至潜伏角，使其在版面上移动时遵循 Z 字路线(见图 6-18)。①

① [美]多萝西·A. 鲍尔斯，黛安娜·L. 博登：《创造性的编辑(第三版)》，田野、宋珉等译，329～330 页，北京，中国人民大学出版社，2008。

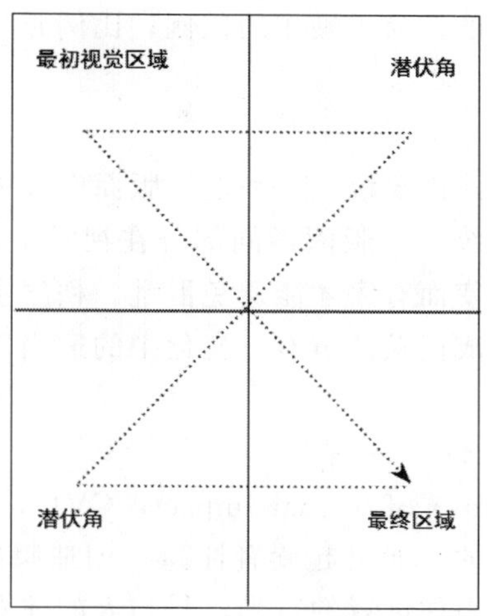

图 6-18　视觉设计顺序

(2)对比

无论对开报纸或是四开报纸，版面上的视觉焦点周围都应该设置较小的、对比性的元素，形成对比。这种对比可以显示出编辑者对新闻判断的优先顺序，告诉读者哪些是最重要的，哪些是次重要的。

要形成对比，较常采用的方法有：加大尺寸，新闻标题或图片的宽度占到版面宽度的一半以上；利用色彩，使用彩色边框或给新闻加彩色背景；使用对比性字体；利用形状对比，如水平形状和垂直形状对比。

(3)比例

版面上各元素间的比值称为比例。人们沿用已久的"黄金分割"就是被普遍认同的最美的比例形式。黄金分割律指把一条线分为两部分，使其中一部分与全部的比等于其余一部分对于该部分的比。其比值是一个无理数，取其前三位数字的近似值是 0.618。该算式可表示为：

$$1/0.618=1.618$$
$$(1-0.618)/0.618=0.618$$

在具体操作中，设计者常采用与此近似的比值来进行设计。报纸版面上并非所有元素都必须遵循这种比例规定，但遵循相应的比例来加以设计，可增强版面的美感与吸引力。按照美国学者(Brian S. Brooks & Jack Z. Sissors)的建议，初学者可以依据如下原则来发展比例意识：最好的比例是不相等的，但也不能悬殊，一篇稿件在版面上不要做成正方形；最方便的比例是 3∶5，这是一个接近黄金分割的、易于操作的比例；比例并不要求精确，以免限制了艺术想象。①

(4)统一

版面各个部分的形式需要统一、和谐。版面设计中，应注意不同局部和整体在风格和构图上的统一。版面不同部分在视觉上的表现一定会有变化，但变化应当讲求秩序，变而有序才能避免混乱。秩序主要表现在重复上，同一要素反复出现，会形成运动的节奏。变化中的适当重复，可以增加版面的节奏感。

3. 建构视觉冲击中心

视觉冲击中心(Center of Visual Impact，CVI)，是指运用多种编排手段，在报纸版面上形成的，能引起读者注意、创造瞬间吸引力的强势区域。它之所以能够在瞬间吸引住读者的目光，是与人的注意的生成相一致的。所谓注意，即心理活动对一定事物的指向和集中，它是感觉、知觉、思维、记忆等活动的开端。注意可以分为两种，即无意注意与有意注意。前一种注意是自然发展的，无自觉目的；后者则是主体有自觉目的、先存在的内在要求，通常还需要为此付出一定努力的注意形式。受众接触报纸，往往是一个由无意注意向有意注意转化的过程。CVI的强大功能，就在于能引起读者的无意注意。一个没有冲击力的版面是很难将读者匆忙的目光吸引过来的。

怎样在版面上构建CVI？首先需要确定CVI所在的版面位置。与传统的区序理论不同，现代报纸更习惯于将CVI放置在版面的视觉中心上。视觉中心不同于数学中心。视觉中心线实际上要比数学中心线高出10%，使版面看起来上下比重和谐，视觉中心线与版面中轴线相交产生的G点，就是视觉中心点，这一点是平面上最能够引人注目的地方(见图6-19)。在视觉中心点构建CVI，可以充分调动读者的视觉注意。

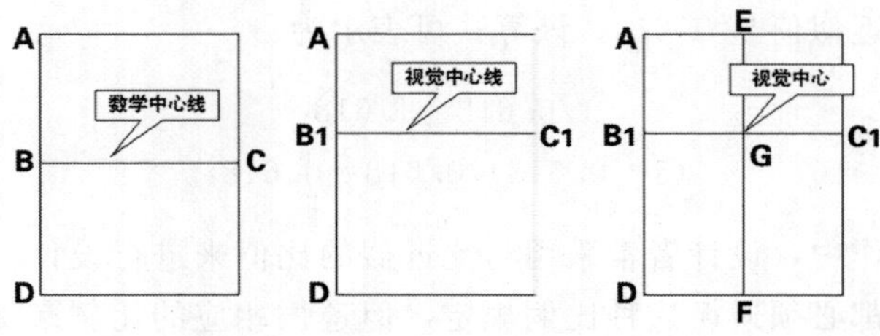

图6-19 版面视觉中心

① 甘险峰：《当代报纸编辑学》，257页，广州，中山大学出版社，2013。

同时需要强调的是，CVI 可位于页面的任何位置。只要编辑善于运用多种编排手段，调动图片、标题、色彩、线条等版面元素，都有可能将 CVI 真正构建出来。另外，建议在一个页面上只使用一个 CVI，因为包含其他突出元素会削弱版面的整体效果。

四、报网端联动

在媒体融合发展的背景下，报纸要闻版一边向精品化发展、求新求变，一边在积极推进报网端联动，双向增强报纸产品和新媒体产品的传播力。报网端联动的具体渠道很多，包括报纸与新闻客户端、社交媒体、短视频平台的互动等。

《深圳商报》在其新闻客户端“读创”上开设了一个“有版有眼”频道，这个频道的主角就是报纸的版面（见图 6-20）。该频道根据新闻事件搜索国内外报纸版面，让读者了解各地报纸对同一新闻的不同表达。选择的版面包括国内外重大事件、本报大型策划、同题新闻报道、各报特色版面和专栏、创意版面欣赏、节假日特别设计、新闻奖获奖版面等。这个频道采用网络化的语言和表达方式，开创了一种新的报道形式，也使报纸版面在网络上实现了二次传播。①

图 6-20　《深圳商报》新闻客户端的“有版有眼”频道

---

① 汪波：《让创意头版实现“互联网＋”——以〈深圳商报〉与“读创”客户端为例》，载《新闻知识》，2019(10)。

视频平台方面，《新京报》的抖音账号“@新京报”是一个典型，其发布的视频大多采用报纸要闻版的形式。在抖音界面中，视频里的报头、LOGO和文案的排列与纸质版面保持高度的一致性，题材选择也以新闻为主要构成（见图 6-21）。杭州《都市快报》也推出了封面视频海报，以《都市快报》头版设计为基调，用短视频代替传统图片，并辅以摘要式标题。这样的尝试不仅在社交短视频平台延续了报纸的视觉形象，还延续了报纸的专业规范以及原创优势。①

新京报

神舟十三号明日0时23分发射

飞行乘组由航天员翟志刚、王亚平和叶光富组成；中国女航天员将实施首次出舱活动

航天员在轨驻留6个月 进行2至3次出舱活动

中国空间站后续择机 发射巡天空间望远镜

2022年“国考”今起报名 应届硕士博士年龄放宽

6万买女婴报警称弃婴 借收养登记“洗白”落户

图 6-21 《新京报》要闻版和“@新京报”的视频新闻

英国《卫报》1996 年创办自己的网站之后，逐步建立起涵盖客户端、APP、Twitter 等多媒体形式的集团式传播格局。在“数字优先”策略指导下，将第一手消息派发给新媒体，同时利用报纸媒体对新闻进行深度报道、深度解读，既巩固了报纸受众，又发展了报纸的深度阅读模式（见图 6-22）。

① 周美蓉：《报纸的媒介融合探析——以〈新京报〉抖音号为例》，载《视听》，2020(9)。

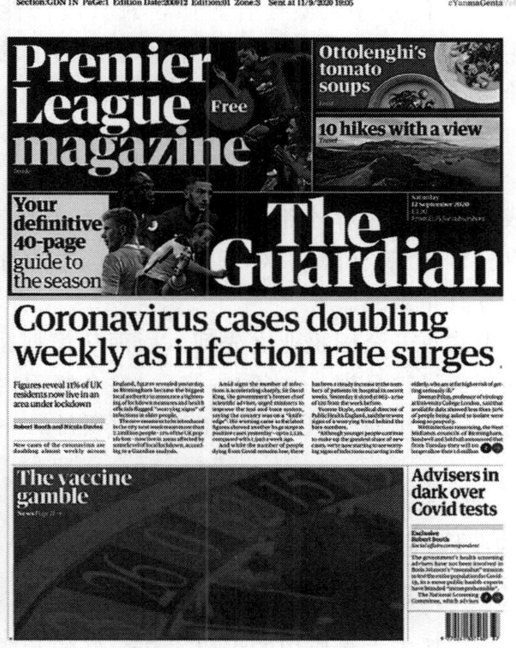

Premier League magazine
Free
Ottolenghi's tomato soups
10 hikes with a view
Your definitive 40-page guide to the season
The Guardian
Coronavirus cases doubling weekly as infection rate surges
Figures reveal 11% of UK residents now live in an area under lockdown
The vaccine gamble
Advisers in dark over Covid tests

图 6-22　《卫报》要闻版

报纸要闻版与新媒体平台的互动融合是全方位的。除了上述列举的实例外，通过微信公众号、微博等新媒体平台传播要闻版内容并与用户互动，利用数据新闻、无人机新闻、视频直播、AR 新闻、VR 新闻、机器人新闻等形式生产要闻，都是已被媒体逐步采用的融合新闻方式。可以预期，未来的要闻产品会更具多样性。

五、要闻版综合设计案例：《解放日报》2019 年国庆报道

2019 年 10 月 1 日，庆祝中华人民共和国成立 70 周年大会举行。对这一事件做好版面呈现，是各报策划、比拼的焦点。《解放日报》编辑部在编前会上提出了“竖通版”的创意。

版面的立意围绕毛泽东同志 70 年前的“占人类总数四分之一的中国人从此站立起来了”宣示展开。“站立”二字特意选用毛泽东的书法字，报头也修整为竖排形式，强化了一整套立版操作。版面最下方放置了寓意走向复兴的复兴号列车，沿线排列习近平总书记的话语“中华民族迎来了从站起来、富起来到强起来的伟大飞跃”，让竖通版更有深层次的立意和情感。

报眼位置刊发了几代领导人城楼合影照，兼具政治性、新闻性、可读性。版面中部为主体新闻，主题采撷习近平总书记讲话中的“中国的今天”和“中国的明天”，全要素呈现这一历史瞬间。其下为一组内页盛典特刊的导读，选取1949和2019两组数字，通过文字设计编排，嵌入70年来取得的重大成就。

版面编辑完成后，同一工作小组立即着手推出新媒体产品，制作海报，并在编辑部的自有栏目“上观早读”中对当日报纸做隆重推介。至此，一个竖通版的诞生流程才算真正走完。①

这个“竖通版”形式首开全国报业之先河，版面从策划、立意、拟题、制图、导读制作，到版面设计呈现，一环扣一环，整个版面内容饱满、厚重大气。这个版面获得了第三十届中国新闻奖报纸版面项目的一等奖。

第二节　专题设计与编辑

专题是新闻融合传播中大量应用的编辑手法。好的专题设计可以使报道内容得到强化和深化，表达形式有序易读，从而得到整体优于部分之和的积极效应。

实验主题

四开报纸专题的设计与编辑。

实验目的

本实验的主题是了解新闻专题的基本构成，掌握专题的稿件配置，并以四开版面为基础学习专题的编辑与设计。

实验内容

一、认识专题的传播优势

《现代汉语词典》中“专题”的定义为：专门研究或讨论的题目。顾名思义，新闻专题就是在一个专门的新闻主题之下，按一定的报道思想将多篇稿

① 倪佳：《〈解放日报〉2019年10月2日1、4通版》，载《中国记者》，2020(12)。

件搭配、组织成有机完备的整体。相对于单篇的新闻稿件来说，专题有以下优势。

1. 事实表达充分

读者对信息的需求是多方面的。不仅希望从中了解事实本身，也希望了解事实的意义、有关的历史。而单篇稿件受到内容、体裁、篇幅等的局限，只能侧重说明事物的一个方面，与读者的要求会形成矛盾。同时，单篇稿件是分散的，只是在各自视野范围内摄取生活的个别镜头。而客观世界是相互联系的，新闻与新闻之间存在着各种各样的联系。一篇稿件孤立地发表，可能会割断事实之间的内在联系，不能真实地反映社会生活。专题将同一主题的多篇稿件共同刊发，可以消除单稿的局限。

2. 形成整体效应

一个好的专题，是用合理的结构将稿件组合起来。“结构”本身也会影响到传播的功能。系统论创始人贝塔朗菲曾提出“系统大于各部分之和”，指系统是由要素按一定结构组织起来的整体，但系统不等于各要素的简单相加。要素一旦被有机地结合起来，就不再作为单个要素而存在，它们构成一个整体，获得了各个独立要素不具备的新质和新功能。其秘密就在于结构的有机性，结构是系统内各要素的组织形式。金刚石与石墨同样由碳原子构成，但由于原子排列方式不同，金刚石分子结构紧密，石墨分子结构疏松，所以一个坚硬，一个松软。因此结构合理的专题与分散的单稿相比，具有更突出的整体效应。

3. 传播效果良好

大众传播学中的议程设置理论认为，在特定的一系列问题或论题中，那些得到媒介更多注意的问题或论题，会在一段时间内日益为人们所熟悉，其重要性也将日益为人们所感知，而那些得到较少注意的问题或论题在这两方面则相应地下降。也即媒介的注意程度越大，随之产生的公众对问题的感知就越强。专题报道一般通过整个版面或多个连续版面来表达，内容也考虑优势互补，体现出较强的媒介关注。与分散的稿件相比，更易引起受众的关注，更能取得好的传播效果。

二、策划选题，配置稿件

随意地把若干篇稿件拼凑在一起，并不一定能产生整体优势，组织不当的专题甚至可能产生负面效果。专题要发挥集合传播的力量，就需要做好选题策划和稿件配置。

1. 策划选题

专题的规模可大可小，重大的主题可以做成特刊或专辑，日常的主题一般做成一个整版或半个版。专题的主题选取是多种多样的，既可以做时事追踪，也可以就某一社会现象进行深度透视和总结，在文化、财经、生活等各个领域内，都有大量题材适合做专题。

例如，2019 年 10 月 1 日，为庆祝中华人民共和国成立 70 周年，《科技日报》推出了《迈向创新型国家》的专题特刊（见图 6-23）。“创新”是引领发展的第一动力，也是应对风险挑战的坚实支撑。该特版用独立封面＋多个版面，浓缩表现了新中国在科技创新方面的成就，内容十分丰富，也发挥了《科技日报》在科技报道领域的独特优势。

科技日报

迈向创新型国家

（1949—2019）

庆祝中华人民共和国成立70周年特刊

Build An Innovation-Oriented Country

跨越创新型国家的历史门槛

图 6-23 《科技日报》2019 年 10 月 1 日特刊封面

周期性的节日、纪念日也是专题选题的一大来源。因为这些专题是可预见性的，大多数媒体都会提前准备，所以要在创新性上下功夫。这类专题的关键在于做好策划，找到新鲜的创意。如《重庆时报》2015 年的六一儿童节专题策划，邀请 100 多名孩子，一起用各种颜色的布和道具拼出一幅充满童趣的巨幅图画，作为当天报纸的“外包装”。这个“属于孩子们的童话乐园”的创意，使得常见的儿童节选题变得不再普通(见图 6-24)。

重庆时报

给孩子编织一个斑斓的世界

图 6-24　《重庆时报》2015 年六一儿童节特刊

2. 确定主稿

主稿是专题最基本、最重要的组成部分，是展示新闻内容、阐述新闻主题的关键部分。报刊无法在时效上同广播、电视、网络等电子媒体竞争，就需要在深度、广度上独辟蹊径，因此要求主稿应具有一定的深度和长度，否则就没有足够的分量来构成专题。很多专题选用深度报道作为主稿，它不是向受众提供简单的新闻事实，而是使新闻要素进一步深化，要求一方面剖析新闻事实的内部，另一方面展示新闻事实的宏观背景，从总体联系上把握其真实性。

当然，深度报道不是专题主稿的唯一形式。根据主题的不同，专题主稿的构成可以是丰富多样的。仍以《科技日报》的《迈向创新型国家》为例，该专题封面之后的两版，采用通版处理形式，从新中国成立 70 年取得的科技成就中选取了最具代表性的 10 个典型进行报道，包括超算、中微子、量子通信、FAST、两弹一星、结晶牛胰岛素、青蒿素、杂交水稻、高温超导、太空探索。这一组短稿组成的主稿，使版面结构清晰、疏朗大气，集中反映了我国科技力量在党的带领下逐渐由羸弱走向强大(见图 6-25)。

1949—2019 迈向
创新型国家
科技日报
从羸弱到崛起，中国科技前进步伐未曾停歇

图 6-25　《科技日报》“迈向创新型国家”专题通版

3. 写按语

按语也称编者按，是依附于新闻报道或文稿的一种画龙点睛式的简短编者评论。它是编者专用的一种对新闻稿件所加的评介、批注、建议或说明性文字。它的任务在于针对稿件中的观点或材料，解释有关方针政策，直接表明编者的态度和建议；突出强调稿件的中心思想或现实意义，以引起人们的注意，提供背景情况，传递最新信息，权衡是非利弊，以引导社会舆论。按语的功能包括说明提示、提醒建议、评点强调、褒贬批注等。根据按语的不同性质，可分为说明性按语、政论性按语、注释性按语等。

4. 配评论

配评论的目的在于阐明所发表的新闻稿件的意义、深化报道的主题，有助于受众正确与全面地理解新闻报道的内容。评论一般要依托新闻报道，根据新闻报道的内容，紧扣新闻由头，借题议论。配发的评论可对新闻事实给予理论上的说明和阐发，通过对新闻事实的分析议论，揭示它所包含的思想政治意义，从而深化报道的主题。评论也可以从更广阔的领域和全局的高度阐明新闻事实的现实意义。评论和新闻报道的有机配合，可以把客观报道事实和鲜明的立场态度结合起来，使之虚实相映，相得益彰，取得更好的传播效果。

常用的评论形式包括社论、短评、署名评论等，具体写作方法在新闻评论学教材中有详细阐述，在此不再赘述。

配评论应注意评论视角观点的多元化。公众只有多方听取信息，才有可能获得实情。来自不同媒体、不同观点、不同立场的评论互相交锋，可以使得受众能够尽可能地听到多元的声音，从而形成自己的判断。编辑可留意从以下不同视角配置评论。

(1)记者述评。记者在稿件中应以陈述事实为主，不应加入过多主观判断。但作为新闻事实的采集者，其对该事实的看法具有启发作用。因此可在主稿之外配发记者述评，起点睛作用，并引导读者思路。

(2)专家点评。专题配发专家点评，既可以起到开拓思路的效果，也可以增加新闻的分量和权威性。对普通读者来说，可以增长见识，在知识层次较高的读者中则可能得到更多认同。

(3)读者讨论。网络传媒的强烈的交互性，对其他传媒的传播方式也产生了深刻的影响。当前报纸媒体十分重视与读者的互动，在专题中适当引入读者讨论，增加与读者的交流，可以提高读者的参与热情和阅读兴趣。如可设立“读者论坛”或“观点交锋”小栏目，请读者参与新闻事件的讨论，发表正方反方观点，活跃版面，也使新闻内容得到延伸。

5. 配资料

配资料是指用过去发生的事实和现有的知识等资料，配合相关新闻主题。资料是发展新闻的重要手段，它可以对新闻报道进行注释，说明其意义、价值、原因、性质及今后的趋向等。配资料的形式与内容应当根据整个专题要求来决定，一般有以下几种方式。

(1)新闻图片。图片是专题中不可或缺的因素，图文配合有助于读者对新闻事实形成直观的感受，减少阅读障碍，更明了地阐释新闻事件的方方面面。

(2)新闻背景。新闻的发生、发展呈现为一个过程。只有得知新闻的来龙去脉，读者才有可能了解某一新闻事件的全貌或意义。新闻背景就是交代新闻的历史，用历史来说明新闻。

(3)新闻人物。对新闻中的重要人物的生平做简要介绍。尤其是新出现的新闻人物，如新就职的政治人物、来访的科学家、崭露头角的演艺界人士等，读者不仅关注他们的有关动态新闻，对其成长历程、过去的成就也会感兴趣。专题中可以设“简历”“生平”“人物档案”等小栏目，对其经历做简明扼要的呈现。

(4)专业知识。新闻专题中往往涉及多种专业知识，普通读者读起来会觉得较为艰深。在新闻中随文稿进行详细解释，会影响对新闻事实的表达。因此可以用配专业知识的方式来处理。

(5)相关报道。专题中除了本报记者采写的内容，也可以选摘其他媒体的相关报道，这样可以拓宽新闻的来源，达到事半功倍的效果，使得对新闻事件的呈现更加全面细致，观点也可以更多样化。何况在新闻竞争十分激烈的情况下，单凭一家之力，很难保证资料的完整性，借他人之力，补自己之不足，是合理的编辑做法。

《新快报》2018 年 10 月 24 日的《沧海通途——港珠澳大桥》策划，是一个典型的重大成就专题报道。其中的通版《一桥越沧海》(04－05 版)，编者按、主稿选择、图片配置的安排得当，是一个可以学习的范本。

置于大字标题下方的文字，是新华社原通讯稿件的起始段落，被分出来做了单独的编者按。这三段文字虽然简短，却融抒情、记叙和评论为一体，向读者点明这条新闻的重大意义(见图 6-26)。

一桥越沧海

——写在港珠澳大桥开通之际

金秋十月，伶仃洋上海天一色、潮声阵阵，依傍着这片中国南海水域的城市群迎来深具意义的一天。

23 日上午，港珠澳大桥开通仪式在广东珠海举行，中共中央总书记、国家主席、中央军委主席习近平出席仪式，宣布大桥正式开通。

碧波之上，一桥飞架香港、澳门、珠海三地，以气贯长虹的“中国跨度”，飞越沧海百年的历史风云，展现当代中国的雄健风采。

图 6-26 《新快报》“港珠澳大桥”专题编者按

专题的主稿是来自新华社的通讯，长约4000字，跨版排在两个版面上。这篇长稿详述了港珠澳大桥的“圆梦”历程，将宏观的社会发展和个体的故事经历紧密穿插联系，充分发挥了文字叙事的优势。文稿分为三部分，并设置了“‘中国道路’成就美好梦想”“‘中国力量’铸就海上长城”“‘中国智慧’催生广阔前景”三个装饰一致的小标题，帮助增加文稿的易读性和可读性。港珠澳大桥的全景照片横跨两个版面，部分叠压在文字下，与文稿中的“如一条巨龙，舞动在潋滟波光之上”相互呼应。另外三张大桥局部照片整齐排版在版面上部（见图6-27）。图片的安排很好地展现了视觉符号的力量。

重点

一桥越沧海

——写在港珠澳大桥开通之际

“中国道路”成就美好梦想

“中国力量”铸就海上长城

“中国智慧”催生广阔前景

图6-27　《新快报》“港珠澳大桥”专题通版

三、设计专题版面

1. 学习设置四开版面

按照四开报纸的6个基本栏的常见分栏法，我们可以将四开报纸的版面参数设置如下：新建文件后，将版面宽度设为270mm，高度设为390mm，版心调整类型为“自动调整边距”；背景格字号为小五号，栏数为6，栏间为1个字，行距0.25字，行数92行，栏宽11字（栏宽相等）。学习者也可以测量典型四开报纸的版面，取得其宽度、高度、页面边距、栏数、栏间等参数，自行模仿设置。

2. 明确尺度的相对性原则

版面上各种元素的尺寸和版面大小相比是相对的，这是四开版面编辑最应了解的原则。在一份基本栏为六栏的对开报纸上，两栏宽的图片并不算大，但同样大小的图片放在四开版面上，就有足够强烈的视觉效果。一则标题在四开版面上占通栏宽，看起来就像对开报纸上的通栏标题那么显眼。因此，为了突出重要的图片或新闻标题，应正确地应用相对性原则。

四开报纸对字号、字体的选用与对开版面不同。一般来说，四开版面上标题字号的选择范围要小一些。因此，可以通过改变视觉重量的方法来增加新闻之间的对比。如从细等线体、中等线体、黑体、大黑体到超粗黑体，同样的字号有不同的视觉重量，编辑可从中选择同新闻重要程度相称的字体。通常标题字号不宜过大，这样可以节省版面，并同版面保持合适的比例。

3. 区分标题层次

专题需要在一个或多个版面上集合多篇文稿、图片，内容结构需要表达清楚，以便于读者吸收信息，而这种结构的清晰感主要是通过不同层次的标题体现出来的。

第一个层次是专题标题，它用来提示整个专题的内容，奠定专题基调。大型专题(如特刊或专辑)涉及多个版面，专题的标题通常写在封面上，在内页版则在报眉部分统一标出。如果只是一个版或半个版的日常性专题，在版面突出位置标出就可以了，有时也会与主稿标题合而为一。

第二个层次是栏目标题。如在时事专题中，设“各方反映”栏目来展示不同观点。以栏目来组织内容，会使文稿或图片的特点体现得更加清晰。

第三个层次是文章标题。主稿及配置的各种评论资料，如果有需要，都应有各自适当的标题。

第四个层次是小标题。有深度的主稿往往篇幅较长，需要用小标题进行分割。小标题又称分题或插题，它的作用主要是对各个段落的内容、主题进行概括，具有分段或分类的作用。它既是对新闻主题的补充，也方便了读者阅读，并可以打破长文章带来的冗长感。

以《新快报》2017 年 3 月 7 日的娱乐专题“她电影”为例(见图 6-28)，这是为三八妇女节而策划的专题，意在盘点“值得所有年龄段女性看的电影”，给女性“一点阳光，一点温暖，一点努力绽放的勇气”。专题标题的主标题“她电影”用红色小标宋字，较大字号，副标题“献给每一朵独一无二的花”用黑色小标宋字，较小字号。每部电影代表的类型标签，如“现实”“成长”“梦想”

“友情”等用白色字衬红色圆角色块，相对应的小标题(如“爱自己，开出独有的姿态”)用黑体字。整个专题的层次十分清晰，也有很好的可读性。

新文娱 | 娱乐

“她电影”献给每一朵独一无二的花

现实　爱自己，开出独有的姿态

梦想　你所向往的，在欲望面前是否会是你最后的选择

初恋　那些没说出口的告白，就是爱情最初的样子

友情　曾经一起的日子，温暖了一生

成长　因为平凡，孤独偏执不可避免

亲情　同一屋檐下，可以揽平生活全部的崎岖

伪装　受伤后把自己伪装成刺猬，直到有人硬闯进去

独立　永不低头的灵魂，比高贵更贵

图 6-28　《新快报》“她电影”专题

4. 区分配稿功能

一个专题的多种配置，所起的功能是不同的。一般来说，主稿以提供事实为主，是专题的重心；评论的目的是揭示新闻事实的意义、内涵，对报道有深化作用；资料的功能是补充事实、发展新闻；图片则有文字无法代替的作用。

在排版时，应注意将各种配置的不同功能体现出来。如正文字体的运用，主稿用宋体字，显得郑重、客观；评论可用楷体或仿宋体，突出评论的特殊性；资料也可用楷体或其他较软性的字体。这样既强化了版面的层次感，也可以活跃和美化报纸版面。

5. 灵活运用版面空间

不同性质的专题，应配以不同的版面风格。一般来说，时政类的专题版面应朴素、庄重，财经类的专题应表现出严谨和权威性，娱乐、时尚、资讯类的专题可以做得比较活跃，等等。版面元素、版面空间的安排，都应依专题内容特点来设定。以《武汉晚报》的“图解”专版为例，该版的定位是以视觉化方式来解读各种社会现象、科学问题，图示、图形的运用丰富活跃，相应的空间安排也十分灵活(见图 6-29)。

天下

S04

科学也逗比

2015年搞笑诺贝尔奖出炉

Nobel Prizes

天下

图解

S05

人社部说，“中国退休年龄全球最早”

那么，外国人多大岁数能歇

图 6-29 《武汉晚报》“图解”专版

6. 设计通版或联版

通版又称跨版，指两个相邻的版打破界限、统一编排所形成的版面，通常用于报道重大事件。通版的优势在于可以将要刊登的材料放在更大的版面空间来安排，比较集中、灵活，且能采用较大的标题、图片和装饰，要比一般版面更有气势。在专题设计中，通版是经常采用的方式。不仅四开报纸经常采用通版的方式来制作专题，对开报纸也越来越多地采用通版形式。

编辑通版时，应该把两个版面当作一个版面来做通盘考虑，以求平衡和流畅。如 2018 年 8 月 17 日，《浙江日报》推出《大江奔流》专题版面（见图 6-30）。这是 2018 年中宣部组织的“大江奔流——来自长江经济带的报道”主题采访活动的收官报道。专题以跨版的方式，全方位、立体化回顾长江经济带 12 个集中采访点的风采，编辑思想突出，选材编辑精当。版面设计通过长江地图串起报道，并与照片、漫画、文字进行了充分结合，让新时代的长江经济带跃然版上。编辑还在版面上附加了二维码，与浙江新闻客户端的报道专题进行紧密互动。整个版面布局合理，创意突出，视觉效果良好，是重大主题报道版面的出彩之作。这个版面获得了第二十九届中国新闻奖报纸版面项目的二等奖。

讲好长江故事 唱响长江之歌

大江奔流

——来自长江经济带的报道

图 6-30 《浙江日报》通版专题

联版一般指将两个以上的版面打通，作为整体进行设计，以求得更突出的视觉效果。联版中最常见的是四联版，即将四个版面全部打通。如 2019 年 12 月 23 日，值习近平总书记提出建设“强富美高”新江苏 5 周年之际，《新华日报》推出四版专题。这个专题采用创新四联版长卷设计（见图 6-31），巧妙运用富含江南园林元素的手绘插画，构建江南园林语境，凸显江苏韵味，将“强富美高”大写意一笔一笔绘成精谨细腻工笔画。选图、勾线、上色，275 个图层，207 张素材，49 幅原型图片，每个元素都不是信手画来的，所有画面都能对应主题找到原型。整个四联版既有宏大主题，又有地方特色，体现了新闻插画与重大新闻主题报道的创新融合，兼具阅读价值和收藏价值。这个版面获得了第三十届中国新闻奖报纸版面项目的二等奖。

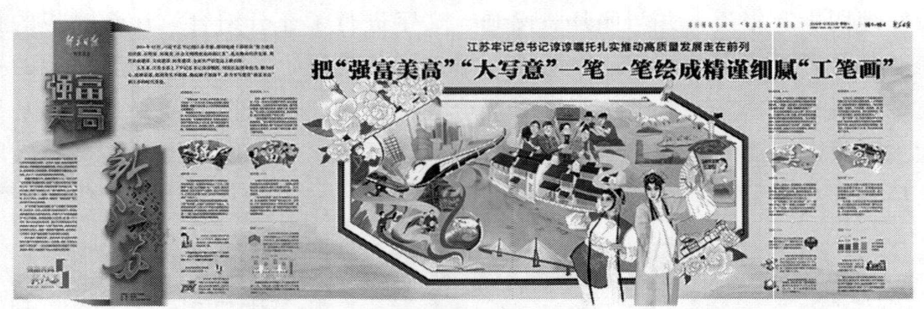
江苏牢记总书记谆谆嘱托扎实推动高质量发展走在前列

把“强富美高”“大写意”一笔一笔绘成精谨细腻“工笔画”

图 6-31 《新华日报》四联版专题

四联版形式一般用于重要的节日、重大的事件，《长沙晚报》《海南日报》《深圳特区报》都曾推出四联版(正反面共 11 版)的专题。

四、专题设计综合案例

1. 平面专题设计案例：《出城记 · 悼念杨绛先生特辑》

2016 年 5 月 25 日，105 岁的著名作家、翻译家杨绛离开人世。国内报纸纷纷推出纪念专题或大型专辑，追忆并致悼念。其中《深圳晚报》推出的八版《出城记 · 悼念杨绛先生特辑》，呈现细致完整，格调高远，是一个优秀的专题制作范例。

“出城记”之名来自钱锺书的《围城》一书。封面 T01 版(见图 6-32)选用杨绛伏案著述的大幅照片，下配编者按《惊情一世 恍然百年》，凝练地概括了杨绛的一生：“浸泡在现当代中国起伏跌宕的惊涛中，将似水流年的日子过成了传奇……”本版文图共同奠定了专辑庄重、沉静的基调。

深圳晚报

出城记

悼念杨绛先生特辑

惊情一世　恍然百年

图 6-32　《出城记》T01 版

T02 版《这一场势均力敌的爱情》、T03 版《为爱甘做“灶下婢”》(见图 6-33)，讲述了杨绛与钱锺书的感情故事，文稿配置包括综述、文摘、人物自述，配图少而精，叙述简洁而有深意。

出城记

悼念杨绛先生特辑

“颉眼容光忆见初，蔷薇新瓣浸醍醐”

这一场势均力敌的爱情

出城记

悼念杨绛先生特辑

“我一生是钱锺书生命中的杨绛”

为爱甘做“灶下婢”

图 6-33　《出城记》T02、T03 版

T04 版至 T05 版(见图 6-34)设计为通版，选取人物一生中的最具代表性的照片，做成整版的照片墙，以相框形状配饰，视觉效果舒展自然。

出城记

纪念杨绛先生特辑

我只能就自己性情所近的途径，尽我的一份力

图 6-34 《出城记》T04-T05 版

T06 版至 T07 版(见图 6-35)也是一个通版，以《从仙童到先生 另一个杨绛的笔下华彩》为标题，集中展示杨绛的文学成就，著述封面的图片使用加重了版面的文化气息。

出城记

纪念杨绛先生特辑

她，并不只是钱锺书的妻

从仙童到先生 另一个

杨绛的笔下华彩

图 6-35 《出城记》T06、T07 版

T08 版(见图 6-36)《她愿意把自己想象成一个小人物》综述了各界动态、评价，并以简表的形式展示了杨绛最受关注的作品和名句。

出城记

学界出版界告别时代隐士杨绛先生

她愿意把自己想象成一个小人物

图 6-36　《出城记》T08 版

这个专题中，每个版面均采用统一的专辑题头，所有版面均用淡黄纹路衬底。整个专辑结构清晰，内容完整，版面风格沉静。从立意来看，该专题不仅贴切展现了人物的多重身份、多面成就，还将个体的坎坷命运与时代沉浮联系起来，展示了知识分子的“真实、强大的自由之灵魂”，尽到了专业媒体的职责。

2. 融合专题案例：《云端之上　锦绣南粤》

融合媒体背景下，重大新闻主题的专题制作通常采用多种媒体形态，以贯通报网端的方式进行传播。此时，“专题的策划与生产”已成为一个相当复杂的问题，超出了本教材范畴。因此，本小节仅以一个综合案例就此来做初步的直观展示。

2019 年是新中国成立七十周年，对此可预见性的重大主题，多家主流媒体都策划了专题，并想方设法在创意上下功夫。《南方日报》视觉新闻部和《南方都市报》短视频事业部联合制作推出的《云端之上　锦绣南粤》——70 秒云上瞰广东系列影像报道就是其中之一。

这个影像专题报道采用了独特的“云端”视角，以无人机航拍为手段，用23条时长均为70秒的短视频展现了广东各地的华彩风貌。两个部门抽调各自最精干的成员，组成了一个包括摄影、剪辑、包装、文案、运营等角色的20余人虚拟团队。在3个月时间里，团队成员的足迹遍布广东21个地级市以及下属各县区、乡镇，积攒了容量超过6000G的图片和视频素材。后期剪辑上则用到了多种软件，每条片子都经过反复打磨，团队成员会集体观看这些片子，审核出最后的成片。文案组成员为每条片子设计了多张精美海报，并撰写一篇能引起读者共鸣的推文。①

无人机、延迟摄影等技术在展现大场景方面有独特的优势。短视频成片中，各地的标志性区域、基础交通设施、文化古迹、美丽乡村、名川大山被展现得宏伟壮丽、绚丽多彩，加上激昂的音乐，令观看者心潮澎湃。

2019年9月6日至9月26日，《南方都市报》在“N视频”版以大致每天一个图片版的节奏刊发了专题。与视频相比，纸端的专题突出了图片、文字和版面整体的力量。每个地方专题版都精选了航拍图片：以该地著名建筑或自然风光的超大图作为主图，再选择2～4张小图加以辅助。

无人机图片独特的视角、构图给人带来特别的视觉冲击和新鲜的印象。如2019年9月6日A24版的“潮州”专版为专题首版(见图6-37)，选择广济门为主图，文稿起首即语“人杰地灵，文脉纵横”“岭南首邑，海滨邹鲁”，充满人文气息，带读者领会潮州古今变迁。

2019年9月9日A16版“韶关”专版(见图6-38)整版选用丹霞山远景大图，云蒸霞蔚，十分壮观。

2019年9月14日A6版“清远”专版(见图6-39)，“古龙峡漂流”的主图采用垂直俯瞰的视角，并采用竖长的构图方式，给版面带来特殊的视觉效果。

2019年9月16日A16版“汕头”专版(见图6-40)选用南澳岛灯塔夜景，竖排的文字及小图叠压在主图上，整体上构图紧凑，风格静谧。

---

① 张由琼、陈伟斌：《由〈云端之上 锦绣南粤〉看媒体融合与传播》，载《南方传媒研究》，2019(5)。

N视频

云端之上 ● 锦绣南粤

潮州

图 6-37　《云端之上　锦绣南粤》“潮州”专版

N视频

云端之上 ● 锦绣南粤

韶关

图 6-38　《云端之上　锦绣南粤》“韶关”专版

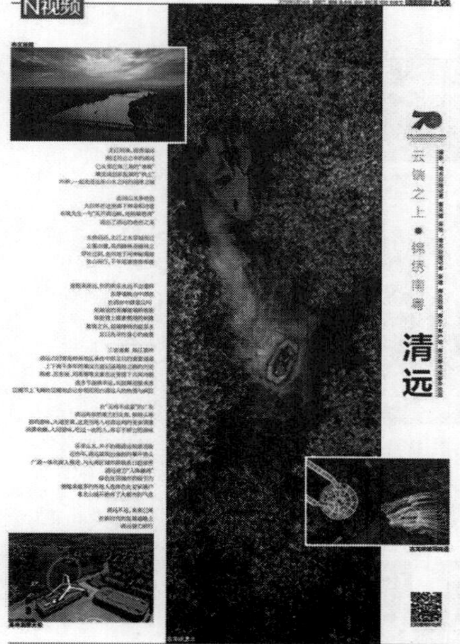
N视频

云端之上 ● 锦绣南粤

清远

图 6-39　《云端之上　锦绣南粤》“清远”专版

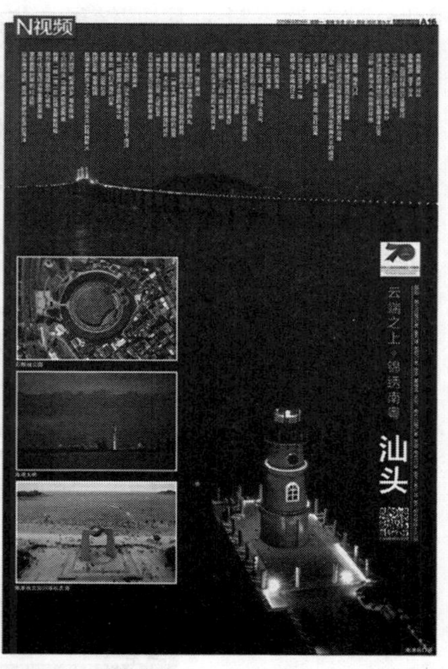
N视频

云端之上 ● 锦绣南粤

汕头

图 6-40　《云端之上　锦绣南粤》“汕头”专版

2019 年 9 月 17 日 A24 版“江门”专版(见图 6-41)，用跨版的两个页面完全展现竹海深处的碉楼。

N视频

云端之上●锦绣南粤

江门

图 6-41 《云端之上 锦绣南粤》“江门”专版

2019 年 9 月 26 日 A24 版“广州”专版(见图 6-42)为全系列的终篇，整版套红色线框，主图选用云端视角的广州塔和珠江新城，文案以“在这里，高楼大厦和祠堂古巷可以并存/拼搏进取和务实享乐并不矛盾/看尽万种景致/广州，我最钟意嘅仲系你”结尾，饱含感情。

N视频

A24

云端之上●锦绣南粤

广州

图 6-42 《云端之上 锦绣南粤》“广州”专版

整个《云端之上　锦绣南粤》融合专题推出时，短视频在“南方+”客户端、南都APP以及南方网、奥一网首先呈现，图片版则同步在《南方日报》《南方都市报》推出，随后进行了全网推送，先后登上了今日头条首页、腾讯新闻、抖音、快手等平台，被《人民日报》、“广东发布”等的官方微博、微信公众号转载，并由南方英文网进行了海外推广。据不完全估算，全系列全网曝光量超过5000万次。这次系列影像报道取得良好的传播效果，源于从采编协作到报网端全面打通，再到第三方推广运营，各环节紧密融合。[①]而单就纸端来看，这组系列图片专版充分发挥了瞬间静态影像和文字叙事的魅力，给了读者反复阅读品味的从容性，在整个融合专题中承担了独特的作用。

第三节　副刊设计与编辑

副刊是相对于“正刊”而言的。报纸是以刊载新闻为主的连续出版物，一般把刊载新闻、评论的新闻版称为“正刊”，把延伸新闻、提供理论、知识、文化享受和实用资讯的各种版面称为专刊和副刊。中文副刊已经有100多年历史，在发展过程中又演化出了以传播资讯服务性信息为主的专刊。由于专刊多以专题形式编排，前节已有涉及，因此本节集中讲述副刊的设计与编排。当下的“副刊”概念，更偏重于文化、文艺性的版面。在媒体融合环境下，专业媒体的副刊迎来新的发展机遇，传播渠道大大增加，并由单一的文字表达向多元的文本表达扩展，在媒体竞争中具有自己独特的优势。

实验主题

报纸副刊的设计与编辑。

实验目的

本实验的主题是认识报纸副刊的重要性，掌握副刊的编辑步骤，学习副刊的视觉设计与传达，并了解新媒体背景下副刊发展的新思路。

① 张由琼、陈伟斌：《由〈云端之上 锦绣南粤〉看媒体融合与传播》，载《南方传媒研究》，2019(5)。

实验内容

一、认识副刊的重要性

新媒体重新定义了人们获取信息的方式、方法，给传统纸质媒体带来了严峻挑战。报纸“自救”过程中，副刊堪当重任，其重要性得到重新关注。这主要从以下方面表现出来。

1. 副刊是摆脱信息同质化的利器

在信息时代，受众的兴趣和爱好已变得集中性较少。与主流文化共存的，还有丰富多样的亚文化。人们因为爱好、兴趣、观念、行业的不同，被归划到不同的亚文化群体中，由此带来了与“大众”相对应的“小众”、趣缘群体、长尾等概念。新兴媒体的信息产品大量增殖，但同时也伴随着内容同质化、品质低俗化等问题。打造自身特色是现代报纸在互联网同质化环境中的重要出路。① 副刊作为报纸的重要组成部分，能提高报纸的独家性、耐读性。好的报纸副刊是陶冶读者情操、净化读者心灵的“精神家园”，成了一种异质性的存在。②

传统副刊以综合性副刊为主，内容多样，一个版面上往往刊登杂文、散文、诗歌、小说、绘画等多种文体的文艺作品。这从许多传统副刊的名称上即可见一斑：“夜光杯”“花地”“文荟”，都表明它们内容、文体讲究丰富多彩。而在进入信息时代后，许多知名副刊主动细分化，成为有明确定位的文学或文化性专版。

观察综合性报纸，可见当前常见的副刊类型(见表 6-2)，均有集中的内容取向，以及相应的表达文体。

表 6-2　当前报纸常见的副刊类型

副刊类型	主要内容	常用文体	副刊实例
文化评论	评析文化现象、各类文艺作品	文艺评论	《人民日报》的《文艺评论》 《南方日报》的《文艺评论》 《纽约时报》的《艺术》

① 赵乐群：《新媒体时代报纸副刊的改革策略——以〈新京报·书评周刊〉为例》，载《新媒体研究》，2020(7)。

② 易军：《融媒体生态下报纸副刊突围路径探析》，载《中国地市报人》，2021(3)。

续表

副刊类型	主要内容	常用文体	副刊实例
名家文学	专业作者的文学作品、艺术作品	散文、诗歌、游记、美术作品、连载小说	《人民日报》的《大地》 《南方周末》的《文学》 《南方日报》的《海风》
闲情	生活随感、闲情雅趣	杂感、随笔、笑话、绘画	《广州日报》的《每日闲情》
阅读	图书评论、出版动态、图书市场	书评、图书资讯	《人民日报》的《读书》 《新京报》的《书评周刊》 《纽约时报》的《书评》
游戏漫画	消遣性的游戏和阅读	填字游戏、漫画专栏、笑话	《北京晚报》的《胡同》
地方文化	地方文化、民俗知识	叙述文	《北京晚报》的《五色土》

在同一类型中，由于定位、资源的差异，各副刊也会形成不同的风格偏向。以文艺评论类的副刊为例，《人民日报》的《文艺评论》多从中华文化、民族发展的高度来选题，约请知名专家学者，就论题发表深刻的见解（见图 6-43）。

副刊 20　人民日报

如何让更多人“看懂”“听懂”戏曲

北海观澜

算法推荐要突出价值观引领

高峰之路

怎样挖掘好故事

文艺评论

图 6-43　《人民日报》的《文艺评论》副刊

《南方日报》的《文艺评论》副刊常策划文化专题，就当下的热点文化现象展开深度分析(见图 6-44)。

文艺评论

如何在大湾区下一代的心里种下一颗"南国红豆"？

打造具有国际影响力的"音乐高地"

让更多"大湾区制造"的精品剧目走向世界

图 6-44 《南方日报》的《文艺评论》副刊

《纽约时报》的《艺术》(*Arts*)副刊版块的定位是报道艺术动态，开展艺术评论。这个版块细分到艺术的多个领域，包括戏剧、电影、电视、舞蹈、歌剧、美术、画廊等。相关版面内容文字优雅，视觉设计美观，给人以艺术的享受(见图 6-45)。

Movies

FILM REVIEW

Empathy and Healing Among Orphans

An Oscar nominee, this charming animated feature is frank about life's rough spots.

FILM REVIEW

Guess Who's Coming to Dinner? (A Frightful Question)

Jordan Peele blends genres into something genuinely terrifying in his first feature.

图 6-45 《纽约时报》副刊板块的《电影》版

可以说，副刊设计的第一步，就是明确副刊的类型定位，并在此类型中确定副刊的风格与特色。

2. 副刊是价值观传播的重要阵地

在新闻竞争中，专业媒体的优势在于观点生产、深度阐释，并借此传播主流价值观。在报纸由信息媒体向“意义媒体”的嬗变中，副刊有其独特作用。[①] 从副刊的发展历程来看，副刊更多地不是诉之于新闻事件，而是通过文学、文艺等载体诉之于人的情感和心智。从文化角度来看，副刊同样承担着传播先进文化、建设现代文化的重任。副刊以其独特的文化功能，为读者建设一块精神的家园。从副刊史来看，一些著名的副刊在中国现代思想文化建设史上的作用，丝毫不逊色于正刊。

① 易军：《融媒体生态下报纸副刊突围路径探析》，载《中国地市报人》，2021(3)。

副刊与新闻版同样具有引导舆论的功能，但其实现的方式不同，对客观现实发生的影响也不同。新闻版以正面、直接的方式引导舆论，副刊则主要以侧面、间接的方式来反映报纸立场。

二、组织副刊内容

确定副刊定位后，需策划具体的专题、题材，组织副刊的稿件内容。一般的副刊内容，可以在明确版面定位、宗旨的前提下，着重考虑以下方面。

1. 提高新闻意识，延伸新闻热点

新闻性是报纸的根本特性。副刊作为报纸的有机组成部分，也有浓厚的新闻色彩。副刊上的文章对时效性的要求不如新闻版那么强，但应带有新鲜的色彩。副刊选择的内容、表达的观点，应与当前公众和社会主流的关注点相契合，以副刊形式来传播带有新闻的视角和“气质”的内容，从而在静态中有动感，参与生活，引导生活。这类内容要求构成主体必须是真实存在的人和事，并抓住事件本质的“真”，让受众觉得可信可读，向受众传达报纸特有的人文关怀。

副刊与正刊的新闻性侧重有所不同。王刊侧重于新闻的时效性，要求5个W(Why，What，Where，Who，When)俱全；副刊的新闻性比较宽泛，更侧重于充分挖掘一般新闻中的某些亮点，用艺术化的文字和图片等更生动、形象地进行追踪报道、深度报道。① 副刊增强新闻性的方法包括：①选择有新闻性的内容；②引入新闻操作手法；③选择有新闻性的由头。

以第二十八届中国新闻奖副刊一等奖获奖作品《大风歌》(见图6-46)为例，该篇报道文学选取叶挺独立团作为采访对象，梳理叶挺独立团的历史足迹。文章紧扣中国人民解放军建军九十周年的历史节点，呼应“把人民军队建设成为世界一流军队”的时代号召，以翔实细致的采访支撑起作品的细节叙述，使宏大主题的书写变得可触可感。整篇报道文笔流畅、可读性强，通过故事、人物、气氛、场景等的描写，将人民子弟兵的精神风貌充分展现在读者面前。

---

① 蒋云帆：《融新闻性于报纸副刊的方法探析》，载《新闻世界》，2020(11)。

副刊 24
人民日报
大风歌

图 6-46　副刊作品《大风歌》

另如第二十九届中国新闻奖副刊三等奖获奖作品《地震孤儿的 10 年回家路》(见图 6-47)为例，该篇报告文学由《工人日报》刊发于“5・12”汶川特大地震 10 周年当日，讲述“安康家园”公益项目中的 672 个地震孤儿，他们重灾之后受伤的心灵如何在爱的环抱下得到修复与重建的故事。这篇文章抓住了人们关注的焦点，以“回家”为线索，写出 10 年间几百个孩子在社会各界的关心和爱护下，开启新的人生历程的故事。这样的副刊作品，和新闻一样反映现实变化、追踪世事发展，具有强烈的时代气息，而且能以细腻的笔触、深入的采访回应社会关注，具有特别的价值与意义。

4 公民特稿 工人日报

□ 特稿86

地震孤儿的10年回家路

图 6-47 副刊作品《地震孤儿的10年回家路》

一些文化属性突出的副刊，同样可以紧跟社会热点。以《新京报》的《书评周刊》为例，该刊一方面发布文化领域中时效性较强的乐评、影评等内容产品，紧跟时下文化热点；另一方面则从当下的新闻热点着手，对新闻热点进行知识文化补充，引出相关书籍。在时效与深度难以两全的互联网时代，《书评周刊》做到了内涵与时效并重。①

2. 关注社会“冰点”，寄寓社会理想

除了热点之外，副刊还需要关注“冰点”，在副刊作品中寄寓社会理想和道德标准，让读者了解更加多样的社会现实，反思批判，拓宽思维。

以副刊作品《活在表格里的牛》(见图 6-48)为例，这篇报告文学由《中国青年报》的《冰点周刊》推出。报道源于作者在宁夏西海固采访时，听到群众反映套取脱贫资金问题。作者两赴西海固，历时 20 多天，走访近百人，目睹“借牛骗补”，以翔实的证据展示了这一链条。文章鞭辟入里，并以同一地

---

① 赵乐群：《新媒体时代报纸副刊的改革策略——以〈新京报·书评周刊〉为例》，载《新媒体研究》，2020(7)。

区养牛致富的案例与之对比，对“数字脱贫”等荒腔走板现象提出批评。全文细节丰富，大量使用田间地头语言，生动可读，既呈现了问题，也呈现了人性的复杂，发人深省。这篇副刊作品选题重大、独家，抓住了脱贫攻坚中的“表格牛”负面现象，将报告文学的生动表达和舆论监督的锐度结合起来，引起了强烈的社会反响。作品因此获得了第三十届中国新闻奖副刊作品一等奖。

冰点周刊　5

——冰点特稿第1161期——

活在表格里的牛

图 6-48　《中国青年报》副刊作品《活在表格里的牛》

又以杂文《警惕提笔忘字之后的沙漠困境》为例，该文由《四川石油报》的《星星树》副刊刊发，获得了第三十届中国新闻奖副刊作品二等奖。作品由“提笔忘字”这一互联网时代最常见的“失忆症”说起，指出一系列相关微小端倪的背后，是语言交流、表达匮乏的“荒漠困境”。作者提出“快浏览”和“深阅读”本应相辅相成，需要以意蕴深厚的“慢文化”来应对社会的快速变迁。这篇杂文直击“不是热点”的热点，直接提出利害关系，有警示性和思想性，逻辑清晰，文笔简练生动，刊发后引起了广泛关注。

3. 秉承“大文化”观，拓展多维内容

以“大文化”观念来看，历史、地域、民俗、人文等都是副刊内容中可以强化的维度。

与新闻版相比，副刊内容对时效性的要求不仅有明显的弹性空间，而且“历史”本身就是有价值的副刊内容。历史性的内容虽然是很久以前发生的事，或是早已一直存在的事物，但它同现实生活的新变动仍然有所联系。副刊编辑应发掘这种间接的联系，将副刊内容与新变动结合起来，使副刊成为记录历史甚至介入历史的园地。

以《新华每日电讯》的《草地周刊》(见图 6-49)为例，该副刊中编入大量历史性内容。从“努力打通历史关节，打捞被人遗忘或忽略的历史长河中的沉物”的思路出发，周刊设计了“新闻考古”“史上七日”“七日脸谱”等栏目。其刊发的稿件不仅记录人和心灵的历史，还试图追录“物”的历史，如《地名可待成追忆》《春节特别报道——“笔墨纸砚”》等。2018 年，值改革开放 40 周年之际，该刊推出了“新华社老记者讲述改革往事”系列报道。通过这些讲述，读者得以重回历史现场，重温激情的改革岁月。①

新华每日电讯

草地 周刊

保家卫国笔为枪

抗美援朝战场上的新华社记者

图 6-49 《新华每日电讯》的《草地周刊》

① 姜锦铭：《草根 · 草稿 · 劲草——新华每日电讯“草地”副刊十年的价值追求》，载《中国记者》，2020(8)。

与互联网“无远弗届”的空间特性相比，报纸传播的地域空间相对较小。省级党报、地市级都市报主要分别以行政省区和城市地方为发行范围，受众以当地读者为主。在媒体融合背景下，以副刊来彰显地域文化、地方特色，书写本地人文风物，成为报纸增强自身竞争力的重要思路。《北京晚报》的《五色土》副刊、《华西都市报》的《宽窄巷》副刊、《西藏日报》(汉文版)的副刊版块等，都具有鲜明的地方特色。

以《西藏日报》(汉文版)的副刊版块(见图 6-50)为例，该版块曾开辟“非遗西藏”栏目，推介别具西藏特色的唐卡画、热巴舞、格萨尔说唱、藏戏、藏族雕塑等艺术形式，把此栏目打造成了品牌栏目。还有“长镜头”“画人画事”“书海拾贝”等栏目，展示、介绍独具西藏特色的美术、摄影、书法名家的作品，促进藏汉文化的交流交融。①

8　人文拉萨

秋风起　风筝飞

图 6-50　《西藏日报》(汉文版)的副刊

① 尼玛潘多：《突出地域民族特色　做精做专副刊版面——以〈西藏日报〉副刊为例》，载《新闻战线》，2019(14)。

一个副刊可以地域文化为主导，综合多个维度的内容，打造精品副刊。以《云南日报》的《云之美》副刊为例(见图 6-51)，它的目标是传播云南的地域文化信息，以公信力、权威度和文化深度来体现党报独特的传播优势。为此，《云之美》的内容组织主要从三种视角展开：①历史视角，展现云南自古以来的经济社会发展轨迹，记录近现代波澜壮阔的革命斗争史实。此类包括《热血松山》《大轰炸中的昆明市民生活》《中国远征军名录墙随想》等诸多历史文章。②人本视角，除了关注云南杰出的文艺工作者等较为知名的人士之外，也将视角瞄准了社会变革中涌现出的普通人。报道的人物有社区书记、普通法官、藏族女教师、公路养护人等。③民族视角，刊登云南地域民族风情的饮食文化、民族文化、山川文化，打造自己特有的文化符号。如饮食美文《云南食事》《花馔大理》《古城花食》，民俗地理《泚江峡谷里的宝丰古镇》《翻阅通海芬芳的历史》等，无一不成为人们用以慰藉心灵的读物。[①]

8
云之美
相逢
画中有诗
诗画俱佳

图 6-51 《云南日报》的《云之美》副刊

① 肖玉清：《报刊专刊地域文化传播的三种视角——以〈云南日报·云之美〉为例》，载《传媒》，2014(22)。

三、版面视觉呈现

与新闻版相比，副刊有自己独特的版面特色，在设计时应充分地加以考虑。一般来说，以下几个方面是视觉呈现的重点。

1. 字体

内容体裁丰富的副刊，标题字体一般采用多样化设计，尤其以较美观、软性的艺术字体居多。如《广州日报》的《每日闲情》副刊，一个版面上的标题字体会用到水柱体、细圆体、稚艺体、隶书体、综艺体等多种(见图 6-52)。当然，也有些专副刊的标题字体采用统一设计，如用黑体、小标宋体或准圆体。

勤快和懒惰

一户人家养了一条狗、一只猫。

狗是勤快的。每天，当主人家中无人时，狗便竖起两只耳朵，虎视眈眈地巡视在主人家的周围，哪怕有一丁点儿的动静，狗也要狂吠着疾奔过去，就像一名恪尽职守的警察，兢兢业业地为主人家做着看家护院的工作。

每当主人家有人时，它的精神便稍稍放松了，有时还会伏地沉睡。于是，在主人家每一个人的眼里，这只狗都是懒惰的，极不称职的。主人便也经常不喂饱它，更别提奖赏它好吃的了。

猫是懒惰的。每当家中无人时，便伏地大睡，哪怕三五成群的老鼠在主人家中肆虐。睡好了，它就到处散散步，活动活动身子骨。等主人家中有人

看法很可能是错误

来　源

流泛在孩子两眼的睡眠——有谁知道它是从什么地方来的？是的，有个谣传，说它是住在萤火虫朦胧地照耀着林阴的仙村里，在那个地方，挂着两个迷人的羞怯的蓓蕾。它便是从那个地方来吻孩子的两眼的。

当孩子睡时，在他唇上浮动着的微笑——有谁知道它是从什么地方生出来的？是的，有个谣传，说新月的一线年轻的清光，触着将消未消的秋云边上，于是微笑便初生在一个沐浴在清露里的早晨的梦中了——当孩子睡时，微笑便在他的唇上浮动着。

甜蜜柔嫩的新鲜生气，像女的时候，它已在爱的温柔而沉静的神秘中，潜伏在她的心里了——甜蜜柔嫩的新鲜生气，像花一般地在孩子的四肢上开放着。

沉　思

我们只有通过沉思，才能认识最高尚的真理，当我们的意识完全沉浸在沉思之中的时候，我们就会明白，那不仅是一种获得，而且是我们与它的合一。

因此，只有通过沉思，让我们的灵魂与思想的最高峰在一起时，我们所有的活动、言辞、行为才能变得真实。

让我在这里为你们引用一段在印度经常引用的有关沉思的话吧：

“我沉思宇宙创造者那值得敬慕的力量。”　泰戈尔

皮筋

一松劲就什么事儿也做不成了。

熨斗

没有热情不行，热情太助了也不行。

苍蝇

没有抵抗力还能生存吗？

饶原生

[粤语口头禅] (32)　发沤豆

图 6-52　《广州日报》的《每日闲情》副刊局部

2. 版面空间

相比新闻版，副刊的版面空间运用更加灵活。内容统一的副刊多用齐列式版面，内容多样化的副刊上，变栏、通版等均是常用的编辑手法。副刊与专刊的界限已经模糊，许多副刊采用杂志化编排手法，在空间的运用上较为现代、大胆。

以《中国日报》的副刊《生活》(*Life*)为例(见图 6-53)。《中国日报》作为中国了解世界、世界了解中国的重要窗口，是国内外重要的中国英文媒体。顺应这一定位，《生活》副刊的内容既包括当下中国的各类文化艺术、生活方式，也富含中国传统文化主题。展现在视觉方面，其特征就是版面空间的运用不拘一格。版面使用大幅图画，充分留白，走势开阔，清晰易读，充分体现了副刊的“中国气派”。

LIFE

COMPANIONS IN SOLITUDE

Living with the pandemic has led a museum curator to reflect on the way ancient Chinese approached the idea of seclusion —to embrace it rather than fight it.

图 6-53 《中国日报》的《生活》副刊

3. 装饰

副刊上装饰性元素的应用比新闻版要活跃，包括副刊版名、专栏题饰、文章题饰、起标识作用的专版标记、空白位置放置的版花等。这些图饰既可美化版面、活跃气氛，也有传递信息之用。其他的元素如不同种类形状的线条、小色块等，也都具有较强的装饰性。

以版名、版花为例，许多历史悠久的副刊都有自己独特的设计。如《北京晚报》的《五色土》副刊，自报纸 1958 年创刊以来就是晚报的保留栏目，是一份影响大、质量高的综合性副刊。该版在蕴藏丰富文化的同时，又顾及坚守本地地域特色，选稿来源丰富广泛，栏目划分灵活精致，版面语言大气灵动。① 为体现这种编辑特色，《五色土》沿用了传统的版头设计，专版的名称

① 穆舒婷：《〈北京晚报〉副刊〈五色土〉编辑特色浅析》，载《中国报业》，2015(16)。

也采用富有人文气息的魏碑等字体(见图 6-54)。

图 6-54　《北京晚报》《五色土》副刊的刊头

《人民日报》的副刊中，依据不同类型的内容设计了大量的版花、专栏题饰(见图 6-55)。这些版花所用字体以中国传统的书法字体为主，图案常用水墨画风格，表达出深厚的文化底蕴。

图 6-55　《人民日报》副刊的部分版花、题饰

较之新闻版，副刊上的图片往往数量较多。种类上，除了大幅新闻照片以外，还常用到图表、彩色漫画、连环画、地图及电脑合成图画等。如《北京晚报》副刊在刊登长篇历史地理学文章《探访明帝陵》时，就配用了一幅专门制作的地图，将明帝陵的地理方位展现得十分清晰，增加了可读性，同时也美化了版面(见图 6-56)。副刊上的图片处理方式可多样化，叠压式、咬版式、图片旋转、图文穿插、图片切割都是常见的类型。图片文字说明的编排样式一般较为灵活。不同的处理方式不仅会使得图片成为版面上的亮点，也能增强图片对版面的装饰性。

33品读
五色土
北京晚报 2017-04-10 周一
2 简朴的景陵
与精妙绝伦的永陵
探访明帝陵
■杨征
七孔桥
石像生
大宫门
石牌坊
昌平北站
1 三座明代陵寝已开放

图 6-56 《北京晚报》的《五色土》副刊《品读》版

4. 专栏

副刊上的专栏，指专门辟出用以刊载有共同性稿件的自成格局的部分。专栏是专副刊的重要结构方式，构成专副刊的形象骨架。即使是有专门定位的专副刊，文稿内容和题材也有可能多种多样、涉及广泛，形式上也可能集散文、杂文、小品等多种于同一个版面上。如果分别设计不同栏目来统领同类稿件，专副刊的秩序性就会大大增强，栏目题对内容的提示性也会更鲜明。

从传受角度来看，专栏可以帮助读者了解该版面有哪些固定的内容，读者投稿也会增加目的性。副刊史上有许多成功的专栏，如 20 世纪 60 年代《北京晚报》副刊推出邓拓的专栏《燕山夜话》，以知识性杂文为特色，影响极大。

专栏题在版面上应有一定程度的突出，与文章标题有明显区别，在形式上也需要具有秩序性。如《北京晚报》副刊《胡同》版面的专栏题，多采用红底白字的印章式设计，各专栏题的形式保持一致(见图 6-57)。

嵩云草堂

▌蒋晨明

宣武门南的达智桥胡同中段路北，有处大宅子，这就是今天要讲的主角——嵩云草堂。这是历史上河南人在京最大的会馆，就像今天的河南省"驻京办"。

今天的嵩云草堂大门，虽显破旧，但仍可以看出它与众不同的气质。此院最早是明朝万历年间，大学士高拱在此购得的荒地，用以建中州乡祠以备在京豫人集会之用。后来不断扩建，从而成就了河南在京的最大省级会馆。据说当时由于河南同乡会资金雄厚，所以河南同乡住乡祠免费，逢年还送一袋面粉以助节用。

这里还曾经有办学的历史。清末民初曾将嵩云草堂辟为河南公立旅京豫学堂。后来学校又先后更名为京兆私立河南中学、北平市私立嵩云中学。1949年以后，嵩云中学与燕冀中学合并为北京市第十四中学，原址改为上斜街二小。

此院也与中国历史的很多人物事件发生着关联。1895年公车上书时，嵩云草堂与同在达智桥胡同的松筠庵一起做过各省举子集会、签名的场所。康有为、梁启超等维新派人士曾在此处开会议事。

1949年以后，这里居住的工人和居民日益复杂，不断扩容和增建房屋，草堂成了大杂院。期待它能尽早腾退修复，讲述"河南老乡"那段在京往事。

嵩云草堂院门现状。　蒋晨明 摄

小兔子

▌汪小弟

那天，我和小孙子在菜市场见一老人抱着一个小纸箱，纸箱里装着几只小兔子卖。

没见过兔子的小孙子闹着要我给他买一只带回家。我说："小兔子买回去长大了，咱家可没地方放它。"卖小兔子的老人听了接过我的话："养大了你给我送回来，我给你换小的。"我瞪了他一眼，之后又对小孙子说："小兔子不好养，买回去会死的。"小孙子回头问老人："爷爷，我们买回去养死了能拿回来给你换活的吗？"

烘笼子

▌郭萌

有一回，我带小孙女去看一个老北京旧物件展览。她指着一个高矮大小跟茶几差不多的竹篾片编制的笼子对我说："爷爷，这是用来捉小鸟的吧？"我一听就乐了，赶紧告诉她："这是我小时候老百姓用来烘烤衣物的工具，叫烘笼子。"

过去老百姓生活水平不高，每个人使用时，将其扣在火炉子上，把湿衣物拧干，晾在笼子上，经火炉热气烘烤，隔一会儿再将衣物翻过来，短时间内衣物就能干透。那个年代，此物可说是家居生活的必备。当然，这种烘笼子也有它的缺点，那就是轻易离不开人。如果把衣物晾上以后人离开了较长时间，很容易就把衣物烤煳，有时候甚至造成失

似水流年

送罐头

▌马仲清

我和老伴儿都喜欢吃罐头，尤其是水果罐头。在寒冷的冬天，吃上一瓶桃罐头、山里红罐头，真可以说是舌尖上的享受。

现在超市里各种各样的罐头都有，买起来十分方便。罐头不仅可以自己吃，过去还是串门送礼的好食品。47年前，我和老伴儿去朝外下三条，看望孤寡老人李大爷时，我们就买了两瓶罐头，每瓶也就一块五毛钱。

长寿秘诀

▌黎毅

图 6-57　《北京晚报》副刊的"胡同"版

四、副刊的融合创新

融媒体时代的到来，对副刊来说，既是挑战，也是难得的发展机遇。新媒体平台只是传播的渠道、工具，优质的内容才是新媒体发展的根本。副刊在新媒体领域的融合创新，既是副刊的必由之路，也是新媒体与报纸共生共荣的基础之一。善用新媒体平台、由一次传播改为多次传播，是副刊融合创新的必由之路。

纸质副刊进行内容传达的基本介质是文字和图片。在新媒体平台上，副刊可以实现多介质传播，通过调动用户更多感觉器官，让内容传达过程更加轻松简便，更富有趣味性，更加人性化，使用户体验更优化。①

不同的新媒体平台构成了不同的生态系统，副刊内容需要根据各平台特征进行相应的二次加工，或直接原创生产新的内容。

1. 微信公众平台

微信公众平台于2012年8月23日正式上线，微信公众号应运而生。经过多年的发展，微信公众号已经成为报纸创造优质内容、形成更好用户黏度的重要渠道。许多知名的报纸副刊开辟了自己的微信公众号，以独立产品的形式进行内容生产。

---

① 易军：《融媒体生态下报纸副刊突围路径探析》，载《中国地市报人》，2021(3)。

副刊公众号推送的内容以纸质副刊刊发的内容为主，但在进行二次传播的过程中，多数内容会针对微信平台的特定生态进行再加工。以《新京报》的副刊公众号“新京报书评周刊”为例，该公众号的核心内容与报纸副刊《书评周刊》的内容保持一致，遵循着高雅旨趣的高标准，在编排形态上做了更符合公众号的一些产品化处理。在传播节奏方面，纸质版的《书评周刊》为每周一期，集中刊出。“新京报书评周刊”公众号改为每天推送一次，一周推送七次，每次四篇文图稿件。公众号每天的头条多选择社会关注度高的议题，或更为生活化的内容。标题表达更讲究接近性和趣味性，如“老毛姆能有什么坏心眼”，标题语言紧跟网络流行语，活泼风趣。各篇稿件均配以多幅美观的彩图，排版简洁、清爽；有些稿件会制作图片海报，并附带二维码，方便用户转发至朋友圈、微信群，增加稿件的扩散（见图 6-58）。这些产品化处理，有助于吸引更多的公众号读者，并引发他们的阅读兴趣。

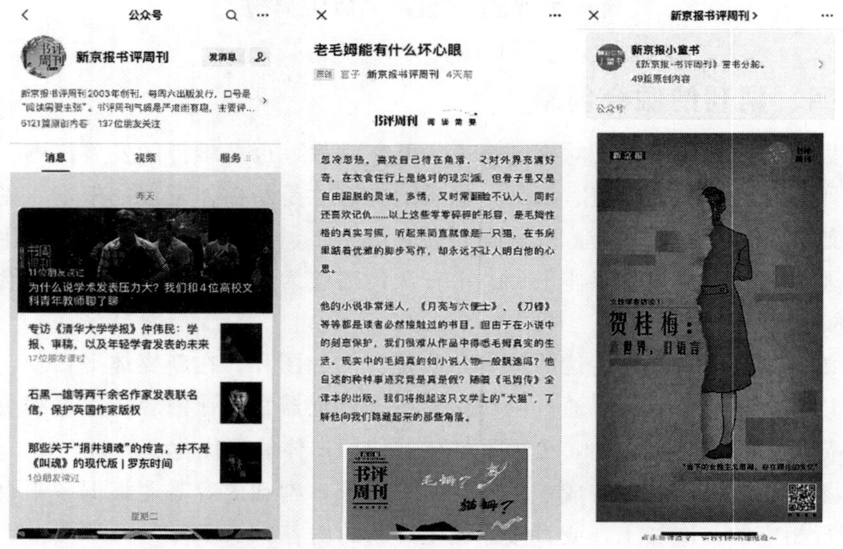

图 6-58　微信公众号“新京报书评周刊”

副刊公众号的产品形态不限于文字、图片，也可以充分利用音频、视频等其他多媒体形态。以《人民日报》公众号中的“夜读”栏目（见图 6-59）为例，它是一个以散文诵读为主的音频节目，其推送的内容主要围绕自我提升、情感、生活、奋斗几个方面展开，朗诵风格温暖治愈，配乐轻柔优美。这个音频形态的副刊栏目将个人情感与社会责任结合起来，充分体现了《人民日报》的格局。

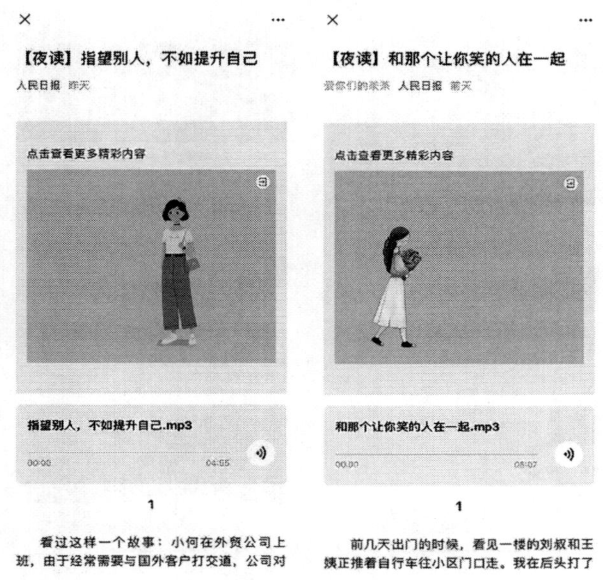

图 6-59　《人民日报》微信公众号的"夜读"栏目

公众号副刊作品中的视频可以是独立的，也可以与文、图共同构成专题，发挥不同媒介的组合优势。如《新华每日电讯》的《草地》周刊和评论部合作，在国际博物馆日、世界读书日等时间节点推出视频。2020 年 5 月 18 日推出的《国博、敦煌、西安碑林……国际博物馆日，我们请来这些大咖给您鉴"宝"》专题，邀请多位博物馆馆长、策展人面对镜头推荐展览、展品。2020 年 4 月 23 日推出的《世界读书日，9 位作家各荐了一本书》专题，由多位作家自述推荐书籍。这些视频内容通过公众号得到广泛传播，反响良好。

2. 微博平台

微博是一种基于用户关系信息分享、传播以及获取简短实时信息的广播式的社交媒体、网络平台。新浪微博是国内使用广泛的微博平台，目前月活跃用户超过 5 亿。微博的特点是用户能够公开实时发表内容，通过裂变式传播与他人密切互动，与世界紧密相连。

有些报纸副刊开设有固定的微博账号。以"新京报书评周刊"的微博(见图 6-60)为例，该账号的功能与纸刊、微信公众号有明显区别。这个账号主要用于发起话题讨论、扩散相关活动，吸引用户主动进行检索、阅读、收看和评论。常用的推广手段包括内容推荐、佳句分享、转发赠书、活动预告等。这些手段有助于进一步扩大副刊的影响范围，有效地提升品牌影响力。

图 6-60 “新京报书评周刊”微博

还有些报纸副刊会结合重要时事，在特定时段推出微博上的内容产品。以《人民日报》文艺部打造的新媒体 IP“两会艺览”为例，它以短视频为主体，海报、图文为补充，在每年两会期间推出，通过采访文艺界代表委员来传播两会声音。2021 年两会期间，10 期“两会艺览”短视频的新浪微博话题阅读量达 8.2 亿，其中 6 期节目话题登上微博热搜榜，5 期话题阅读量过亿。① 这样的新媒体副刊产品就充分利用了专业优势和渠道优势。

3. 媒体客户端

媒体客户端指专业媒体在移动端推出的独立 APP，是集成了文字、图片、音频、视频等多媒体介质的综合新闻资讯服务平台。《人民日报》客户端、“南方+”客户端、澎湃新闻客户端等都属于这一类。近年来，不少媒体都集中资源，打造自己的优势客户端。副刊也成为媒体客户端中的重要组成部分。

例如，整合天津全市媒体资源而成的津云新媒体集团，以“津云”客户端作为天津市移动新媒体总平台。《今晚报》副刊的编辑记者顺应这种一体化发展趋势，组成“记忆天津”工作室，为“津云”APP 提供副刊产品。他们从内容的差异化生产出发，将选题音频化、动画化。他们生产的《津味君》系列音频

① 张健：《传统副刊的媒体融合与路径探索》，载《中国新闻出版广电报》，2021-06-03。

节目(见图 6-61)，用天津方言讲述天津老故事、旧风俗，并配以动漫或短视频，成为“津云”APP 的品牌栏目。

图 6-61　津云 APP 的“津味君”栏目

“副刊＋”模式的融合拓展，不只呈现为以上三种形式。在实践中，副刊编辑已经在尝试利用各种新旧介质、平台，实现副刊的多介质、多平台传播。新媒体技术中的评价、分享等功能，也使得副刊的用户从单纯的消费者转化为内容生产者，积极参与到内容的生产过程中来。

五、副刊设计综合案例

1. 纸质副刊设计案例：《都市时报·云花正传》

云南昆明地区的都市类报纸《都市时报》，从 2012 年 12 月 20 日起，与昆明市园林绿化局联手推出了一个品牌宣传栏目“云花正传”。这个栏目持续了一年多，每周一期、两个整版，手绘昆明百花，图文并茂地讲解花卉知识，收到了良好的传播效果和社会效应。从新闻与副刊的区分来看，“云花正传”属副刊范畴，它的尝试也为报纸如何办好副刊提供了新的启发与思路。

春城昆明四时花开，但有关花卉的种类、特点、观赏和养护知识，民众知之甚少。《云花正传：春城花事每周报告》正是基于这一反差而取材的。其每期介绍一种花卉，两版左侧均有题图贯穿而下，鲜花图片叠印专栏名称，下配的“花语”均为古诗词中的著名吟咏(见图 6-62)。

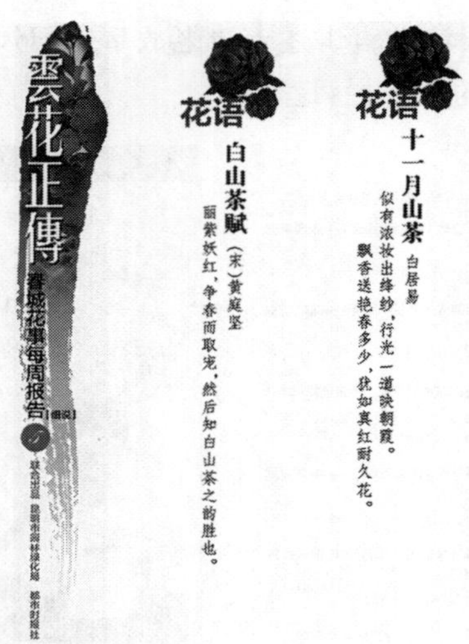

图 6-62 《都市时报》“云花正传”的题图及“花语”

第一版负责提供“赏花全攻略”，固定栏目包括：①花地。介绍此花的相关赏花胜地，提供门票、交通、花事热线等实用服务信息。②花事。介绍相关的展览活动、动态新闻。第二版的内容为“手绘识百花”，用全手绘图形配以文字解说，精细地展示花瓣、叶面、花苞、整枝等各个部分，并介绍了容易出现的病变及种养方法(见图 6-63)。

A30
雲花正傳
茶花密码之赏花全攻略
茶花枝头艳 沉醉赏花人
花事
昆明慢茶花节 打造“山茶花都”
花地
金殿 “鸣凤山茶”下周二盛大启幕
昆明植物园 国际杰出茶花园等你光临
云南丰泽源植物园 观各色茶花的胜地

A31
雲花正傳
手绘识百花(第五编)茶花云计
茶韵墨香

图 6-63 《都市时报》“云花正传”版面

一年多的时间内，这个版块相继展现了云南樱花、垂丝海棠、牡丹、杜鹃、缅桂、荷花、万寿菊、秋英、曼陀罗、滇丁香、山茶花、冬樱花、木茼蒿等四季花卉。云南省委宣传部的新闻阅评组认为，“云花正传”专栏熔欣赏性、知识性、科普性、权威性、可读性、收藏性于一炉，为引导和培养大众养花赏花习惯，提高赏花水平和文化素养，发动和影响市民共同参与建设美丽幸福的家园发挥了很好的作用。①

“云花正传”通过花的微观和宏观世界，让人们了解云南、了解昆明，为爱花之人找到爱花的理由，为赏花之人找到赏花的方法。它既富含副刊的情调与审美特征，又有类似杂志、专刊的新特征，并将具有时效性、新闻性的内容一并采纳，较之网络媒体的强势传播毫不逊色，受到民众与管理部门的双重好评，是一条可供探索的道路。

2. 移动端副刊案例：《新民晚报》“夜光杯”公众号

《新民晚报》的副刊《夜光杯》创刊于 1946 年 5 月 1 日，是目前中国报纸历史最悠久的综合性副刊(见图 6-64)，多年来深受读者喜爱。近年来，该副刊借助博客、微博、微信、APP 等新媒体，求新求变，用其之长，创己之新。在《夜光杯》多元的新媒体矩阵中，微信公众号“夜光杯”进行了多方面的尝试，获得了良好的传播效果。

夜光杯　19

我和我的老师们

辣椒“外卖”

雪媚娘

图 6-64　《新民晚报》的《夜光杯》副刊

① 《“云花正传”史料价值不可小视》，载《都市时报》，2014-04-08，A10 版。

2015 年 2 月，微信公众号“夜光杯”面世。《夜光杯》的编辑们除了编好纸质版面，还兼任了公众号的小编。编辑们为公众号定下三条标准：①“夜光杯”微信公众号的每条微信稿件要坚持作者独家原创的高质量文化精品(包括转自纸媒版面的稿件和专供微信公众号稿件)，制作微信贴子时，要加上精美且合时宜的配图。②融媒体竞争激烈，要蹭热点，及时抢发热点稿件。③线上加强与读者的互动。①

在这三条标准的指导下，公众号“夜光杯”展开了积极探索。编辑们拓宽“互联网＋”思路，让重头稿子先上公众号。如 2021 年 8 月 6 日凌晨，著名越剧表演艺术家王文娟老师去世。公众号当天推出头条《王文娟：演戏复杂一点，做人简单一点》(见图 6-65)。这篇推文图文并茂，详细呈现了这位老艺术家的人生和艺术观，其中并穿插了多幅珍贵的历史图片。而在纸质的副刊上，这篇稿件仅以文字方式呈现，从表达形式上就显得有所逊色了。在遇到节气或特殊节假日时，编辑会为公众号专门组织稿件。《星期天夜光杯》周刊中的封面人物，也尝试了微信端提前一天发布、纸媒版面第二天见报的模式，往往点击量很高。

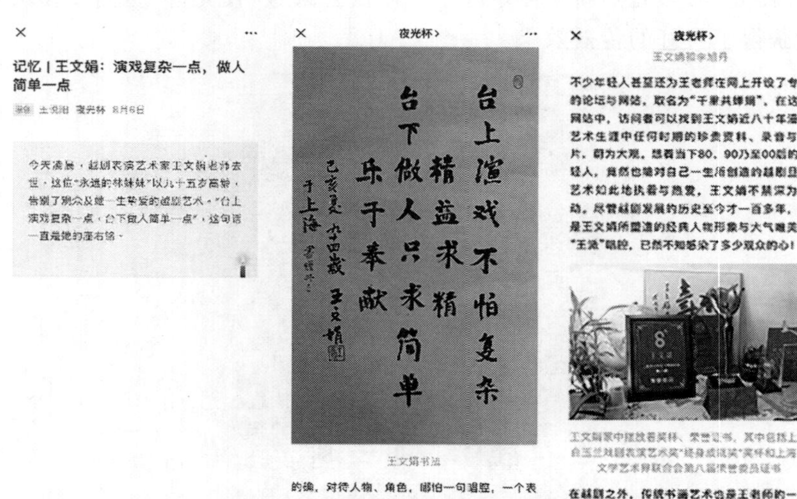

图 6-65　王文娟专题推文

---

① 王瑜明：《融媒体时代报纸副刊的转型和发展——以〈新民晚报〉“夜光杯”微信公众号为例》，载《新闻战线》，2019(14)。

新闻热点与名家之作结合的作品、名人往事、上海文化等内容，在“夜光杯”公众号中是最受欢迎的。如2020年2月，“夜光杯”公众号推出武汉籍作家池莉的《隔离时期的爱与情》(见图6-66)，点击量达十万以上。

“夜光杯”也积极尝试融合形态的推文。如2018年，公众号推出“夜光杯朋友圈”系列。其中的内容均曾在《夜光杯》副刊上刊发过，转化为推文时，在文字的基础上增加了图片、小视频等介质，还配有作者自己朗诵作品的音频，形成了全新的融合产品(见图6-67)。

图6-66　新闻热点与名家之作的结合　　图6-67　“夜光杯朋友圈”融合产品

在与用户的互动方面，公众号注重从平台留言中做文章。公众号推文中可以刊载读者的“跟贴”，精选的“跟贴”既给读者以参与乐趣，又可启发原作者进一步思考。有的作者还从留言中获得灵感，继续写作并推出了新文章。①

在线上线下互动方面，“夜光杯”公众号注重整合资源，凸显其文化属性。“市民读书会”“夜光杯进校园”等活动通过微信平台招募观众、及时报道，对粉丝数量的增加有积极的影响作用。②

传统报纸要避免在互联网时代被遗忘舍弃，其努力方向必然是以专业化

---

① 杨晓晖：《点击量蕴涵副刊发展的新理念新路径——以〈新民晚报〉“夜光杯”微信公众号若干数据为例》，载《新闻战线》，2021(8)。

② 王瑜明：《融媒体时代报纸副刊的转型和发展——以〈新民晚报〉“夜光杯”微信公众号为例》，载《新闻战线》，2019(14)。

的能力，办精品化报纸。[①]《新民晚报》的《夜光杯》副刊不仅在纸端坚持品牌意识，坚持自己的审美标准、文学主张与情怀担当，也不断在指端(微信公众号和其他新媒体平台)持续探索，伴随时代不断进步。

思考与练习

1. 综合设计：独立选稿、编辑，设计一份面向特定读者群体的综合性日报的要闻版(对开)。要求报纸定位明确，版式格局适中，版面自成风格。

2. 观察比较报纸要闻版与移动端新闻产品的异同。

3. 综合设计：独立选题，用四开版面编辑制作一个专题。要求自己撰写编者按，组成稿件不得少于3篇。

4. 综合设计：设计一个副刊版面，内容、体裁任选。可向他人约稿，也可自己创作。要求副刊类型清晰，功能定位明确，视觉风格统一。

5. 以小组为单位，编辑、运营一个副刊类型的微信公众号。

---

① 刘芳：《“互联网+”时代报纸副刊的变与不变——〈新民晚报〉副刊的改革与创新举措》，载《传媒评论》，2018(4)。

第七章　H5 产品的策划与编辑

伴随着 HTML5 的发布与社交媒体的广泛渗透，“H5”作为一种新的移动产品形态迅速发展起来，并成为融合新闻中非常受欢迎的一种样态。无论与纸媒产品相比较，还是与其他互联网内容类产品相比较，H5 在技术基础、传播特征等方面均有特殊之处，对这些方面的深入了解是做好 H5 设计的基础。在众多的 H5 场景中，时政类 H5、节日与纪念日类 H5 和公益类 H5 应用面广、受欢迎程度高。学习这三类 H5 的设计与编辑制作，可以帮助学习者举一反三，掌握 H5 策划、交互、视觉、动效、前端、用户体验等多方面的技能及思维方式。

第一节　H5 的技术基础与传播特征

实验主题

认识 H5 的技术基础与传播特征。

实验目的

本节学习的主题是明确 H5 产品的概念，了解 H5 传播的技术基础，深入理解 H5 的传播特征。

实验内容

一、认识 H5

1. 什么是 HTML5

H5 概念与 HTML5 密切相关。HTML 全称为 Hyper Text Makeup Language，意为“超文本标记语言”，它是标准通用标记语言下的一个应用，也是一种规范、一种标准，它通过标记符号来标记要显示的网页中的各个部分。“超文本”指页面内可以包含图片、链接、音乐、程序等非文字元素。1993 年制定互联网标准的官方组织“万维网联盟”（World Wide Web

Consortium，W3C)发布了第一版 HTML，后来又进行了数次重大升级换代。我们今天看到的大多数网页是由 HTML、CSS(Cascading Style Sheets)、JS(JavaScript)一同编写实现的，这 3 套语言也被称为构成网页最重要的“三驾马车”。

2014 年，W3C 发布了第五版超文本标记语言，简称 HTML5。与 HTML4 相比，HTML5 新增了很多标记，包括 WebGL 的 3D 编辑能力，并且摆脱了 Flash 这类第三方插件，能够独立完成诸如视频、声效甚至是画面的操作。HTML5 最显著的优势在于跨平台性。它兼容 PC 端和移动端、Windows 和 Linux、Android 和 iOS，打破了不同平台各自为政的局面。HTML5 这种强大的兼容性可以显著地降低开发与运营成本，因此迅速得到广泛的应用。

2. 什么是“H5”

作为一种移动产品形态的 H5，实质上是一种基于 HTML5 而开发的轻应用，因此 H5≠HTML5。H5 包括了 HTML5 的标记规范，运用到 CSS、JS 等多种计算机语言，可实现多种动效和视听效果，会利用到后端和前端的多种功能，主要在手机端传播，也可以跨平台在 PC、平板上浏览等等。H5 是中国人制造的一个专有名词，其实指的就是移动网页本身。①

随着移动互联网在中国的迅猛发展，借助微信等社交媒体，H5 已经成为一种广为应用的移动新媒体产品形态。无论是融合新闻传播，还是品牌推广，又或是公益传播、游戏娱乐，各种不同目的的传播都可以借助 H5 得到突出的效果。

事实上，我们利用任何浏览器都可以观看 H5 页面。不过，因为微信巨大的用户群，中国用户更习惯于通过微信朋友圈、微信群来打开 H5 观看网页。因此，H5 可被定义为：“用 H5 语言制作的数字产品，特指运行在移动端上的基于 HTML5 技术的动态交互页面，它们常常借由微信这个移动平台进入人们的视野。它们一般集文字、动效、音频、视频、图片、图表和互动调查等各种媒体表现方式为一体。”②

---

① 苏杭：《H5＋移动营销设计宝典》，12～17 页，北京，清华大学出版社，2017。

② 网易传媒设计中心：《H5 匠人手册：霸屏 H5 实战解密》，3 页，北京，清华大学出版社，2018。

二、H5 传播的技术基础

1. 终端：以智能手机为主

虽然 H5 可以在多种电子终端上播放，但在现实应用中，智能手机仍然是 H5 最主要的播放终端。智能手机的以下技术特征成为 H5 传播的重要基础。

(1)小屏、多规格

在目前的大众型移动终端产品中，手机是屏幕尺寸最小的终端。“小屏”给手机的信息传播、用户的信息获取带来了不同的特征。由于尺寸小，手机上的内容显示通常采用满屏的形式。从屏幕规格来看，目前常见的手机型号数目众多，屏幕长宽比的变化数不胜数，随之带来了同一内容产品对不同型号手机的适配问题，复杂程度远远超过以往。

(2)竖屏

手机是一种竖屏的电子终端。之前人的眼睛接触到的电子终端，包括电视机、电脑、电影屏幕等，通常都是横屏(宽屏)的，因此以往的内容产品以宽屏形式为主。到了手机端，由于人手握持竖屏更为方便，因此内容产品默认的形式是竖屏的。

(3)融媒体介质

通过手机传输的介质形态包括文字、图片、音频和视频。每一种介质的形式还可细分，如图片的形式除了常见的照片、绘画外，还有可视化数据图表、全景图、交互式图片等。而视频的形式，常用的有直播、短视频、小视频等。另外还有一些新的媒介形态(如 AR、VR 等)在不断地被应用到手机传播中。可以预期，在 5G 网络普及之后，新的技术形态会越来越多地被应用，也许还会出现新的融合媒体产品。但从广义上来说，这些媒体介质都是以移动网页的形式呈现的，因此 H5 作为一种移动产品形态，在手机上会继续拥有用武之地。

(4)特殊功能的装置或设备

当前的智能手机多数都可以当成电脑使用，功能非常强大。操作系统方面，iOS 和 Android 是最为通用的两类操作系统。硬件方面，手机通常装置有特定功能的设备，能够支持多样的交互手法，具体包括不同屏幕的自适应、触屏、陀螺仪、定位、拍照、录音、通信电话等。这些装置或设备为 H5 传播提供了丰富的互动方式。

2. 渠道：以社交网络为主产生流量分发

H5 的导流入口可以是搜索引擎、浏览器、社交类 APP 等，基于 Web 的产品形态决定了 H5 社交传播的可能性。H5 常常以媒体渠道实现冷启动，在社交网络产生流量分发，最终达到爆发效应。

在多种社交网络中，微信是 H5 传播最为集中的渠道。微信(WeChat)由腾讯公司于 2011 年 1 月 21 日推出，是一个为智能终端提供即时通信服务的免费应用程序。其高效便捷的异步语音传输模式、创新整合的多元关系链，使得用户数量呈井喷式增长，至 2020 年第一季度，微信月活跃用户数(Monthly Active User，MAU)已超过 12 亿，影响力遍及中国、东南亚及海外华人聚集地。可以说，微信已经形成了一个独立、庞大的网络生态系统。

"朋友圈"是微信一个重要的社交功能。用户可以通过朋友圈发表文字和图片，或将来自各种平台、软件的文章、音乐、链接分享到朋友圈，也可以对朋友发布的信息进行评论或"点赞"。微信公众平台(公众号)是微信的另一个重要设计，注册了公众号的机构、组织或个人可以非常便捷地进行内容的发布。

依托微信社交网络进行的传播是典型的关系型分发，来自"熟人"的推荐、过滤、评论和转发形成了一种信息筛选机制。作为当前中国使用数量最多的社交类 APP 之一，用户对微信的熟知度高、操作性强。因此，大量的 H5 产品选择微信平台进行推送，能否"刷屏朋友圈"成为 H5 传播成功与否的一个参考。

巨大的产品体验用户基数，为裂变式二次传播规模的扩大奠定强实基础。极为简易的指尖分享操作，加上呈网状结构分布的好友网络、层层叠套的用户信息关联方式，加强了 H5 病毒式传播的效果。

3. 制作：多种多样的工具

目前市面上 H5 的制作工具非常多样，主要可以分为以下几类。

(1)模板类。市面上较流行的有易企秀、MAKA、兔展、人人秀等。这类工具属于套用模板、快速成品的网站，以在线编辑方式完成，简单易学，设计者可以自行完成各种操作，较为实用高效。但用模板制作出的 H5 功能有限，页面架构雷同性高，设计风格较为单调，通常只用于简单、非专业性的传播目的，如发放会议通知等。如果和 Photoshop 等工具搭配使用，也可以做出具有一定专业性的作品。

(2)功能类。国内主要的功能类 H5 制作网站有木疙瘩、意派·Epub360、iH5 互动大师等。这类网站拥有系统的操作界面，功能较为全面，可以做出各种交互设计，不需要写代码、编程，可以做出近似于定制化的H5 作品。这类生成平台通常配套有相应的教学视频，需要学习者花费较多时间、付出一定的学习成本来掌握，适合有一定专业设计基础的设计者。方正飞翔也属于功能类的 H5 生成工具。

(3)定制类。定制化的 H5 是通过前端工程师来实现的，程序员会用到HTML5、CSS、JS 等相应语言，设计师不需要学会使用，但需要了解。

三、H5 产品的传播特征

1. 应用场景丰富

H5 能实现精美的视觉效果，互动性强、传播便捷，因此被广泛运用于多种多样的用途，应用场景非常丰富。常用的 H5 场景包括：会议通知、邀请函、人才招聘、教育培训、企业宣传、产品形象推广、公益广告、节日纪念日、小游戏等。新闻类 H5 当然是一类影响面广、传播力强的应用场景。而且，“新闻”与前述场景之间也常常产生融合，无法截然分开。在设计制作新闻类 H5 时，对其他场景的参考、借鉴和融入能启发思路。

2. 体量小，内容精简

H5 通过手机、社交网络实现传播和阅读，决定了其产品体量、阅读时长都必须限制在较低的标准或范围内，内容必须精简。

加载是 H5 必不可少的环节，产品体量大会导致加载时间长，而页面的打开时间和用户的流失数量是成正比的。减少用户等待时间，对于 H5 能否顺利传播是至关重要的因素。因此 H5 必须控制体量，一般建议 H5 的大小控制在 10M 以内。如果能控制在 5M 之内更好，使用户在流畅的网络环境中可以 1 秒内加载完成。

缩短阅读时长更加契合用户碎片化阅读的习惯。信息技术发展引发的信息泛滥，加剧了用户阅读时间和阅读注意力的碎片化。在移动阅读的场景下，用户的阅读耐心更容易受到挑战。因此一个 H5 的页面不宜过多，通常超过 10 个页面即有信息过载的感觉。一个页面上的内容也不可过于繁杂。

3. 传播便捷，生存周期短，讲求创意

H5 的推广只需要一个二维码，或一个网页链接，传播非常便捷。制作优良、创意出色的 H5，往往与用户之间有充分的互动，受认同程度高，用户的分享和转发行为能使这些 H5 得到迅速扩散，独立访客访问数（Unique Visitor，UV)和页面浏览量(Page View，PV)爆发式增长。总体上可以说，H5 是运营成本较低而传播效果优良的新媒体形态。

H5 只是一个页面，不占据本地内存空间，不想看时直接关掉就行，不涉及安装和下载的问题。这是 H5 的技术优势。但反过来看，这也造成了 H5 的“易碎性”和对用户行为的高度依赖性。多数 H5 生存周期很短，一两天或两三天内就完成了传播、爆发、沉寂的整个过程。这一特点决定了 H5 并非常规性的内容展示，而是高度讲求创意，以短、新、快、活的方式吸引用户观看和转发。

第二节　时政类 H5 的策划、编辑与运营

在各种新闻题材中，时政新闻是公众关注度最高、社会影响最为广泛的类型。在融合新闻浪潮中，时政新闻的创新传播有着重要的意义。

实验主题

时政类 H5 的策划、编辑与运营。

实验目的

了解时政类 H5 的选题和策划思路，掌握时政类 H5 的制作步骤，并学习该类型 H5 的传播运营手法。

实验内容

一、选择题材，确定创意

1. 题材的选择

H5 的选题和创意过程，实质上是一个新闻策划的过程，与传统新闻报道不同的只是它的融合新闻形态、特定的 H5 技术。因此，总体上说，时政类 H5 的选题同样是基于以下三方面的平衡综合考虑：①基于传播客体的新闻价值；②基于受众的获知需求；③基于传播主体的实践条件。

以报道客体的发生状态为标准，新闻报道策划可以分为可预见性报道策划和非可预见性报道策划。可预见性报道策划是指能够被提前获知信息的事件性或非事件性新闻的报道策划，包括能够预知的重大事件、重要社会活动、一定阶段的建设成就和典型的宣传等。非可预见性报道策划是指无法事前预知的突发事件的报道策划，如地震、台风、水灾等自然灾害以及交通事

故、恐怖袭击等。①

相对应的，时政类H5的选题主要来自可预见性的新闻。这类新闻题材的特点在于可以预知，H5的策划制作者有充分的时间做设计和准备。另外，这类题材以正面信息为主，通常能够赢得良好的社会反响和社会效应。例如每年一度的全国两会、港珠澳大桥建成通车等题材，都是H5制作的热点选题。

不可预见的新闻事件，因为无法事先准备、变动迅速，加上负面性信息偏多，因此被选择作为H5题材的情况相对前一类要少。早期这类事件的H5，题材主要集中在重大公共事故。如2015年8月12日晚，位于天津市滨海新区天津港的瑞海公司危险品仓库发生火灾爆炸事故。8月13日，搜狐新闻推出《津门"爆"劫》，记述了爆炸事故的细节及社会背景。8月18日，搜狐新闻继续推出H5《7日7人7问》，直接还原了记者在现场的七问七答。虽然以现在的眼光来看，当时的H5技术还较为初级，以图、文、配乐的共同运用为主，但其快速反应，进行集成式的内容传播，恰切地表现出事态的严重性。

同属于突发性题材的，还有《为深圳光明祈福》。该H5聚焦2015年12月的深圳市光明新区山体滑坡事件，以全景画面的形式让受众直观地感受灾难现场的严重程度。另如2016年7月，安徽省遭受洪涝灾害，《市场星报》新媒体中心利用记者发回的第一手素材，策划制作了H5《众志成城 安徽挺住》，多角度报道汛情及救援情况，传播效果良好。

近几年，不可预见类新闻的H5选题，更多地转向了向事件、议题的深层开掘方面。这些事件背后反映的人与社会、自然的冲突、失衡，同样是受众关注的。如果着眼其中的深层问题、选定适当的表现方式，也能够成为有价值的H5选题。前文提及的《ofo迷途》就是一个实例，它通过还原创业企业的真实运营状况，向投资机构和供应链企业提示了风险，为共享经济行业提供了镜鉴。

还有一些H5以对年度新闻的盘点为题材。如腾讯新闻2017年出品的长图H5，盘点了当年重要的时政新闻、社会新闻等，包括乌镇互联网大会、韩国乐天公司反华遭抵制、江歌案等。年度盘点类的H5信息含量大，能够帮读者回顾和把握一年中的重要新闻事件。

---

① 《新闻编辑》编写组：《新闻编辑》，80～81页，北京，高等教育出版社，2017。

2. 确定创意

可预见性新闻类的题材中，很多会在时间上表现出周期性的特点，每年一度的全国两会就是一个典型。这给 H5 的策划带来了一定的难度，要有所突破和创新的难度提高了。

2017 年是 H5 技术快速发展的阶段，各媒体的 H5 大胆尝试了新的技术和创意。如《人民日报》的《两会喊你加入群聊》，采用的就是当时流行的“群聊”和“朋友圈”的创意模式。策划者认为，既然是会议，核心点就是人的沟通、交流，所以选择微信群聊天的形式来呈现十分贴合。用户的微信昵称被 H5 读取，生成用户和总理、部长群聊、被点赞的页面，加上朋友圈发出的相关新闻、Gif 动图，能够让用户产生高度的参与感。

2019 年全国两会期间，《人民日报》又推出了 H5《2019 年政府 KPI 账单》。这个 H5 选择的是政府工作报告中的相关数据，采用口袋打印机打印“账单”的创意(见图 7-1)。这些“账单”其实是用户关心的交通、教育、医疗、环保、就业等政府工作目标，和民众个体的关联性很高。版面设计又对原来的丰富数据做了简明化和视觉化处理，漫画占据了页面空间的主体，配以节奏感强而又有趣的歌曲，整个 H5 对原本较“硬”的主题进行了轻松的表达。账单最后显示“政府很拼 我也不好意思懒惰”，由用户在不同的热词和网络流行语中进行选择，生成自己的年度 KPI，很好地增进了用户的参与感，在一定程度上激发了用户转发分享的欲望。

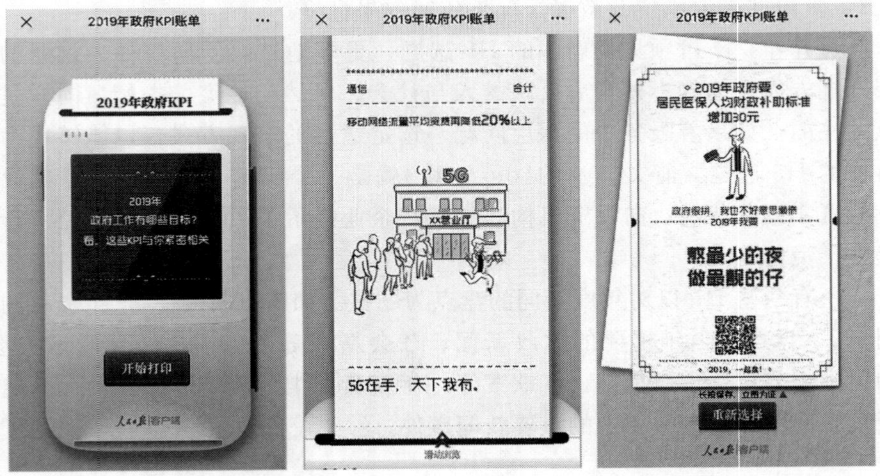

图 7-1 H5《2019 年政府 KPI 账单》

除了《人民日报》，很多其他媒体也都推出过创意十足的两会 H5。如 2017 年全国两会期间，网易新闻策划设计了《方寸间的两会简史》，这个 H5 案例通过滑动屏幕进行 H5 页面展示，以邮票的形式介绍历届两会召开的活动详情，用户通过切换 H5 展示界面就能够了解关于往昔两会事件的简介。中央人民广播电台新闻频率"中国之声"微信公众号推出了基于朋友圈场景的视频 H5《央广主播的朋友圈》，以主播抠像视频结合虚拟朋友圈的形式，整合广播节目内容及优质主播资源，对中国之声两会特色节目进行预热宣传，发布 24 小时内作品点击量超一百万。"中国之声"的另一个 H5《天空飘来几十个字，都是你的事儿》，让电台记者关于"2018 你的愿望"为题采访七个市民，这七个人的回答涵盖了交通、医疗、创业、婚恋等多个方面。这些 H5 在各自的技术条件下，充分发挥了创意和新意，获得良好的传播效果。

二、准备素材

时政类题材的 H5 要求数据翔实，政策及相关知识引用准确，图片和视频等素材也较多来自实地采集。优秀的时政类 H5 通常在策划阶段就开始收集真实的图片和视频素材。但这也并不等于说时政类 H5 不能运用创作的素材，关键是要在"真实"与"创意"之间把握好尺度。

1. 图片类素材

与各种类型的 H5 一样，图片类素材仍然是时政类 H5 的主要素材来源。这些素材主要可以分为三大类，即照片类，绘画类(包括手绘风格、漫画风格、卡通风格等)和其他类。具体选择哪一类或哪几类图片素材，主要依据所表现的题材和采用的创意，进行综合考虑。如《两会喊你加入群聊》中，微信头像用的是本人照片，权威、庄重又亲切；朋友圈中"丁老头""大连学生小甲"的头像和发图则用的是手绘图片，既保护了当事人的隐私，又增加了趣味性。

2019 年国庆期间，《人民日报》客户端与网易新闻联合推出了庆祝国庆 70 周年的 H5《一笔画出 70 年》(见图 7-2)。这个 H5 采用"动态长卷"的画面形式，随着用户手指在手机屏幕上的滑动，新中国 70 年的重要事件、场面被一一展现出来。H5 中的图片素材均为手绘图画，与邀请用户参与互动，"等你绘就""一起走过"的用意相互呼应。

图 7-2 H5《一笔画出 70 年》中的图片素材

《方寸间的两会简史》使用了特殊类型的图片素材——邮票，以小小的图片呈现两会历史(见图 7-3)。

图 7-3 H5《方寸间的两会简史》

2. 视频类素材

时政类 H5 中，视频类素材的运用相对较少，因为插入视频会增加 H5 文件的容量，影响用户下载和打开的速度。不过，只要能控制好文件大小，适当的视频运用能够起到其他类型素材无法起到的作用。例如“新湖南”客户端发布的 H5《苗寨“十八”变》(见图 7-4)中，一开屏就是精准扶贫思想首倡地——湖南十八洞村的全景航拍视频，以多种视角真实展现了苗寨新貌。视频在这里的应用就起到很好的效果。这个作品获得了第二十九届中国新闻奖新媒体创意互动类奖项的二等奖。

图 7-4　H5《苗寨“十八”变》中的视频素材

3. 音频类素材

音频类素材的首要用途是背景音乐，恰当的背景音乐能有效地提升 H5 的感染力。在选择时，主要考虑音乐与 H5 主题的配合度。如《津门“爆”劫》的配乐肃穆、紧张；《两会喊你加入群聊》的音乐庄重，激情中又带着轻松；《方寸间的两会简史》配用《长江之歌》的纯音乐版，磅礴而深情；《一带一路》的配乐轻快俏皮。

《2019 年政府 KPI 账单》采用了流行歌曲做每一页账单的配乐，如用《平凡之路》配合交通数据，《祝你平安》配合医疗数据，抖音乐曲《好嗨哟，感觉人生已经到达了巅峰》配合就业数据，每一页只截取一两句歌词，配着漫画人物的动作，十分有趣。

人声、自然界的声音等素材也会被用在时政类 H5 中。如《路过 2017》中使用人声来还原部分新闻的场景，《天空飘来几十个字，都是你的事儿》中采用受采访者的原声回答来表达市民对政府的期望。

4. 数据类素材

《2019 年政府 KPI 账单》是采用数据类素材的典型。该 H5 从近 2 万字的政府工作报告中提取出多项与民生相关的数据，用数据说话。同样的题材中，《21世纪经济报道》的H5《总理@你！2019年，一起拼！》(见图7-5)也采用了数据类素材，不同的是这个H5运用了“拼词游戏”的创意来整合政府工作报告，提取与用户息息相关的十大关键词，再呈现细节数据。

图 7-5　H5《总理@你！2019年，一起拼！》

5. 各类素材的综合运用

时政类H5的设计往往是多种素材的综合运用。以《宁夏日报》客户端出品的H5《“挖”土豆》为例，2020年11月，西吉县退出贫困县序列，至此，宁夏9个贫困县全部实现脱贫摘帽。基于这一背景，日报的主创人员从“土豆”这一代表性农产品切入，用创意互动的方式来讲述西海固的变迁和脱贫轨迹。

该H5采用横屏设计，开篇即综合使用了文字、图片和音频。在淡淡的水墨山水背景图画上，首先以一行行动态的抒情文字点明“脱贫致富”的主题，继而以“前言”叙述新闻背景，牵引出土豆与西吉的“不解情缘”。表现型字体“‘挖’土豆”和红底白字的“西吉”印章共同构成醒目的专题标题(见图7-6)。背景音乐是具有浓郁西北特色的“花儿”唱腔，更加增强了故事的感染力。

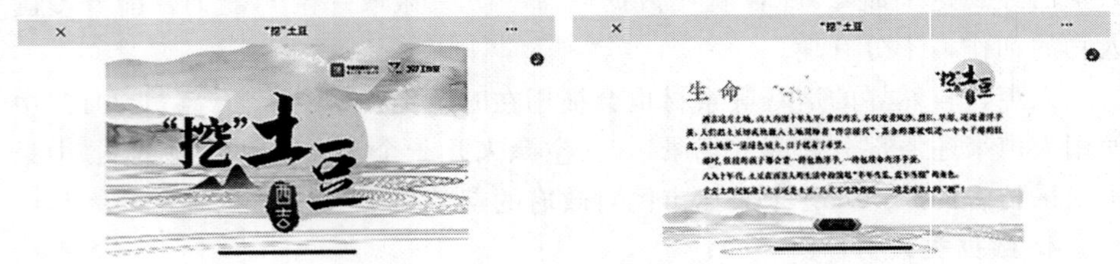

图 7-6　H5《“挖”土豆》中的文字设计

进入长卷后，图片和视频成为主要的叙事载体。手绘的水墨画长卷展现了西海固的梯田和农民耕作的场景(见图 7-7)。

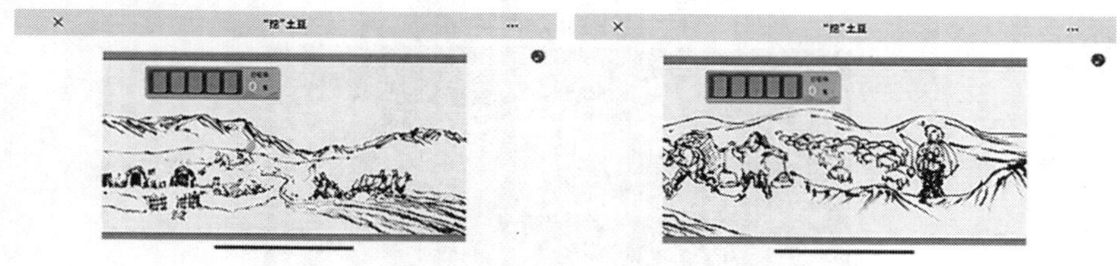

图 7-7　H5《"挖"土豆》中的图片素材

点击画面人物，进入视频播放界面，由脱贫致富的农民亲口向记者讲述生活的变化和个人的感受，十分具有说服力(见图 7-8)。

图 7-8　《"挖"土豆》中的视频素材

这个 H5 综合运用多种素材形式，将西海固人的土豆故事娓娓道来，并以"收集卡牌"的游戏手法来增强交互性，提升了用户兴趣。此作品创意明显，制作用心，获得了第三十一届中国新闻奖"创意互动"类奖项的三等奖。

三、设计制作

1. 确定 H5 的空间运用

H5 对空间的运用，首先是横屏与竖屏的选择。竖屏是手机观看的默认模式，因为用户仅使用一只手就能同时完成握持手机和上下滑屏的动作。但这并不是说，H5 绝对不能采用横屏设计。对于某些新闻题材来说，采用横屏既可以展现特定的空间场景，充分表现新闻的内容特征，还可使用户获得新鲜的体验感。

以《趁活着，去拉萨》(见图 7-9)为例，这是网易新闻"了不起的中国制造"系列中的一个 H5，以展现青藏铁路的伟大成就作为主要目的。配合这一主题，H5 采用了横屏的长图式设计，用户左右滑动屏幕，如同坐在火车上，一路观赏青藏铁路沿线壮观的景色。在沿路出现的白色光点处点击，会出现弹出文字，讲述铁路建造中攻克的技术难题。“一镜到底＋横向长图”的结构方式，非常适合这个题材。

图 7-9　H5《趁活着，去拉萨》

2. H5 的层级设计

因为文件容量的限制，H5 的层级数目通常不会太多，以单层级和两层级为主。当然，也不排除有一些容量大的 H5 做出特别复杂的层级结构。

单层级结构也称为线性结构(见图 7-10)，就是文件内容没有结构上的分层，从首页到尾页按页切换，而且页面的顺序是固定不变的。前面提到的《趁活着，去拉萨》等都是单层级结构。《两会喊你加入群聊》虽然设计了从群聊到朋友圈的空间转换，看上去较为复杂，但从内容结构来说，仍然属于单层级，因为用户只能按顺序来操作和观看这个 H5。

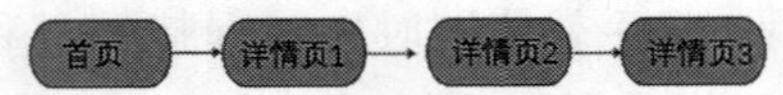

图 7-10　单层级结构

两层级的 H5 构成一个简单的树状结构(见图 7-11)，除了首页、选项页和结束的转化页之外，中间的各详情页之间的逻辑关系是平行关系，没有时间先后的差别。也就是说，虽然页面出来的顺序是固定的，但各页面的内容是相对独立的，互相不关联。选项页相当于一个汇总的目录页，用户先在这一页上选择某具体项，点击后跳转到相关的详情页，从这一详情页又可以返回目录页重新选择。

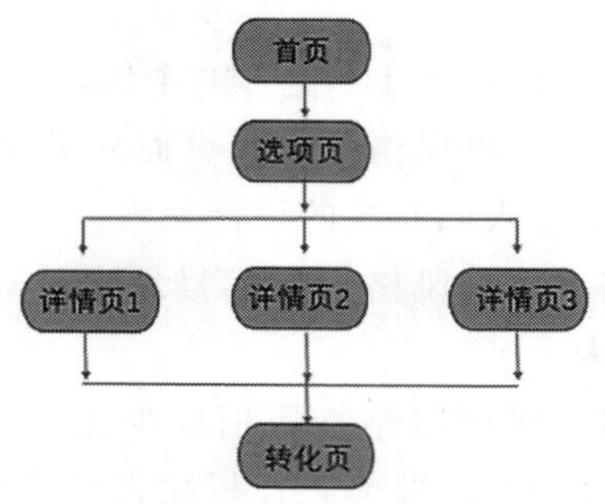

图 7-11　两层级树状结构

《方寸间的两会简史》是典型的两层级结构，但选项页的设计别具新意（见图 7-12）。进入 H5 后，一根长长的横轴跨过屏幕，横轴上串联起了各届人民代表大会或政协会议的纪念邮票，用户可以从左至右一一拉动邮票来进行浏览，想要细看某一张的话，直接在该页面上点击，就可以进入该具体的详情页面了。从点击小图到进入详情页，中间有个转场的过程，《方寸间的两会简史》特意为不同邮票设计了不同的转场过程，时刻为用户带来新鲜的感受。每一详情页上都设置了“返回”按键，帮助用户方便地返回选项页。

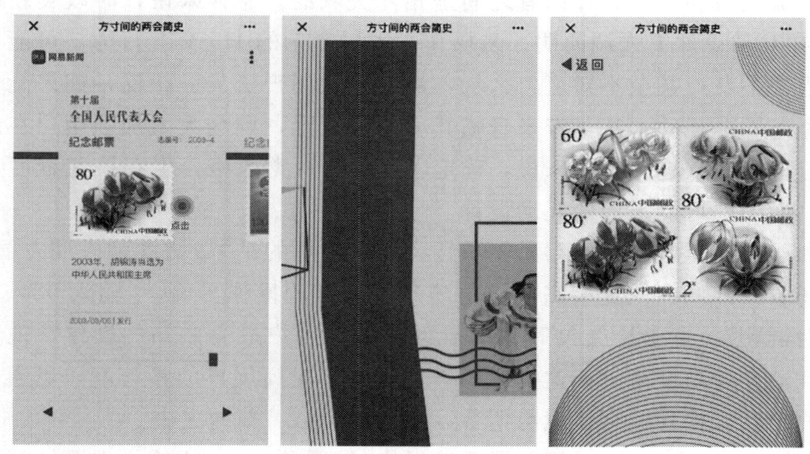

图 7-12　H5《方寸间的两会简史》的层级结构

3. H5 的视觉风格和互动设计

在设计 H5 作品时，统一的设计风格是一个基本原则，H5 中各种元素的使用都要符合整体的设计风格。H5 的常用设计风格包括以下几类。

(1)扁平、插画风格。主要原则是去除冗余、厚重和繁杂的装饰效果，强调抽象和符号化。

(2)手绘、动漫风格。以赋予 H5 更多的个性，调动画面氛围。

(3)水墨、复古风格。水墨风格可以让页面的形象更简洁，寓意更丰富；复古风格主要是在页面中加入旧时代的设计元素。

(4)写实、科技风格。写实风格指如实描绘事物；科技风格是在页面中增加有科技感的视觉元素。

(5)极简、拼贴风格。极简风格指运用极少的色彩和极少的形象去简化画面，摒弃一切干扰主体的不必要元素；拼贴设计指通过运用剪贴画、点线面、色块、波普等元素，来拓宽 H5 页面表现的空间，使其更具活力。

(6)摄影、小清新风格。摄影风格主要是在画面上运用各种摄影技术，对画面的构图、光线、色彩等进行处理。小清新风格通常页面比较淡雅，整体呈现出一种灰色调的画面影调，给人带来清爽、清纯、唯美的视觉感受。①

时政新闻类的 H5 虽然在题材上属于硬新闻，但在整体表达上却通常需要进行"软处理"，以增强用户对新闻内容的接受和兴趣。因此这类 H5 并不排斥写实风格以外的其他视觉风格，相反，不同主题内容的新闻需要积极运用不同的视觉风格，以达到更好的传播效果。

视觉风格和互动设计二者之间是相互关联的。总体来说，时政类新闻的 H5，在互动设计上强调简明、易操作，太过复杂的 H5 交互行为，可能会让用户措手不及，甚至不知道怎么玩，最终导致用户流失。相反，如果能让用户愿意与屏幕互动，甚至带来身临其境的浸入感，则会大大加强用户在新闻体验过程中的兴趣。具体来说，确定了 H5 的视觉风格，也在一定程度上明确了页面中的可能采用的互动设计。

如《两会喊你加入群聊》属于科技风格，采用的是"微信群聊＋朋友圈"的社交场景设计，在视觉上高度模仿还原了微信的操作界面，"输入 0305，进入两会群聊"、点击抢红包等互动点也是微信用户最为熟知的操作，视觉风格和互动设计高度统一。这些设计不仅有助于提高用户的参与度，更通过赋予用户角色，构建社交情境与情节，使用户"融入"新闻之中。

《趁活着，去拉萨》采用的是手绘风格(见图 7-13)，描绘了青藏铁路沿线一路的美景，每滑动一屏感觉都像是在浏览西藏的明信片。在滑屏过程中，

---

① 刘松异：《H5 移动营销广告设计全攻略：软件操作＋应用开发＋视觉设计＋实战案例》，103～110 页，北京，人民邮电出版社，2019。

画面元素会有视差移动的效果，增强了代入感。背景音乐是苏菲・珊曼妮的歌曲《微风轻拂》，给人的感觉就是正在旅途中，非常的惬意。H5整体上营造了一种开阔、宁静的感觉。部分页面设有按钮，点击后弹出铁路建造中的重要理念或技术突破，增加了H5的信息量，看完后关闭，又不会影响视觉体验。

图 7-13　H5《趁活着，去拉萨》的手绘风格

《方寸间的两会简史》在设计上采用了怀旧风格(见图7-14)，以红色作为主色调，淡淡的棕黄色作为背景，整个画面充满了历史感。但是，如果仅用邮票来呈现这个题材，H5会显得过于静态，很难和用户产生交互。设计者为此做了巧妙的设计，在点击出的邮票大图上加入了动图设计，如灯笼随风飘扬，投票的女工举手比“V”，小蜜蜂在四联花朵邮票之间飞来飞去，花蕊轻轻垂下……这些动图使得整个H5更加生动，创意十足。

图 7-14　H5《方寸间的两会简史》的怀旧风格

四、推广运营

H5传播不仅要注重内容设计，还需要在推广运营上下功夫。其中需要着重考虑以下方面。

1. 提前测试完善，确定最佳推出时机

突发性、不可预知的新闻题材，对H5时效性的要求更高，需要尽快发出。如2016年7月，安徽遭受连日暴雨袭击，南部多个城市遭受洪灾，《市场星报》新媒体中心策划制作了H5《众志成城 安徽挺住》，及时报道汛情和解救受灾群众的感人内容，配以雄浑激昂的音乐，上线仅3天，点击量超273万次。①

可预知、可策划的新闻题材，通常有充足的时间进行策划、制作。当H5制作完成后，需要进行一系列的测试、修改，才能正式发布。H5测试主要包括以下内容：

(1)流程测试。将自己当成H5的第一个用户，体验所有的页面，以及线下的营销流程。

(2)BUG测试。找出H5中的漏洞和缺陷，并进行修正。

(3)压力测试。采用真实环境下的访问，帮助测试H5的网络压力承载量，找出并优化系统性能瓶颈。②

这类新闻的最佳推出时机，一般就是新闻事件开始及持续期间。

2. 选择传播渠道

时政类内容是移动终端用户的普遍兴趣所在，因此这类H5通常被多渠道、全方位地进行传播。H5的推广渠道一般包括微信朋友圈、公众号、微信群、微信好友、APP广告、QQ空间、自媒体、二维码以及线下活动等。

时政类H5的首发经常是通过媒体的官方账号完成的。除了媒体的微信公众号之外，今日头条、百度百家、新浪微博、UC头条，以及其他知名的自媒体平台等，都可以作为H5的传播渠道。

3. 诱导转发，促进回流

在其他各种渠道中，微信朋友圈称得上最为重要，因为裂变式传播的过程往往是在微信朋友圈发生的。在用户观看体验完H5后，如何激发其分享

---

① 樊立慧：《H5新闻让主题报道"活"起来》，载《新闻世界》，2018(12)。

② 刘松异：《H5移动营销广告设计全攻略：软件操作+应用开发+视觉设计+实战案例》，73页，北京，人民邮电出版社，2019。

的欲望，通过点击“分享到朋友圈”将 H5 传播出去，至为关键。这种激发的动力来源于很多方面，从根本来说当然需要 H5 的内容足够优秀，能够打动用户，或满足了用户某方面的需求；但通过营销方面的小设计来诱导用户转发，也是有效的途径。在这方面，多数 H5 会在转化页上设置明显的重玩、分享两个按钮，并在文案表达上花心思。如《总理@你！2019 年，一起拼！》的转化页，重玩按钮表述为“再拼一次”，分享按钮设为“邀人来战”，很符合小游戏的话语方式。又如《一带一路》的转化页，两个按钮分别为“重新来”和“一起玩”，表述简洁明了(见图 7-15)。

图 7-15 H5 的转化页

有些 H5 利用转化页实现特殊的信息收集功能。例如，某以儿童假期溺水为主题的 H5 在最末页做了一个“溺水高危水域线索征集”，请用户通过警示系统上报自己掌握的危险水域，让更多人远离陌生水域的危害。

五、时政类 H5 设计综合案例:《一分钟漫游港珠澳大桥》

2018 年 10 月 24 日，港珠澳大桥建成通车，这一重大成就成为新闻媒体争相报道的对象，除了纸媒、广播和电视媒体的报道外，各新媒体平台也纷纷以短视频、VR、H5 等形式展开报道。其中网易与新华社合作的 H5《一分钟漫游港珠澳大桥》表现十分突出。该 H5 于 2018 年 10 月 23 日推出后，迅速在朋友圈扩散，到 2018 年 10 月 25 日 21 点 20 分，参与用户已超过 3000 万；截至 12 月 10 日，总浏览量达到 9700 万，成为 2018 年流量最高的 H5

报道。①

点击作品链接进入首页，蓝天白云背景下，白色线条画出大桥的线路走向，文字标题分布两旁，悦耳舒缓的音乐随之响起。点击“开始”按钮，以动画形式绘制的港珠澳大桥入口赫然眼前，页面左上角显示着“第 0 公里”(见图 7-16)。

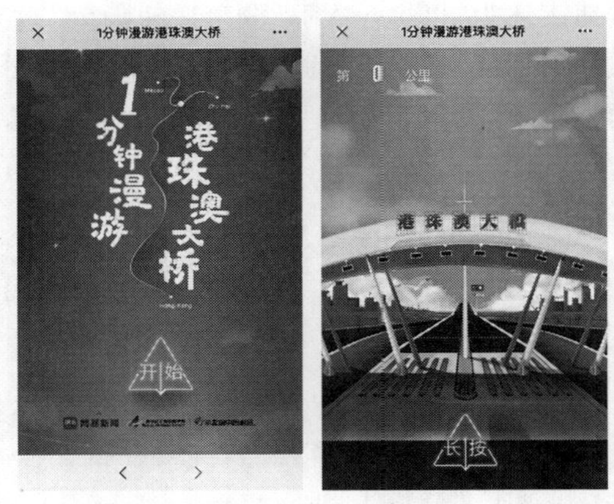

图 7-16 H5《一分钟漫游港珠澳大桥》的开始部分

按住页面下方的“长按”按钮不放，大桥动画以用户视角不断向前延伸，两岸风景随之变化，左上角的公里数字不断跳动，用户恰如乘坐汽车一路漫游大桥。按照页面中部的提示“松开手指即可拍照”，可点击拍照(见图 7-17)。

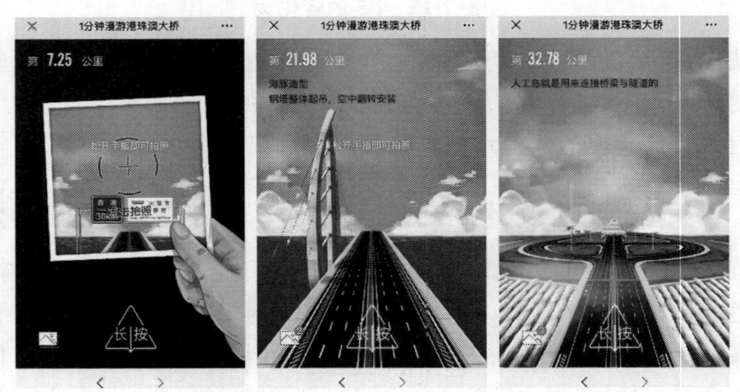

图 7-17 H5《一分钟漫游港珠澳大桥》的中间部分

① 张群、邓小院：《如何打造现象级 H5 新闻报道——以网易〈一分钟漫游港珠澳大桥〉为例》，载《新闻与写作》，2019(2)。

播放过程中，页面上会在大桥重要位置绘制“路标”，并以文字方式解读大桥的造型寓意、建造技术。文字写作简洁明了，如“海豚造型：钢塔整体起吊，空中翻转安装”，“中国结造型：全桥最高点，寓意三地同心”，“人工岛就是用来连接桥梁与隧道的”。

进入隧道后，动画将封闭的钢管幻化为海底世界，配以水泡声，使用户仿佛在深海漫游，带来新奇的感受与体验。文字“误差不能超过 7 厘米，最深海底 46 米，这是对人类工程能力的挑战”，简短浅显的表达，就使读者了解到海底隧道的修建难度。

出隧道后，桥外的风景更加开阔，天边一片霞光，高楼林立的香港市容渐渐显现，整个 H5 的基调得到升华。结束页上“恭喜你！你是第××个通过港珠澳大桥的旅客～”给用户带来喜悦和成就感，“选择照片制作明信片”的设计，抓住了用户的心理需求——“好奇”“自我”“炫耀”，有力地推动了用户的分享欲望(见图 7-18)。要体验整个 H5，虽然时长可能超过了一分钟，但一般用户能在较短的时间内完成，非常符合用户碎片化的阅读习惯。

图 7-18　H5《一分钟漫游港珠澳大桥》的结尾及转化页

探究这个 H5 作品的成功奥秘，“用户视角”的运用是一个关键点。整个设计给用户带来身临其境的沉浸感，充分满足了用户对大桥的求知欲、好奇心，也增加了用户在产品体验过程中的乐趣。制作实施的过程中，各种细节功夫也都做得十分充分。如动画是设计师用电脑逐帧绘制而成；为了保证内容的准确性，制作方对 H5 中的每个知识点进行了反复查证，并邀请建设方的工程师对数据、表达进行核实。从作品内蕴的价值观来看，作品充分展现了港珠澳大桥的修建难度和宏大规模，暗含对国家实力的歌颂，更容易得到用户普遍认可，引发情感共鸣。①

在推出的时机上，网易是于大桥通车前一天推出《一分钟漫游港珠澳大桥》的，在报道时机上抢占了先机，加上形式新颖独特，在大量同题新闻报道中脱颖而出。新华社将 H5 嵌入微信公众号的头条内容中，上线几分钟后，阅读量就超过了 10 万。新华社还在客户端和新华网微博等渠道进行推广，扩大了传播范围。在此之后，凭借新鲜的创意、给用户提供强烈的在场感和满足感，形成朋友圈的裂变式传播，带来超高的转化率，以及长期自发传播的生命力。一直到 2018 年 11 月下旬，这个 H5 的 PV 仍然保持着稳定的增长。

第三节　节日纪念日类 H5 的策划、编辑和运营

实验主题

节日纪念日类 H5 的设计、制作与传播。

实验目的

了解节日纪念日类 H5 的选题和策划思路，掌握该类型 H5 的编辑重点，并了解该类型 H5 的运营手法。

实验内容

一、选择主题

节日指社会生活中值得纪念的重要日子，是各国民众为适应生产和生活的需要而共同创造的社会文化、民俗文化。各国家、民族和地区都有自己的节日。中国文化历史悠久，有许多传统节日，如春节、元宵节、清明节、端午节、七夕、中秋节等。改革开放以来，许多外国节日也逐渐为中国民众所熟知，如母亲节、父亲节、感恩节等。随着时间推移和社会发展，节日的内涵和庆祝方式也在逐步发生变化。

---

① 张群、邓小院：《如何打造现象级 H5 新闻报道——以网易〈一分钟漫游港珠澳大桥〉为例》，载《新闻与写作》，2019(2)。

纪念日一般是为了纪念重大事件、人物，或为了凸显某一观念或领域的重要性而确定的日子。纪念日中既包括民众耳熟能详的国庆节、劳动节、妇女节、青年节、儿童节、教师节、记者节等，也包括大量涉及特定主题或领域的日子。仅以 5 月为例，就包括世界新闻自由日(5 月 3 日)、国际家庭日(5 月 15 日)、世界电信日(5 月 17 日)、国际博物馆日(5 月 18 日)、世界无烟日(5 月 31 日)等。还有一类纪念日是带有时代特征的周年纪念日。如 2018 年 5 月 5 日是卡尔・马克思诞辰 200 周年、5 月 12 日是汶川地震十周年，这一年也是中国改革开放 40 周年、海南经济特区成立 30 周年纪念。

在传播实践中，我们可以看到多种以节日、纪念日为主题的 H5，如《世界环境日丨小红车相伴十年看你为减排做了多大贡献》、《滑向童年》(六一儿童节)、《痒痒痒》(世界过敏性疾病日)、《深圳特区报》在改革开放 40 周年时推出的《纸短情长，这是最深情的告白》和《40 个深圳改革开放标志地》、《苏州日报》的《手绘入遗二十年》、《海南日报》新媒体的《"海南号"时空穿梭机》等。

策划者选择哪些节日或纪念日作为 H5 的场景、题材，需要对媒体主观传播意图、受众使用需求、客观实现条件三方面加以综合考虑。从媒体主观意图方面来看，媒体选择节日、纪念日作为 H5 题材，暗含了大众媒介的议题设置功能，即立足现实，在现实与历史的交织中给用户带来新的视角、新的知识、新的体验和感触。在这个过程中，媒体能够主动地为用户创造更高的阅读需求，并且不断地提升这种需求。在更深的层面上，媒体对节日、纪念日的公开纪念与传播，也是重构节日叙事、影响公众历史认知与身份认同的重要途径。尤其是重大纪念日，因其重大的政治意义、教育价值和文化意味，通常能够引起民众的广泛关注，也是 H5 选题的重要来源。

从受众使用需求方面来看，所选的节日或纪念日既可以是广为人知的，也可以是相对小众的。前者有广泛的社会认知度，较易引发公众共鸣；后者有普及、推广的认识空间，也会对公众构成吸引。如 2018 年世界哲学日(11 月第 3 个星期四)，网易哒哒推出了 H5《测测你的哲学气质》。这并不是一个普及度高的纪念日，但是"哲学"这个主题具有广泛的受众基础，可以为用户提供新鲜知识甚至社交机会。

二、构思创意

节日、纪念日均属于可预见性的内容，H5 制作的周期可长可短，时间一般相对宽松，但对创意构思的要求就更高了。实践中，以下几条原则可被用于这类题材 H5 的创意构思中。

1. 提高用户参与度，生成个性类内容

(1)生成照片或证件类

这类 H5 一般应用人脸识别技术，让用户导入自己的照片，经过算法技术的改造，与 H5 本身提供的面部特征加以融合，合成成为 H5 的输出照片或证件。例如，2018 年五四青年节时，天天 P 图推出《我的前世青年照》，用户将自己的头像上传，即可生成一张自己穿着百年前典型进步青年服饰的泛黄老照片。与此同类的还有六一儿童节主题的《我的小学生证件照》。

对于这类 H5，制作者应有数据安全意识和肖像权意识，与技术公司合作时应制订完善的合约条款，防范用户的合法权益受到侵害，或对用户的财产、人身安全可能造成的隐患。

(2)答题测试类

此类 H5 主要是围绕某一主题设计一系列测试题，用户逐一选择填答，生成测试结果，显示用户在此方面的能力、素质、观点、角色或个性特征。在这个过程中，H5 通常会读取用户的微信昵称、头像等个人身份信息，以直呼用户昵称或第二人称的角度来叙事，增加用户的参与感。

以《测测你的哲学气质》(见图 7-19)为例，这个 H5 中共设有 10 个问题，每个问题有 2～4 个答案，根据用户对每个问题的选择，测试用户内心潜在的哲学人格。测试结果生成一张“我的哲学气质”的海报，以维度图的形式展示用户的哲学人格，并对相关哲学流派的特征概念进行文字解说。这个 H5 将原本深奥抽象的哲学主题转化为简明的答题方式，帮助用户了解自己潜藏的哲学观念，并对哲学概念和流派做了有益的科普。

图 7-19　H5《测测你的哲学气质》

(3)游戏类 H5

此类 H5 选择某一个与生活相关的话题，制作成一个简单的小游戏，为用户提供一个场景和许多小道具，游戏结果完全由用户个人的操作得出，制作方没有预设结果选项。射击、棋牌、竞技等是经常被 H5 采用的小游戏形式。

以上这几种创意类型的共同特点是：能生成个性化信息，直接或间接地表现用户的性格或爱好特征；交互性强，用户参与度高；轻量化，页面可多可少。这些类型的 H5 之所以能吸引用户的主动参与，是因为用户有获得自我认知的需求，并能深度参与到内容生产中。用户基于分享炫耀心理将其进一步分享，在社交圈很容易形成裂变传播。当然，如果过于频繁接触这些类型的 H5，用户可能会短期内疲劳，但是只要创意新颖，长期看来还是有效的。

2. 以新奇、趣味取胜

这类创意的 H5 不一定追求给予用户参与感，而是重在满足用户娱乐和情感方面的需求。具体表现为 H5 的素材、场景、语言风格等都体现出新奇性、趣味性，引发用户的观看兴趣，继而推动转发。

例如，2018 年“5·18 国际博物馆日”，中国国家博物馆携手六大博物馆(湖南省博物馆、南京博物院、陕西历史博物馆、浙江省博物馆、山西博物院和广东省博物馆)，和抖音共同推出了 H5《第一届文物戏精大会》(见图 7-20)。这个 H5 是个单纯展示型的短视频，开场是博物馆管理员在黑暗中拿着手电巡逻，管理员离开后，文物们纷纷动了起来。唐三彩侍女俑跳起“千年拍灰舞”，大禾人面纹方鼎使出“98K 电眼”，秦兵马武士俑唱 Rap，汉代说唱俑说“什么是当当当”……这些“文物戏精”表情丰富，各自表演自己的“绝技”。文案叙述充分运用了网络流行语，如“是时候表演真正的技术了”“受到了 10000 伏的暴击”等，再配上热门的背景音乐，趣味十足。这个短视频累计播放量突破 1 亿次，它靠的正是超强的创意能力，将新媒体技术、流行元素和传统文化、国家宝藏的传播融为一体。

图 7-20　H5《第一届文物戏精大会》

3. 引起情感共鸣，强化共同记忆

情感共鸣是 H5 内容与用户产生的情感共振，“认可”是产生共鸣感的前提。一个人在成长过程中，会有很多情感经历，如彷徨、坚定、喜悦、失落、温暖、孤独、受挫、被鼓励、被否定等。假如用户曾经有过的这些经历被唤醒，就会产生共鸣。H5 通过再现相似情境，可以成功地使用户特定的记忆被唤醒，陷入回忆与怀旧中，实现情感共鸣。

以 H5《40 年大美时光》(见图 7-21)为例，这个 H5 由《北京日报》和快手联合出品，是为纪念改革开放 40 周年而制作的。H5 开篇点题，“40 年故事里记录你多少美好”的文字立即勾起用户感情，促使其顺着电影放映机和胶卷形成的时光隧道返回历史。1980s、1990s、2000s、2010s 四个不同的时代场景中，都先用黑底白字描述那个时代的生活特征。

进入各个年代后，H5 选择、整合了多种该年代的典型场景、日常物品、生活细节，以多媒体的形态将其融合表现在全景画面中。这些内容不仅可以引起有相同生活经历的人的回忆和共鸣，对年纪尚轻、没有这些生活经历的用户来说，也可以激发他们的兴趣和感慨，塑造不同年龄段的用户的共同体验。

图 7-21　H5《40 年大美时光》

三、准备素材

从介质种类来看，节日纪念日类 H5 与其他类型 H5 的素材一样，均包括文字、图片、音频、视频等，此处不再赘述。从来源和内容来看，节日纪念日类 H5 则有一些相对突出的素材类型，具体包括以下几种。

1. 历史性素材

节日和纪念日往往具有丰富的历史内涵。以某一节日或纪念日为题材的 H5，制作者如果进行各种形式史料的素材搜集，往往能够还原历史真实，通过细节化、故事化的叙事方式，加强 H5 的沉浸感。

以《深圳特区报》读特客户端 2018 年推出的《纸短情长，这是最深情的告白》(见图 7-22)为例，这个 H5 是为纪念改革开放 40 周年而设计的。深圳是中国改革开放的排头兵和见证者，本地媒体如何用 H5 来凸显自己的独特性？读特选用了该媒体独有的历史性素材——报纸版面。从《深圳特区报》创刊号开始，到以改革开放 40 周年的纪念版面结束，一共 38 个报纸封面。用户还可以点击进入版面上的重点照片，查看更多相关图片和历史资料，从一点一滴的细节中体会深圳特区改革开放过程中的艰苦历程。泛黄的纸张，激昂的音乐，给用户带来深入的沉浸感，更能够让其感受到改革开放的伟大成就。

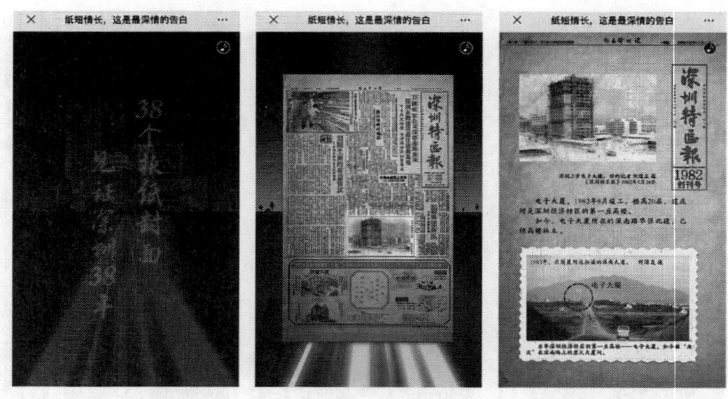

图 7-22　H5《纸短情长，这是最深情的告白》

《“海南号”时空穿梭机》以一位普通文员“穿越”回 1988 年、经历了 18 个重大事件的奇幻旅程，呈现海南建省办特区 30 周年的历程。这个 H5 也充分利用了历史资料，如资料视频、历史老照片，使历史与现实在光影中形成交织。

2. 知识性素材

知识是人类对物质世界以及精神世界探索的结果，求知是用户使用新媒体产品的目的之一。各类节日、纪念日中蕴含着丰富、大量的知识，可以为 H5 增添可读性、实用性。知识可能来自各行各业，包括自然科学、社会科学知识或者非科学性知识，相关素材可对其中较难懂的术语、典故等加以通俗性的解释。

以《测测你的哲学气质》为例，用户的测试结果涉及二十多种哲学主义或流派，数十个哲学名词、概念，数百种测试结果（见图 7-23）。这样的内容需要大量的相关专业资料来支撑，否则是不可能实现的。

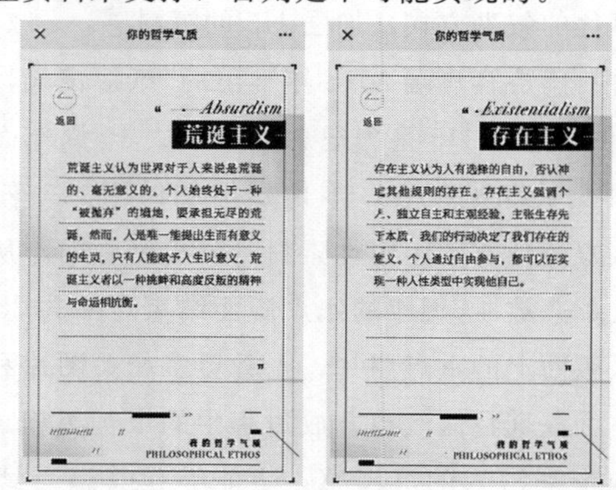

图 7-23　H5《测测你的哲学气质》中的哲学知识

3. 文化性素材

文化可以简单解释为一个地区人们的生活要素形态的集中表现，包括衣、冠、文、物、食、住、行等。文化的核心部分，是一个社会、民族对社会生活各层面的观念、态度和信念。

以京东物流 2018 年中秋节出品的《家乡味小馆》(见图 7-24)为例，这则 H5 选取中国 34 省、区的饮食文化作为素材，用户输入选择自己的家乡地，就能生成地方风味的菜单，一解思乡之情。如果选择“重玩一次”，用户可以再选其他地方，了解中国不同地方的代表性小吃。这个 H5 的结构很简单，只包括首页(选择家乡地)和生成菜单这两页，但素材收集的工作量却比较大，这些素材撑起了一个兼有趣味性和吸引力的 H5。

图 7-24　H5《家乡味小馆》中的饮食文化素材

又如，有道精品课制作的《中秋快乐》以古诗为素材，给出 5 道关于中秋的问题，每个问题 3 个答案，根据用户回答生成用户专属的中秋诗歌海报。“酒熟鱼肥蟹著黄”，“醉眠秋共被”，“若得长圆如此夜，人情未必看承别”……海报中的一行行古诗，使这一 H5 具有浓厚的中华文化色彩。

4. 地理性素材

以 H5《在深圳的上空 rock》(见图 7-25)为例，这是网易新闻以深圳特区成立 40 周年为题材制作的。H5 开篇是个互动小游戏，用户需要在光标滑过圆点的时候点击触点，三个触点都被成功点亮后，就会进入深圳的各个地标性建筑场景。京基 100 大厦、深圳音乐厅、深交所大楼、大芬美术馆、深圳大运中心、宝安国际机场……手绘的建筑色彩鲜艳、造型潮酷，还和场景中的人物有趣互动。最后，各地点的实拍照片依次浮现，将创意与现实融合为一。这个 H5 充分运用了城市的地标建筑素材，展现出深圳青春、活力、时尚的一面，很好地烘托了特区成立40周年这个主题。

图 7-25　H5《在深圳的上空 rock》中的地理素材

5. 多种素材的综合运用

当然，除了以上这几类素材以外，节日纪念日类H5也会使用多种类型的素材，更常见的是几类素材的综合使用。视觉素材(图片、图表、视频等)也可以有多样灵活的选择、组合和处理。

以《20年，澳门印记》(见图7-26)为例，这是网易新闻为纪念澳门回归祖国20周年而制作的H5。H5分为两个大部分，第一部分是回顾澳门回归的历史进程，以历史照片、文件、声明等各类素材，将回归中的重要节点按时间顺序逐一呈现。第二部分是展示澳门回归后的巨大变化，以手绘图的形式展示了澳门申遗成功、港珠澳大桥建成通车等发展成果。整个H5的背景音乐是伴奏版的《七子之歌》，庄重优美，柔和动听。

每一页面上的文案简明扼要，对素材做了感性化的解说。例如，封面上，“为了这一次的回归，我们曾努力了很久……”；进程中，“终于！中葡签署联合声明”，“《澳门基本法》颁布，回归更近一步！”。澳门回归一刻，文字标题为“澳门，你好！”；对新生的“回归婴儿”，用充满感情的语句说：“这个新生命的诞生，也标志着澳门一个崭新时代的开始！”转化页的按钮文字也是“为回归点赞”。多种素材与充满感情色彩的文案融会在一起，对主题做了非常充分的表达。

图 7-26　H5《20 年，澳门印记》

切尔诺贝利事故 30 周年纪念日时，网易出品了 H5《不要惊慌，没有辐射》，以一个男孩的视角还原当时爆炸之后的故事。案例中的照片是编辑者到切尔诺贝利实地拍摄，再加上后期制作的虚拟人物创作而成的。

四、设计制作

1. 营造视觉气氛

H5 是一连串的内容载体，需要对所有页面进行视觉气氛的统一。要做到调性统一，特别要注意的点包括：①统一的背景。在统一的色调和背景下，画面容易被记忆。②成套的色彩和元素。色彩的沿用不建议过多，并应该遵守成套的原则。H5 的画面内经常涉及图标、文字和各种元素，它们之间的特征也应被统一。①

以人民日报社“中央厨房”在 2017 年高考期间发布的《大侠，请重新来过》(见图 7-27)为例。这个 H5 归纳整理了 40 年来的部分高考考题，形成了一份考试样卷，邀请网友参加答题挑战。整个 H5 以土黄纸色为主背景色，一张张试卷、红字的标题、年代感十足的姚体字，还会有考试开始前在大喇叭中播放的考试须知，到最后生成的“学霸”“学酥”“学渣”海报，形成了高度统一的“有历史感的考卷”的视觉体系。用户点击“进入考场”填写考生信息、考试省份、考试年份、报考类别，生成准考证，更增加了真实感。整个 H5

① 苏杭：《H5＋移动营销设计宝典》，77～78 页，北京，清华大学出版社，2017。

统一的调性营造出很强的历史感和真实感，使用户回想或联想起高考的场景，触动感情，或引发回味。

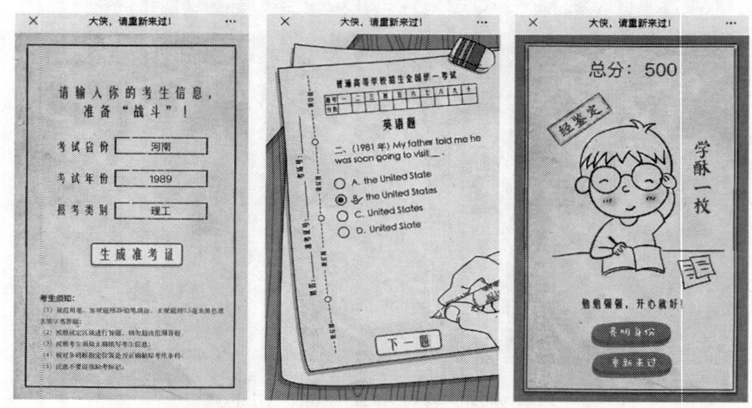

图 7-27　H5《大侠，请重新来过》

2017 年是苏州园林列入《世界遗产名录》二十周年。苏州日报集团数字编辑运营中心适时推出了《入遗廿年，这套手绘版苏州园林逆天了!》。这款 H5 使用了美术家用钢笔素描手绘的九个苏州园林图景，全黑白色调、精雕细凿的画面，充分营造出古典、素雅的视觉氛围，将苏州名园之美展现得淋漓尽致。

2. 精简版面元素

H5 以手机屏幕为基本阅读载体，排版不能过于复杂，单页上的信息量不能过大。与报纸、电脑或 iPad 相对，H5 版面内的元素需要更为精简。

单以文字元素来说，节日纪念日类的 H5 也应遵循文字排版的一般规则：不同层级(小标题、正文、互动提示等)文字的字号可以有所差异，但都需要设置为较易识别的字号，标题的字形设计尽量避免太过花哨。在此基础上，不同的节日纪念日主题、不同的策划思路需要以不同的版面元素设计来实现。

仍以《测测你的哲学气质》为例，因为包含的知识量较大，这个 H5 中的文字数量比一般的 H5 要多，怎样在有限的版面空间中做好文字设计，成为这个 H5 呈现的一个难点。

在引导页，六句引导语被集中在版面的左下角，分行排列，每两行之间略增大间隔，“向左滑动”和“请打开声音”的操作提示均以小字加线条的方式呈现，减小了所占空间。在问题页上，题目和答题选项集中在版面中部或下部，一般题干字号较大，选答项字号较小且有色块、图形做装饰。生成的海报页以大字突出三个哲学概念，小字加以具体解释，使得版面文字虽多，却内容清晰、层次分明。

从整体来看，这个 H5 采用了浅色调，色彩以素色为主，同时装饰元素丰富、画面转场方式多样，简约而又精致，给用户带来良好的使用体验(见图 7-28)。

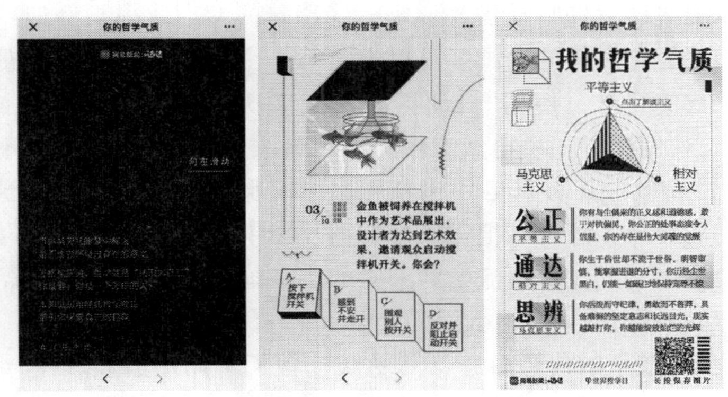

图 7-28　H5《测测你的哲学气质》的版式设计

3. 设计交互与引导

移动新媒体改变了人们使用信息的方式，也改变了人与终端的交互方式。就 H5 来说，优秀的交互逻辑设计能提升内容的体验乐趣。

以互动效果的功能来源为标准，H5 的互动可分为三类：①基于传感器的互动效果。即通过手机上的麦克风、照相/摄像功能、GPS 定位、重力感应等传感器来收集外界信息。②基于触摸屏操作的互动效果。即用户和手机屏幕发生各种手势交互。③基于融媒体展示的互动效果。即利用不同手段展示图、文、声、像、动效等融媒体素材。[①]

这三种类型中，前两种主要是基于技术的界面交互，第三种主要是基于技术的内容交互，但各自均包含了界面交互和内容交互两个层面。设计者应以良好的界面交互设计达成顺畅、充分的内容交互。具体来说，以下几条原则可被用于 H5 的交互设计中。

---

① 樊荣、丁丽、贾皓、周循：《H5 交互融媒体作品创作》，99～104 页，北京，中国人民大学出版社，2020。

(1)互动操作新颖贴切

“新颖”的达成，不一定是使用全新的互动手法或技术，也可以是采用新的思路，将已有的互动操作加以组合，或与内容密切地结合起来。只要能够贴切地传达内容、达到与用户的顺畅互动与交流，都能给用户带来良好的使用感受。

以幻灯片这种常见的交互操作为例，它看似简单，却能发挥很大的作用，即可以通过图片的自动播放形成一些持殊的动态效果。例如，需要设计一个颜色交替变化闪烁的动画，可以设定第一个状态为较深色的粉红，第二个状态为较浅的粉红。使用“自动播放”“交叉淡入淡出”“间隔时长为0.125秒”的属性，就创建了一个自然流畅的小动画。[①] 又如图像序列，不只仅止于360度旋转的特效，还可以运用想象力，使河水倒流、倒塌的房屋重建，产生一种奇幻的特效；还可以把密集型的图片集中在一起使用三维(如球面体)的方式来展示，或创建更为流畅和细腻的小动画，使交互设计炫酷有趣。[②]

(2)交互提示清晰，热区大小适当

H5是一种较新的传播形态，其受众包含了不同年龄段和不同技术熟练程度的用户，因此让交互操作清晰明了、不令人困惑是非常重要的。这时交互操作(包括页面内的要素和页面之间的跳转关系)首先考虑的应当是实用性而不是美观性。一旦将应用的交互方式完全考虑清楚，便可以集中精力考虑如何让界面更吸引眼球。

从“显”的角度来看，交互操作的文字提示应该简单、直接；设计者可以使用图形按钮，使设计直观、自然。交互提示方式应保持连续性和流畅性，各页面的交互提示(包括手势、图标等)应该适当重复、保持一致和连贯，并与用户的使用经验有相对的连续性。

从“隐”的角度来看，交互有时意味着巧妙的隐藏——首先是彻底隐藏，其次是适时出现。设计者需要隐藏一定的内容或功能，然后邀请用户进行探索。这时必须仔细权衡要隐藏哪些功能，然后在合适的时机和位置提供相应的提示与线索。

用户在手机界面进行触控操作的区域叫“热区”。为了使用户的触控体验良好，需要设置相对大一点的热区，以免月户点击或触摸屏幕后无法跳转。

---

① 晏琳：《云端创意——数字出版解密》，156页，北京，电子工业出版社，2014。

② 晏琳：《云端创意——数字出版解密》，92页，北京，电子工业出版社，2014。

(3)简化操作，以交互技术为内容服务

交互设计需要有理性的态度，让技术为内容服务。适当的交互设计会为内容添加吸引力，过度的交互设计则可能让用户产生阅读障碍。良好的交互设计是隐形的，让用户在不知不觉中已经按正确的方法去使用了。设计者应该从用户角度来看问题，尽力让用户感觉用起来简单。

要实现简约设计的目标，方法是精炼、剥离、删除当前不必要的东西，包括特性、功能、界面按钮或者交互方式，仅剩下必要的界面元素和功能。总而言之，就是删除不必要的，组织要提供的，隐藏非核心的。

以《40 年大美时光》为例，这个 H5 交互设计混合了多种功能来源，并在提示方式、隐显取舍方面颇具巧思。进入不同时代后，用户可以通过滑动手机屏幕(基于触屏的交互)和晃动手机的方式(基于传感器的交互)查看该时代的全景画面。画面中基本没有采用文字提示，具有时代特色的代表性物品、装扮等由白色光圈标出，引导用户点击查看细节。不同年代配以不同的环境声音(基于融媒体展示的交互)，给用户带来强烈的沉浸感。每个年代都有下一个年代的入口，以更大的白色光圈标出，巧妙地融合在画面中，等待用户发现。在关键的互动点，会加上“未来给你发来一条新聊天信息，请点击查收”等对话，引导用户做出正确的动作。转化页上的两个按钮“再次穿越”和“一起穿越”，分别提示用户再体验一次和进行转发，本身是典型的功能交互按钮，但文字表达的创意性为其增加了乐趣(见图 7-29)。

图 7-29　H5《40 年大美时光》的交互设计

H5 中如果安插有视频，其播放就会占用一定的时间。此时可以设置“跳过”按钮，让用户自行决定是否观看。如《以你之名、守护汉字》《现在的动物园已经美成这样了》等 H5，在开场的视频播放页都设置有“跳过”按钮，如果用户时间有限，可以跳过视频，直接进入后面的交互页面。这虽是一个小设置，却能很好地提升用户体验。

五、推广运营

1. 推出时机

不同的节日纪念日类 H5 的推出时机可能是不同的。节日纪念日的 H5 需要提前策划，并完成制作、测试、修改等一系列流程。重要的 H5 会在节日纪念日到来之前推出，通过预热的方式积聚人气，给 H5 带来更充分的传播时间和空间，还可以避开在纪念日当天可能的 H5“扎堆”传播的竞争。有些 H5 涉及的节日的社会普及度相对不高，可以选择节日当天推出，能使用户更直接地将相关内容与节日关联起来。

2. 线上传播与线下活动的联动

将 H5 的线上传播与线下活动复合运作，可帮助扩展 H5 的用户广度和参与的深度。这一联动、合作过程中，制作机构、媒体会与商业品牌合作，但其目的并不包含商业广告的成分，即 H5 的制作不是为了卖产品、搞促销。各种渠道的传播、联动，都是以用户参与的便利性和优质体验为前提的。此类 H5 中一般只有简单的品牌图标或简短的品牌理念，以免喧宾夺主，引起用户反感。

以《第一届文物戏精大会》为例，该 H5 在 2018 年 5 月 18 日 7 时通过微信平台首发，很快获得普通用户和各大公众号的关注，以分享、评论、点赞、推文等方式向外层层转发与分享。作为跨界伙伴的抖音在其头部内容中上线“#嗯～奇妙博物馆#”话题挑战，号召受众走进各大博物馆与“戏精”文物合作，激发受众创作热情，拍出他们的抖音故事，参与人数众多。微博作为重要的线上渠道也加入互动。H5 在微信发布后，《人民日报》、头条新闻、《环球时报》、《中国青年报》等的官微第一时间进行转发分享。这三大渠道的联动，给《第一届文物戏精大会》带来巨大流量和传播广度，形成了话题风暴及圈层间的有机互动，最终进一步促进了文化传播路径的裂变效果。

六、节日纪念日类 H5 设计综合案例：《人民日报》的建军节 H5 策划

八一建军节一向是媒体策划中的重点选题，如何以 H5 形式来展现这一主题，《人民日报》做出了不同的尝试。

2017 年是中国人民解放军建军 90 周年，这一年，《人民日报》的《快看呐！这是我的军装照》成为一款“现象级”新媒体产品。在第 28 届中国新闻奖评选中，“军装照”H5 在首次设立的媒体融合奖项中荣获一等奖。

2019 年，《人民日报》再次在建军节推出了 H5 作品。这次的策划采用的是测试小游戏类型，题为《测测你的军人潜质！》。导入界面是一个瞄准镜中心点上不停变换的各类枪支，点击下方的“当兵，你准备好了吗?”进入测试（见图 7-30）。

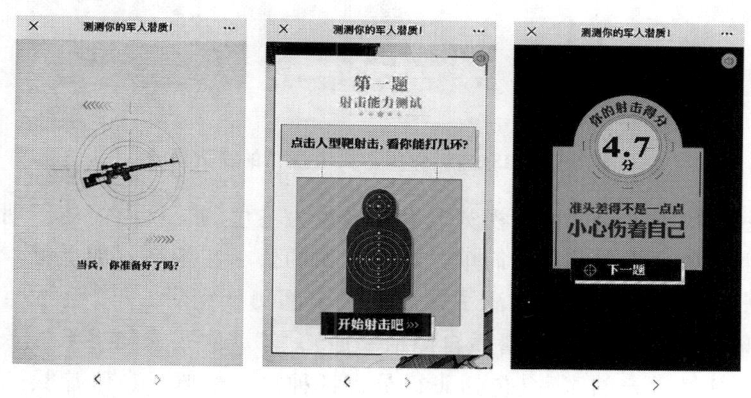

图 7-30　H5《测测你的军人潜质！》的开场

测试题一共有 7 道，运用了多种传感器及触屏交互方式：

①瞄准射击。点击“开始射击吧”，界面变换为打靶场景，屏幕下方伸出一支枪，人形靶从屏幕一侧掠过，用户点击屏幕的动作就是射击动作，每次点击后会显示射击环数或“脱靶”。5 颗子弹射完后，屏幕上显示分数和有趣的评语，用户点击“下一题”跳转。

②反应能力测试。请用户在 108 个“5”(6 行×18 列)中找到唯一的一个字母“S”，找到后点击，屏幕显示耗时。然后跳转下一题。

③性格特质测试。请用户从指北针、绳索、野外生存刀、打火石四个选项中，选择一个孤岛求生工具。

④平衡力测试。小人在独木桥上奔跑，用户点击左右使小人保持平衡不掉进水中。掉入水中后，屏幕显示保持的时间和总结语。

⑤专业倾向测试。题目是“你认为 7 和 8 代表什么”。

⑥心理素质测试。屏幕上面有两幅图，用户点击选项，选择所认为的图片的转动速度。

⑦肺活量测试。用户长按触点吹气，并发出“呜”的音（见图 7-31）。

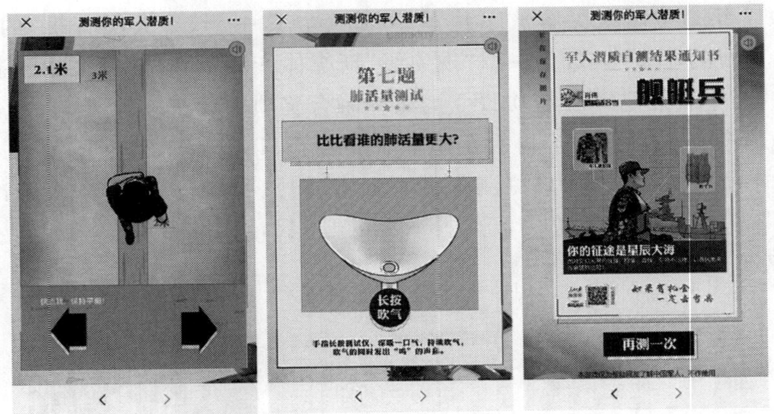

图 7-31　H5《测测你的军人潜质!》的交互设计

这些图片为手绘风格，视觉上以军绿色为主色调，界面简洁硬朗，节奏感也很强。各个小游戏初看简单，对准确度的要求却很高，加上枪声、胜利声、落水声等，在趣味中充满了挑战感。全部测试完后，H5 会按照用户的答题情况，生成一张“军人潜质自测结果通知书”。这张通知书上显示了用户的名称，其最适合的军种(包括飞行员、特种兵、舰艇兵、医疗兵、导弹号手、坦克手、炊事员等)，此军种的宣言，还有一句充满情感的“如果有机会一定去当兵”。通过“再测一次”、保存图片和分享朋友圈，H5 可以得到更多的使用数据和更好的扩散。

在新媒体时代，媒体与用户日益成为信息传播共同体、价值判断共同体、情感传递共同体。用户的数量、停留时长、参与程度，代表媒体对受众的聚拢吸附能力、社会动员能力和行为塑造能力，构成媒体视为生命的传播力、引导力、影响力、公信力。对新媒体来说，“以人民为中心”就是以用户为中心，就是让人民参与到内容建设中来，成为内容生态的中心和主体。①在《人民日报》的这两个建军节 H5 中，我们可以清晰地看到上述观念。通过让用户生成自己的军装照、军人素质测试报告，可以极大地调动用户的使用热情，并在趣味盎然的创作使用过程中抒发对军队的崇敬、向往之情。这种对网友情感诉求的满足，是两个 H5 产生刷屏效应的重要原因。尤其是“军装照”，契合了庆祝中国人民解放军建军 90 周年的“大势”，获得极大的成功。

---

① 丁伟：《新媒体内容生态演进的 8 个方向》，载《新闻战线》，2018(10 上)。

《人民日报》两次八一建军节的 H5 策划选择了不同的切入角度、采用了不同的技术和表达形式，不断给使用者带来新意和惊喜，充分体现了 H5 的“创新”特性。这样的 H5 产品，既有高度，又接地气，对广大用户会产生潜移默化的影响。

第四节　公益类 H5 的设计、制作与传播

公益是社会全体成员、组织机构应当负起的责任。公益传播能为社会提供服务，也能为相应的个体、组织、企业树立良好的社会形象，对社会的良性发展有着重要意义。较之传统媒介，公益类 H5 的表达和传播更加灵活，互动性更强，营销效果也十分突出。

实验主题

公益类 H5 的策划、编辑与运营。

实验目的

了解公益类 H5 的选题和策划思路，掌握公益类 H5 的制作步骤，并学习该类型 H5 的传播运营手法。

实验内容

一、选择题材，明确创意

1. 选择公益 H5 的题材

按照题材划分，公益 H5 的常见题材包括以下类型。

(1)慈善救助类

这类 H5 聚焦于慈善、救助、帮扶、救济、福利等主题，一般由慈善救助类机构与制作方合作推出。如腾讯公益曾联合其他社会公益机构推出过多个 H5，包括《“小朋友”画廊》《最好的爱都有和声》《9.9＋？＝十分爱》等。这类 H5 旨在消除社会偏见，帮助受助群体改善生活、融入社会，实现自我价值。

慈善救助类 H5 多为配合相关公益活动而推出。例如，腾讯音乐 2018 年推出的 H5《最好的爱都有和声》是为帮扶孤独症儿童群体的公益计划而发布

的，《为家乡种希望》是腾讯公益 2018 年“99 公益日”的宣传 H5。

(2)生态保护类

生态保护、环境保护、生物多样性等议题，关乎人类生存和发展，向来是媒体传播的重要内容。用 H5 形态来制作、传播这类题材也十分常见。

如阿里巴巴公益基金会制作的 H5《旅行青蛙》，这是一个“寻宝”框架的小游戏，套用当时火爆的“旅行青蛙”为主角，采用轻松的视觉风格，召唤用户参与保护野生动物。世界动物保护协会出品的 H5《那些你看不见的真相》，通过呈现人类驯养野生动物过程中残忍的一面，向用户传达保护野生动物的理念。

生态保护类 H5 也经常是为配合公益活动而推出的。如腾讯公益与凯迪拉克联名出品的《这是一片有故事的土地》，选题是助力内蒙古自治区额济纳旗的胡杨林绿化建设。胡杨是自然界稀有的树种之一，作为荒漠森林在中国西北地区起到了重要的环境保护作用。这个公益 H5 的目的，就是向公众传播胡杨林保护的重要性，并发起“助力小胡杨计划”的捐助活动。

(3)传统文化类

传统文化指某种文明演化汇集成的一种反映国家、民族特质和风貌的文化，既包括语言、观念、风俗、制度等精神层面的东西，也包括服饰、建筑、饮食等实体层面的东西。这类公益型 H5 的主要目的是宣扬传统文化和文化意识。

如腾讯公益与敦煌研究院于 2017 年年底达成战略合作，共同启动“数字丝路计划”。其后推出的《敦煌数字供养人》《“敦煌壁画竟一夜间消失一半”?》《敦煌博物馆奇妙夜》《御见敦煌壁画展》等一系列 H5，以创意互动方式传播敦煌壁画，吸引大众尤其是年轻用户加入敦煌文化的传承保护工作中来。

又如《人民日报》与网易有道词典联名推出的《以你之名，守护汉字》(见图 7-32)，选题为“守护濒危汉字”。H5 一开始即说，“在提笔忘字的今天……汉字，犹如一颗颗璀璨的星辰，正逐渐陨落、消失……”其目的就在于唤醒人们对于汉字的重视。而后 H5 引导用户输入自己的姓名，匹配相应的濒危汉字，并介绍其生成时间及释义，使用户在获取汉字知识的同时，文化自豪感油然而生。在人们普遍使用电脑输入、提笔忘字的大环境下，这个 H5 意在唤起大家对于文字的重视，意义鲜明。

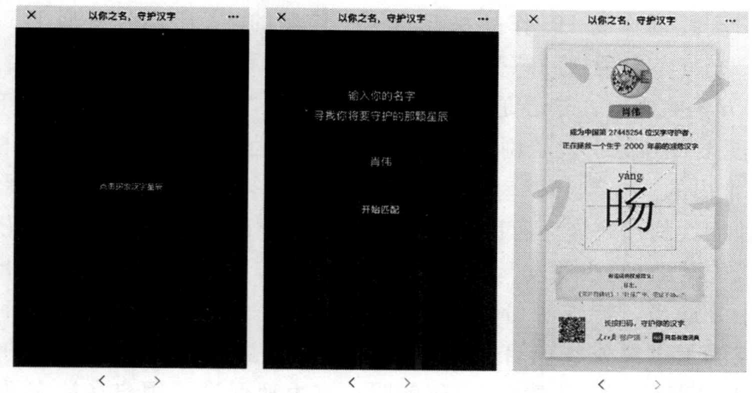

图 7-32　H5《以你之名，守护汉字》

实体文化中，长城也被作为公益保护的对象。如 2019 年中秋节，中国文物保护基金会联手腾讯云发起保护长城的活动，并推出相应的 H5《长城·万里共婵娟》。

公益活动的内涵十分丰富，相关的 H5 的题材也非常多样，这里列举的是其中较为集中、常见的三类。公益型 H5 的题材可针对公益活动的主题，在这些大类中选择，也可以按照客户的实际需求，选择其他相关的题材。

2. 明确需求，确定创意方案

公益需求的提出者有时是媒体自身，更多时候是不同的社会主体，如社会机构、公益组织、商业企业等，它们也是公益型 H5 的客户。大量公益型 H5 主要是为客户（H5 作品创作的委托方）服务，满足其需求。明确需求之后，才能确定 H5 的创意方案。

在商业创作中，商业方案的思考主要取决于（或受限于）以下三方面。

（1）预算。客户的预算是决定做什么形式创意的重要因素，创意实现的成本要争取控制在预算范围内。

（2）制作时间。客户对制作时间的要求决定了创意方案的工作体量。

（3）制作资源。制作资源是创作者自己决定的，创意方案必须在创作者自身的制作能力范围内进行思考。①

确认了需求，创作者就能够明确方案的方向。同时，从作品本身来看，客户的需求与用户（H5 作品的最终受众）的需求相比，用户的需求更重要，

① 教育部教育管理信息中心组编，彭澎主编，约翰强尼编著：《H5 创意与广告设计》，41～43 页，北京，人民邮电出版社，2019。

因为客户委托创作的 H5 作品是要给用户使用的。① 所以公益型 H5 的创意与设计要充分考虑用户的感受，将创意和制作水平提升到更高的层次。

H5 方案的确定，核心是确定讲述该主题的“框架”。如 2017 年 8 月底，H5《“小朋友”画廊》引发了刷屏效应。这是腾讯公益联合社会公益机构为“99 公益日”推出的一个预热互动项目。这个 H5 选择的公益内容，是展示一些患有孤独症、脑性瘫痪、唐氏综合征等特殊人群的画作，用户只要花一元购画，就既能帮助到“小朋友”，又能买下喜欢的作品作为桌面。这个 H5 的框架设定十分适当，特殊身份的“小朋友”，画出一幅幅美好又充满希望的画作。它减弱了通常公益项目的沉重感，而为公益行为增加了浓厚的文艺色彩，“社交酬赏”和“自我酬赏”都很鲜明，有力地促进了用户在社交平台的转发(见图 7-33)。

图 7-33 H5《“小朋友”画廊》

以助力胡杨林绿化建设为主题的《这是一片有故事的土地》，选择将“历史”作为叙事框架。页面一启动，就响起了富有西北民族特色的音乐，黄沙色的颗粒感手绘漫画将用户带到了遥远的西部沙漠。7 个快速播放的画面显现了从白垩纪、汉朝、唐朝、元朝、现代等不同时期的额济纳，讲述了该地区悠久的历史。画面定格在 2018 年，故事笔锋一转，指出这片土地已被荒漠侵蚀、黄沙覆盖，提示用户按住屏幕钮向麦克风吹气，吹开黄沙。随后画面浮现绿色生机，一棵胡杨树生长出来。用户仿佛在观看了一个历史故事之后，又亲身参与到这个故事的当下进展之中，沉浸感非常强(见图 7-34)。

① 教育部教育管理信息中心组编，彭澎主编，约翰强尼编著：《H5 创意与广告设计》，41 页，北京，人民邮电出版社，2019。

图 7-34　H5《这是一片有故事的土地》

3. 明确公益目标，选定公益模式

在各种各样的公益活动中，H5 是一种相对轻量级的互联网公益形态。互联网公益的一大特征是参与公益的模式的多样化，在互联网的驱动下，公益人的创造力和想象力被充分地发挥出来，新型的参与公益模式层出不穷。① 一个 H5 究竟采用何种公益模式，与其公益目标密不可分。

根据皮列文(Piliavin)的研究，大众对公益事业的参与是一个决策过程，这一过程可以分为四个阶段：首先是公众必须对“有人需要帮助”这一事实有所意识和觉察；接下来是同情心的唤起；然后经过成本—收益的权衡分析；最后才是采取行动。② 这四个阶段可被区分为认知和行动两大类型目标。一个公益类 H5，其目标可以是唤起公众认知，也可以是达成切实的公益行动。

改变大众对社会现实的体认、唤起大众的公益精神，是公民自主参与社会公共生活、付诸公益行动的前提，是公益组织形成广泛的“拥护群”的精神动源。对于某些特殊的公益主题，或在某些为处境不利群体服务的领域，公众的认知和理解有时候比捐款更为重要。以唤起大众认知为主要目标的 H5 有很多，如前文提及的《那些看不见的真相》《以你之名，守护汉字》《最好的爱都有和声》等，分别就野生动物驯养的残酷行为、稀有汉字的濒危状况、孤独症儿童群体对大众进行了认知唤起。

H5 的技术优势可以使塑造认知的过程更具交互性，取得更好的效果。

---

① 陈一丹等：《中国互联网公益》，154 页，北京，中国人民大学出版社，2019。

② 卓高生：《当代中国公益精神及培育研究》，193 页，北京，社会科学文献出版社，2018。

以腾讯新闻 2019 年出品的《垃圾分类大挑战》(见图 7-35)为例，该 H5 采用让用户回答测试题的方法来普及垃圾分类知识。用户根据自己已有的分类知识，动手将题目所给的垃圾图片拖入相应的垃圾桶。这些题目中，不少垃圾都是用户以往不太清楚分类的物品，如方便火锅中，火锅食物、干燥剂、空料包、塑料餐盒等各自属于哪一类，就可能考倒不少用户。用户如果放错了垃圾桶，页面中就会跳出相应的知识标签，讲明该垃圾的分类及原因。这种问答测试、动手分类的知识科普模式，与单纯阅读型的知识相比，更具有趣味和可接受性。

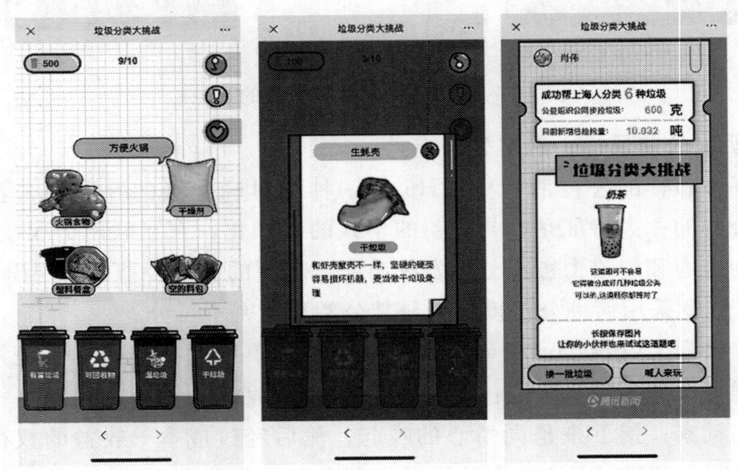

图 7-35　H5《垃圾分类大挑战》

以促成行动为主要目标的 H5，借助网络社交工具上海量的用户群体和日常应用的高频特征，能使得公益传播的成本大大降低。捐钱、捐物、参与现实中的公益活动，是传统公益的主要行动模式。在移动支付、互联网数字化等的支持下，H5 的用户可以便利地实现捐赠行为。以 H5《长城 · 万里共婵娟》为例，用户在欣赏、体验完作品后，可看到结尾页的说明：由腾讯基金会联合中国文物保护基金会，已推进箭扣、喜峰口长城共计 1749 米的修缮工作。用户点击“进入公益项目”按钮，可以进入“保护长城加我一个”的捐款页面(见图 7-36)。这就是一个典型的捐赠行为的公益模式。

图 7-36　H5《长城·万里共婵娟》

同时，H5 也可以采用多种多样的创新捐赠模式，如捐步数、捐声音、捐时间、捐消费量等。任何可数字化的行为，理论上都可以成为捐赠的内容。更宽泛地来看，用户读取自己昵称、头像生成海报，转发朋友圈等动作，也可被视为他们的公益行动，“认知”和“行动”两种目标之间的分界已经在一定程度上被融合了。

二、准备素材

1. 真实的素材

信息公开透明对于公益传播的重要性毋庸置疑。使用直接来自现实生活的真实素材，可以增强 H5 用户的获得感，促使用户更加深入、长久地参与到公益传播和公益行动中，同时也可以降低谣言传播的可能性。因此，来源自现实的素材在公益型 H5 中有特殊的作用。

以《无人知晓的第一名》(见图 7-37)为例，这是倡导为大山孩子的求学之路提供帮助的公益 H5，作品主体部分的素材完全取自现实。加载完毕后，标题界面呈现的是三个面带笑容的山村孩子的合照。然后 H5 进入视频观看环节，这段实景视频记录了 13 岁的阿木凌晨 4 点起床，带上热窝头后出发，5 点路过依扎嫫家接了她同行，6 点路过布吉家，三人一起走过山路，半路吃窝头补充体力，蹚过湍急的河水、爬过山岗、冲下山坡、跑过菜园、走过高速公路，最后在 8 点钟到达升着五星红旗的镇上小学。屏幕从开始会一直出现时间和步数记录，行程结束时步数已攀升至 3 万 6 千多步。加上画面同期声记录的半夜虫鸣、鸡叫、孩子走山路的脚步声、为自己壮胆的歌声等，整段视频平实地记录了三位求学小朋友每天徒步数小时去镇上上学的生活日常，让用户真切感受孩子们在艰难中求学的决心和毅力，激发其帮助孩子的欲望。

图 7-37　H5《无人知晓的第一名》

2. 创作的素材

来自现实生活的素材常常较为感性、分散，未经整理加工，难以直接使用，创作的素材则可以很好地完成传播的任务，因此在 H5 中也被大量应用。创作的素材可以是手绘或电脑绘制的图画、动画，也可以是利用工具制作的物品，以及经由不同手法创作的视频。

以 H5《为家乡种希望》(见图 7-38)为例，这是腾讯公益为“99 公益日”制作发布的宣传 H5。H5 中绘制了除港澳台之外的中国 31 个省、自治区、直辖市的风土风貌的代表场景，用户选择自己家乡相应的场景，为家乡种下希望。其中每个省份地区的场景都是一幅手绘插画，绘出各地有特色的民间场景，如北京的糖葫芦、上海的街道、广东的舞狮、重庆的火锅、海南的摘椰子、江苏的小桥流水……用户选择完家乡后，即可生成海报，保存或分享出去。这些手绘插画配色清淡唯美，制作精良，令人赏心悦目，很好地形成了创作的素材特有的感染力。

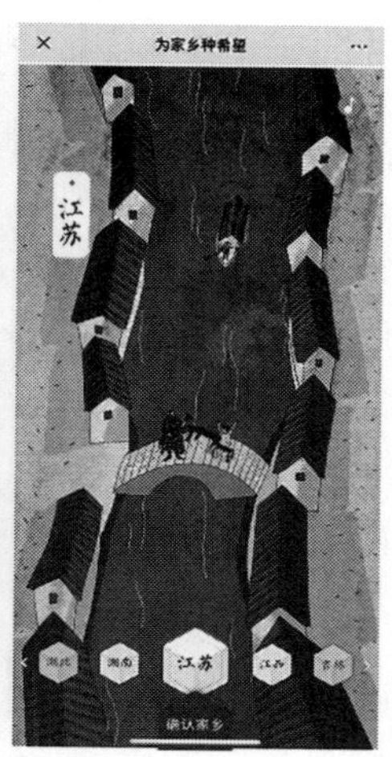

图 7-38　H5《为家乡种希望》的手绘素材

3. 传感器收集的素材

H5 利用手机的各种传感设备，收集素材并将之与 H5 原有的素材进行融合运用，是非常能够发挥 H5 传播优势的做法，在公益型 H5 中也经常用到。

以微信支付推出的一个助农公益 H5 为例，开场是一段短视频，真人村主任正在直播卖农货，忽然有人说起网上带货的事，村主任赶紧关掉直播，进入“应聘”界面。用户在页面中输入自己的姓名、上传头像、选择性别，然后点击“递交资料”按钮，就进入自己的助农海报页面。海报页面中提供了 6 种场景、12 种元素、12 个农产品，还有 5 种人物姿势，用户做出各项选择后点击“大功告成”的按钮，就生成了自己的助农海报。这个 H5 本身运用了多种现实素材(景物、农产品、真人村主任)，用户本人的形象、信息与之融合，营造出浓郁的乡土气息，会更有助于体会到助农的自豪感。

图 7-39　助农公益 H5

4. 各类素材的混合运用

创意是 H5 生命力的重要来源，是吸引用户的独特方式。要达成多媒体介质的 H5 的创意，常常需要集中多种类型、多种来源的素材，以混合运用素材的方式，达成综合性的艺术表现。

混合运用的关键是以创意框架为主导，将各种素材有机地组合在一起，来讲述一个完整的故事。以腾讯与敦煌研究院合作出品的 H5《就是小时候那只九色鹿！》(见图 7-40)为例，加载页是小鹿奔跑的动画，点击停止后，小鹿幻化为敦煌壁画中的九色鹿。紧接着的视频是真人实景，年轻的男孩在现代都市的街道上，被这只鹿的形象吸引，伸手触碰，人物和九色鹿都变化为动漫形象。九色鹿载着男孩穿梭在实景城市的大街小巷，飞过现代丝绸之路的高楼大厦，与敦煌壁画中的各种飞天、神祇相遇……最终到达终点，男主人公又变回真人形象，结束了这段奇妙的旅程。这个 H5 中，真人实景、手绘动画与敦煌壁画等多种素材相结合，以一个奇幻有趣的故事，将“共建数字丝绸之路”的主题讲述得生动有趣。

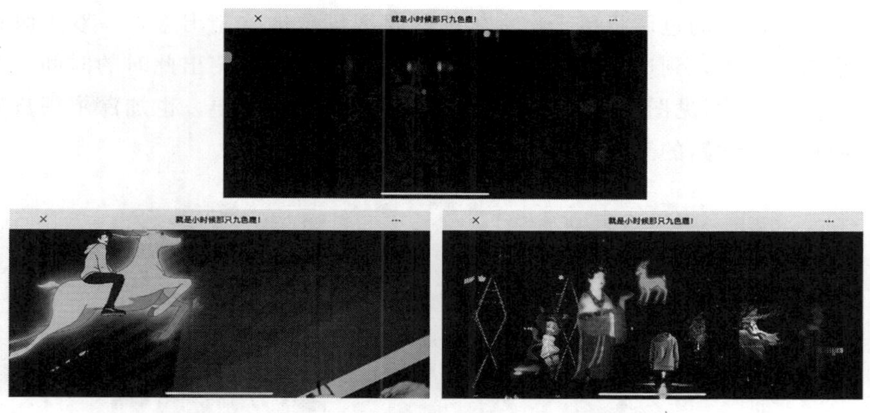

图 7-40　H5《就是小时候那只九色鹿!》

混合运用素材的重点不在于数量多少，而在于素材使用的贴切、出彩。H5 可以以某类型素材为主，在重要场景中混用关键的其他类型素材。以《现在的动物园已经美成这样了》(见图 7-41)为例，这个 H5 以守护珍稀动物为主线，开场是一个手绘风格的钟表盘，用户手拨表针，通过时光隧道，进入野生动物世界探访。用户先后到达五个不同的位置，通过 QQAR 扫描环境，发现了 5 种珍稀动物(凤尾绿咬鹃、螺角山羊、短尾矮袋鼠、考拉、熊猫)。视频中的场景和动物均为实景拍摄，AR 扫描的过程则虚拟了一个手机外框，搭配恰到好处。

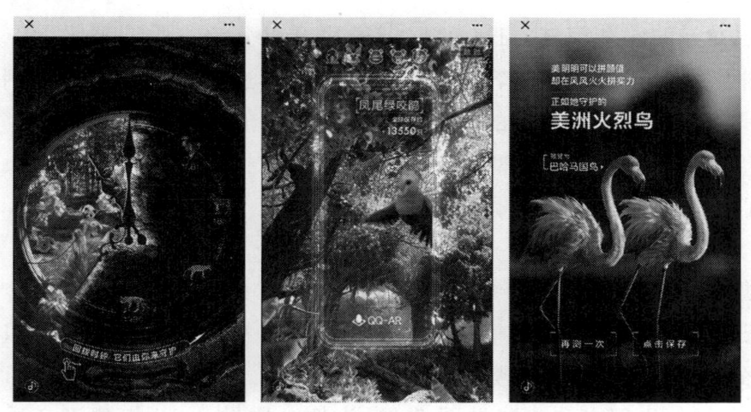

图 7-41　H5《现在的动物园已经美成这样了》

又如《无人知晓的第一名》，加载页是一组手绘的铅笔画风格的素材：三个小人在大山里行走。在真实故事讲述完成后，H5 又提供了一幅手绘风格的长图，以清新的色调将孩子们上学的线路图细致地绘制出来，一双小脚在图中小路上行走，到达重要途经点时停顿，出现标签，突出此时的时间、孩子的步数和照片(见图 7-42)。这个结尾渲染了童真和希望，也加深了用户对孩子们艰苦上学路的感触。

图 7-42　H5《无人知晓的第一名》中的绘画素材

三、设计制作

1. 选择展示形式

按照交互的复杂程度，H5 的展示形式可以分为三类：展示型，即涉及的交互非常少，多以展示内容为主；引导型，即通过一些交互引导用户完成操作；操作型，即涉及大量的交互，吸引用户完成操作。①

公益类 H5 中，三种类型的交互形式都很常见，主要依其题材、叙述框架和核心诉求而定。以下分类列举。

(1)展示型

这类 H5 包括主要由视频类或幻灯片构成，交互很少，但对内容要求非常高，要足够吸引用户看完整个内容。相应地，视频不宜过长，可以分段处理，在段间用一定的交互手势连接。

以《最好的爱都有和声》(见图 7-43)为例，这是 2018 年腾讯音乐为宣传

① 网易传媒设计中心：《H5 匠人手册：霸屏 H5 实战解密》，42 页，北京，清华大学出版社，2018。

其公益计划而发布的 H5。这一计划旨在用音乐给孤独症儿童等群体以帮扶，让更多人获得来自音乐的力量与勇气。为了表现这些主旨，H5 将“爱”和音乐联结起来，提炼出“最好的爱都有和声”的主题。

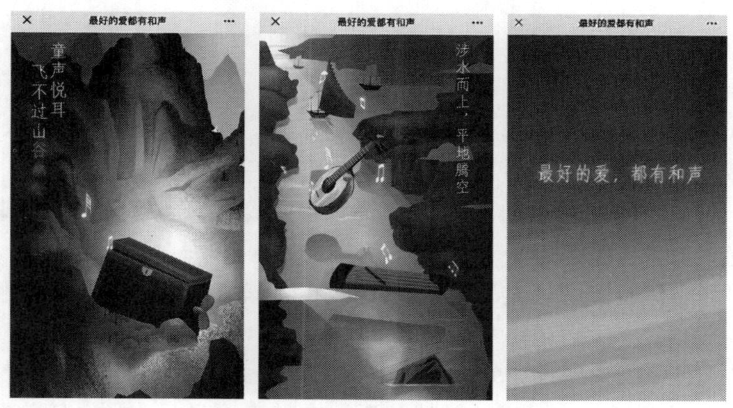

图 7-43　H5《最好的爱都有和声》

整个 H5 是一段时长为 1 分 26 秒的视频，以金色音符作为贯穿始终的符号。视频前半段为黑白场景，一串金色的音符从神秘的盒子中飘出，掠过星球，流过河流，飘到山谷树林深处的一个留声机上。点击留声机喇叭旁的“点击唤醒”按钮，背景音乐由开始的轻柔变得宏大，音符划过天空，绽放出金色的烟花，洒落在前面的每一处场景，将黑白的世界点亮，染成明亮彩色，大地焕发生机。观者的情绪随着画面和音乐而起伏，最终达到高潮，对主题留下深刻的印象。

这类公益类 H5 中，情感因素的营造除了来自画面、音乐，文案也是十分重要的情感来源。仍以《最好的爱都有和声》为例，其文案文字简短，清新优美，诗意充沛，叩动读者的心弦：

童声悦耳　飞不过山谷幽壑
星娃缄默无声　琴音叩问苍穹
古韵传唱千年　却湮没历史长河
光未及之处　万千音符静待迸发
爱，是种听得到的力量　汇聚八方而来

可山谷揽清风

可上天际摘星辰
涉水而上，平地腾空
一起步履不停
最好的爱，都有和声

(2)引导型

这类H5中，交互的形式比展示型要丰富，交互数量也比展示型为多，能够帮助用户在体验过程中维持较强的沉浸感。

以《长城·万里共婵娟》为例，作品加载完成后，展示背景为深蓝色的天空和黑色的山影，然后逐一出现以下引导文字：

A.“开启体验”和“确定”。提示用户点击“确定”，接受位置授权，进入体验。

B.“举起手机找到月亮并瞄准”。左右移动手机，镜头也在实景里移动。将屏幕中间的圆圈对准月亮，月球拉近，在其表面显示主题。镜头穿越云海到达长城，字幕显示用户所在的城市经纬度和长城经纬度，

C.“点击屏幕任意一处，拍下你的月圆时刻”。提示用户点击拍摄月下长城。

D.“重拍”或“确认”。提示用户是否确定使用这张图片。

E.“上下滑动　选择诗词”。提示用户在5条诗词名句中选择一条。

F.“长按上图保存”。将前述图片、诗词生成海报，提示用户保存并转发(见图7-44)。

图7-44　H5《长城·万里共婵娟》的交互引导

这个案例中，交互提示简明清晰，用户跟随引导可以顺利地体验完整个作品。不过，仅有交互动作是不够的，只有交互与创意、情感化因素相融合，才能支撑 H5 的感情诉求。月亮、长城、山川、音乐，还有“海上生明月，天涯共此时”等名句，共同营造了浓郁的中秋氛围，在用户心中强化热爱家园、守护长城的感情。

(3)操作型

操作型 H5 可以让用户更主动和深入地与 H5 交互，通过操作控制 H5 的走向和结果，具体类别包括小游戏、做测试、技术类等形式。这类 H5 的优点是通过激励用户能很快吸引用户的注意力，获得更多分享机会；缺点是交互容易同质化，或是受开发能力限制，无法完成复杂的操作系统。①

以《敦煌博物馆奇妙夜》(见图 7-45)为例，这个 H5 虚构了壁画人物和喵千岁讨论音乐节举办音乐会、但不能被管理员发现的游戏故事。故事分为两个大段，前段以展示为主，后段则是典型的操作型设计，采用“营救”的游戏思路。小游戏要求用户限时快速点击，如果手速不够快，就会有一个壁画角色被管理员带走，给用户带来强烈真实的紧迫感。能做到这一点，是因为这个 H5 的情节交代清晰，操作引导简明。游戏本身简单易懂，伴随着音乐以及进度条的推移，通过移动的暂停按键来实现与用户的互动。让用户能够流畅地操作下来，几乎不会出现理解困难。游戏结束后，显示专属的角色图卡，“击败了××%”的战绩提示能激起玩家的好胜心，从而令其反复试玩。

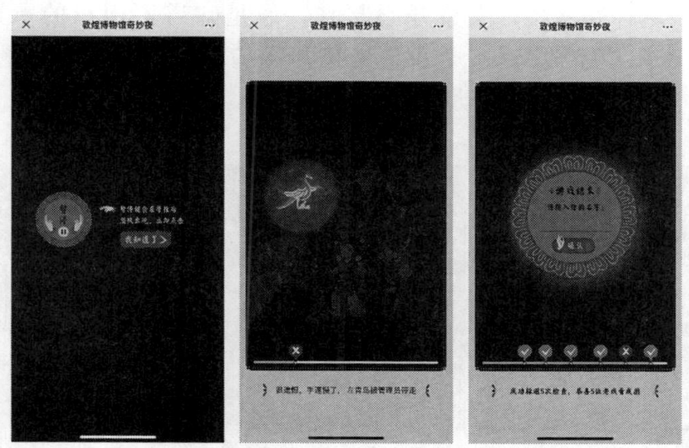

图 7-45　H5《敦煌博物馆奇妙夜》的交互设计

① 网易传媒设计中心：《H5 匠人手册：霸屏 H5 实战解密》，51～52 页，北京，清华大学出版社，2018。

该类 H5 表现形式较为丰富，但仍然需要以创意或情感化因素来支撑。

2. 形成情感动员，融入鼓励机制

(1)设定合理的情感动员

情感动员研究发现，动员主体可以通过合适的情感表达，引起关注者的类似情感共鸣，如快乐、愤怒、支持、反对等，从而影响关注者对事件的认知，达到情感动员的目的。触及公众正义感、道德底线的现象会引起人们的愤怒，处境不利群体的不幸会激起人们的同情和怜悯，传统文化辉煌但有待保护，会激起人们的自豪感和责任感……通过设计激发情感、引起共鸣，是公益类 H5 实现认知或行动诉求的重要途径。

以《那些你看不见的真相》(见图 7-46)为例，这是由世界动物保护协会出品的 H5，以大象为个案展示动物为人类驯化过程中所受的伤害。开篇以用户视角进入视频，主人公手拿大象的照片去丛林中寻找大象，找到大象后却发现跟照片中的不太一样。大象站起来后，闪动的图标引导用户点击大象身上的三处位置——头部、脚部和后背，告知读者：大象高超的绘画技巧是从小被迫接受密集训练的结果；为了完成违背天性的动作，大象受尽了钩刺棒打的折磨；日复一日的供人骑乘，让大象的身体和精神受到双重伤害。每一张介绍图片的下方，都有一条“救救它 我不看大象表演”的承诺语，形成第一次情感动员。三处位置点击结束后，页面弹出一张承诺书，邀请用户填入自己的名称，承诺拒绝大象骑乘和表演，形成正式的第二次动员。随后又进入一段 10 秒左右的视频，大象开心起来，像是知道了用户的承诺。最后的转化页是一张用户生成海报：“我是某某，第××位为大象发声的人”。这是第三次动员，兼具情感和行动的力量。

图 7-46 H5《那些你看不见的真相》

在《“小朋友”画廊》中，画作和声音均使用了真实素材(见图 7-47)。H5 一共选用了“小朋友”的 36 幅绘画作品。页面采用带有浅浅涂鸦的灰白纸张做背景，抽象、景物、卡通等不同风格的画作被置于画框中，色彩缤纷。每个画框下方有个小小的音频按钮，点击可以听到诉说的声音，有的是来自画作者本人的自述，有的是家长、老师的介绍。这些自述的录音效果并不算专业，但表达质朴、真诚。贯穿 H5 的背景音乐是一首纪念荷兰印象派画家文森特·梵高的英文民谣，优美真挚。

这个 H5 在没有推广的情况下由用户自发形成爆发，上线仅 1 天就吸引了超过 500 万人次参与，完成了 1500 万元的筹款目标，其原因就在于展示给公众的不是苦难，而是孩子们的生命和活力。人们不再停留在“怜悯”，而展现为更高的对“美”的认同和追求。①

图 7-47　H5《“小朋友”画廊》中的情感动员

情感动员需要诉诸情感和冲动，但如果想要达成合理、长久的公益诉求，对情感特性做理性的把握也非常重要。比如将情感诉求建立在真实的事实、数字和清晰的逻辑基础之上，准确公正地传达客观情况，引导用户理智地做出判断或决定。

(2)融入积极的鼓励机制

公益类 H5 可以融入积极的鼓励机制，为用户设置多变的酬赏。就 H5 本身而言，如果在内容策划中鼓励用户一步步完成互动，让用户在阅读、使用的过程中获得操控感、成就感，就会让用户更加感到轻松和愉快，这是一种自我酬赏。如果让用户付出自己的一些东西，如时间、选择、昵称、头

---

① 陈一丹等：《中国互联网公益》，6 页，北京，中国人民大学出版社，2019。

像、金钱等，通过主动生产内容的方式参与到 H5 中，然后再赋予其相应的荣誉回报，这是一种猎物酬赏(精神层面的)。如果 H5 生成的结果(海报、荣誉称号等)能激发用户积极转发，用户会通过社交产生的奖励(朋友圈的点赞和评论)，获得社会认同感，这是一种社交酬赏。优秀的设计者如果能做好其中一种或几种酬赏，对 H5 的传播会有直接助益。

腾讯公益与敦煌研究院“数字丝路”计划出品的系列 H5，就充分借鉴了游戏化设计思路，融入了多变的酬赏机制。以其中的《王者荣耀×数字供养人计划》(见图 7-48)为例，这是一个横屏 H5，开场呈现风沙中的壁画残片，通过文案告诉用户将会“数字再现，每个人心中的最美敦煌”，激发用户的好奇。接着用户拨动浏览 10 幅敦煌壁画，选择其中的一幅。加载完成后，敦煌壁画原图随风沙散落，然后进入同一幅图的草稿线图，文字引导用户使用画板和调色板为草图上色，生成自己心中最美敦煌壁画。敦煌壁画本身是艺术瑰宝，工艺极为复杂，H5 设计者从壁画中提取了 100 多个颜色、2000 多个色块，专门定制了 10 块专属的敦煌色板供用户选择。壁画完成后，用户输入姓名，生成海报，可供转发使用。整个 H5 设计使得壁画数字再现的过程成为一种艺术享受，让用户的文化自豪感油然而生，从而获得丰富的自我酬赏、猎物酬赏和社交酬赏。

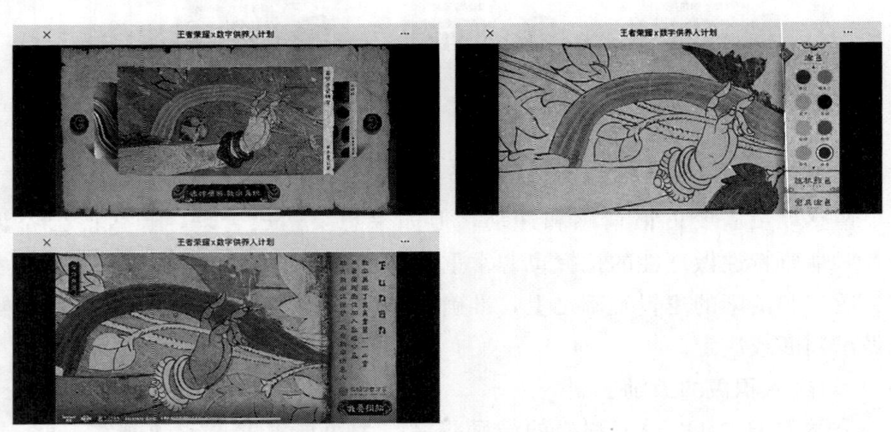

图 7-48　H5《王者荣耀×数字供养人计划》

H5 鼓励和酬赏的方式可以有很多，不一定都是由用户自己生产内容或采用游戏模式。以《为家乡种希望》为例，它着重在细节上下功夫，为用户制造多种酬赏。如画面中出现的人物造型为简笔画，刻意模糊化了个性，以让观者在心境上有一种共性体验——看画面中的人，就像看的是过去的自己，或者自己所熟悉的人。当用户确定家乡省份后，画面中会落下一粒种子，发芽、开花，结果后的造型对应的就是该省份的特产(见图 7-49)。这些细节强调了地域元素的特指性，让用户"为家乡代言"的感觉更为强烈。

图 7-49　H5《为家乡种希望》中的细节设计

用户公益兴趣的激发，需要一定的精神鼓励。公益类 H5 为用户赋予的荣誉称号，能够起到很好的精神鼓励作用。"敦煌数字供养人""长城守护人""汉字守护者"等称号(见图 7-50)，为用户贴上热心公益的标签，有利于促进 H5 的转发。

图 7-50　H5 赋予用户的荣誉称号

3. 精心打磨文案

(1)标题制作

H5 标题包括分享标题和作品标题两个部分。分享标题是其被转发、分享时，外露在朋友圈或微信群的文字标题。作品标题是 H5 被使用、读取时，出现在作品顶部的正式标题。分享标题和作品标题可以一致，也可以不同。因为用户常常因受外露标题的吸引和驱使才打开 H5 进行阅读，所以分享标题的制作格外重要。作品标题通常是分享标题的浓缩或对分享标题的回答，在长度上受手机屏幕宽度的限制，以 10 个字之内为宜。

新媒体文案标题主要有 5 种：直接展示类型，即将用户想要的结果提炼在标题上；文字暗示类型，即通过暗示勾起读者的兴趣而获得信息传播的成功；提问思考类型，即运用逆向思维进行标题构建；目标导向类型，即运用数字、序号来让受众产生探知欲望；命令形式类型，即直接告诉受众应该如何做，从而吸引读者浏览内容。①

这 5 种类型的文案在 H5 中都经常可以见到，选择类型的出发点是与 H5 的内容高度契合，并能够赢得用户的注意力。以下是一些不同类型的 H5 分享标题。

直接展示类型：

最好的爱都有和声
以乐之名，让爱有声

（《最好的爱都有和声》）

文字暗示类型：

现在的动物园已经美成这样了么?!
火速前往围观

（《现在的动物园已经美成这样了》）

无人知晓的第一名
大凉山的孩子，每趟上学路就是一场马拉松

（《无人知晓的第一名》）

提问思考类型：

你是哪里人?

① 蒋珍珍：《新媒体美工设计营销实战手册》，295～296 页，北京，中国铁道出版社，2019。

我们为你准备了一个高颜值的答案

（《为家乡种希望》）

目标导向类型：

测测你的垃圾分类水平，能做对几道题？

垃圾分类，大势所趋！此时不学，更待何时?!

（《垃圾分类大挑战》）

某某(用户名)已成为中国第＊＊＊＊＊＊＊(数字)位汉字守护者！你也来加入吧！

以你之名，守护汉字

（《以你之名，守护汉字》）

我们用一盒1600年前的调色盘，做了这件事。

王者荣耀×数字供养人计划

（《王者荣耀×数字供养人计划》）

命令形式类型：

唤醒你的冠军DNA！

冰雪赛事让人热“雪”沸腾，来与吉里一同激活沉睡已久的DNA！

（《唤醒你的冠军DNA！》）

制作者可以集思广益，为一个H5拟定多个标题，然后以小范围征求意见、让用户投票等方式，从众多标题中选择效果最为突出的那个。其他的备选标题可以成为内文中的中心点。

(2)拟定内容文案

内容文案即H5内容呈现中的文字部分。相对于其他新媒体传播形态来说，H5的内容文案通常更需要简明、易读，表达更具创意。不同主题的H5，可拟定不同风格、调性的文案表达。

以《天渠》为例，这个H5以反映典型人物的感人事迹为主要内容，体现在文案上，就是以真实的细节进行叙事。其封面文案为：

一道万米长渠
跨 36 年建成
过三个村子
绕三重大山
穿三处绝壁
越三道险崖
一位村支书
用一辈子的时间
彻底打破了村庄
干渴的“宿命”
带领千余人打开了
脱贫致富之门

这段文字以多种细节和数字进行描述对比，一开篇就为读者奠定了主题基调。

腾讯出品的公益 H5《野生动物保护联萌》(见图 7-51)采用的是四格漫画的叙述框架，用户选择性别、上传照片后，就会出现变身故事漫画。这里的文案表达为漫画风格的对白，如“居然敢偷猎，先过我们这关!”“象牙不是你想买～想买就能买～”“让你也感受一下被困的滋味”，非常符合青少年用户的阅读口味。

图 7-51　H2《野生动物保护联萌》

(3)确定交互引导文案

交互引导文案指按钮、链接、互动说明等部分的文字，如“点击”“返回”“跳过”“输入你的姓名”“再测一次”“长按保存图片”等。这部分文案首先要求简明、清晰，动作指引清楚。在达到以上要求的基础上，还可以在创意表达方面下功夫。

以《垃圾分类大挑战》(见图 7-52)为例，开屏后的进入按钮文案为“我来试试”，以第一人称叙事帮助用户立即进入情境。按钮下方的文字为“＊＊＊＊(数字)人正在玩命学习垃圾分类”，“玩命”二字形象地描绘了刚刚接触垃圾分类的用户的手足无措。分类结束并生成垃圾分类成果海报后，“长按保存图片”下方还有一行文字，为“让你的小伙伴也来试试这道题吧”。重玩和转发按钮的文案分别表述为“换一批垃圾”“喊人来玩”，一系列互动引导文案，十分符合网络的口语化、流行语表达特征。

又如《野生动物保护联萌》(见图 7-53)的开屏页面，将“进入”按钮的文案表述为“变身英雄”。用户选定女性或男性角色后，人物的斗篷飘动，形象也从暗色变成亮色。用户此时点击“变身英雄”，俨然化身为超级英雄，自豪感油然而生。

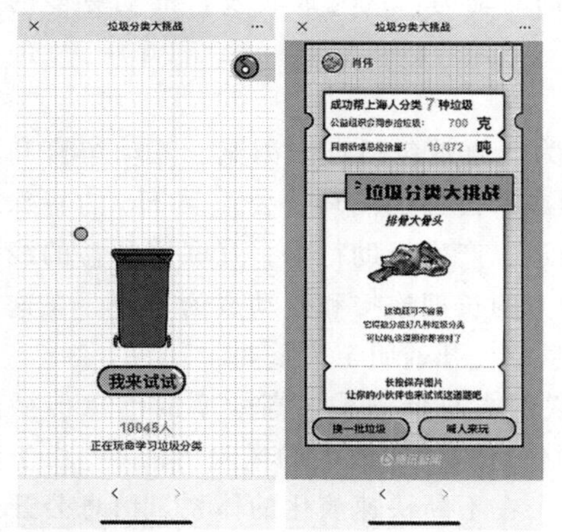

图 7-52　H5《垃圾分类大挑战》中的交互引导文案

图 7-53　H5《野生动物保护联萌》首页的交互引导文案

四、运营推广

1. 充分利用热点

不同主题的公益类 H5 具有不同的时效性。借用热点由头、利用热点时机，是增加公益类 H5 时效性和新鲜感的一条可行的策略。相关热点可以是能预见的、周期性的热点事件、节假日、大型会议等，也可以是热门的娱乐节目、流行语等等。H5 利用热点包括两种方式，一是在内容中融入热点，二是在热点时机进行推广。

前一类如借用热门影视剧、综艺节目。这些热门节目本身吸引一定数量的粉丝群体，具备一定程度的社会影响力，其所覆盖的人群量级，并不亚于任何节点或新闻热点。巧妙地借用其中的热点元素，能够在 H5 的关注度和话题度上起到事半功倍的效果。同时，熟悉的事物也容易勾起人们的情怀。如《野生动物保护联萌》中，变身后的英雄借用了大家非常熟悉的超人的外形特征（斗篷、紧身衣），在人脸融合技术的配合下，让用户感到自己俨然变身保护野生动物的超人。

后一类如“99 公益日”，这是一年一度的以网民为公益主体的全民公益活动日，不少公益类 H5 都是在“99 公益日”当天或前一天推出的。节假日也是适合借用的热点，如《长城 · 万里共婵娟》选择中秋佳节作为叙事主题，并在 2018 年中秋节推出，正是借其“家国团圆”“共赏圆满”的美好意蕴。这个 H5 帮助网友在数字技术的助力下穿梭至长城月景之下，与全球华人“万里共婵娟”，体验美好与感动，由此形成捐助的动力，或完成转发，推动更多网友关注长城、保护长城。

2. 信息公开透明

H5 用户在社交媒体平台上的行为，通常包括点击浏览、互动留言和分享转发。浏览和分享相互促进，就形成了传播的闭环。公益类 H5 的特殊之处，在于部分用户会进入线上捐助渠道，产生捐助行为。互联网公益的线上连接性，让捐赠方、实施方甚至受赠方的长期连接和互动成为可能。在这个过程中，H5 本身及整个公益活动信息的公开透明至关重要。

公益生态连接上互联网后，互联网本身低门槛、高效率的信息传播能力，也给这个复杂的生态带来了负面信息被快速放大的风险可能。[①] 由于起步较晚，我国的公益透明机制仍是一个在不断快速演化的体系。信息公开透明，可以帮助公众参与到公益活动中，同时还可以帮助公众参与到公益机构和公益项目执行的监督中，约束项目执行人的行为，降低谣言传播的可能，也促进公益项目执行效率的提升。

以《“小朋友”画廊》为例，大家从 H5 中可以看到每位“小朋友”的真实情

---

① 陈一丹等：《中国互联网公益》，332 页，北京，中国人民大学出版社，2019。

况，捐助的善款也可以真正到达合规范的公募机构平台，用户可以直接通过移动支付完成公益行为的参与。又如《这是一片有故事的土地》，H5 结束页标明“为爱助力 10 倍加速”，即用户的每一次捐款，公益活动的合作企业都会以 10 倍助捐。用户点击“为爱助力”进入捐款页后，可以看到详细明晰的筹款信息(见图 7-54)。整个过程的透明化给予用户高度的信任感，对合作企业来说也是很好的树立公益形象的机会。

图 7-54　H5《这是一片有故事的土地》的筹款信息

3. 丰富流量渠道，线上线下联动

公益类 H5 的营销目的，可能是一次直接的捐助活动，也可能是服务于一个更大的或更长期的公益计划。如敦煌系列 H5 均为敦煌研究院与腾讯合作的“数字丝路”计划的组成部分，与小程序、游戏、动漫、音乐、AR/VR 等多种形式的数字成果一起，推动文化保护与交流。《最好的爱都有和声》则是为腾讯音乐公益计划而制作的宣传 H5。不论哪种目的，一个 H5 都是整体性公益活动的组成部分，营销者应拓展多种渠道，包括线上的互相引流、丰富流量来源，以及线上线下活动的联动。

如 H5《无人知晓的第一名》发布的同时，腾讯公益也以视频、网络图文报道等形式做了宣传。以《无人知晓的第一名》为题的短视频时长 1 分 43 秒，以竖视频、纯纪实手法记录下三个孩子的漫长上学路，这也是 H5 中视频素材的来源。腾讯网的报道《凌晨 4 点，走三万多步去上学：这些孩子的故事，看哭了无数人》融合文字、图片和视频片断，提醒公众“看见”贫困山区留守儿童们急需改变的现状。又如凯迪拉克的“小胡杨”公益计划，在《这是一片有故事的土地》之后，又相继推了以 G7 绿(小胡杨种子破土瞬间的色彩)为主题的大型乐高搭建作品，以及与美术片《勇敢的小胡杨》。这些引流和联动对H5本身、对整个公益活动都会有所助益。

五、公益类 H5 设计综合案例：《自白》

濒危动物保护是社会成员长期关注的议题，以此为题材的 H5 也经常可见。在这一类型中，网易哒哒策划制作的《自白》是一个令人印象十分深刻的作品，2018 年 9 月推出时，一度引发了刷屏效应。

与一般 H5 追求使用的娱乐性、趣味性相反，这则 H5 的风格悲戚沉重。一进入画面，简素的黑底白字便映入用户眼中。小字提示使用者“向上滑动打开声音”，画面切换为一个小女孩的面孔。使用者持续滑动屏幕，便可一幕幕地观看这个以第一人称、全黑白漫画方式讲述的故事。

时间倒叙到两天前，小女孩“我”名叫“岚”，正与父母幸福地生活在一起，却被意外降临的怪兽打破了生活的宁静。人们的家园被侵占，食物被掠夺一空，生活陷入绝境。“岚”成了这片区域的最后一个幸存者。画面紧接着现出文字：“残忍吗？如果我不是人类　而是一条蓝鲸　你还能感受到我的绝望吗?”故事至此突然反转，嗜血怪兽原来正是蓝鲸眼中的人类，小女孩原来隐喻着因为人类过度捕捞而濒临灭绝的蓝鲸。

此后，H5 中一一列举出鲸鲨、犀牛、扬子鳄、北极熊等濒危动物的图文资料，展示它们极其恶劣的生存环境，以及穿山甲、猎豹、大白鲨等多种动物的名称，显示濒危物种的“冰山一角”。封底页的自白“云朵很美/浪花很美/星光很美/我们还未准备好……和世界告别”，引人深思(见图 7-55)。

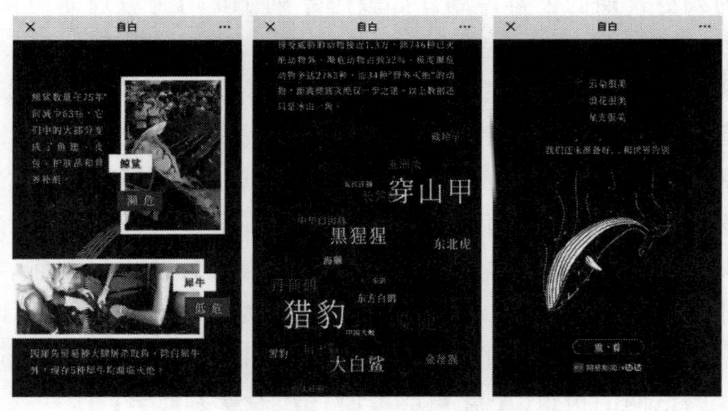

图 7-55　H5《自白》结束部分

总体来说，这是一个展示型的 H5，用户除了滑动屏幕外，和 H5 之间几乎没有任何互动。在封底页，制作者也没有给出明显的转发引导，只有一个"重·看"按钮，提示用户可以再次观看。但这样的一个 H5，却在发出当天就获得了近千万次的页面访问量，用户自发转发的动力来自哪里呢？

应该说，让人和濒危动物互换身份的"共情设置"是这个 H5 创意成功的关键。制作团队在接受采访时也表示："单说濒危动物的处境不会让人有很多代入感，因为不是发生在我们自己身上的。因此，我们用了拟人（将蓝鲸比作小女孩）＋拟物（将人比作怪兽）的手法让大家去感受这样一种可能：如果人和濒危动物互换身份，去经历它们所经历的残忍之事会怎样？从而让人们更加真切地理解保护濒危动物的意义。……你可以说我们做了一个'共情设置'，但从效果上来看，你看完一定会发现，这样的手法确实会比直接去讲这个故事更加触动我们的用户。"

从动效等细节来看，这个 H5 也做了精心设计。如怪兽的出场是躲在屏幕后面撕碎画面；主角岚一跃而起化身为鲸撞向船只，画面十分有冲击力。H5 在各处能营造氛围的地方都加上了音效，如怪兽的吼叫、脚步声、主角变身鲸鱼的哀鸣等，每一处细节都没有忽视。①

从渠道投放来看，网易哒哒的 H5 都是从员工的个人朋友圈开始传播的，以测试其社交效果及查找 bug。当该 H5 由非网易人员开始转发、逐步突破圈层时，就可以判断该 H5 有被分享起来的可能。《自白》案例也不例外。从中可见，H5 如果能真正把公益故事讲得使用户有所触动，就会激发用户的自发传播，成为爆款。

思考与练习

1. 在融合新闻领域，H5 有哪些传播特征和传播优势？

2. 自选一个优秀的 H5，分析其策划编辑的特点。

3. 自选主题、素材，编辑制作一个时政类 H5。

4. 在节日与纪念日类 H5、公益类 H5 中任选一类，自选主题、素材，设计制作一个 H5。

---

① 网易哒哒：《制造爆款：H5 营销策划一本通》，31 页，北京，电子工业出版社，2020。

参考文献

书目

蔡雯、许向东、方洁：《新闻编辑学》第四版，北京，中国人民大学出版社，2019。

陈一丹等：《中国互联网公益》，北京，中国人民大学出版社，2019。

邓利平：《报纸编辑学》，北京，北京师范大学出版社，2014。

樊荣、丁丽、贾皓、周循：《H5 交互融媒体作品创作》，北京，中国人民大学出版社，2020。

甘险峰：《当代报纸编辑学》，广州，中山大学出版社，2013。

韩帅、赵宁：《数字阅读产品设计与开发》，北京，中国传媒大学出版社，2016。

蒋珍珍：《新媒体美工设计营销实战手册》，北京，中国铁道出版社，2019。

李戈、钟樾：《H5 产品创意思维及设计方法》，杭州，浙江大学出版社，2018。

梁美娜、肖伟、胡丹：《5.0 时代的创艺体验：报刊电子编辑实验教程》，广州，暨南大学出版社，2012。

刘伟：《H5 移动营销：活动策划＋设计制作＋运营推广＋应用案例》，北京，清华大学出版社，2019。

彭澎、彭嘉埼：《可视化 H5 页面设计与制作：Mugeda 标准教程》，北京，人民邮电出版社，2020。

苏杭：《H5＋移动营销设计宝典》，北京，清华大学出版社，2017。

王旭、樊荣、张林、刘忠泉：《方正飞翔数字出版实战指南》，北京，文化发展出版社，2016。

网易哒哒：《制造爆款：H5 营销策划一本通》，北京，电子工业出版社，2020。

网易传媒设计中心：《H5 匠人手册：霸屏 H5 实战解密》，北京，清华大学出版社，2018。

吴飞：《新闻编辑学教程》，北京，高等教育出版社，2004。

晏琳：《云端创意——数字出版解密》，北京，电子工业出版社，2014。

余兰亭、万润泽：《H5设计与运营：视频指导版》，北京，人民邮电出版社，2020。

赵云泽：《跨媒体传播基础教程》，北京，中国人民大学出版社，2011。

卓高生：《当代中国公益精神及培育研究》，北京，社会科学文献出版社，2018。

[美]班格、温霍尔德：《移动交互设计精髓：设计完美的移动用户界面》，傅小贞、张颖鋆译，北京，电子工业出版社，2015。

[美]布雷恩·S. 布鲁克斯、詹姆斯·L. 平森、杰克·Z. 西索斯著，李静滢、刘英凯改编：《编辑的艺术》第八版，北京，中国人民大学出版社，2010。

使用说明书

北京北大方正电子有限公司：《方正飞翔 8.0FounderFX8.0 使用说明书》，2021 年 3 月。

北京北大方正电子有限公司：《方正飞翔 8.0 数字版 FounderFXDP8.0 使用说明书》，2021 年 3 月。

主要网站、公众号

哒哒 H5 策划-网易沸点工作室(http：//d. news. 163. com/)

方正飞翔云服务(http：//www. founderfx. cn/)

“方正飞翔”公众号

H5 创意汇(http：//data. chuangyihui. net/)

南方都市报·奥一网(http：//epaper. oeeee. com/epaper)

南方日报数字报·南方网(http：//epaper. southcn. com/nfdaily)

人民网(http：//www. people. com. cn/)

新京报网(http：//www. bjnews. com. cn/)

新闻博物馆(http：//www. newseum. org/)

羊城晚报金羊网(http：//www. ycwb. com/)

中国记协网(http：//www. xinhuanet. com/zgjx/jiang/zgxwj. htm)

说明

本书配有教学课件 ppt。请有需要的老师与以下邮箱联系，获取《融合新闻编辑实验教程》及北京师范大学出版社更多传媒类教材教学课件资源，以供教学使用。

联系人：北京师范大学出版社　李编辑

联系邮箱：897032415@qq. com